Ulrich Wechselberger

Game-based Learning zwischen Spiel und Ernst

Ulrich Wechselberger

Game-based Learning zwischen Spiel und Ernst

Das Informations- und Motivationspotenzial von Lernspielen aus handlungstheoretischer Perspektive

kopaed (muenchen)
www.kopaed.de

Bibliografische Information Der Deutschen Nationalbibliothek
Die Deutsche Nationalbibliothek verzeichnet diese Publikation
in der Deutschen Nationalbibliografie; detaillierte bibliografische
Daten sind im Internet über http://dnb.ddb.de abrufbar

Diese Publikation ist eine leicht überarbeitete Fassung der gleich-
namigen Dissertation zur Erlangung des akademischen Grades
eines Doktors der Philosophie am Fachbereich 1 (Bildungs-
wissenschaften) der Universität Koblenz-Landau, angenommen
am 17. Mai 2011.

ISBN 978-3-86736-256-6

Druck: docupoint, Magdeburg

© kopaed 2012
Pfälzer-Wald-Str. 64, 81539 München
Fon: 089. 688 900 98   Fax: 089. 689 19 12
e-mail: info@kopaed.de   Internet: www.kopaed.de

Inhaltsverzeichnis

i

Vorwort

Irgendwann in der zweiten Hälfte des Jahres 2008 bemerkte ich in einem Linienbus, wie ein etwa 12 Jahre alter Junge emsig auf den Busfahrer einredete. Der Junge schwärmte von seinem neuen Lieblingsspiel, einem Omnibus-Simulator. Souverän fachsimpelte er über Gelenkbusse und deren verzwickte Handhabung in engen Straßen. „Dieser junge Mann", kam mir in den Sinn, „hat etwas aus dem Videospiel gelernt." Nun bin ich zwar rundweg spielaffin, aber bezüglich Lernspielen mit einer milden Skepsis ausgestattet. Angesichts der beobachteten Situation stellte ich mir (nicht zum ersten mal) die Frage, ob die zuweilen geäußerten Zweifel gegenüber dem didaktischen Potenzial von Lernspielen vielleicht lediglich theoretische Haarspalterei und die Wirklichkeit über alle Bedenken gegenüber spielbasierten Lernansätzen erhaben ist. Und wie ich da so saß und über meine Zweifel zweifelte, nahm das ungewollt belauschte Gespräch aus der Fahrerkabine eine Wendung: Der Junge verkündete, er habe einen Programmierfehler entdeckt, mit dem er in kürzerer Zeit zu mehr Fahrgeld (und damit einem höheren Highscore) komme. Man müsse den Fahrgästen an den Haltestellen lediglich schnell die Tür vor der Nase schließen und weiterfahren. Dadurch blieben die Gäste zwar schimpfend an der Haltestelle zurück, man spare aber wertvolle Fahrzeit und kassiere dennoch den vollen Fahrpreis. So wurde mir klar, dass das Handeln des Jungen eben doch „nur ein Spiel" war: Es ging für ihn primär nicht um ein authentisches Erleben des Busfahrerdaseins, sondern um den kreativen, pfiffigen Umgang mit Spielregeln (und -lücken) und das Gameplay. Der junge Spieler wollte sich keine reale Wirklichkeit aneignen, sondern diese in den Grenzen des Spiels verwandeln und an seine Bedürfnisse anpassen. Dieser Vorgang ist das grundlegendste und ureigenste Merkmal aller echten Spielhandlungen.

In dieser Episode spiegelt sich die Kernfrage des vorliegenden Buchs wider: In welchem Umfang können Computerspiele gleichzeitig motivieren und informieren? Genauer: Steht das Spielerische und Realitätsverwandelnde des Spielens in Konflikt zur wirklichkeitsgetreuen Informationsvermittlung? Ist der Anspruch von Lernspielen an Authentizität und Realitätsnähe ein Widerspruch zum Spielerischen?

Diese Fragen sind heute womöglich drängender denn je. Spielbasierte

Lehr- und Lernformen stehen in Wissenschaft und Bildung derzeit international hoch im Kurs. Es sind in den vergangenen Jahren eine Vielzahl von Publikationen veröffentlicht, zahlreiche Konferenzen und Workshops abgehalten und eine ganze Reihe von Internetportalen und Diskussionsplattformen zu diesem Thema geschaffen worden (Ritterfeld, Cody und Vorderer 2009, S. 3). Zwei Hauptmotive treiben das Interesse an Lernspielen voran: zum einen der Unterhaltungswert der Computerspiele, der für eine hohe intrinsische Motivation seitens der Nutzer sorgen soll. Und zum anderen ein postulierter didaktischer Mehrwert spielbasierter Lernformen. Sykes (2006, S. 3) weist zwar zu Recht darauf hin, dass sich die aktuelle Diskussion nicht zu sehr von jener aus den 60er- und 70er-Jahren unterscheide (die allerdings die „analogen" spielbasierten Lernansätze behandelte). Nichtsdestotrotz zeigt er sich vorsichtig optimistisch, denn die Verlagerung des Spielens auf den Computer bereichere die früheren Ansätze um neue Formen der Interaktivität und Affektivität (vgl. dazu auch die Ausführungen ab S. 106 in dieser Arbeit). Weiterhin besteht heute eine nie dagewesene Notwendigkeit zu kontinuierlichem, lebenslangem Lernen. Unsere Gesellschaft produziert und verbreitet immer mehr Informationen in immer kürzerer Zeit (Fischer 2001; Kirchmair 2001). Folglich müssen ihre Mitglieder ihr Wissen kontinuierlich aktualisieren und erweitern – gerade auch um den Anforderungen des Berufslebens gerecht zu werden (Meier und Seufert 2003, S. 1). Vor allem aber sind Computer- und Videospiele längst zu einem festen Bestandteil der jugendlichen Lebenswelt geworden und haben dort einen hohen Stellenwert – ganz besonders bei den männlichen Jugendlichen (Medienpädagogischer Forschungsverbund Südwest 2009, S. 19). Etwa zwei Drittel der 12- bis 19-Jährigen besitzen eine stationäre und/oder tragbare Spielkonsole (wenn auch hier mit deutlichem Gefälle zwischen spielaffinen Jungen und etwas zurückhaltenderen Mädchen (ebd., S. 6–9). Game-based Learning ist somit ein Ansatz, die Adressaten „da abzuholen, wo sie sind".

Das macht Computer- und Videospiele zu interessanten Objekten für Erziehungswissenschaft und pädagogische Praxis. Als Hauptkriterien des Erfolgs spielbasierter Ansätze können die angeregten Lern- und Motivationsprozesse angesehen werden. Diese beiden Aspekte – Informations- und Motivationspotenzial – stehen im Fokus dieses Buchs. Der Euphorie, welche dem Ansatz computerspielbasierten Lernens zuweilen entgegengebracht wird („It is possible to get learners of *all* ages totally involved in learning *any* subject matter" (Prensky 2001, S. 33)), möchte ich mich vorerst nicht anschließen – dafür erscheinen mir aus einer um Neutralität und Distanz bemühten Perspektive zu viele Fragen unbeantwortet: Wie passt es beispielsweise zusammen, dass Lernspiele einerseits als effektive Lernumgebungen angesehen werden, die Medienwirkungsforschung jedoch genau diese Effekte im Bereich medialer Gewalt nicht übergreifend nachweisen kann (vgl. Kunczik und Zipfel 2004)? Und entfalten sich in Computerspielen und Spielhandlungen nicht Fantasie und Abgrenzungen von der Realität, die im Widerspruch zu einer authentischen Informationsvermittlung stehen? Kann ein Lernspiel, das unter dem Leistungs- und Erfolgsdruck einer institutionalisierten Unterrichtssituation gespielt wird und womöglich Grundlage einer Leistungsbewertung ist, tatsächlich ein dem freiwilligen Freizeitspiel vergleichbares Motivationspotenzial entfalten?

Dies sind die Leitfragen dieser Untersuchung. Sie werden anfangs offen formuliert; die ausdifferenzierte Fragestellung findet sich am Ende von Kapitel 3. Dies hat seinen Grund darin, dass das Verständnis der Detailfragestellung theoretische Hintergründe voraussetzt, die erst noch ausgebreitet werden müssen. Dafür wird in den ersten Kapiteln auf unterschiedliche theoretische Beiträge aus der bildungs- und medienwissenschaftlichen Literatur zurückgegriffen. Die Beiträge werden anschließend zu einer integrativen Perspektive verknüpft. Schließlich münden die theoretischen Überlegungen in eine empirische Untersuchung. Die Arbeit gliedert sich damit in sechs Teile.

Kapitel 1 widmet sich der begrifflichen Fassung des „Spiels". Es wird unterschieden zwischen der Tätigkeit des Spielens und den Spielen als regelbasierten Konstrukten. Ausgehend von den klassischen Theorien des Spiels und den neueren Game Studies werden Merkmale und Besonderheiten der beiden Phänomene herausgestellt, die für die späteren Kapitel von besonderer Bedeutung sind.

Kapitel 2 behandelt Wirkungspotenziale des Spielens und der Spiele. Im Fokus stehen jene Aspekte, um derentwillen Game-based Learning meist propagiert wird: Lernen und Vergnügen. Zur Sprache kommen nicht nur aktuelle Argumentationslinien, sondern auch ältere Beiträge aus den Theorien des Spiels. Dabei wird nach den vorher getrennten Bereichen des tätigkeitsbezogenen Spielens und der konstruktbezogenen Spiele differenziert.

In Kapitel 3 werden digitale Lernspiele ausführlich behandelt. Ausgehend von der Schwierigkeit, eine etablierte und umfassende begriffliche Definition von Lernspielen zu finden, wird ein Klassifikationssystem für digitale Lernspiele vorgeschlagen, das die (aus pädagogischer Sicht) wesentlichen Dimensionen berücksichtigt. Zudem werden die in der aktuellen Literatur gängigen pädagogischen Motive und Argumente für

Game-based Learning zusammengefasst und mit potenziellen Einwänden konfrontiert. Das Kapitel mündet in die (nun dank der geleisteten Theoriearbeit ermöglichten) Formulierungen der detaillierten Fragestellung und Arbeitshypothesen dieser Arbeit.

Kapitel 4 integriert die bisher isolierten Theoriefragmente in ein handlungstheoretisches Rahmenmodell. Grundlage ist das Modell der soziologischen Erklärung nach Hartmut Esser, das in seinen hier relevanten Aspekten dargestellt wird und in das die bisherigen Ausführungen übersetzt werden. Kernpunkt ist das Konzept des „Framings", der individuellen, aber sozial determinierten Interpretation einer Situation, die subjektiven Sinn produziert und das Denken, Fühlen und Handeln des Akteurs beeinflusst. Das Spielen (auch von Lernspielen) wird so als soziales Handeln unter Berücksichtigung des situativen Kontexts beschreib- und erklärbar. Dabei geht es um die Fragen, inwiefern die Motivation des Spielens und die Wahrnehmung der in Computerspielen eingebetteten Informationen als Lerninhalte Produkte des sozialen Framings sind. So greift das Kapitel die Differenzierung zwischen tätigkeits- und konstruktbezogenen Spielbegriffen aus Kapitel eins auf und erlaubt in Zusammenhang mit den jeweiligen Wirkungsmechanismen aus Kapitel zwei eine hypothetische Vorhersage des in Kapitel drei behandelten Potenzials.

In Kapitel 5 werden die bis dahin erfolgten theoretischen Überlegungen in eine empirische Untersuchung überführt. Das Kapitel enthält die Beschreibung, Auswertung und Diskussion einer quantitativen Studie, die im Sommer 2010 an drei Realschulen durchgeführt wurde.

In Kapitel 6 werden die gewonnenen Ergebnisse umfassend diskutiert. Die Implikationen der empirischen Studie für Theorie und Methodik der Untersuchungen werden genannt, Grenzen und Stärken der Arbeit dargestellt. Das Kapitel schließt mit einem Ausblick auf weiße Flecke der Forschungslandschaft und künftige Forschungsarbeiten.

Hinter jeder Arbeit stehen Menschen, die den jeweiligen Verfassern mit Rat und Tat zur Seite gestanden haben. Ich danke all den Personen, die mit ihrer Unterstützung zum Gelingen dieser Arbeit beigetragen haben. Meiner Lebensgefährtin Jessica Gahn danke ich innig für ihre immerwährende und kompromisslose moralische Unterstützung. Auch hat sie nicht nur den in der Endphase des Schreibprozesses zunehmend entnervten Autor geduldig ertragen, sondern stand jederzeit für kritisch-konstruktives Feedback jeglicher Art zur Verfügung. Meiner Mutter, Ellen Rebien, danke ich von Herzen dafür, dass sie mir in jeder Lebenslage fraglos und ohne Zögern den Bildungsweg ermöglicht hat, ohne den ich niemals diese

Arbeit hätte verfassen können. Peter Rödler danke ich für seinen inspirierenden Einfluss, die fachliche und persönliche Unterstützung und die Selbstverständlichkeit, mit der diese erfolgte, sowie die immer zuvorkommende und herzliche Betreuung. Auch Rudi Krawitz danke ich für seine freundliche und herzliche Unterstützung. Ich danke Stefan Müller für die organisatorische Hilfestellung und die hervorragenden Arbeitsbedingungen, die das Schreiben dieser Abhandlung ungemein erleichtert haben. Dominik Ospelt danke ich für die zuverlässige, fleißige, engagierte und fachkundige Umsetzung des Lernspielkonzepts. Und ein herzliches Dankeschön auch an die Schülerinnen, Schüler, Lehrerinnen und Lehrer der Clemens-Brentano-Realschule Koblenz, der Hermann-Gmeiner-Realschule Mendig sowie der Albert-Schweitzer-Realschule Mayen. Ohne sie hätte die empirische Studie nicht stattfinden können!

Kapitel 1

Spielen und Spiele

Der Begriff „Spiel" ist ein schwammiger Begriff. Er soll diesem Kapitel beschrieben und differenziert werden, um eine begriffliche Basis für die späteren Kapitel zu schaffen und seine für diese Arbeit zentralen Eigenschaften herauszustellen.

1.1 Spiel – ein mehrdeutiger Begriff

Betrachtet man die Literatur zu den Theorien des Spiels – sei es die Primärliteratur der Klassiker seit der Aufklärung oder die neuere Sekundärliteratur – fällt auf, dass nahezu jede Autorin und jeder Autor den eigenen Abhandlungen die entschuldigende Bemerkung voranstellt, dass die begriffliche Fassung des „Spiels" ein herausforderndes, aufreibendes, wenn nicht gar hoffnungsloses Unterfangen sei: „Eines ist auch diesen Forschungen nicht gelungen: die begriffliche Bestimmung dessen, was unter ‚Spiel' verstanden werden soll und was ‚Spiel' in seinem ‚Wesen' ist" (Fritz 2004, S. 16).

Ein erster Schritt zur Begriffsklärung ist die Unterteilung des Spielbegriffs in zwei „Unterphänomene". Hier hilft die englische Sprache, die im Gegensatz zum Deutschen zwischen Play und Game unterscheidet. Play bezeichnet das freie, mit bestimmten Merkmalen versehene Handeln, eine subjektive Haltung zum Handlungsobjekt (sei es ein Computerspiel, ein Spielzeug oder irgendein beliebiger Gegenstand) und Game ein regelbasiertes Ereignis (vgl. Juul 2005, S. 28–29; Wenz 2001, S. 269; Salen und Zimmerman 2004, S. 72–73). Juul weist ebenso wie Salen und Zimmerman darauf hin, dass beide Begriffe eng miteinander zusammenhängen. Nach Salen und Zimmerman (2004, S. 72–73) können Games als formalisierte Sonderfälle von „Play-Tätigkeiten" betrachtet werden, als mögliche, aber nicht alleinige Form von Play. Diese Perspektive ist nach Juul die gebräuchlichste.[1] Diese Sichtweise liegt auch diesem Buch zugrunde.

---

[1] Nicht aber die alleinige. Salen und Zimmerman weisen zu Recht darauf hin, dass ebenso Play als Sonderfall von Games betrachtet werden kann: Denn das Spielen von Games ist nur eine Tätigkeit neben vielen anderen denkbaren. Spiele können nicht nur gespielt, sondern auch

Im Fokus der Untersuchung liegen die Lernspiele in ihrer Dimension des Gespielt-Werdens: Der spielerische Umgang mit Lernspielen und die spezifische, sich daraus ergebende Spielhaltung gegenüber dem Spielkonstrukt (inkl. entsprechender Voraussetzungen und Folgen) stehen hier im Mittelpunkt. Fritz (2004) geht bei seinem Versuch der Beschreibung des Spiels einen ähnlichen Weg, indem er drei Dimensionen des Spiels beschreibt:

- eine *Verhaltensdimension*, die das Spiel als Form eines speziellen, durch bestimmte Merkmale beschreibbaren Verhaltens betrachtet,

- eine *Rahmungsdimension*, die das Spielgeschehen nicht der realen, sondern einer alternativen Wirklichkeit zuordnet

- sowie eine *Konstruktdimension*, die das Spiel als Gebilde von Regeln und Konventionen beschreibt.

Während sich die Konstruktdimension auf das Game im obigen Sinne bezieht, stellen Verhaltens- und Rahmungsdimensionen Teilmengen des Play dar. Das Spiel als Play ist eine Verhaltensform, die mit bestimmten Merkmalen verbunden ist, unter anderem die von Fritz genannte Zugehörigkeit zu einer alternativen Realität. Einerseits gelingt es Fritz anhand dieser Untergliederung, Konstrukte abzugrenzen, die zwar umgangssprachlich als „Spiel“ bezeichnet werden und in ihrer Verhaltensdimension auch Merkmale des Play aufweisen, mangels ihrer Rahmungsdimension aber Tätigkeitsformen mit hohem Realitätsbezug sind. Dazu gehören etwa das „Durchspielen“ neuer Ideen und Entwürfe oder das Bauen eines Baumhauses. Wie Fritz anmerkt, werden diese Tätigkeiten aus der Perspektive der Eltern, nicht aber der Perspektive der Kinder als Spiel betrachtet. Andererseits nimmt in der vorliegenden Arbeit die Rahmungsdimension, der alternative Wirklichkeitsbezug des Spielens, eine besondere Stellung ein. Daher wird hier an der zweidimensionalen Unterteilung des Spiels zwischen Play (das Rahmungs- und Verhaltensdimension vereint) und Game festgehalten. Das Spiel in seiner Verhaltensdimension (Play) soll hier fortan als das Spielen bezeichnet werden (um den Handlungsaspekt zu betonen). Der Begriff Spiel soll im weiteren Verlauf dem Konstrukt Game vorbehalten bleiben.[2]

Die Trennlinie zwischen Play und Game verläuft empirisch nicht so klar, wie die abstrakte begriffliche Trennung dies suggeriert. Die Übergänge

---

gestaltet, beschrieben, analysiert etc. werden.

[2]Davon ausgenommen sind wörtliche Zitate, die nicht zwischen Play und Game differenzieren.

zwischen beiden Phänomenen sind vielmehr fließend. Viele Autoren haben bei der Definition dessen, was sie Spiel nennen, die Eigenschaften des Game mit in ihre Beschreibung aufgenommen, obwohl sie offenbar eher das Spielen in der Handlungsdimension meinen – ein Umstand, der sicherlich auch sprachlichen Barrieren zuzuschreiben ist, da nicht nur im Deutschen das Wort „Spiel" eine ambivalente Bedeutung hat. Besonders deutlich tritt dies bei Caillois zutage. Dieser unterscheidet das Spiel und das Spielen nicht explizit, drückt aber die Dualität des Begriffs über zwei unterschiedliche Hauptkomponenten der Phänomene aus: Regelhaftigkeit und Scheinhaftigkeit. „Sie [die Spiele, d. Verf.] sind entweder geregelt oder fiktiv" (Caillois 1982, S. 15), beide Merkmale schließen sich gegenseitig innerhalb eines Phänomens aus. Caillois definiert Regelhaftigkeit und Scheinhaftigkeit daher als Pole, und je nachdem, welchem Pol eine Spielhandlung näher ist, wird sie „ludus" oder „paidia" genannt. Paidia ist „ein gemeinsames Prinzip des Vergnügens, der freien Improvisation und der unbekümmerten Lebensfreude" (ebd., S. 20). Sie entspricht also dem freien Spielen (Play). Ludus dagegen ähnelt dem Game, dem Gegenpol zur paidia, der sich durch Konventionierung und Regeln auszeichnet, die Handlungsmöglichkeiten beschränkt und das Erreichen des Spielziels erschwert.

Der Begriff „Spiel" kann also zweierlei bedeuten: Das Play meint eine bestimmte, freie Art zu handeln, und das Game verweist auf ein reguliertes Konstrukt. Diese Unterscheidung spielt im vorliegenden Buch eine zentrale Rolle: Das Spiel als Konstrukt, als Lernspiel, existiert unabhängig von der Haltung, mit der man sich ihm widmet. Lernspiele können gespielt, aber auch analysiert, bearbeitet, etc. werden. Unter dem handlungstheoretischen Fokus dieser Arbeit hilft eine solche Differenzierung dabei, das Informations- und Motivationspotenzials digitaler Lernspiele trennschärfer untersuchen zu können.

1.2 Handlungs- und Rahmungsdimension

1.2.1 Spielen vs. Ernst und Arbeit

Die Theorien des Spiels untersuchen das Spielen als Tätigkeit etwa seit der Aufklärung.[3] Die Schwierigkeiten, die sich dabei ergeben, beginnen mit der Frage, auf welche Weise das Spielen überhaupt begrifflich zu fassen sei. Ein einzelnes, eindeutiges Merkmal kann, so resümiert Wenz

---

[3]Einen Überblick über die Geschichte der Theorien des Spiels und die Vielfalt der Perspektiven liefern Scheuerl (1978) und Wenz (2001) sowie Fritz (2004, S. 89–122).

(2001, S. 270), die Komplexität und Vielseitigkeit dieses Begriffs nicht fassen. Fruchtbarer scheint es zu sein, das Spielen anderen Begriffen entgegenzustellen. Kant etwa setzt es in Opposition zur Arbeit: „Man kann beschäftigt sein im Spiele, das nennt man in der Muße beschäftigt sein; aber man kann auch beschäftigt sein im Zwange, das nennt man Arbeiten" (Kant zitiert in Scheuerl 1991, S. 30). Aufgrund des unterhaltenden Charakters des Spielens spricht sich Kant sogar explizit gegen die Vermischung von Spielen und Arbeit aus. Er vertritt die Ansicht, dass das Erlernen und Erdulden harter Arbeit eine wichtige Erziehungsaufgabe sei, die nicht durch den erholenden und mildernden Einfluss des unterhaltsamen Spielens verwässert werden dürfe. Der Gegensatz von Spielen und Arbeit findet sich auch bei Oerter (1999, S. 5): „Wer um des Geldes willen Tennis spielt, der arbeitet." Kamper (zitiert in Wenz 2001, S. 270) zieht die Opposition ebenfalls einer Definition vor: „Man kann es vielleicht mit einer Gegenüberstellung versuchen: Spiel und Ernst sind in einer Polarität, und Spiel und Arbeit sind in einer Polarität." Auch Heckhausen (1973, S. 149) sieht das Arbeiten als Kontrast zum Spielen, da Erstere langfristig, strategisch, komplex und vor allem instrumentell organisiert ist. Im Übrigen betrachtet Heckhausen das Studieren und Forschen zum Zwecke des Erkenntnisgewinns als Arbeit. Huizinga geht ebenfalls auf diese Polaritäten ein und verweist auf intersprachliche Stolperfallen:

> Der Begriffswert eines Wortes in der Sprache wird durch das Wort mitbestimmt, das sein Gegenteil ausdrückt. Dem Spiel gegenüber steht für uns der *Ernst*, in speziellerem Sinne wohl auch *Arbeit*, während dem Ernst auch *Scherz* gegenüberstehen kann. Der komplementäre Gegensatz Spiel-Ernst wird nicht überall so vollkommen durch zwei Grundwörter ausgedrückt wie in germanischen Sprachen [...]. Das Aufkommen einer Bezeichnung für *Ernst* bedeutet, daß der Begriffskomplex Spiel als selbständige Kategorie zum Bewußtsein gekommen ist. Daher kommt es, daß gerade eben die germanischen Sprachen, die den Spielbegriff so besonders weit und bestimmt konzipiert haben, auch seinen Gegensatz so eindrucksvoll benannt haben. (Huizinga 2006, S. 55-56, Hervorheb. i. O.)

Huizinga fügt hinzu, dass der Ernst zwar erschöpfend als Negation des Spielens beschrieben werden kann, das Spielen jedoch eine eigene Kategorie darstellt und daher nicht eindeutig als Nicht-Ernst definiert werden kann. Schließlich können Kinder beim Spielen durchaus mit Ernst – entschlossen, ohne Lachen – bei der Sache sein (vgl. ebd., S. 14) (ein Aspekt, der auch von Chateau (1976) betont wurde). Doch auch, wenn das Spielen ernst und verbindlich vonstatten gehen kann, ist es unverbindlich hinsichtlich der realen Welt (Fritz 2004, S. 31). Zudem dürfte davon auszugehen sein, dass der Ernst beim Spielen und der Ernst im „wirklichen", täglichen Leben nicht wirklich miteinander vergleichbar sind. Das folgende Kapitel wird diesen Aspekt etwas näher beleuchten.

Ein weiterer interessanter Gegensatz des Spielens begegnet uns bei verschiedenen Autoren im Kontext von Game-based Learning: dem des Spielens und des (institutionalisierten) Lernens. Meier und Seufert berichten:

> Insbesondere im deutschsprachigen Raum herrscht nach wie vor eine Lernkultur vor, in der Lernen als eine ernste Angelegenheit und harte Arbeit verstanden wird. „Spiel" und „Spielen" sind im betrieblichen Kontext negativ belegt. Während die Aufhebung der Trennung von Lernen und Arbeiten in separaten Lebensphasen und die Notwendigkeit von lebenslangem Lernen mittlerweile weithin akzeptiert ist, gilt dies für die Integration von Spielen, Lernen und Arbeiten noch lange nicht. (Meier und Seufert 2003)

Diese Beobachtung macht auch Herkersdorf (2010, S. 128): Gerade in Unternehmen sei der Begriff „Spiel" negativ besetzt und wecke Assoziationen an den Gegensatz zum „ernsten Arbeiten" – für Herkersdorf eine mögliche Erklärung für den Umstand, dass Game-based Learning sich in Deutschland im Vergleich zu anderen Ländern bislang kaum durchgesetzt hat. Doch auch in anderen Ländern ist dieser Kontrast nicht unbekannt. So stellt auch Gee (2007, S. 43) fest: „When we think of games, we think of fun. When we think of learning we think of work." Dabei fällt auf, dass sich diese Äußerungen meist auf institutionalisierte Formen des Lernens, etwa Schule, Aus- und Weiterbildung, beziehen. Den eben genannten Ausführungen ist also gemein, dass sie das Lernen aus der Perspektive der Lernenden betrachten und unterstellen, dass diese ihm eher den Charakter der Arbeit als des Spielens zuschreiben. Das ist insofern interessant, als sich nach (nicht immer expliziter) Ansicht einer Vielzahl von Autoren offenbar mit der Institutionalisierung des Lernens in Aus- und Weiterbildung ein Wandel vollzieht: Erfolgt das frühkindliche Lernen noch spielerisch, wird es in der Schule mehr und mehr zu Arbeit.

Die Idee, das institutionalisierte Lernen als Arbeit und Ernst zu werten, soll in dieser Arbeit eingehend verfolgt und auf Lernspiele übertragen werden. Schließlich steht hier die Frage im Vordergrund, ob Game-based Learning eher dem „Ernst" zuzuordnen ist und ob es daher weniger Spaß als das freie Spielen macht, jedoch in seiner inhaltlichen Dimension als „ernstzunehmender" erachtet wird. Man wird dem Wesen des Spielens jedoch nicht gerecht und gelangt auch auch nicht zu einer differenzierten Sichtweise, wenn man es ausschließlich als Gegensatz zum Ernst betrachtet. Schließlich ist damit noch kein Aufschluss darüber gegeben, was denn nun den Ernst der Sache ausmacht. Mehr inhaltlichen Bestand erhält die Auseinandersetzung mit dem Begriff, wenn man das Spiel als Phänomen mit spezifischen Einzelmerkmalen betrachtet, deren Summe die Besonderheiten des Spielens ausmachen. Damit sollte es möglich sein zu begründen, warum Spielen nicht Ernst ist und worin genau sich die Opposition der beiden Begriffe manifestiert. Der folgende Abschnitt geht darauf genauer ein.

1.2.2 Merkmale des Spielens

Es existiert eine Vielzahl von Versuchen, das Phänomen des Spielen über seine Merkmale zu definieren. Im deutschsprachigen Raum dürfte die umfassendste Zusammentragung dieser Bemühungen die phänomenologische Wesensbestimmung des Spielens von Scheuerl (1979) sein, der die Werke der Hauptvertreter aus etwa 250 Jahren Theoriegeschichte untersucht und Gemeinsamkeiten identifiziert hat. Den Rahmen für die vorliegende Arbeit jedoch der niederländische Historiker und Kulturphilosoph Johan Huizinga (Huizinga 2006). Nahezu alle folgenden, internationalen Autoren nehmen Huizinga als Ausgangspunkt ihrer Überlegungen und bauen auf seinen Ausführungen auf. Dementsprechend erfolgt die Auflistung der Merkmalsbeschreibungen auch hier nach Huizinga; Ergänzungen anderer Autoren werden den von ihm aufgestellten Merkmalen untergeordnet. Dabei spielt es keine Rolle, ob eine Handlung die genannten Merkmale „objektiv" oder aus der Sicht Unbeteiligter aufweist: „Die Beurteilung, ob es sich [...] um spielerisches Verhalten handelt, muss aus der Perspektive [...] [der Spielenden, d. Verf.] beurteilt werden" (Fritz 2004, S. 18). Huizinga fasst die Merkmale des Spielens in der folgenden Definition zusammen:

> Der Form nach betrachtet, kann man das Spiel also zusammenfassend eine *freie Handlung* nennen, die als *‚nicht so gemeint'* und *außerhalb des gewöhnlichen Lebens* stehend empfunden wird und trotzdem den Spieler *völlig in Beschlag nehmen kann, an die kein materielles Interesse geknüpft ist und* mit der *kein Nutzen* erworben wird, die sich *innerhalb einer eigens bestimmten Zeit und eines eigens bestimmten Raums* vollzieht, die *nach bestimmten Regeln* ordnungsgemäß verläuft und Gemeinschaftsverbände ins Lebens ruft, die ihrerseits sich gern mit einem *Geheimnis umgeben oder durch Verkleidung als anders von der gewöhnlichen Welt* abheben. (Huizinga 2006, S. 22, Hervorheb. d. Verf.)

Auf die einzelnen, hervorgehobenen Merkmale soll im Folgenden genauer eingegangen werden. Vorher sei jedoch darauf verwiesen, dass Huizinga seine Ausführungen auf höhere Formen des Spielens, insbesondere Spiele(n) sozialer Art, bezieht. Primitive Formen, etwa das Spielverhalten kleiner Kinder oder das von Tieren, lässt er außen vor, weil es ihm insbesondere um die kulturelle Dimension des Spielens geht und das primitive Spiel gar nicht analysierbar sei (ebd., S. 15–16).[4] Huizingas Perspektive eignet sich meines Erachtens daher besonders gut für die vorliegenden Arbeit, da diese ebenfalls höhere Formen des Spielens (mit sozialen und kulturellen Bezügen) in der Handlungsdimension fokussiert.

Merkmal 1: Freiheit und Folgenlosigkeit

Nicht zufällig nennt Huizinga das Merkmal der Freiheit (im Sinne von Freiwilligkeit und Unabhängigkeit) an erster Stelle, sieht er in ihm doch ein konstitutives Merkmal des Spielens: „Befohlenes Spiel ist kein Spiel mehr. Höchstens kann es aufgetragenes Wiedergeben eines Spiels sein" (ebd., S. 16). Das Spielen hat seinen Platz in der Freizeit und unterliegt keiner Notwendigkeit oder Pflicht, sondern wird nur des ihm eigenen Vergnügens wegen gespielt. Das Spielen ist eine freie Handlung.

Bei Fritz (2004, S. 17) erscheint dieser Aspekt unter dem Begriff der „Selbstbestimmtheit". Spielende handeln aufgrund subjektiver Antriebe, nicht auf der Basis externer Bestimmungen und Intentionen. Das Spielen folgt keinem Handlungsdruck von außen. Hierhin sieht Fritz die Chance für den Spielenden, persönliche Freiheit zu erleben und die eigenen Möglichkeiten zu entfalten.

Wo kein Zwang ist, da sind auch keine Sanktionen: Das Spielen ist frei von negativen Folgen. Hierin sieht Oerter (1999) einen Bezug zu anderen Merkmalen des Spielens und die Möglichkeit zur freien Entfaltung: Die Folgenlosigkeit des Spielens macht es zu einer Tätigkeit, in der das Kind sich entfalten kann.

Caillois betrachtet das Spielen ebenfalls als eine freiwillige Handlung. Zwang verdirbt das Spielen und die Freude daran: „Ein Spiel, an dem teilzunehmen man sich gezwungen sähe, wäre eben kein Spiel mehr" (Caillois 1982, S. 12).

---

[4]Mit seinen höheren Spielformen berührt Huizinga durch seine Betonung von Gemeinschaftsformen und Regeln die von hier als Games klassifizierten Formen, überschreitet die Grenze zwischen beidem meines Erachtens aber nicht. Schließlich spricht Huizinga bei seiner zusammenfassenden Definition selbst vom Spielen als *Handlung*.

Merkmal 2: Kontrast zur Realität

Das Spielen findet außerhalb des eigentlichen, gewöhnlichen Lebens statt. Beim Spielen handeln die Menschen „bloß zum Spaß" (Huizinga 2006, S. 16). Dadurch, dass es außerhalb des gewöhnlichen Lebens steht, gewinnt das Spielen seine (als erstes Merkmal genannte) Freiheit und die (als viertes Merkmal genannte) Uninteressiertheit gegenüber alltäglichen Notwendigkeiten und Zwecken. Es ist ein „Intermezzo im täglichen Leben" und eine „Betätigung in der Erholungszeit und zur Erholung" (ebd., S. 17).

Auch bei Fritz findet sich dieses Merkmal. Das Spielen befreit den Menschen vom Zwang alltäglicher Routinen: „Der Mensch erlebt spielesrisches Verhalten als Kontrast zu regulierten und formalisierten Arbeits- und Handlungsabläufen, denen er im täglichen Leben unterworfen ist" (Fritz 2004, S. 17–18).

Merkmal 3: Spannung, Ungewissheit und Vergnügen

Huizinga misst dem unterhaltenden Wert des Spielens große Bedeutung bei, sieht ihn gar als „ureigen" für das Spielen an und kritisiert die NichtBeachtung dieses Merkmals bei früheren Autoren als Unzulänglichkeit (Huizinga 2006, S. 11). Er verknüpft es eng mit dem dem Spielen eigenen Wechselspiel zwischen Spannung und Entspannung (ebd., S. 19), der Ungewissheit und der Chance. Besonders deutlich tritt dieses Spannungselement bei jenen Spielhandlungen zutage, bei denen Spieler miteinander in körperlichen und geistigen Fähigkeiten (oder auch nur in ihrem Glück) wetteifern.

Als „Wagnis und Experiment" begegnet uns das Spannungsmoment des Spielens auch bei Fritz (2004, S. 18). Die Unsicherheit, ob die Aufgabe wirklich bewerkstelligt werden kann, macht das Spielen spannend.

Oerter stellt sich die Frage, was beim Spielen, also „einer Tätigkeit, die außerhalb der Aktivität und des unmittelbaren Ergebnisses keinen Effekt hat und keinen Wert besitzt, so attraktiv ist" (Oerter 1999, S. 6). Eine mögliche Antwort sieht er im intrinsisch motivierenden Wert des Spielens, bei der die Tätigkeit selbst belohnend wirkt.

Das Merkmal der Ungewissheit wurde auch von Caillois als formales Kennzeichen des Spielens formuliert: „Es ist überdies eine unbestimmte Tätigkeit. Es muß bis zum Ende ein Zweifel über den Ausgang bestehen" (Caillois 1982, S. 14). Die Ungewissheit erzeugt eine Spannung, die von den Spielenden als unterhaltend erlebt wird. Das Merkmal der Überraschung ist für Caillois derart bedeutsam, dass er eine Tätigkeit, deren Resultat und Ablauf bereits im Voraus feststehen, nicht als Spielen bezeichnet. Die Unbestimmtheit beim Spielen hält seinen Ablauf und Ausgang offen und macht es unvorhersehbar.

Merkmal 4: Zweckfreiheit

Das vierte Merkmal kennzeichnet das Spielen als Tätigkeit, die nur sich selbst dient. „Uninteressiertheit" gegenüber äußerem Nutzen und materiellem Interesse sind wesentliche Merkmale des Spielens (Huizinga 2006, S. 16). Das Spielen ist frei von beabsichtigten Handlungsergebnissen. Das Spiel steht „außerhalb des Bereichs des direkten materiellen Interesses oder der individuellen Befriedigung von Lebensnotwendigkeiten" (ebd., S. 18), es unterbricht oftmals sogar Prozesse, die eines externen Nutzens wegen ausgeführt werden. Das Spielen wird, hierin liegt eine enge Verbindung zum ersten Merkmal, allein um seiner selbst willen und der sich beim Spielen einstellenden Befriedigung verrichtet. Kurzum: „Das Spiel ist überflüssig" (ebd., S. 16), zumindest, was seine Beziehung zu den ernsten Dingen des Lebens angeht.

Diesen Aspekt bemerkt auch Heckhausen, der ihn als das prominenteste Kennzeichen des Spielens bezeichnet. Gespielt wird lediglich zum reinen Selbstzweck und stets mit dem „wohltuenden Grundgefühl des ‚Ich-muß-ja-nicht'" (Heckhausen 1973, S. 135). Damit ist das Spielen ein freiwilliger Prozess, der einen Kontrast zu jenen instrumentellen Tätigkeiten bildet, die der Erfüllung von Notwendigkeiten dienen. Während Letztere externen Erfordernissen gewidmet sind, ist das Ziel des Spielens die Aufrechterhaltung seiner selbst.

Auch für Oerter ist die Zweckfreiheit ein konstitutives Merkmal des Spielens. Es unterscheidet das Spielen von der Arbeit, bei der die Folgen im Mittelpunkt des Tuns stehen. Gespielt wird nur um des Spielens selbst willen, vielleicht noch für das Spielergebnis, keinesfalls jedoch für die Folgen. Daher: „Rücken die Folgen ins Blickfeld, dann wandelt sich das Spiel in Arbeit" (Oerter 1999, S. 5). Das Ausblenden fördert Kreativität und Entfaltung, denn nur so werden Fähigkeiten ausprobiert, „die unter funktionalem Druck (nämlich wirklich ein Ergebnis zu erzielen) wohl nie ausprobiert würden" (ebd., S. 6).

Merkmal 5: Zeitliche und räumliche Ausgrenzung

Der weiter oben als zweites Merkmal genannte Kontrast des Spielens zur Realität hängt unmittelbar mit dem fünften Merkmal des Spielens zusammen: seiner Abgeschlossenheit und Begrenztheit (Huizinga 2006, S. 18). Das Spielen ist zum einen zeitlich begrenzt. Ist es zu Ende, kann es jederzeit wiederholt werden, sowohl als Ganzes wie auch in Anteilen. Weiterhin verfügt es über räumliche Grenzen. Diese können materialer Art (etwa in Form eines Spielplatzes, einer Bühne oder einer Arena) oder nur gedacht sein. Huizinga nennt in diesem Zusammenhang den Begriff „Zauberkreis", den er ursprünglich als eine Form einer materiellen, räumlichen Begrenzung des Spielens meinte (Huizinga 2006, S. 18). Der Begriff ist von den angloamerikanischen Autoren insbesondere im Kontext der Game Studies als Metapher für die ideelle Abgrenzung der Spiele von der Realität gewählt worden und kursiert seitdem auch in deutschsprachigen Abhandlungen unter der Bezeichnung *Magic Circle*. Der Begriff ist ein Sinnbild für die zeitliche und räumliche Verkapselung des Spielens und soll auch im vorliegenden Buch die Grenzen des Spielens symbolisieren, innerhalb derer sich alle seine Merkmale entfalten und außerhalb derer Ernst, Realität und Alltag herrschen.

Wenn das Spielen auch innerhalb ideeller Grenzen stattfinden kann, braucht es seitens der Spielenden die Fähigkeit, das Verhalten ihrer Interaktionspartner zuverlässig auf der richtigen Seite des Magic Circles zu verorten.[5] Räumliche und zeitliche Grenzen des Spielens werden im Voraus definiert. Spieler, die sie übertreten, müssen damit rechnen, bestraft oder gar disqualifiziert zu werden (Caillois 1982). Fritz bezeichnet diese Eigenschaft als „Rahmungskompetenz", als Fähigkeit, „zwischen realer Welt und Spielwelt unterscheiden zu können" (Fritz 2004, S. 30). Die Konstitution eines Magic Circle erfolgt durch die Definition einer Handlung als „Spielen", also durch eine (soziale) Etikettierung. Über die Fähigkeit, einem Gegenüber mitzuteilen, dass das eigene Handeln nur als „Spielen" und nicht ernst gemeint ist, verfügen bereits Kleinkinder und selbst Tiere. Pellegrini und Galda (zitiert in Oerter 1999, S. 11) stellten fest, dass diese Fähigkeit nicht bei allen Kindern gleich stark ausgeprägt ist: Sozial kompetenten Kindern fällt dies leichter als sozial weniger kompetenten. Letztere interpretieren das spielerisch gemeinte Raufen häufiger als Kampfhandlung und „machen dann ernst" (auf S. 219 ff. wird näher auf die Kommunikation von Spielgrenzen eingegangen).

Merkmal 6: Regeln

Innerhalb der Grenzen des Magic Circles hat und verlangt das Spiel eine eigene Ordnung. Abweichungen von dieser Ordnung verderben das Spiel und nehmen ihm seinen Wert. Hier sieht Huizinga das sechste Merkmal des Spielens: die Spielregeln (Huizinga 2006, S. 20–21). Diese definieren

---

[5]In Abschnitt 4.3.5 wird dieser Vorgang eingehend behandelt.

die innerhalb des Magic Circles herrschenden Gesetze. Einmal festgelegt, haben sie verbindliche Geltung, sind eindeutig und lassen keine Zweifel zu. Huizinga unterscheidet in diesem Zusammenhang auch zwischen dem Falschspieler und dem Spielverderber: Während der Falschspieler wenigstens noch nach außen so tut, als würde er sich auf das Spiel einlassen, ignoriert Letzterer gar die das Spielgeschehen umgebenden, räumlichen und zeitlichen Grenzen und „nimmt dem Spiel die Illusion" (ebd., S. 20). Der Spielverderber zerstört den Spielprozess und zieht damit den Zorn der anderen Spielenden auf sich.

Regeln haben beim Spielen auch für Caillois (1982) eine große Bedeutung. Sie unterscheiden sich von den Regeln der gewöhnlichen Welt, sind autonom, autark und verbindlich. Die Regeln werden als Konvention von den Spielenden geschaffen.

Die Regelhaftigkeit gilt auch bei Oerter (Oerter 1999, S. 17–18) als Kennzeichen des Spielens. Sie kommt in der ritualisierten Form des Spielens zur Geltung und hat auch hier die Funktion, dem Geschehen eine eigene, vom Alltag entkoppelte Ordnung, Geborgenheit und Sicherheit sowie den Status des Besonderen zu verleihen.

Merkmal 7: Scheinwelt, Verkleidung und Andersartigkeit

Regeln und die durch den Magic Circle symbolisierten Grenzen des Spielens schaffen eine eigene Spielwelt. Menschen, die zu spielen beginnen, betreten eine andere Welt. Bräuche und Gesetze, sogar Einstellungen und umfassendere Bereiche des Lebens unterscheiden sich zwischen Spielwelt und Realität. Huizinga spricht von einer „zeitweilige[n] Aufhebung der ‚gewöhnlichen Welt'" (Huizinga 2006, S. 21). Hier zeigt sich eine enge Verwandtschaft zum zweiten Merkmal, dem Spielen als Kontrast zur Realität. Während der Kontrast die täglichen Routinen unterbricht, um Raum für Erholung zu schaffen, rückt die Verkleidung und Andersartigkeit Unterschiede in Sinn und Bedeutung zwischen Spielwelt und Realität in den Vordergrund. Huizinga verdeutlicht dies, indem er vom Spielen als Maskierung und Verkleidung spricht (ebd., S. 21), die Aufhebung und das neue In-Beziehung-Setzen von Gestalt und Bedeutung beschreibt. Das zwischen den Spielenden im Magic Circle vorherrschende Selbstverständnis „Wir ‚sind' und wir ‚machen' es anders" (ebd., S. 21) wirkt gemeinschaftsbildend: Die Außergewöhnlichkeit ihres Spielens macht die Spielenden zu Verbündeten gegenüber den „ernsten" Menschen außerhalb.

Unter dem Titel „Spiel als Spielwelt" befasst sich auch Fritz (2004, S. 27–32) mit der Verschiedenheit von Spielwelt und Realität. Er verweist darauf, dass Erwachsene das Tun von Kindern oftmals der Spielwelt zuordnen, bspw. das Bauen eines Unterstandes aus Ästen und Zweigen, obwohl die Kinder ihre Handlung gerade nicht als „anders" oder „als ob" betrachten: Denn sie tun ja nicht so, als würden sie das Schloss Bellevue bauen, sondern sie bauen einen Unterstand und meinen es auch so. Äußere Form und innere Bedeutung ihres Tuns decken sich. Die „Rahmung" eines Tuns als Spiel (oder Ernst) kann also nur durch die Spielenden selbst, nicht aber durch ihr von außen beobachtbares Verhalten erfolgen. Der subjektive Sinn des Handelns (vgl. den Handlungsbegriff in Abschnitt 4.3.1) ist ausschlaggebend für die Einordnung eines Handelns als Spielen oder Ernst. Für Fritz stellt sich die Andersartigkeit der Spielwelt folgendermaßen dar:

> Im Vergleich zur Spielwelt kann man die Konstruktionen der realen Welt als „fest", verbindlich und folgenreich betrachten. Die Konstruktionen in der Spielwelt sind weitaus flüchtiger, unverbindlicher, zufälliger. Sie entstehen, vergehen, verwandeln sich und unterliegen einem fortwährenden Prozess der Veränderung. In der Spielwelt übersteigt der Mensch die Festlegungen seiner realen Welt für einige Zeit. Die Spielwelt gibt ihm die Möglichkeit für kurzfristige Aufenthalte in anderen möglichen Welten. Der Mensch verlässt für einige Zeit die „Sandbank" seiner „Realität", um im „Fluss der Möglichkeiten" als ein anderer anders leben zu können [...]. Der spielende Mensch bestätigt nicht die reale Welt, sondern entwickelt mit „Bausteinen der Wirklichkeit" neue Welten – teilweise der realen Welt genau entgegengesetzt, sie parodierend und sich über sie hinwegsetzend. (Fritz 2004, S. 27–28)

Die Spielwelt ist also eine andersartige und sich stetig weiter verwandelnde Welt. Gerade die spielerische Verwandlung wurde von Piaget als wichtiger Aspekt bei der kindlichen Entwicklung angesehen, ermöglicht sie dem Kind doch die Kontrolle von Phänomenen beim Spielen, die ihm in der realen Welt versagt bleibt, und übt so eine kompensierende Wirkung auf das Kind aus (vgl. die Ausführungen auf S. 31 ff. in diesem Buch).

Caillois nennt das Spielen aufgrund seiner Scheinhaftigkeit gar eine „fiktive Betätigung" (Caillois 1982, S. 16). Es ist eine zweite Realität bzw., gemessen am gewöhnlichen Leben, eine Irrealität. Auch er betrachtet damit das Als-ob-Gefühl, die Scheinhaftigkeit des Spielens, als entscheidendes Merkmal.

Bei Heckhausen ist die Spielwelt ebenfalls eine Scheinwelt: „In der Quasi-Realität wird Realität handelnd abgebildet, nachgeschaffen, unter Umständen ‚erhöht', und zwar unter zeitlicher und räumlicher Ausgrenzung sowie unter bestimmten Bedeutungssetzungen" (Heckhausen 1973,

S. 147). Die so gebildete Scheinhaftigkeit der Spielwelt benötigt für ihre Aufrechterhaltung die Abgrenzung von der Wirklichkeit. Ebenso macht sie es möglich, dass das Spielhandeln unkomplizierter und unmittelbarer als in der Wirklichkeit erfolgt. Nur diese durch Andersartigkeit erreichte Einfachheit und Direktheit bereiten den Weg für die schnelle Abfolge von „Aktivierungszirkeln", die das Spielen so lustvoll machen (vgl. die Ausführungen in Abschnitt 2.2.2). Gleichzeitig bringt die Aufhebung des Realitätsbezugs Abwechslung, Kurzweil und Spannung.

Auch Oerter stellt fest, „daß im Spiel eine andere Realität konstituiert wird, als sie im üblichen Kontext erfahren und gelebt wird" (Oerter 1999, S. 9). Tätigkeiten und Erscheinungen werden aus der realen Welt herausgelöst und verwandelt in die Spielwelt überführt, bspw. soziale Rollen, Alltagshandlungen und soziale Situationen. Auch hier liegt das Motiv in der Erreichung eines bestimmten „Ich-Erlebens": „Anspannung und Lösung, Selbststeigerung, fiktive Existenzbedrohung als Risiko" (ebd., S. 11).

Anmerkungen

So weit zu den Merkmalen des Spielens. Sie kennzeichnen einerseits eine personale Handlungskomponente, nämlich den subjektiven Sinn, der dem eigenen Tun zugrunde liegt. Sie sind aber auch Gegenstand sozialer Interaktion, da die Interaktionspartner über Ausrichtung des Handelns – Spielen oder Nichtspielen – informiert werden müssen, um Missverständnissen vorzubeugen.

Die Merkmale sind eng miteinander verwoben, weshalb einige Autoren die Eigenschaften des Spielens auch zu weniger, grobkörnigeren Merkmalen zusammengefasst haben, beispielsweise Oerter (ebd.). Das Moment der Freiheit bspw. hängt eng mit dem Merkmal der Folgenlosigkeit zusammen; die Schaffung von Grenzen ermöglicht überhaupt erst die Manifestation einer alternativen Realität und Folgenlosigkeit, der Kontrast zur Realität ergibt sich aus all den übrigen Merkmalen, die das Spielen zu einem ganz besonderen Handeln machen. Von beispielloser Ökonomie sind die Ausführungen Piagets (2003), der bei Begriffsbestimmung des Spielens mit nur einem einzigen Merkmal auskommt: der *Assimilation*. Assimilation meint die akteursseitige Anpassung von Reizen aus der Umwelt an individuelle Strukturen, das Einverleiben und Einpassen von Eindrücken an subjektives Wissen, Können und Werte.[6] Die Assimilation

---

[6]Im Gegensatz dazu werden Anpassungen der subjektiven Struktur an äußere Umstände (z. B. in Form der Bildung von Schemata) von Piaget Akkomodation genannt (vgl. Zimbardo und Gerrig

ist für Piaget das grundlegendste Merkmal des Spielens überhaupt. Alle anderen in der Literatur gängigen Wesensmerkmale lassen sich auf sie zurückführen: Selbstzweck, Freiheit, Vergnügen, Nutzlosigkeit etc. sind nach Piaget nichts weiter als sichtbare Folgen einer assimilierenden Verwandlung äußerer Sachverhalte in die subjektive Spielwelt (vgl. Piaget 2003, S. 189–194). Das Spielen als assimilativer Pol geistiger Aktivitäten ist demnach „die Loslösung einer Erfahrung, ihre Zubereitung und Formung mit dem Ziel, diese Erfahrung [...] in das eigene Verstehen völlig einbauen [zu können, d. Verf.]" (Flitner 2002, S. 61). Assimilation ist somit ein Handeln, das von den objektiven Parametern der sozialen Situation Abstand nimmt und sich ausschließlich den inneren, personalen Elementen zuwendet.

Aus den Ausführungen wird ersichtlich, dass die Bestimmung des Spielens nur auf der Basis der inneren Einstellung erfolgen kann, die das jeweilige Handeln begleitet. Ob jemand spielt oder arbeitet, ob er etwas im Spiel oder Ernst meint, kann nur er selbst beantworten. Mancher Lehrer mag seine Schwierigkeiten haben, eine Rangelei zwischen zwei Schülern auf dem Pausenhof angemessen zu beurteilen: Liegt dem Handeln der beiden ein handfester Streit zugrunde oder raufen sie nur aus Spaß? Die konkret Handelnden können die Ausrichtung ihres eigenen Handelns dagegen kommunizieren – etwa über die simple, aber alles klärende Aussage „Das ist doch nur Spiel!" Ob ein Tun als Spiel zu begreifen ist oder nicht, erschließt sich also nur aus dem subjektiven Handlungssinn des Akteurs. Dies bedeutet aber keineswegs eine Hinkehr zu einer subjektivistischen Sichtweise, wie sie bspw. vom radikalen Konstruktivismus gepflegt wird: Auch wenn Spielhandlungen nur unter Berücksichtigung der subjektiven Sicht des Akteurs betrachtet werden sollten, finden diese Handlungen immer in einem sozialen – und damit in gewissem Maß objektiven – Kontext statt. In dieser Arbeit wird die Sichtweise vertreten, dass sich das subjektiv sinnhafte Handeln immer an den objektiven Bedingungen der sozialen Situation orientiert (mehr dazu ausführlich in Abschnitt 4.2.5).

1.3 Konstruktdimension

Die Differenzierung zwischen den Spielen als Konstrukten und dem Spielen als Handlung folgt vorrangig methodischen Intentionen. In der Literatur sind die Übergänge oft eher fließend. Als Beispiel sei Caillois

---

2003, S. 462–463).

(1982) erwähnt, der mit „Spiel" sowohl die Tätigkeit wie auch das Konstrukt meint und es nach „paidia" und „ludus" ausdifferenziert. Ersteres bezeichnet die freie Tätigkeit (das Spielen, Play) und Letzteres das regelgeleiteten Konstrukt (das Spiel, Game). Aber auch in der Praxis können die Grenzen zwischen Handlung und Konstrukt verschwimmen. So ist es durchaus denkbar, dass zwei Kinder völlig frei im engsten Wortsinn mit Bauklötzen „herumspielen", sie nach Belieben stapeln und verbauen. Mit der Zeit entwickelt sich vielleicht eine wiederholbare Form, es bildet sich ein erstes, noch unverbindliches Spielkonstrukt: Die Spielenden konzentrieren sich darauf, möglichst hohe und wackelige Türme zu bauen, agieren aber ansonsten immer noch völlig frei und ohne auf ein vorher festgelegtes, konkretes Ziel hinzuspielen. Schließlich aber gewinnt die bislang verschwommene Form des Spielkonstrukts eine deutliche Kontur: Es gilt nun, mit den vorhandenen Klötzen einen stabilen Turm zu bauen und diesen dann abwechselnd durch das Entfernen von Steinen unsicherer werden zu lassen. Stürzt der Turm bei der Entnahme eines Bauklötzchens zusammen, hat der Spieler, der gerade am Zug war, verloren. Damit sind Sieg und Niederlage als mögliche Ausgänge definiert, Bedingungen für beides formuliert worden, und es wurden klare Regeln für erlaubte und verbotene Handlungen festgelegt. Das freie Spielen ist zu einem Spielkonstrukt, das Spielzeug zu einem Spiel, mit „Jenga" (Scott 1989) gar einem kulturellen Artefakt geworden. Beim Spielen gab es weder Verlierer noch Gewinner, beim Spiel dagegen ist es zentrales Spielelement, einen solchen Ausgang herbeizuführen. Während das Spielen als Play eine anhand der im vorangegangenen Kapitel beschreibbare Tätigkeit und Geisteshaltung meint, meint das Spiel als Game ein Konstrukt, das durch Regeln und andere Vorgaben den Alternativenraum der Spielenden absteckt.

Aber auch wenn man die Konstruktdimension des Spiels fokussiert, begegnet einem doch immer noch eine eigentümliche Doppeldeutigkeit: Ein Spiel kann sowohl ein kulturelles Artefakt sein (bspw. das materiell vorliegende Skatspiel mit seinen 32 Karten oder ein Computerspielprogramm), aber auch die Situation, in der Akteure mit diesem Objekt interagieren (etwa die Herrenrunde, die ganz in ihr Skatspiel vertieft ist). Beide Formen sind Konstrukte: einmal materieller Art, einmal abstrakter und psychosozialer Art (so wie nach Berger und Luckmann (2009) die ganze Gesellschaft ein soziales Konstrukt ist, das nur als Interaktionsform und psychisches Modell in den Köpfen der Akteure existiert und keine direkte, materielle Verkörperung hat). Spiele in diesem Sinne sind Betrachtungsgegenstand der noch recht jungen Disziplinen der Ludologie und der Game Studies. Für Fritz ist das Spiel in seiner Konstruktdimension die geistige Struktur der Spielwelt und zugleich ihr konsensueller Hintergrund. Die Konstruktdimension des Spiels ist das „Drehbuch" für potenzielle Spielprozesse und das „Skript", das den Spielern die notwendigen Orientierungshilfen bietet. Sie bezeichnet die strukturellen Vorgaben einer Spielwelt und steckt damit Ziele, Verhaltensweisen, Möglichkeiten und Grenzen der Spieler im Rahmen dieser Spielwelt ab. (Fritz 2004, S. 32)

Beim Spielen mit den Bauklötzen waren die durch Regeln definierten Ziele, Verhaltensweisen, Möglichkeiten und Grenzen der Spieler noch undeutlich, unverbindlich und variabel. Beim Jenga-Spiel hingegen ist die Befolgung von Regeln zentrales Element.

1.3.1 Eigenschaften von Spielen

Die Regelhaftigkeit ist vielleicht die wichtigste, hervorstechendste Eigenschaft aller Games. Die Regeln sind bei Spielen viel präsenter, strukturierter und verbindlicher als beim Spielen als Handlung. Juul (2005) macht diese zu einem zentralen Betrachtungsgegenstand seiner Game Studies. Aus den Arbeiten anderer Autoren (Huizinga, Caillois, Suits, Avedon und Sutton-Smith, Crawford, Kelley sowie Salen und Zimmerman, vgl. Juul (ebd., S. 30)) leitet Juul eine Begriffsbestimmung von Spielen ab, die Geltung sowohl für jahrtausendealte Spiele als auch aktuelle Videospiele beansprucht. Dabei sollen Spiele auf drei Ebenen beschrieben werden: erstens als durch die Spielregeln gebildetes System, zweitens in ihrer Beziehung zum Spieler und drittens in der Beziehung ihres Gespielt-Werdens zum Rest der Welt. Juuls Definition von Spielen lautet:

> A game is a rule-based system with a variable and quantifiable outcome, where different outcomes are assigned different values, the player exerts effort in order to influence the outcome, the player feels emotionally attached to the outcome, and the consequences of the activity are negotiable. (Juul 2005, S. 36)

Damit sind sechs Eigenschaften von Spielen genannt, die im Folgenden näher erläutert werden sollen.

Spiele enthalten erstens *Regeln.* Diese sind klar und eindeutig formuliert (bzw. sollten es sein). Bei digitalen Spielen ermöglicht diese Eindeutigkeit erst, dass das Spiel überhaupt von einem Computer verwaltet werden kann, und bei analogen Spielen führen Unklarheiten zu einer Unterbrechung des Spiels. Die Regeln sind zudem verbindlich. Hier gilt all das, was in Abschnitt 1.2.2 zu den Regeln beim Spielen genannt wurde.

Spiele haben zweitens ein *variables und quantifizierbares Ergebnis*. Ein Spiel muss prinzipiell zu unterschiedlichen Ausgängen führen können. Diese Unsicherheit im Ergebnis des Spiels ist für Juul zentral und unterscheidet „Kinderspiele" wie Tic Tac Toe (welches, sobald die beteiligten Spieler den Dreh heraus haben, immer auf ein Unentschieden hinausläuft und damit auch seinen Reiz verliert) von „richtigen" Spielen. Hier könnte man einwenden, dass Computerspiele eigentlich immer zum gleichen Ausgang führen: Der Spieler hat am Ende all seine Gegner besiegt, und auch ein weiteres Durchspielen wird zu diesem Ergebnis führen (abgesehen von sehr dynamischen Spielen wie Blade Runner (Westwood Studios 1997) oder Deus Ex (Ion Storm 2000), die je nach Spielverlauf zu unterschiedlichen Ausgängen führen können). Hierbei wird jedoch übersehen, dass die narrative Struktur des Mediums zwar immer gleich ist, die Interaktion mit dem Spiel bei jeder Spielsitzung jedoch variiert: Es ist zu Beginn des nächsten Levels offen, ob der Spieler ohne Verluste zum Ende des Levels vordringt oder an einer Stelle im Level scheitert. Das Spiel als reines Artefakt hat immer den gleichen Ausgang, das Spiel in seiner Dimension des Vom-Spieler-gespielt-Werdens verläuft bei jeder Spielsitzung prinzipiell offen. Das Ergebnis des Spiels ist nicht nur jedes Mal variabel, sondern immer auch quantifizierbar: Wie der Ausgang des Spiels zu werten ist, ist eindeutig und steht nicht zur Diskussion. Die Kriterien für Sieg oder Niederlage stehen eindeutig fest und sind nicht verhandelbar. Spielziele gehören zu diesen quantifizierbaren Ergebnissen.

Es erfolgt drittens eine *Bewertung der Ergebnisse.* Einige Ergebnisse sind höherwertiger als andere. Sieg wird besser als Niederlage bewertet, eine hohe Punktzahl ist besser als eine niedrige. Die Werte können den Ergebnissen auf unterschiedliche Weisen zugewiesen werden: Bei Punktzahlen ist dies noch einfach (mehr ist besser), aber auch explizit über die Spielanleitungen („Avoid missing ball for high score"[7]) oder implizit über das Spielgeschehen wird dem Spieler vermittelt, welcher Spielausgang wertvoller ist. Üblicherweise sind die attraktivsten und am höchsten bewerteten Ergebnisse auch am schwersten zu erreichen – dies macht die Spiele herausfordernd.

Die Spieler *strengen sich an.* Abgesehen von Glücksspielen haben die Akteure Einfluss darauf, wie das Spiel abläuft und ausgeht. Sie können durch ihre Aktionen bestimmte Ergebnisse herbeiführen. Da dies aber nicht immer so leicht von der Hand geht und die Ergebnisse variabel sind,

---

[7]Dieser kurze Satz ist die aufgrund ihrer Einfachheit und Klarheit legendäre Anleitung zu „Pong" (Atari 1972), dem zwar nicht chronologischen, wohl aber kulturgeschichtlichen Urahnen aller Videospiele.

müssen sie sich anstrengen, um ein bestimmtes Ergebnis zu erreichen.

Die Spieler verfügen fünftens über eine *emotionale Bindung an das Ergebnis.* Dieser Aspekt hängt mit dem vorherigen Punkt zusammen. Die Spielenden haben eine bestimmte emotionale Einstellung gegenüber bestimmten Spielausgängen – üblicherweise freuen sie sich über den Sieg und sind unglücklich über die Niederlage. Diese emotionale Beziehung zum Spielergebnis, so Juul, ist eine psychologische Komponente der Spiele.

Und schließlich gibt es *verhandelbare Konsequenzen.* Bei den Merkmalen des Spielens in Abschnitt 1.2.2 wurde das formale Kennzeichen der Folgenlosigkeit genannt. Juul greift diesen Aspekt bei Spielen auf, wenn auch in leicht abgewandelter Form: Spiele haben nicht automatisch Folgen für die Realität, sondern die Spieler können darüber verhandeln, ob das Spiel Folgen haben soll. Beispielsweise steht es der Herrenrunde beim Skat frei zu entscheiden, ob um Geld gespielt wird oder nicht. Um die Folgen optional zu halten, muss die Ausführung des Spiels (relativ) harmlos sein: Eine Partie russisches Roulette kann kaum als Spiel gelten, selbst wenn sich die Beteiligten darauf einigen würden, dass der Gewinner keinen Preis erhält. Die oben genannte Anstrengung und hohe emotionale Beteiligung können durchaus ins wirkliche Leben greifende, unfreiwillige Effekte haben: Muskelkater bei zu ambitioniertem Fußballspiel oder Frustration im Falle der Niederlage etwa. Aber auch hier gibt es einen verhandelbaren Konsens darüber, wann diese Folgen noch akzeptabel sind und wann sie zu weit gehen. Jemand, der durch exzessiven Fußball seine Gesundheit ruiniert, spielt in den Augen der Beteiligten irgendwann kein Spiel mehr, sondern lebt in bedenklicher Weise Zwänge aus. Jemand, der sich durch seine Niederlage in einem Spiel zu Aggression und lange anhaltendem Streit hinreißen lässt, lässt das Spiel ebenfalls zu Ernst werden, wenn er die (auch implizit) mit den Mitspielern verhandelten Grenzen übertritt.

Juul (2005, S. 43) erläutert auch, was nicht zu den Spielen zählt: offene Simulationen etwa, da ihnen die Spielziele, also die quantifizierbaren Ergebnisse, fehlen. Personen können in Simulationen zwar Ergebnisse erreichen und haben auch gewisse emotionale Bindungen zu gewissen Ergebnissen, aber sie können eine Simulation nicht gewinnen oder verlieren. Das freie Spielen (Play) ist ebenfalls nicht zu den Spielen (Games) zu zählen, da seine Regeln jederzeit nach Gutdünken der Spielenden veränderbar und unverbindlich sind. Spielerische Aktivitäten wie bspw. Ringelreihen haben zwar feste und verbindliche Regeln, dafür aber auch immer den gleichen Ausgang, sodass die Beteiligten keine Anstrengung in das Herbeiführen eines alternativen Ergebnisses investieren (wie es bei echten Spielen der Fall ist). Krieg darf nach Juul ebenfalls nicht zu den Spielen gezählt werden, auch wenn er über mehrere der oben genannten Kriterien verfügt: Schließlich sind seine Konsequenzen nicht verhandelbar, und es gibt massive Folgen für die Beteiligten.

1.3.2 Spielkern und Spielhülle

Während Juul vorrangig die Beziehung zwischen Spielen und dem Spielenden untersucht, betrachtet Mäyrä (2008) sie in einem größeren, kulturellen Kontext. Sein Fokus liegt auf den Bedeutungen, die Spiele mittels der kulturellen Kontexte haben und erzeugen können. Kultur begreift Mäyrä recht allgemein als „Bedeutungssystem" („systems of meaning" (ebd., S. 13)). Er betont, dass die zeichenvermittelte Bedeutung (bspw. in Form von grafischen Symbolen wie Buchstaben) nur eine Seite der Bedeutung in und von Spielen abdeckt. Wichtig ist nämlich auch die Bedeutung, die bei der Interaktion zwischen Spieler und Spiel entsteht, also die Bedeutung, die ein Spiel für einen Akteur haben und erlangen kann. Diese kann zwar reichhaltig und vielseitig sein, ist aber nicht immer explizit für die Spielenden artikulierbar: „An immersed player can be engaged with the game for hours on end, and yet it is hard to tell precisely what the actual meaning of game is for this player" (ebd., S. 14). Anhand der auf dem Bildschirm sichtbaren Zeichen allein lassen sich die Bedeutungen der Interaktionen zwischen Spielenden und Spielen nicht erklären. Wie das Spielen in seiner Handlungs- und Rahmungsdimension ist also auch die Interaktion mit Spielkonstrukten nur über subjektiven Sinn vollends greifbar. Mit der Vertiefung ins Spiel verweisen die auf dem Bildschirm sichtbaren Symbole plötzlich auf etwas, worauf der externe Betrachter keinen Zugriff mehr hat:

> [...] when a space war game starts, signs like the moving images representing spaceships are still symbols of physical objects moving through space. But when the player continues to play the game, the game itself starts to impose its own rules, making the actual rules of nature governing real physical objects effectively less important. A spaceship in a game now principally stands only as a symbol of value it has inside the game and for the gameplay. (Mäyrä 2008, S. 16)

David Meyers (zitiert in ebd., S. 14) nennt diesen Vorgang „Spielästhetik" („aesthetics of play"). Die Spielelemente erhalten ihre Bedeutung durch das eigentliche Spielen des Spiels, durch das Gameplay. Diese neuen Bedeutungen entstehen erst in der sinnhaften Auseinandersetzung mit dem Spiel, sie sind nicht anhand der Zeichen auf der Bildschirm-oberfläche erkennbar. Es gibt also zwei Bedeutungsebenen in Spielen: Erstens die Interaktion mit dem Spiel. Diese wird von Mäyrä auch als *Kern* oder *Gameplay* bezeichnet. Sie umfasst all das, was Spielerin und Spieler im Spiel tun können sowie die Spielregeln, die diese Handlungen reglementieren. Zweitens die zeichenbasierte Oberfläche auf dem Bildschirm: Diese wird von Mäyrä auch Hülle, Repräsentation und Zeichensystem genannt. Sie umfasst die Fülle an semiotischen Beziehungen, die den vorher genannten Interaktionen Aussagekraft verleiht.

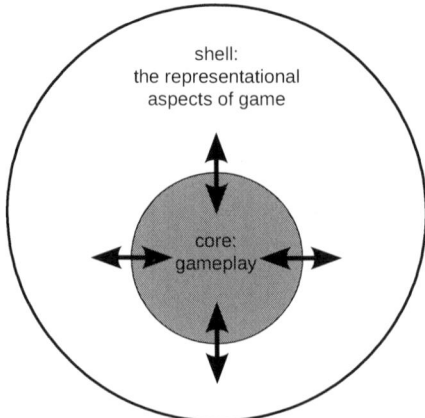

Abbildung 1.1: Spielhülle und Spielkern
nach Mäyrä (2008)

Ein Zitat des Spieleentwicklers Faruk Yerli veranschaulicht den Unterschied zwischen Gameplay bzw. Kern und semiotischer Hülle. Er beschreibt dabei das Zeichen „Blut", das in seiner Bedeutung für das Gameplay erst in der Interaktion mit dem Spiel vollends verstanden werden kann: „[...] eigentlich könnten wir als Entwickler ganz auf das Blut verzichten. Es fügt dem Spiel nichts hinzu außer Feedback: Der Spieler weiß dadurch, dass er getroffen hat" (Yerli, zitiert in Görig o. J.).[8]

Bedeutungen im Computerspiel ergeben sich also zum einen durch die spielerische Interaktion mit dem Spiel und zum anderen durch die

---

[8]Trotz des veranschaulichenden Nutzens für das Verhältnis von Kern und Repräsentation ist das Zitat mit einer gewissen Vorsicht zu genießen. Es stammt aus einem Interview mit dem Designer des Ego-Shooters „Crysis" (Crytec 2007) eine Woche nach dem Amoklauf in Emsdetten, der – wieder einmal – eine rege Diskussion um die vermeintlichen negativen Wirkungen von Ego-Shootern ausgelöst hat. Yerlis Äußerung dürfte auch das Ziel gehabt haben, die virtuelle Gewalt in Crysis zu relativieren.

Dekodierung der zeichenbasierten Repräsentation (Mäyrä 2008, S. 19). Das Profil eines konkreten Spiels ergibt sich wohl erst aus dem Zusammenspiel beider Ebenen. Kern und Gameplay stellen die Regelstruktur eines Spiels dar, sind abstrakt und von daher auf andere Zeichensysteme übertragbar. Die meisten Ego-Shooter dürften auf dieser abstrakten Ebene kaum unterscheidbar sein. So weisen die Spiele „Quake 3 Arena" (id Software 1999) und „Unreal Tournament" (Epic Games und Digital Extremes 1999) nahezu identische Spielregeln, Spieltypen und Spielobjekte (Waffen, Extras, etc.) auf. Dennoch teilt sich die Spielergemeinde in zwei unversöhnliche Lager: Quake-Fans und Unreal-Fans. Denn die Ebene des Gameplays ist nicht alles: All die Faktoren, die die Hüllschicht formen (audiovisuelles Design, Charaktere, etc.), machen ebenso die erfahrbare Identität eines Spiels aus.

Spiele bestehen also aus einer Hülle und einem Kern. Die eigentlichen Bedeutungen beim Gameplay lassen sich üblicherweise nicht von außen aus der Hüllschicht ablesen, sondern bilden sich erst in Interaktion mit dem Spielkern. Das, was auf dem Bildschirm sichtbar ist, muss damit nicht zwangsläufig dem entsprechen, was in den Köpfen der Spieler passiert. Analog zu den Merkmalen des Spielens gibt es meines Erachtens auch hier eine Scheinhaftigkeit, eine Andersartigkeit der Spiele im Zustand ihres Gespielt-Werdens. Dieser Gedanke soll an einem konkreten Beispiel ausgeführt werden. Ausgangspunkt der Erläuterungen ist ein Bildschirmfoto des Videospiels „Super Mario Galaxy" (Nintendo 2007) (Abbildung 1.2).

Zuerst erfolgt die Beschreibung des verwendeten Zeichensystems, der äußeren *Spielhülle*. Zu sehen ist ein spinnenähnliches, dreiäugiges Ungetüm mit grünen Wölbungen an den Seiten, das grünen Schleim aus seinem Rüssel spritzt (während es sich, was nur im animierten Spiel erkennbar ist, im Kreis dreht). Es sitzt in einem Spinnennetz, in dem offenbar Goldmünzen festkleben und das in den äußeren Fäden klecksähnliche Gebilde ausweist. Die vom Spieler gesteuerte Spielfigur, Mario, steht auf einem Steinhaufen außerhalb des Spinnennetzes. Oben rechts ist die Lebensanzeige zu sehen. Anhand der sichtbaren Spielhülle, ohne das Spiel jemals gespielt zu haben und ein Verständnis vom Gameplay solcher Spiele zu haben, würde ein unbeteiligter Zuschauer die spuckende Spinne vielleicht (völlig richtig) als Feind interpretieren. Das Spinnennetz, in der Realität gemeinhin ein Symbol für Fallen, würde vielleicht ebenfalls als zu umgehende Bedrohung angesehen werden. Die im Netz klebenden Goldmünzen könnten als Bestätigung für die todbringende Klebrigkeit des Netzes interpretiert werden. Ein unbeteiligter Zuschauer könnte an-

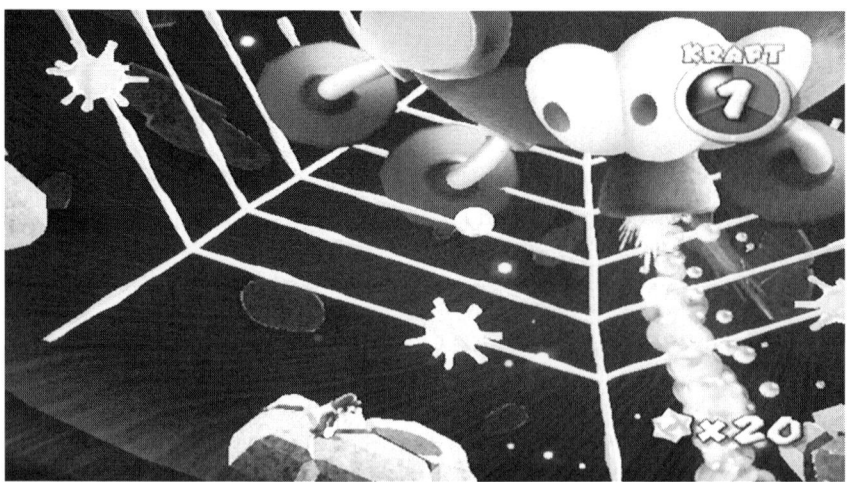

Abbildung 1.2: Ein Level-Boss aus dem Spiel „Super Mario Galaxy" (Nintendo 2007)

hand der zeichenhaften Spielhülle insgesamt zu dem Schluss gelangen: Komme dem Netz nicht zu nahe! Spieler, die in die Ebene des abstrakten *Spielkerns* abtauchen, können anhand der Vernetzung von Symbolen und Gameplay jedoch zum gegenteiligen Schluss gelangen – vorausgesetzt, sie verfügen über eine gewisse Erfahrung mit solchen Spielen. Größe und dramaturgische Positionierung der Spinne am Ende einer Spielsequenz lassen darauf schließen, dass es sich um einen sogenannten „Level-Boss", einen besonders starken Endgegner, handelt, der besiegt werden muss, um die aktuelle Episode zu Ende zu spielen. Häufig sind solche Endgegner gegen herkömmliche Angriffe mehr oder weniger immun, haben jedoch eine spezifische, subtil durch das Gamedesign angedeutete Achillesferse, die identifiziert und ausgenutzt werden muss. Jemand, der eine solche Achillesferse sucht, hält nach Zeichen und Bewegungsmustern Ausschau, die zwar wie Zufälligkeiten oder dekorative Elemente wirken, aber ein wenig zu stark von den Gamedesignern hervorgehoben wurden, um als bedeutungsloses Accessoire durchzugehen. Nun kommt es darauf an, die Zeichen auf der Spielhülle vor dem Hintergrund des Gameplays zu lesen und interpretativ in einen Zusammenhang zu bringen. Die Frage „Was wollen mir die Designer mit diesen Zeichen unterschwellig mitteilen?" hilft bei dieser Aufgabe: Was haben sich die Gamedesigner dabei gedacht, Münzen in das Netz zu legen? Warum haben sie das Steinpodest so und nicht anders positioniert? Warum hat das Monstrum große grüne Flächen an der Seite und keine anderen Muster? Die Antwort: Diese Flächen sind die verwundbaren Stellen, die „Achillesferse" des Gegners. Sie müssen in irgendeiner Form attackiert werden – nur wie? Hier gilt es, die übrigen Zeichen der Spielhülle korrekt zu deuten. Die Münzen im Netz sind durch das gesamte Spiel hindurch Sammelobjekte und erhöhen die Anzahl der verfügbaren „Leben" der Spielfigur Mario. Nimmt man das Gameplay und die abstrakte Spielmechanik bei der Interpretation dieser Symbole hinzu, können die Münzen als Indikatoren verstanden werden: Wie die Kieselsteine bei Hänsel und Gretel weisen sie Spielerin und Spieler den Weg und signalisieren, dass sich Mario gefahrlos ins Netz begeben und die Münzen einsammeln kann. An der klecksähnlichen Struktur, die Erfahrung hat der Spieler bereits vorher gemacht, bleibt die Spielfigur temporär haften, bis man sie wie an einer Zwille spannt und durch Ziehen und Loslassen mit dem Gamepad in eine anvisierte Richtung schleudern kann. Der Steinhaufen vor dem Netz liegt nicht zufällig dort, sondern dient als Podest, ohne das die Spielfigur mit ihrer begrenzten Sprunghöhe nicht bis ans Netz springen könnte; es dient zugleich als Anzeiger für eine möglichst günstige Absprungposition. Damit ergibt sich unter Berücksichtigung des Spielkerns folgende Lesart der Zeichenhülle: Spring von der Plattform ins Netz auf den Klecks und katapultiere die Spielfigur auf die grünen Flächen an den Seiten des Spinnenmonstrums. Diese Interpretation der Symbolik ist das Gegenteil der oben erwähnten Lesart, die sich auf die Spielhülle beschränkt und das Gameplay außen vor lässt. Die Bedeutung von Elementen auf der Gameplay-Ebene wird also nicht primär durch die ihnen zugewiesenen, der äußeren Wirklichkeit entlehnten Zeichen gebildet, sondern aufgrund ihrer funktionalen Beziehung zu den Regeln und Zielen des Spiels. Das Spinnennetz im genannten Beispiel ist kein Symbol für Gefahr und eine Falle, sondern ein strategisches Element in einer Angriffsstrategie auf einen nicht mit gewöhnlichen Mitteln zu besiegenden Gegner.

Nahezu jedes Spiel verfügt über solche subtilen Tipps. Gamedesigner sind ausgesprochen gut darin, die Spielenden durch suggestive Hinweise heimlich in die richtige Richtung zu lenken. Wahrscheinlich haben erfahrene Spieler ein deutlich besseres Gefühl dafür, wann welche Hinweise welche Bedeutung transportieren. Besonders Erfahrene können wahrscheinlich auch von bloßen, statischen Bildschirmfotos auf die Bedeutung der Elemente hinsichtlich des Gameplays in der jeweiligen Szene schließen. Für den unerfahrenen Betrachter bleiben beide Bedeutungsebenen so lange getrennt, bis er sich durch das Spielen des Spiels in dessen abstrakten Kern hineingedacht hat. Es ist denkbar, dass erfahrene Spieler die Spielsymbolik automatisch im Kontext der Spielmechanik interpretieren und damit zu anderen Lesarten kommen als Außenstehende. Denn nur durch Auffassung der Zeichen in der Spielhülle als absichtlich gestreute, subtile Hinweise des Gamedesigns lässt sich ein Spiel effizient beherrschen. Wer die Spielsymbolik nicht lesen kann oder will, wird es im Spiel nicht weit bringen.

Nicht nur das Spielen, sondern auch Computerspiele sind damit auf ihrer Bedeutungsebene anders als die Wirklichkeit: Die Verschiedenheit von Spielkern/Syntax und Spielhülle/Semantik entspricht dem Spielmerkmal der Scheinhaftigkeit, der Verkleidung und Scheinhaftigkeit spielerischen Handelns. Mit dem Eintritt in den Magic Circle werden die Objekte (hier: Signifikant, Zeichen) von ihrer Bedeutung in der realen Welt gelöst und in ein Als-Ob überführt, das auf etwas Neues verweist: auf die Funktion eines Objekts innerhalb des Spielregelsystems (Signifikat). Alltägliche Wirklichkeit wird an die Struktur der Spielwelt assimiliert. Beim Spielen, Play, legen die Spielenden das neue Signifikat fest, beim Game ist es meines Erachtens das Gamdedesign. In Super Mario Galaxy lösen sich Spinnennetze von ihrer Fallensymbolik und werden zu Zwillen. In Ego-Shootern steht Blut nicht für Leid und Schmerz, sondern dient vorrangig als Trefferindikator. Und in Linienbussimulatoren stehen die Fahrgäste nicht für Menschen, die von Punkt A nach Punkt B möchten, sondern sind Lieferanten für die Währung der virtuellen Spielwelt: die Punktwertungen.[9] Der Junge aus der Einleitung zu diesem Buch hat nicht auf der semantischen Ebene der Wirklichkeit gehandelt, sondern innerhalb der Funktionen der Spielmechanik. Nur die Parameter des Spielsystems haben sein Handeln gelenkt, nicht etwa Regeln und Werte der Realität.

Es stellt sich damit die Frage, wie vor dem hier geschilderten Hintergrund Lerninhalte in *Lernspielen* rezipiert werden. Insbesondere, wenn sie nur „ikonisch" in die Spielhülle integriert wurden, also ohne eine adäquate semantische Integration in die Spielmechanik zu leisten bestehen womöglich zwei Gefahren: Die Inhalte könnten im konkret erfolgenden Gameplay der Adressaten (1) fehlinterpretiert werden, weil sie in einer (vom Design her nicht intendierten) funktionalen Beziehung zum Spielregelsystem gedeutet werden oder (2) einfach untergehen, weil sie keine

---

[9]Die Überführung von Zeichenbedeutungen von der Realität in die Spielwelt verläuft meines Erachtens nach etablierten Mustern. Nur so erschließt sich erfahrenen Spielern die Bedeutung eines Symbols schnell und effizient. In Fantasy-Spielen beispielsweise wird der Lebensenergievorrat fast immer in roter (eine Assoziation an den roten Lebenssaft Blut?) und der Zauberkraftvorrat fast immer in blauer Farbe dargestellt. Diese Konvention ermöglicht eine schnelle und reibungslose Orientierung. Wehe dem Gamedesigner, der gegen diese Regel verstößt!

Bedeutung für die Spielregeln haben und von den Spielern als belanglos erachtet werden. Dieser Gedanke wird in den Abschnitten 3.4.1 und 4.4 aufgegriffen und fortgeführt.

Es bleibt festzuhalten: Videospiele spielen in einer Scheinwelt, in der die verwendeten Symbole zwar der Wirklichkeit entlehnt sind, diese aber auf die Struktur der Spielmechanik verweisen und nicht mehr auf das, was sie in der Realität bezeichnet haben. Ohne das Spielen eines Spiels kann diese Symbolik, so Mäyrä, nicht vollends verstanden werden. Lernspiele, die ihre Lerninhalte nur auf der Ebene der Spielhülle, nicht jedoch auf Spielmechanikebene encodieren, laufen womöglich Gefahr, dass ihre Inhalte von den Spielern übergangen oder fehlinterpretiert werden.

1.3.3 Spiele und Kultur

Mäyrä (2008) geht am Beispiel des Schachspiels auch auf den kulturellen Kontext und seine Bedeutung für Spiele ein:

> There are various social values and norms that do not belong to the actual written game rules but nevertheless regulate game playing. While learning a game, a player simultaneously adopts the explicit rules and also various implicit guidelines of chess that not only tell which pieces to move and how, but also tell what it means to play chess, in the first place. (Mäyrä 2008, S. 19)

Jenseits der Ebenen von Zeichen und Spielkern hat also auch der kulturelle Kontext einen Einfluss darauf, wie Spiele wahrgenommen werden, wie sie gespielt werden und welche Einstellungen und Bedeutungen die Spieler damit verbinden. Subjektiver Sinn und soziale Bedeutung, die bei der Interaktion mit einem Videospiel erschlossen werden, basieren also auch auf den Einflüssen des spezifischen sozialen Umfeldes. Hier, über die impliziten Regeln des Spielens und der Spiele, spielen Kultur und sozialer Kontext der Spielenden eine Rolle. Noch einmal Mäyrä:

> From a cultural perspective, the implicit layers of a game extend far and wide, informing the basic sense of game – what it is all about and what is the nature and aims underlying the activity of playing it, within this particular sociocultural context. (Mäyrä 2008, S. 19)

Das Spielen von Spielen sollte also stets in seinem kulturellen Kontext betrachtet werden. Eine Partie Schach ist mehr als die Interaktion zweier Akteure über Hülle und Kern eines Schachspiels: Es transportiert eine Vielzahl von Konnotationen und Lebensstilen, es ist Symbol für Strategie und Klugheit, wirkt ehrwürdig und kultiviert. Eine Partie Counter-Strike (Valve 2000) enthält Bedeutungen von Wettstreit und sportlicher Fairness, die weit über Spielhülle und Spielkern hinausgehen. Mäyra führt in diesem Zusammenhang den Begriff Spielekultur („game culture") ein. Diese umfasst all die Erfahrungen und Lernprozesse zu sämtlichen Spielen, die von den Mitgliedern der jeweiligen sozialen Gruppe gespielt wurden. Der Begriff bezeichnet einen geteilten Verhaltens- und Verstehensrahmen, einen Verbund an Bedeutungsstrukturen, der die Sprache, das Denken und das Handeln der Personen in ihm beeinflusst. Die Spielekultur einer sozialen Gruppe stellt den Kontext, aus dem heraus die Bedeutung eines Spiels bzw. Gameplays für einen Spieler mit entsteht. Wie ist nun der Begriff „Kultur" in diesem Zusammenhang zu verstehen? Mäyrä bedient sich einer Definition von Bates und Fratkin (in Mäyrä 2008, S. 23) und beschreibt diese als System geteilter Glaubensvorstellungen, Werte, Gepflogenheiten und Artefakte, anhand derer die Mitglieder der entsprechenden Gemeinschaft miteinander und mit der Welt umgehen und die sie von Generation zu Generation weitergeben. Mäyrä räumt ein, dass nicht alle sozialen Gruppen die gleichen Einstellungen zu Spielen teilen: Tatsächlich scheint das Interesse an Videospielen in sozialen Gruppen mit jüngeren Mitgliedern besonders groß zu sein. Daher bietet es sich laut Mäyrä an, hier von „Subkulturen" zu sprechen: Gruppierungen von Personen, die einige Gewohnheiten, Werte und Interessen teilen und die durch ihre Interaktion eine abgrenzbare Gruppe innerhalb einer größeren Kultur bilden (ebd., S. 25). Subkulturen leben nicht isoliert, ihre Mitglieder besuchen die gleichen Schulen, kaufen in den gleichen Supermärkten und sehen die gleichen Nachrichten im Fernsehen. Und dennoch formen sie eigene „Bedeutungskontexte": „But also lifestyles within a workspace or profession sometimes display features of developing subcultures of their own" (ebd., S. 25). Die Mitgliedschaft zu einer Spiele-Subkultur ist nach Mäyrä selten an äußerlichen Merkmalen erkennbar. Deutlich wird die Zugehörigkeit jedoch, wenn die Akteure ihre Spiele spielen und die jeweiligen Eigenschaften der entsprechenden Subkultur hervortreten: über die gemeinsame („Fach"-)Sprache, die geteilten Rituale oder das Interesse an bestimmten Artefakten (wie Postern, Erinnerungsstücken, Figuren und anderen Sammelobjekten), die die Zugehörigkeit zur Gruppe und die Bedeutung der Spiele signalisieren. Zudem gibt es Spieler, die sich nicht in dieser Form mit Videospielen identifizieren und auch keine Mitglieder einer Spiele-Subkultur sind, aber dennoch mehr oder weniger regelmäßig Videospiele spielen. Diese Personen werden gemeinhin als Casual Gamer bezeichnet und bilden den Gegenpol zu den „Hardcoregamern", die sich klar der Spiele-Subkultur zuordnen lassen.

Der kulturelle Kontext ist meines Erachtens auch bei Game-based Lerning zu berücksichtigen. Erstens prägt er die soziale Situation, in der das Lernspiel eingesetzt wird, zweitens die über Sozialisation gebildete Identität der Akteure. Bei der Untersuchung des pädagogischen Potenzials von Lernspielen sind daher die Situation, die Identität und die Zugehörigkeit der Akteure zu etwaigen Subkulturen (Szenen, Lebensstilen, Berufsgruppen, Schularten u.v.m.) zu berücksichtigen. Die Beziehung zwischen Spiel, Lernspiel, Situation und Identität eines Akteurs könnte Einfluss auf die Rezeption eines Lernspiels haben: Sind Lernspiele als „Abklatsch" der „echten Spiele" in der kulturellen Bezugsumgebung verpönt? Oder gelten sie als Videospiele mit lebensdienlichem Mehrwert? Stehen sie in der jeweiligen Kultur für die pfiffige Art zu lernen oder sind sie das verachtenswerte Spielzeug der Streber? Kurzum: Der kulturelle Kontext hat über Identität und soziale Umgebung höchstwahrscheinlich einen Einfluss auf den Umgang mit Lernspielen.

1.3.4 Besonderheiten digitaler Spiele

Die bisherigen Ausführungen zu Spielen gelten sowohl für analoge (Räuber und Gendarm, Backgammon, Doppelkopf etc.) als auch für digitale Spiele. Die Untersuchung digitaler Lernspiele erfordert jedoch auch die Frage danach, was analoge von digitalen Spielen unterscheidet. Grundlage hierfür ist wieder Juul, der Videospiele recht allgemein als „games played using computer power, where the computer upholds the rules of the game and where the game is played using a video display" (Juul 2005, S. VIII) bezeichnet. Wie auch bei Juul werden in diesem Buch die Bezeichnungen „Videospiel" und „Computerspiel" synonym als Oberbegriff für alle Arten digitaler Spiele verwendet – unabhängig davon, ob sie auf dem PC, einer Spielkonsole, einem Arcade-Automaten oder tragbaren Geräten wie Handys, PDAs oder Handheld-Konsolen gespielt werden. Bei Videospielen übernimmt der Computer die Anwendung von Regeln und die Berechnung der Reaktionen auf Spielereingaben (was bspw. bei Brett- oder Kartenspielen von den Spielern selbst erledigt wird). Zudem zeigt er den aktuellen Spielstand an; bei analogen Spielen geschieht dies dagegen mithilfe von Spielsteinen und dem Spielbrett oder Spielkarten (vgl. ebd., S. 49). Juul verweist auf den starken Einfluss des Computers auf die von ihm genannten Eigenschaften der Spiele: Die Anwendung der *Regeln* durch den Computer entlastet die Spieler (und ermöglicht so auch deutlich komplexere Regelsysteme), der Computer agiert als Schiedsrichter über den *Ausgang* des Spiels, und die *Anstrengungen* der Spielenden können sich auf eine größere Anzahl von Spielobjekten ausdehnen (für die bei analogen Spielen kein Platz wäre). Die Errungenschaften der Digitaltechnologie haben auch Einfluss auf die postulierten Vorzüge elektronischer Lernspiele, die in Abschnitt 3.3.2 diskutiert werden.

1.4 Zusammenfassung

In diesem Kapitel wurden zwei Dimensionen des Spielbegriffs differenziert: Die Rahmungs- und Handlungsdimension, die sich im Play zeigt sowie die Konstruktion, die das Game bezeichnet. Dass Lernspiele Games im oben genannten Sinn sein können, steht außer Frage: Das ist allein eine Frage des Gamedesigns. Komplizierter wird es jedoch beim Play: Die Beschäftigung mit einem Lernspiel kann zwar durchaus spielerisch sein, also zum reinen Spaß erfolgen, konsequenzlos, scheinhaftig etc. sein. In dem Augenblick jedoch, in dem Spiele Teil eines institutionalisierten Bildungsprozesses werden, droht die Gefahr, dass sich Leistungsdruck, Sanktionserwartungen, Authentizitätsanspruch und Zweckhaftigkeit einstellen. Eine solche Interaktion mit einem Lernspiel wäre dann der Definition nach kein Spiel mehr. Dieser Gedanke wird im Kapitel über digitale Lernspiele (Kapitel 3) weitergeführt. Dort werden auch Überlegungen darüber angestellt, inwiefern dies das pädagogische Potenzial beeinflussen könnte. Dafür braucht es jedoch die erst eine Auseinandersetzung mit den (pädagogisch intendierten) Folgen des Spielens und der Spiele. Diese werden im folgenden Kapitel behandelt.

Kapitel 2

Lernen und Vergnügen im Spiel

Aus pädagogischer Sicht interessieren insbesondere zwei Eigenschaften des Spiels: seine Fähigkeit, die Zielgruppe zu motivieren, und die ihm verbundenen Lernprozesse. Beide Aspekte – Lernen und Vergnügen – werden in diesem Kapitel behandelt. Dabei sollen sie nach der im vorherigen Kapitel getroffenen Unterscheidung (Play und Games) differenziert betrachtet werden.

2.1 Einflüsse auf Lernprozesse

Ein Argument, das den Einsatz von Computerspielen zu pädagogischen Zwecken oftmals untermauern soll, ist, dass eine enge, „natürliche" Verbindung zwischen Computerspielen und dem Lernen besteht. Zum einen wurde schon vor Erfindung der Computerspiele die Beziehung zwischen dem Spielen und Lernen bzw. kindlicher Entwicklung herausgestellt, zum anderen scheinen auch Computerspiele reichhaltige Lernanlässe zu bieten und diese zudem mit effektiven didaktischen Prinzipien zu unterstützen. Auf beide Aspekte wird im Folgenden genauer eingegangen.

2.1.1 Spielen und Lernen

Das Spielen als Vorübung

Groos (in Scheuerl 1991) hält fest, dass Menschen in ihrer Kindheit den Großteil der Zeit mit dem Spielen verbringen, und er geht davon aus, dass dieser Umstand auf eine biologische Zweckmäßigkeit zurückzuführen ist. Er formuliert daher drei Funktionen des Spielens: Einübung im Kindesalter, Ergänzung des durch Arbeitsteilung trist gewordenen Lebens im Erwachsenenalter sowie Erholung vom Zwang der Arbeit, welcher mit fortschreitendem Alter für Menschen zunehme. Von grundlegender Bedeutung für menschliches Lernen und Entwicklung ist der erstgenannte Punkt, die Einübung. Menschen, so Groos, sind hochentwickelte Wesen und daher mit relativ wenigen Instinkten ausgestattet. Sie bedürfen, ebenso wie höhere Tierarten, daher einer langen Lern- und Entwicklungsphase.

Das Spiel übernimmt laut Groos hier eine Übungsfunktion: Balgende Kätzchen üben den späteren Kampf untereinander und das Jagen der Beute, spielerisch springende Böcke trainieren die zukünftige Fortbewegung in felsigem Gelände, Nachahmungsspiele bei Affen dienen der modellhaften Übernahme von Verhaltensweisen anderer Tiere. Groos überträgt diese Funktionen aus dem Tierreich auf den Menschen: Auch wenn es nicht die Intention der spielenden Kinder sei, etwas zu lernen, so entwickelten sie doch beim Spielen bestimmte Fähigkeiten für das spätere Leben. Das Spielen bezeichnet Groos daher auch als „absichtslose Selbstausbildung" (Groos, zitiert in Scheuerl 1991, S. 71).

Bei Chateau (1976, S. 9–14) findet sich eine kritische Auseinandersetzung mit den Thesen Groos' und seiner Nachfolger. Chateau kritisiert die bedingungslose Übertragung tierischen Spielens auf den Menschen, die Überbewertung biologischer Aspekte bei Groos und die seinerzeit vorherrschende strenge darwinistische Ausrichtung und konstatiert, dass das Aufzeigen der biologischen Nützlichkeit eines Phänomens allein nicht ausreiche, um dessen Bestehen zu erklären (ebd., S. 10). Chateau tritt für eine stärker pychologisch orientierte Sicht ein, die das Spielen der Kinder nicht auf biologischen Zwang, sondern auf das Vergnügen zurückführt: „Das Kind spielt, um zu spielen, und spielen ist für es genießen" (ebd., S. 12). Schließlich sei keine rein biologische Funktion darin zu erkennen, wenn Kinder beim Spielen Zigaretten aus Zeitungspapier herstellen und diese bis zum Ekel rauchten. Freilich lässt sich auch über Chateaus Kritik streiten. Denn offenbar lässt er keine Beziehung zwischen Biologie und Psychologie des Menschen zu und verkennt zudem, dass auch Groos den spielenden Kindern keine Ausbildungsabsicht unterstellt, sondern die Übung im Spielen als Effekt eines biologischen Drangs zu spielen darstellt. Mit anderen Worten: Für das Kind mag auch bei Groos das Spielen eine psychologische Funktion haben, aber dass es diese hat, mag durchaus auf biologische oder genetische Ursachen zurückzuführen sein. Auch das Beispiel des Zeitungszigaretten rauchenden Kindes ist angreifbar: Insbesondere hinsichtlich kultureller Aspekte mag diese Art des Spielens durchaus eine Funktion haben, wenn es beispielsweise um die soziale Entwicklung des Kindes mittels Rollenübernahme und spielerischer Verwendung kultureller Artefakte geht – eine Annahme, wie sie Piaget und Leontjew geäußert haben und die im folgenden Abschnitt ausgeführt wird.

Auch Scheuerl (1979, S. 185) unterstellt dem Spielen eine Funktion für das Lernen. Wie Groos betont er, dass diese Lernprozesse jedoch unbewusst bleiben. Allerdings schränkt Scheuerl das Potenzial des Spielens erheblich ein, da er bezweifelt, dass beim Spielen ohne Zutun des Menschen eine für alle Lebensbereiche nützliche, instinktgesteuerte Selbstausbildung stattfindet.

Eine Übungsfunktion des Spielens hat zudem Piaget (2003) postuliert. Aufbauend auf den Überlegungen Groos' identifiziert Piaget das „Übungsspiel" als die erste im Laufe der kindlichen Entwicklung auftretende Spielform (ebd., S. 148). Piaget stellt sie und ihre Funktion in engen Zusammenhang mit der sensumotorischen Entwicklung des Kindes, weist ihr aber nicht eine so starke Nähe zu biologischen Instinkten zu, wie Groos dies tut (Flitner 2002, S. 61).

Kompensation, Aneignung und Sozialisation

Leontjew (1968; 1978) verbindet das Spielen mit der psychischen Entwicklung des Kindes. Mit zunehmendem Alter weiten Kinder demnach ihre Wahrnehmung auf Dinge aus, die ihnen physisch noch unzugänglich sind und die der Welt der Erwachsenen angehören (beispielsweise das Fahren eines Autos). Im Rahmen der psychischen Entwicklung des Kindes steht dieses allerdings vor der Aufgabe, die Beherrschung eben dieser noch unzugänglichen Dinge zu erlernen. Da die Kinder in diesem Alter noch nicht in der Lage sind, diese Aufgabe abstrakt und theoretisch zu bewältigen, versuchen sie, sich mit den entsprechenden neuen Dingen ganz unmittelbar zu beschäftigen, und zwar nach dem Vorbild der Erwachsenen: Das Kind versucht, „das Handlungsverfahren des Erwachsenen zum Inhalt seiner eigenen Handlung werden zu lassen" (Leontjew 1968, S. 185): Es möchte so handeln wie die Erwachsenen. Diese jedoch entgegnen diesem Wunsch des Kindes meist mit der Bemerkung „Das darfst du nicht!", da die Kinder zur operativen Ausführung der Handlung noch gar nicht fähig sind (welcher Vater vertraut seine Limousine schon bereitwillig dem fünfjährigen Sohn an). Der sich hieraus ergebende Konflikt zwischen dem Bedürfnis des Kindes nach einer bestimmten Handlung und seiner Unfähigkeit, diese operativ auszuführen, wird durch das Spielen aufgehoben. Das Ziel der Handlung, das Autofahren, bleibt dasselbe. Aber die zur Ausführung erforderlichen Operationen, also die Verfahren, mit denen die Handlung vollzogen wird (Leontjew 1978, S. 134), werden vom Kind so abgewandelt, dass es die Handlung operativ ausführen kann. Das Auto wird gegen einen Stuhl ausgetauscht, sämtliche unbeherrschbaren Operationen des Autofahrens werden entfernt, aber das Ziel der Handlung bleibt bestehen. Beim Spielen fährt das Kind subjektiv Auto, ohne an die ihm unzugänglichen Operationen der Realität gebunden zu sein.

Auf diese Weise erschließt sich das Kind im Spielen eine es umgebende Wirklichkeit, die ihm außerhalb des Spielens noch gar nicht zugänglich ist.

Piaget, der neben dem Übungsspiel und dem Regelspiel auch das Symbolspiel als Spielform identifiziert hat, sieht in Letzterem nahezu die gleiche Funktion des Spielens im Kontext menschlicher Entwicklung wie Leontjew. Während das Übungsspiel bei Piaget noch der Akkomodation (vgl. den Assimilationsbegriff auf S. 13 in diesem Buch) gleicht, da sich das Individuum an einen äußeren Umstand anpasst (indem es beispielsweise in der Übung seine Fähigkeiten dahingehend entwickelt, dass es mit dem Gegenstand erfolgreich interagieren kann), ist das Symbolspiel eine Form der Assimilation. Denn „das Symbol setzt eine fiktive Darstellung voraus" (Piaget 2003, S. 148), bei der das Kind das gegebene Element (bspw. den Stuhl) an ein imaginatives Element (den Fahrersitz eines Autos) assimiliert. Die Funktion des Symbolspiels besteht bei Piaget in der Kompensation, da das Kind bestimmte Aspekte der Wirklichkeit aufgrund seines Entwicklungsstandes nicht beherrschen kann, was es emotional ins Ungleichgewicht führt. Das Symbolspiel befriedigt Wünsche (die Bewältigung unbewältigter Dinge) und beseitigt Konflikte. Wie auch Leontjew sieht Piaget das Kind mit einer Welt konfrontiert, die es noch gar nicht verstehen oder beherrschen kann, an die es sich jedoch anpassen muss (Piaget 1978, S. 130). Das sich hieraus ergebende intellektuelle und affektive Ungleichgewicht kann durch das Symbolspiel behoben werden. Das Kind erschließt sich im Spielen die äußere Umwelt über ein System von Symbolen, welches es ganz nach den eigenen Bedürfnissen und Fähigkeiten assimilieren kann (ebd., S. 130): Der Stuhl steht im Spiel symbolisch für das Auto, und über das symbolische Autofahren kann das Kind sein Unvermögen, ein echtes Auto zu steuern, affektiv und intellektuell kompensieren.

Oerter sieht im Spielen die (einzige) Möglichkeit des Kindes, sich selbst zu entfalten, und zwar einerseits im Dienste der Kompensation von nicht kontrollierbaren Instanzen der Erwachsenenwelt, andererseits aber auch für die Schaffung einer ihm dienlichen Realität. Dabei verknüpft Oerter diese von ihm als lebensnotwendig bezeichnete Funktion des Spielens eng mit dessen Merkmalen, ganz besonders der Folgenlosigkeit:

> Tätigkeiten, die Folgen außerhalb des Tuns haben, sind nicht frei ersetzbar. Sie stoßen auf Protest, Verbot und Unterdrückung [...], und sie haben schmerzhafte oder gar lebensbedrohliche Konsequenzen [...]. Erst wenn Folgen nicht mehr durch äußeres Handeln herbeigeführt werden, sondern als Konsequenzen des ‚inneren' Handelns, des

Denkens, risikolos vorgestellt werden können, ist diese Problematik bewältigbar. Dazu aber ist das Kind nicht oder nicht hinreichend in der Lage. Seine ihm gemäße Form des realitätsschaffenden und -verändernden Handelns ist das Spiel, dem keine realen Konsequenzen folgen. Durch diesen zweckfreien Charakter gewinnt das Kind die Freiheit, die es [...] so nötig zur Selbstentfaltung braucht. (Oerter 1999, S. 13–14)

George Herbert Mead fügt dieser Sichtweise eine Komponente zur sozialen Nützlichkeit des Spielens hinzu. Das Kind übernimmt demnach im Rollenspiel die Rolle eines anderen, entwickelt dadurch Verständnis für diese und die Beziehungen zwischen den Rollen und findet auf diese Weise seine eigene Identität, wird gar zu einem organischen Mitglied der Gesellschaft (Fritz 2004, S. 95).

Auch Heckhausen (1973, S. 142) vermutet, dass das Spielen der „Bewältigung des Traumatisierenden [...] oder des schlechthin Unerhörten, des Unfaßlichen" dient. Wie in einer Simulation versuchen die Spielenden, das, was sie vorher in der Realität überwältigt hat, nochmals zu bearbeiten. Das hohe Anregungspotenzial wirkt dabei motivierend. Hierbei erweist sich die Scheinhaftigkeit des Spielens als wichtige Voraussetzung, weil sie durch die Reduktion der realen Komplexität an das Niveau des Spielenden und die Fokussierung auf das Wesentliche den vorher unbeherrschbaren Gegenstand erst kontrollierbar macht.

Spiel als Exploration

Über das Neugierverhalten wurde das Spielen mit der Exploration assoziiert. Sowohl Neugierverhalten als auch das Spielen, so die Annahme, sind aus sich selbst heraus motiviert und stehen in Zusammenhang mit einem „generellen Neuigkeitsbedürfnis des Kindes" (Flitner 2002, S. 51). Dieses Neuigkeitsbedürfnis regt Kinder dazu an, sich mit einem neuen Gegenstand in ihrem Umfeld zu beschäftigen, und zwar umso intensiver, je unbestimmter, überraschender und komplexer der Gegenstand ist. Da dieses Verhalten erst einmal keinem biologischen Zweck zugeordnet werden konnte, haben bspw. Berlyne, Barnett oder Hutt es mit spielerischem Verhalten assoziiert (ebd., S. 52). Dabei hat das Gefühl von Sicherheit und Vertrautheit einen starken, positiven Einfluss auf explorierendes und spielendes Verhalten. Exploration und Spielen unterscheiden sich offenbar durch die Anspannung des Individuums: Während Exploration mit Aufmerksamkeitsspannungen einhergeht, findet das Spielen in einem entspannten Raum statt. Offenbar geht die Exploration in das Spielen über, sobald das Individuum sich das Neue angeeignet und sich dessen Überraschungsmoment abgeflaut hat.

Bei Scheuerl findet sich dieser Aspekt unter dem Begriff „Spielen-Lernen", welchen er als vorbereitendes Lernen im Dienste des Spiels versteht. Das Spielen erfordert bestimmte Fähigkeiten oder Kenntnisse, die sich das Individuum in der Explorationsphase aneignet. Diese Phase gehört für Scheuerl jedoch noch nicht zum Spielen, sondern stellt ein „vorbereitende[s] Lernen im Dienste des Spiels" dar (Scheuerl 1979, S. 179).

Sozialisation und Förderung von Kreativität

Andere Überlegungen zu Spielen und Lernen sehen im Spielen weniger das Potenzial zum Training und zur Erkenntnis, sondern vielmehr das zur Förderung von Kreativität und Flexibilität. Lieberman (zitiert in Flitner 2002) hat festgestellt, dass eine spielerische Haltung (von ihr als Playfulness bezeichnet) mit der erfolgreichen Bewältigung kreativer Aufgaben einhergeht, wobei beide Faktoren jedoch noch stärker mit der Intelligenz der untersuchten Kinder korrelieren. Ein direkter Zusammenhang von Kreativität und Spielen konnte also nicht eindeutig bewiesen werden (ebd., S. 54–55). Wallach und Kogan gelang es jedoch, die Intelligenz als verzerrenden Faktor auszuschließen; sie konnten auch bei Kindern mit geringer Intelligenz einen deutlichen Zusammenhang zwischen Spielen und Kreativität nachweisen (ebd., S. 56).

Sutton-Smith integriert diese Annahmen zu einem umfassenden Ansatz. Er übernimmt Huizingas These, dass Kultur als Spiel entsteht und Piagets Konzept von Assimilation und Akkomodation sowie die weiter oben genannte Verbindung zwischen dem Spielen und Exploration. Sutton-Smith beobachtete in seinen eigenen empirischen Arbeiten, dass unterschiedliche Kulturen unterschiedlich spielen. Spielerischer Wettbewerb miteinander, also das gemeinsame Zusammenwirken (z. B. wenn eine Gruppe gemeinsam so lange wie möglich einen anstrengenden Tanz ausführt), ist universal verbreitet, Wettbewerb gegeneinander jedoch ist offenbar nur in modernen, marktwirtschaftlich orientierten Kulturen anzutreffen. Letztere verfügen offenbar auch über ein größeres Repertoire an Spielen (Sutton-Smith 1973, S. 36, 1978b, S. 71, 1978a, S. 83). Von den Vertretern der Ansicht, Exploration und Spiel stünden in engem Zusammenhang, übernimmt Sutton-Smith die Auffassung, dass jedem Spielen eine Phase der Exploration bis zum „mastery behaviour", also bis zur Beherrschung der explorierten Objekte, vorausgeht (Sutton-Smith 1978a, S. 39). Mit zunehmender Beherrschung wechselt das Individuum von der Akkomodation zur Assimilation und beginnt so mit dem Spielen. Die Spielenden beherrschen dank der Explorationsphase nun den Umgang mit dem Objekt, ihre physiologische Erregung sinkt auf ein niedrigeres Niveau – Langeweile stellt sich ein. Die Spielenden wirken dem entgegen, indem sie neue und anspruchsvollere Anforderungen, neue Interaktionsmöglichkeiten mit dem Spielobjekt erfinden. Sie assimilieren das Objekt an ihre internen Bedürfnisse nach lustvoller Anspannung. Im Spielen wird laut Sutton-Smith ein Objekt nach einer Phase der Erkundung also beständig von seinen früheren Eigenschaften abstrahiert und transformiert, um es neu beherrschen zu lernen, worauf sich wieder ein Prozess der Transformation und Abstraktion einstellt. Bei den ersten Versuchen, beispielsweise ein Jo-Jo zu werfen, werden die Spielenden vielleicht noch Mühe haben, das Jo-Jo überhaupt wieder in die Hand zurückschnellen zu lassen. Nach einiger Übung beherrschen sie diese Aufgabe, und den Spielern wird langweilig. Also suchen sie neue Wege, das Spielen wieder interessanter zu machen: Sie transformieren und abstrahieren ihre vorher erlernten Bewegungen, ändern Wurfwinkel, versuchen sich an immer komplizierteren Tricks. Beherrschen sie diese und sinkt ihr Erregungsniveau auf das Level der Langeweile, versuchen sie sich vielleicht an noch schwierigeren Manövern. Dieser Prozess hat nach Sutton-Smith drei Auswirkungen, die mit Lernen und individueller Entwicklung in Beziehung stehen: Die Spielenden schaffen erstens durch die Veränderung von Objekten und Situationen ständig neue Objekte und Situationen, die erst nur in ihrer Spielwelt existieren, die den Individuen aber unter Umständen irgendwann einmal in der Realität begegnen könnten. Es sind Prototypen potenzieller, zukünftiger Reaktionsweisen (Sutton-Smith 1973, S. 34–36, 1978a, S. 87, 1978b, S. 71). Allerdings ist es fraglich, ob diese Prototypen jemals zur Anwendung kommen (Sutton-Smith 1978a, S. 84). Weitaus bedeutsamer ist für Sutton-Smith zweitens der Effekt, dass die ständige Transformation und Abstraktion im Spiel die Spielenden in ihrer Kreativität und Flexibilität trainieren (ebd., S. 87). Hier liefert Sutton-Smith eine Erklärung für die von ihm und anderen oben genannten Vertretern gemachte Beobachtung, dass Spielen und Kreativität in einem starken Zusammenhang stehen. Auch führt Sutton-Smith den Umstand, dass moderne Kulturen dem Spielen der Kinder deutlich mehr Stellenwert einräumen, darauf zurück, dass die Anforderungen solch komplexer Kulturen an Flexibilität und Kreativität deutlich höher sind als in einfacheren Kulturen und dass das Spielen somit eine sozialisierende Funktion wahrnimmt. Damit hängt auch eine dritte Folge des Spielens zusammen:

die **erhöhte Autonomie der Spielenden** (Sutton-Smith 1978a, S. 87–88), ihr gesteigertes Selbstvertrauen. Dies ist der Tatsache zu verdanken, dass sie durch die selbstbestimmte Transformation während des Spielens die Zügel selbst in der Hand halten und Anforderungen sowie Spielziele an ihr eigenes Können assimilieren können. Dadurch erhalten sie ein optimales und lustvolles Spannungsniveau gerade noch beherrschbarer Anforderungen.

Oerter geht ebenfalls auf die **Steigerung von Flexibilität** als eine entwicklungsfördernde Wirkung des Spielens ein. Er bezieht sie auf das Merkmal der **Schaffung einer alternativen Realität im Spiel:** „Kinder [. . .] variieren Handlungen und Handlungsgegenstände. Sie gewinnen auf diese Weise die Fähigkeit, eingeübte Routinen neu und flexibel zu kombinieren" (Oerter 1999, S. 12).

2.1.2 Lernen mit Computerspielen

Lernanlässe in Videospielen

Nicht nur das Spielen allgemein, sondern auch die Interaktion mit Videospielen im Besonderen wird mit Lernprozessen in Verbindung gebracht. So beschreibt Fabricatore (2000) **ein Interaktionsmodell**, in dem er das Spielen eines Videospiels in einen Zyklus aus vier aufeinanderfolgenden Schritten aufteilt, wobei jeder Schritt eigene Bezüge zu Lernprozessen aufweist (vgl. Abbildung 2.1). Der erste Schritt besteht aus der *Sammlung spielrelevanter Informationen.* Fabricatore unterscheidet zwischen **umgebungsspezifischen und funktionalen** Informationen: **Erstere schaffen eine** Atmosphäre **und fördern das Eintauchen in die Spielwelt**, die sogenannte **„Immersion"**, Zweitere sind zum Verständnis des Gameplay nötig und umfassen vor allem Spielregeln, Ziele und Spielelemente. Die Suche nach funktionalen Informationen erfordert von und entwickelt aufseiten der Spielenden laut Fabricatore räumliche Wahrnehmung, strategisches Denken und logisches Schlussfolgern. Zwar räumt Fabricatore ein, dass die derart erarbeiteten Informationen meist nur für den Kontext des Spiels selbst Relevanz hätten, er schließt jedoch inhaltliche Überschneidungen zwischen Realität und einigen Spielen nicht aus. Der zweite Schritt bei der Interaktion mit Videospielen besteht nach Fabricatore aus der *Analyse und Interpretation* der im vorherigen Prozess angeeigneten Daten. Hier liege eine bedeutende Gelegenheit zur Entwicklung analytischer Fähigkeiten vor, die sich nicht im Videospiel erschöpft, sondern auch über den Kontext hinaus in die Realität hineinwirken könne. Auf Analyse und Interpretation folgt in Fabricatores Modell die *Entscheidungsfindung.*

Inzwischen hat der Spieler Informationen gesammelt und ausgewertet sowie sich ein Bild über die Spielwelt und ihren Zustand gemacht. Nun gilt es, das weitere Handeln auf dieser Basis zu planen. Dieser Schritt beansprucht laut Fabricatore das strategische Denken des Spielers, da Spielziele, verfügbare Ressourcen und potenzielle Risiken gegeneinander abgewogen werden müssen, und zwar in Einklang mit den geltenden Spielregeln. Als letzter Schritt innerhalb Fabricatores Interaktionszirkel (bevor dieser wieder von Neuem beginnt) müssen die getroffenen Entscheidungen schließlich *in die Tat umgesetzt* werden. Die Spielenden setzen Handlungen innerhalb der virtuellen Welt über die vorgesehene Schnittstelle um: Maus, Keyboard, Joystick oder Gamepad. Je nach Spieltyp stellt dies einmal mehr, einmal weniger große Anforderungen an psychomotorische Fähigkeiten (z. B. Hand-Auge-Koordination, Geschicklichkeit, Schnelligkeit etc.), welche laut Fabricatore dadurch trainiert werden. Auf dieser Stufe gibt der Computer oder die Spielkonsole auch Rückmeldung über Erfolg oder Misserfolg des Spielhandelns. Es ergibt sich hier also die Gelegenheit für die Spieler, ihre vorherigen Schritte zu evaluieren und im folgenden Zyklus gegebenenfalls zu optimieren.

Lernförderliche Prinzipien in Videospielen

Papert (1998) merkt überspitzend an, dass Spieleentwickler offenbar ein besseres Verständnis für die Natur des Lernens hätten als so mancher Lehrer. Er begründet dies damit, dass Gamedesigner die Spieler dazu befähigen müssen, ein komplexes Spiel zu bewältigen (was ohne umfangreiche Lernprozesse nicht möglich ist). Gelänge ihnen dies nicht, so würden ihre Videospiele nur schlecht verkauft werden. Ergo, so Papert, gestalten die Designer die Videospiele so, dass die Spieler möglichst effektiv und effizient das lernen, was sie zum Spielen benötigen. Auch weitere Autoren schreiben Computerspielen ein hohes didaktisches Potenzial zu und führen dies auf die konsequente Umsetzung verschiedener lernförderlicher Prinzipien beim Gamedesign zurück. Einige Ausführungen werden im Folgenden exemplarisch vorgestellt.

Der Linguist Gee (2003) listet 36 solcher lernförderlichen Prinzipien auf. In einer späteren, zusammengefassten Ausführung (Gee 2007, S. 30–43) hat er diese auf die folgenden 13 Prinzipien komprimiert. Zuerst nennt er die Mitwirkung am Geschehen. Fühlen sich Lernende nicht als passive Rezipienten, sondern als aktive Produzenten des Geschehens, wirkt sich dies positiv auf das Lernen aus. Computerspiele, so Gee, sind effektive Lernumgebungen, da sie interaktiv sind und den Spielern das

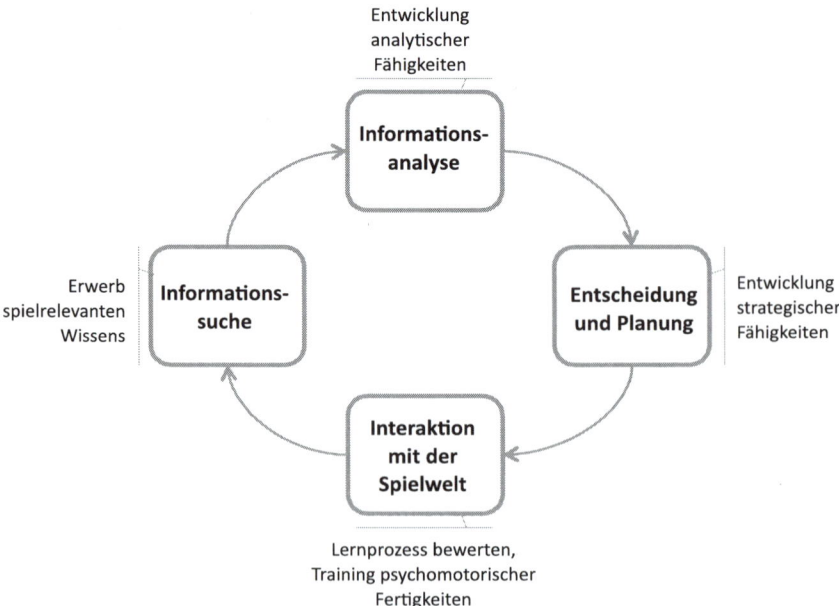

Abbildung 2.1: Das Computerspielen als Interaktionszyklus hält nach <mark>Fabricatore (2000)</mark> spezifische Lernanlässe bereit.

Gefühl vermitteln, aktiv an der Spielhandlung mitzuwirken. Weiterhin nennt Gee das <mark>Kriterium der *Anpassbarkeit.*</mark> Lernende sollten in der Lage sein, eigene Entscheidungen bezüglich ihres Lernens zu treffen und dabei neue Stile auszuprobieren. Laut Gee ermöglichen Computerspiele diese Form individueller Anpassung. Beispielsweise können die Spieler die Spieloptionen an ihre Bedürfnisse anpassen; viele Spiele lassen den Spielenden zudem Freiheiten bei der Lösung der Spielaufgaben und erlauben das Beschreiten individueller Lösungswege. Besonders dynamische Videospiele wie Deus Ex (Ion Storm 2000) oder Blade Runner (Westwood Studios 1997) <mark>haben zu diesem Zweck sogar unterschiedliche Ausgänge der Spielhandlung vorgesehen</mark>; andere Spiele wie bspw. Fallout 3 (Bethesda Softworks 2008) überlassen den Spielern die Wahl, ob sie die Aufgaben über offenen Kampf und Action, über Heimlichkeit und Infiltration oder über „soziale" Methoden wie Manipulation und Einschüchterung bewältigen. <mark>Drittens die *Identifikation*</mark>: Sollen sich Individuen dem Lernen mit Engagement und Hingabe widmen, ist es vorteilhaft, wenn sie hierbei eine Rolle einnehmen können, mit der sie sich identifizieren können. Laut

Gee ermöglichen gut gestaltete Computerspiele dies den Spielenden, indem sie ihnen entweder Charaktere anbieten, die derart attraktiv sind, dass die Spielenden bereitwillig in deren Rolle schlüpfen, oder indem sie relativ „leere" Charaktere anbieten, deren Identität die Spieler rekonstruieren müssen. Erweitern Menschen ihren *operativen Einflussbereich* und können sie damit Werkzeuge auch in größerer Entfernung manipulieren (beispielsweise über eine Fernsteuerung), so verspüren sie Gee zufolge ein Gefühl der Befähigung und Erweiterung. Diese Form der „Tele"-Kontrolle ist in Computerspielen möglich, da die Spieler physisch außerhalb des Spielgeschehens (nämlich vor dem Bildschirm und nicht dahinter) sind, dieses aber über die Interaktionsmöglichkeiten des Spiels teilweise sehr präzise „fern"-steuern können. Werden Lernende mit zu komplexen Problemen konfrontiert, lassen sich die daraufhin gefundenen Lösungswege nur schwer auf spätere Problemfelder anwenden. Spiele verfügen dagegen über eine *gelungene Anforderungsdramaturgie*. In einem didaktischen Arrangement sollten die Probleme, denen Lernende früh begegnen, daher besonders sorgfältig gestaltet sein, damit die Lernenden Hypothesen bilden können, die auch erfolgreich auf spätere Probleme anwendbar sind. In Computerspielen ist dieser Ansatz laut Gee meist recht konsequent umgesetzt. Bereits bei der Gestaltung und Anordnung früh präsentierter Probleme berücksichtigen sie Situationen, die später folgen werden, und helfen den Spielenden so, aktuelle Problemlösungen auch auf spätere Situationen anwenden zu können. Weiterhin verfügen Computerspiele nach Gee über ein *hohes, aber bezwingbares Niveau*. Sind neue Herausforderungen so anspruchsvoll, dass sie den Lernenden hart, aber gerade noch bewältigbar erscheinen, hält Gee die sich daraus ergebenden Lernprozesse für besonders effektiv. Lernende spüren so sehr deutlich, dass ihre Anstrengungen zum Ziel führen und sie Fortschritte machen. Computerspiele bewegen sich in eben diesem Korridor zwischen „bezwingbar" und „nicht mehr zu schaffen", ein Aspekt, der auch beim Flow-Konzept von Bedeutung ist (vgl. Abschnitt 2.2.3). Zudem verstärken sie durch ihre unmittelbare Rückmeldung darüber, welche Aktionen mehr und welche weniger zielführend sind, das Erfolgserleben der Spieler. Lernende bilden laut Gee Fachkenntnis in einem Bereich aus, indem sie ihr Wissen, ihre Fähigkeiten und Fertigkeiten bis zur blinden Beherrschung einüben. An einem bestimmten Punkt jedoch kommen sie mit ihrer aktuellen Expertise nicht mehr weiter, was sie dazu veranlasst, ihre Kompetenzen bewusst weiterzuentwickeln, bis sie auch die neue Anforderung automatisiert meistern. Dieser Prozess wiederholt sich daraufhin und wird von Gee als *Expertisezyklus* bezeichnet. In Computerspielen treten diese Zyklen in Form von Levels und Endgegnern auf: In den regulären Spiellevels können die Spieler ihre Fähigkeiten ausbauen. Die etappenweise auftretenden Endgegner strapazieren die erworbenen Kompetenzen der Spielenden und bringen sie an die Grenzen ihrer Leistungsfähigkeit, zumal die sogenannten „Level-Bosse" neuartige Herausforderungen darstellen, welche die Spielenden durch Erwerb neuer Fähigkeiten und deren Kombination mit ihrem bisherigen Kompetenzprofil schließlich meistern. In der darauf folgenden, aus Levels und Endgegner bestehenden Etappe wiederholt sich dieser Zyklus. Zudem bieten Computerspiele nach Gee *rechtzeitige Information auf Abruf.* Menschen können Informationen am besten nutzen, wenn diese nicht in großen Mengen und ohne Anwendungskontext präsentiert werden, sondern wenn sie zur passenden Zeit und auf Abfrage zur Verfügung stehen. In Computerspielen müssen die Spieler das Spielhandbuch nicht zwingend lesen, um im Spiel zurechtzukommen. Es steht ihnen jedoch als Referenz zur Verfügung, was sich insbesondere dann als nützlich erweist, wenn sie eine Zeit lang gespielt haben und dann bereits praktische Erfahrung und Anwendungen zum im Handbuch Geschriebenen besitzen. Gee verwendet für das neunte lernförderliche Prinzip die Metapher des *Aquariums* („fish tank"). Aquarien sind für ihn vereinfachte Ökosysteme, die durch ihre Reduktion bestimmte Variablen und deren Beziehungen (die in der Komplexität der äußeren Umwelt nur schwer sichtbar sind) sehr deutlich darstellen können. Sie repräsentieren ein Prinzip, das dem Lernen zugute kommt: Während Lernende von der Komplexität der Wirklichkeit schnell überfordert sind, bieten ihnen die Aquarien einen Schauplatz, an dem sie einen Inhalt vereinfacht und profiliert untersuchen können. Computerspiele, so Gee, nutzen dieses Prinzip in frühen Spielstadien, um die Spieler in einer vereinfachten Umgebung mit grundlegenden, später allgegenwärtigen Konzepten vertraut zu machen, ohne dass diese Gefahr laufen, von der Komplexität der späteren Stadien überfordert zu sein. *Sandkästen* („sand boxes") stehen bildlich für Umgebungen, die der Wirklichkeit prinzipiell ähneln, aber von ihnen entkoppelt und daher gefahrlos sind. Diese Umgebungen ermöglichen es Lernenden, unter relativ authentischen Bedingungen, aber ohne Risiken und drohende Konsequenzen Dinge auszuprobieren und zu lernen. In Computerspielen begegnen den Spielern solche Umgebungen in frühen Stadien des Spiels – ebenso wie die im vorherigen Punkt beschriebenen „Aquarien". Die Spieler können zu Beginn eines Spiels häufig gefahrlos und ohne großen Leistungsdruck Dinge austesten und erkunden, die sie später unter „ernsten" Umständen anwenden müssen. Zu Gees Ausführungen ist anzumerken, dass die Tätigkeit des Spielens an sich (auf einer höheren Abstraktionsebene) aufgrund seiner Scheinhaftigkeit gewissermaßen per se in einem „Sandkasten" stattfindet: Schließlich zeichnet es sich ja durch Folgenlosigkeit und mangelnden Leistungsdruck aus. Allerdings ist es fraglich, inwiefern das Spielen an sich ebenso authentisch für einen bestimmten Bereich ist, wie dies bei Sandkästen der Fall ist. Weiterhin nennt Gee die *strategische Anwendung von Fähigkeiten*: Menschen erwerben und entwickeln Fähigkeiten am besten, wenn sie diese in einem spezifischen Kontext zu einer Strategie bündeln und damit ein angestrebtes Ziel erreichen können. Ständiges Einüben ohne konkreten Verwendungszweck dagegen wird von den Lernenden oft als bedeutungslos angesehen. In Computerspielen sind die zu entwickelnden Fähigkeiten stets für die Bewältigung der Aufgaben und das Erreichen des von den Spielern ersehnten Spielzieles relevant. Nach Gee hilft es Menschen beim Lernen, wenn sie die zu erwerbenden Fähigkeiten, Fertigkeiten und Informationen in ein übergeordnetes, größeres Ganzes einordnen können. Bezogen auf die lernförderlichen Aspekte von Computerspielen spricht Gee hier von *systemischem Denken*: Gute Spiele unterstützen die Spielenden dabei, die Einzelelemente des Spiels in einen größeren Bedeutungskontext einzuordnen. Gees Anmerkung wird etwas deutlicher, wenn man sich die in Abschnitt 1.3.2 beschriebene Struktur von Videospielen ins Gedächtnis ruft: Spielelemente und Regeln bilden das abstrakte, grundlegende System eines jeden Spiels. Die nach außen sichtbare Hülle – und sei sie auch noch so vielfältig und komplex – bezieht sich immer wieder auf das darunterliegende System. Computerspiele helfen dem Spieler dabei, das abstrakte, syntaktische System unter der semantischen Hülle zu begreifen, da Spieler nur so kontrolliert und gezielt handeln können. Als letzten Punkt nennt Gee das *Lernen über subjektive Erfahrung*. Die mentale Repräsentation von Wörtern und Konzepten erfolgt laut Gee beim Individuum nicht rein logisch oder über generelle Definitionen. Vielmehr belegen die Menschen sie mit ihren eigenen biografischen Erfahrungen und subjektiven Bedeutungen. Computerspiele bauen auf dieses Prinzip auf, indem sie die Inhalte, welche sie vermitteln, nicht mittels abstrakter Prinzipien, Verallgemeinerungen oder Vorträgen transportieren, sondern den Spielern ermöglichen, ihre eigenen Erfahrungen mit den Inhalten zu machen. Videospiele schaffen nach Gee somit Gelegenheiten, bei denen Spieler eigene Bedeutungen über das zu Lernende generieren können. Computerspiele informieren die Spieler also nicht belehrend und abstrakt über ihre Syntax, das Spielregelsystem, sondern sie semantisieren es in Form einer nach außen sichtbaren Hülle, welche durch den Spieler unmittelbar und anschaulich erfahrbar ist.

Auch Gentile und Gentile (2008) beschreiben aus einer stärker psychologisch orientierten Perspektive Prinzipien, die in Computerspielen genutzt werden und verweisen auf den in der Fachliteratur belegten positiven Einfluss auf menschliches Lernen.[10] Dabei beziehen sie sich stellenweise auf Gees Ausführungen, erweitern diese jedoch um zusätzliche Aspekte. So nennen die Autoren die *Adaption an das Niveau der Spielenden.* Üblicherweise sorgen verschiedene, von den Spielenden frei wählbare Schwierigkeitsgrade dafür, dass diese das Niveau des Spiels an ihren eigenen Wissensstand und ihre Fähigkeiten sowie die von ihnen bevorzugte Lerngeschwindigkeit anpassen können. Zweitens nennen die Autoren den Aspekt des *aktiven Lernens*: Im Gegensatz zum in der Schule vorherrschenden Frontalunterricht, welcher die Lernenden in eine passive Lage versetzt, bieten den Autoren zufolge Videospiele sofortige und kontinuierliche Gelegenheiten, die vermittelten Informationen in die Tat umzusetzen. Die Spielenden erhalten dabei vom Computerspiel unmittelbares Feedback zur praktischen Anwendung des Erlernten. Wiederholtes Lernen (*Überlernen*, „overlearning") in Videospielen führt laut Gentile und Gentile dazu, dass erlerntes Wissen und Fähigkeiten derart verinnerlicht werden, dass die Spielenden sich nicht mehr aktiv darauf konzentrieren müssen. Sind die Lerninhalte weit genug internalisiert und automatisiert, können die Spielenden ihre bewusste Konzentration auf neue Inhalte lenken. Computerspiele *motivieren* die Spieler zum Erreichen von Spielzielen sowohl extrinsisch als auch intrinsisch. Ersteres wird für gewöhnlich über Highscores, bessere Ausrüstung, mehr Spielgeld etc. erreicht. Letzteres wirkt insbesondere über die Steigerung des Selbstwertgefühls, die mit der Bewältigung fortgeschrittener Spiellevel und der Entwicklung höherer Kompetenzstufen einhergeht. Videospiele fördern hierüber das Selbstvertrauen der Spielenden, was nach Meinung der Autoren deren Haltung gegenüber neuen (auch lernbezogenen) Herausforderungen positiv beeinflusst. Das Niveau in Videospielen *steigt mit fortschreitendem Verlauf sukzessive an.* Spätere Level bauen auf den Lernprozessen und Erfolgen der vorherigen auf. Auf diese Weise können stufenweise neue und immer höhere Schwierigkeitsgrade gemeistert werden. Als *„massed practice"* werden bei Gentile und Gentile Übungsphasen bezeichnet, in denen das Training über lange Zeit angehalten und durch wenige Pausen unterbrochen wird. *„Distributed practice"* beschreibt dagegen kurze Trainingsphasen, die mit vielen Pausen durchsetzt sind und in Intervallen

---

[10]Wobei anzumerken ist, dass die Autoren dies nicht im Kontext von Lernspielen (also erwünschter Wirkungen des Computerspielens) ausführen, sondern im Rahmen der Hypothesengenerierung einer Studie zu den negativen (also unerwünschten) Wirkungen virtueller Gewalt in Videospielen.

durchlaufen werden. Videospiele weisen laut Gentile und Gentile ein nahezu optimales Verhältnis beider Trainingsvarianten auf: Erste Anläufe führen oftmals erst nach längeren, durchgehenden Übungsprozessen zum gewünschten Erfolg. Solche Massed-practice-Phasen nehmen mit zunehmender Kompetenz im Spiel zugunsten von Distributed-practice-Phasen ab, in denen das in der jeweils vorherigen Phase Erlernte erfolgreich angewendet werden kann. Neue Herausforderungen verlangen dann nur noch kürzere Lernphasen, die durch das schnellere Vorankommen im Spiel häufiger vorkommen – nämlich immer dann, wenn der Schwierigkeitsgrad ansteigt. Videospiele können zudem inhaltlich in *vielfältigen Kontexten* angesiedelt sein, jeweils mit unterschiedlich gestalteten Symbolisierungssettings: historisch, futuristisch, fotorealistisch, cartoonhaft. Die zugrunde liegenden Lösungswege und Interaktionen sind einander jedoch meistens ähnlich, vor allem, wenn es sich bei den semantischen Kontexten um unterschiedliche Visualisierungsformen ein und desselben Regelsystems handelt. Die Interaktionen beanspruchen demnach jeweils dieselben Fertigkeiten und Wissenskonstrukte der Spieler. Gentile und Gentile verweisen in diesem Zusammenhang darauf, dass Wissen und Fähigkeiten eine höhere Chance auf Lerntransfer in neuen Situationen haben, wenn sie in mehreren verschiedenen Kontexten erweitert und angewendet werden – wie es bei Videospielen der Fall ist.[11]

Meier und Seufert (2003, S. 14–15) sehen in ähnlicher Weise Prinzipien, die nachhaltige Lernprozesse ermöglichen, in Videospielen umgesetzt: So verweisen sie darauf, dass das Lernen ein *aktiver Prozess* ist. Aktion und Interaktion stehen auch bei Videospielen im Vordergrund; der Computer liefert direktes Feedback über Erfolg oder Misserfolg des Handelns. Lernen ist zudem ein *konstruktiver Prozess* – eine zentrale Grundannahme konstruktivistischer Ansätze in der Pädagogik (Arnold und Schüßler 2003; Arnold und Siebert 2003). Lerninhalte werden demnach nicht einfach von einem Sender auf die Lernenden übertragen, sondern von Letzteren aktiv, subjektiv und unter Einbeziehung ihres Vorwissens und ihrer aktuellen Situation konstruiert. Meier und Seufert betonen, dass digitale Lernspiele einen gefahrlosen Raum darstellen, der den Lernenden die Möglichkeit bietet, ihre eigenen Erfahrungen zu sammeln, auf spielerische Weise dies oder jenes auszuprobieren und selbstständig Informationen zu sammeln sowie diese mit ihrem Vorwissen zu verknüpfen. Aktivität und Konstruktivität als lernförderliche Eigenschaften digitaler Spiele werden im Übrigen auch von Randel, Morris, Wetzel und Whitehill (1992) hervorgehoben.

---

[11]Dies gilt jedoch nur dann, wenn die Spieler mehrere verschiedene Spielsettings und Semantisierungen mit gleichem abstrakten Spielkern spielen.

Die Möglichkeit, Lernprozesse *selbst zu steuern* und zu kontrollieren, ist nach Meier und Seufert ebenfalls ein in Videospielen anzutreffendes Prinzip mit positivem Einfluss auf Lernprozesse. Dies betrifft beispielsweise die Möglichkeit, Lernwege und -zeiten selbstständig zu bestimmen. Sicherlich bieten nicht alle Spiele gleichermaßen große Freiheitsgrade in dieser Beziehung, doch schon die Möglichkeit, die Spielschwierigkeit den eigenen Möglichkeiten anzupassen, könnte hier als Vorzug digitaler Spiele gewertet werden. Lernen ist ein *sozialer Prozess* – eine Eigenschaft, die nach Meier und Seufert realen oder virtuellen Lerngemeinschaften einen Mehrwert gegenüber isoliertem Einzellernen (bspw. in Fernstudiengängen) verschafft. Die Autoren sehen in virtuellen Multiplayerspielen eine Gelegenheit, diesen Aspekt aufzugreifen und soziales Lernen auch in digitalen Lernspielen zu unterstützen. Nachhaltiges Lernen erfolgt insbesondere dann, wenn neben rationalen, kognitiven Lernzielen auch *emotionale Komponenten* berücksichtigt werden. Computerspiele sprechen die Emotionen der Spieler an, beispielsweise über die Identifikation mit den virtuellen Spielfiguren, das Eintauchen in die Handlung und virtuelle Spielwelt, insbesondere jedoch über das Vergnügen des Spielens und die sich daraus ergebende hohe intrinsische Motivation. Wie Gentile und Gentile (2008) verweisen auch Meier und Seufert darauf, dass nachhaltiges Lernen ein *situierter Prozess* ist. Dies meint, dass das Lernen in authentischen Kontexten stattfindet und die Lerninhalte relevant für die aktuelle Situation der Lernenden sind. Von Vorteil ist nach Meinung der Autoren hier, wenn die Lernenden die Möglichkeit haben, die Inhalte aus multiplen Perspektiven zu betrachten und auf verschiedene Probleme anzuwenden, da dies den Transfer auf neue Situationen erleichtert. Computerspiele liefern nach Meier und Seufert die Voraussetzungen dafür. Die Spieler können verschiedene Rollen einnehmen; Multimodalität und Interaktivität bieten Möglichkeiten des vielseitigen und multiperspektivischen Umgangs mit authentischen Informationen. Auch Kirriemuir (2002) und Van Eck (2006) verweisen auf die Unterstützung situierten Lernens in Computerspielen: „What you must learn is directly related to the environment in which you learn and demonstrate it; thus, the learning is not only relevant but applied and practiced within that context" (ebd., S. 18). Tatsächlich scheinen Computerspiele eine Reihe von Mechanismen ausgebildet zu haben, die für den Spielprozess nötigen Inhalte subtil und punktgenau immer dann anzubringen, wenn sie benötigt werden (zu häufig verwendeten didaktischen Techniken in Videospielen vgl. auch Bopp (2003, 2005, 2006)). Im konstruktivistischen Diskurs wird die Eigenschaft von Lerninhalten, dem Individuum beim Erreichen seiner konkreten, aktuellen Ziele nützlich und hilfreich zu sein, mit „Viabilität" bezeichnet und als wichtige Voraussetzung effektiver Lernprozesse angesehen (Arnold und Siebert 2003, S. 103).

So weit zu den Abhandlungen in der Literatur. Die Ausführungen weisen inhaltliche Überschneidungen auf, ergänzen sich jedoch auch gegenseitig. Tabelle 2.1 bündelt die unterschiedlichen Aspekte in sieben gemeinsame Bereiche: Spiele sind *interaktiv* und versetzen die Lernenden in eine aktive Rolle. Sie verleihen den Spielern *Einflussmöglichkeiten* auf Schwierigkeit und Gameplay. Sie sind *unterhaltsame und emotional* berührende Umgebungen. Die in Spielen zu lernenden Inhalte und zu lösenden Aufgaben sind *verständlich und gut strukturiert*. Die zu lernenden Inhalte sind *viabel und situiert*. Spieler müssen keine Furcht vor negativen Konsequenzen haben und können frei und *unbeschwert* agieren. Computerspiele können die *sozialen Seiten* des Lernens berücksichtigen. Der letzte Punkt gilt freilich in erster Linie für Spiele, die mit einem Multiplayermodus ausgestattet sind. Doch auch Produkte, die lediglich über einen Einzelspielermodus verfügen, können soziale Eigenschaften des Lernens fördern, indem die Spielenden sich beispielsweise abwechseln. Zudem können sie (ohne physisch anwesend zu sein) Gesprächsthemen stellen und damit kommunikationsstiftend wirken, indem sich bspw. die Spieler untereinander über ihr Hobby austauschen.

Natürlich setzen nicht alle auf dem Markt befindlichen Videospiele die genannten Prinzipien in gleichem Umfang um. Gee (2007) merkt immer wieder an, dass die Prinzipien in erster Linie eine Domäne besser gestalteter, professioneller Videospiele sind. Unprofessionell gestaltete Computerspiele minderer Qualität verzeichnen bei einzelnen Bereichen sicherlich mehr oder weniger starke Einbußen.

Empirischer Forschungsstand

Betrachtet man die oben geschilderten, zumeist theoretisch abgeleiteten Beziehungen zwischen Spielen und Lernen, so sollte man meinen, dass Computerspiele höchst wirksame Lernumgebungen sind und sich daher gut als pädagogisches Instrument eignen. Die empirische Forschung müsste demnach ein einheitliches Bild zeichnen und hohe Lerneffekte bei der Interaktion mit Computerspielen, sei es als Game-based Learning oder bei der Beschäftigung „nur zum Spaß", nachweisen. Dem ist jedoch nicht so.

Der empirische Forschungsstand zu Lerneffekten, die aus der Interaktion mit Videospielen resultieren, ist uneinheitlich. Häufig zeigen die

	Gee (2003)	Gentile und Gentile (2008)	Meier und Seufert (2003)
Interaktivität	Mitwirkung am Geschehen	Aktives Lernen	Spiel als aktiver Prozess
Selbststeuerung	Anpassbarkeit	Adaption an das Niveau der Spieler	Lernprozesse selbst steuern
Unterhaltung und Kontrolle	Identifikation mit Charakteren; erweiterter Einflussbereich; hohes, bezwingbares Niveau	Motivation	emotionale Komponenten der Spiele
Struktur der Inhalte	gut gewählte Abfolge von Anforderungen; „fish tanks"; systemisches Denken; Expertisezyklen	ansteigende Schwierigkeit; Überlernen; „massed" und „distributed practice"	—
Viabilität und Situiertheit	Information auf Abruf; strategische Anwendung von Fähigkeiten; Lernen über subjektive Erfahrung	Kontextvielfalt	Situiertheit des Computerspielens; Lernen als konstruktiver Prozess
Spiel als gefahrloser Raum	Videospiele als „Sandkästen"	—	—
Sozialität	—	—	soziale Seiten des Computerspielens

Tabelle 2.1: Bündelung der gängigsten didaktischen Prinzipien in Videospielen

Forschungsarbeiten widersprüchliche Befunde und sind mit methodischen Problemen und Unstimmigkeiten belastet. Die Studien zeigen kein klares Wirkungsgefüge, sondern eine Vielzahl verschiedener Moderatorvariablen und multifaktorieller Kausalitäten. Häufig sind die Kausalrichtungen nicht eindeutig geklärt, und es mangelt an zuverlässigen Längsschnittstudien (Klimmt 2006a, S. 30; Mitchell und Savill-Smith 2004, S. 5; Kunczik und Zipfel 2004). Die Studien decken zudem nur einen kleinen Ausschnitt der möglichen Lerneffekte ab. Ausführliche Metastudien, die die Befunde sammeln, zusammenfassen und systematisch ordnen, sind rar. Neben einer Metastudie von Mitchell und Savill-Smith (2004) existieren nur vier weitere, jedoch ältere Veröffentlichungen: Randel, Morris, Wetzel und Whitehill (1992), Dempsey, Rasmussen und Lucassen (1994), Emes (1997) und Harris (2001). Die technischen Fortschritte bei Computerspielen und die Professionalisierung des Gamedesigns schreiten rasant voran. Spiele, die vor 15 Jahren untersucht wurden, unterscheiden sich womöglich hinsichtlich der Umsetzung lernförderlicher Prinzipien eklatant von aktuellen Produkten. Aus Gründen der Aktualität stützt sich die vorliegende Arbeit daher auf neuere Publikationen, vorrangig auf die Studie von Mitchell und Savill-Smith (2004). Diese leidet allerdings unter mangelnder Systematik bei der Darstellung der Forschungsbefunde und mangelnder Transparenz hinsichtlich der Kontexte, aus denen die dokumentierten Lerneffekte hervorgehen: Differenzierungen innerhalb der Lernspiele (etwa in Form eines Klassifikationssystems, wie es in Abschnitt 3.2 vorgestellt wird) nach „Ernsthaftigkeit", didaktischen Mechanismen und Lernzielen wurden nicht getroffen. Zumindest die Lernziele ließen sich jedoch aus der Literaturbasis rekonstruieren. Die Befunde sind daher nach der Lernzieltaxonomie von Bloom, Engelhart, Furst, Hill und Krathwohl (1976) (ausführlich behandelt in Abschnitt 3.2.3) gegliedert.

Kognitive Ebene Dempsey, Lucassen, Haynes und Casey (1996), ebenso Blake und Goodman (1999) berichten von *allgemeinen Wissensvermittlungen*: Selbst einfache Spiele können dem Erinnern von Fakten dienen und eine Basis für eine aktive Beteiligung und Diskussion (im Unterricht) bieten. Inwiefern jedoch dem Spiel selbst positive Wirkungen bezüglich der Wissensvermittlung zuzuschreiben sind oder dies eher der aktiven Verarbeitung beispielsweise innerhalb einer anschließenden Diskussion zu verdanken ist, ist nicht ersichtlich. So bemerkt auch Clegg (1991), dass der umgebende didaktische Kontext eine größere Bedeutung für Lernprozesse hat als das Spiel selbst. Bezüglich spezifischer Schulfächer berichtet Jayakanthan (2002) von Strategiespielen, die erfolgreich in Schulen das

Geografielernen angeregt haben. Auch Squire (2005) erwähnt den Wissenserwerb in Spielen wie Civilization III (Firaxis 2001), weist aber darauf hin, dass deren immense Komplexität lange Eingewöhungsphasen erfordert und insbesondere auf jene Anwender abschreckend wirken kann, die wenig Erfahrung mit Videospielen haben. Kirriemuir (2002) verweist darauf, dass Computerspiele zur Unterstützung des nationalen Curriculums herangezogen wurden. Randel, Morris, Wetzel und Whitehill (1992) berichten, dass Lernwirkungen von Computerspielen in verschiedenen Themengebieten unterschiedlich ausfallen. Besonders effektiv (sowohl bei Kindern wie bei Erwachsenen) seien sie in den Fächern Mathematik, Physik und Sprachen und allgemein in Gebieten, in denen sich Ziele besonders präzise angeben und Inhalte sehr spezifisch anvisieren lassen (eine Meinung, die auch von Griffiths (2002) vertreten wird). Erfolgreichen Lerntransfer in den Bereichen Mathematik und Sprachen bescheinigt die Studie von Murphy, Penuel, Means, Korbak und Whaley (2002), wobei hier anzumerken ist, dass neben Spielen auch andere Software verwendet wurde und die Lernmedien in umfassendere pädagogische Szenarien eingebettet waren. Als weniger effektiv bzw. wirkungslos stellten Videospiele sich dagegen in Themenbereichen wie Logik, Biologie und Gemeinschaftskunde heraus. Weitere Grenzen der Wissensvermittlung merken Barab et al. (zitiert nach Squire 2002) an: Schüler könnten zwar einiges bei Spielen wie Sim City lernen, würden dabei jedoch oftmals nur naive Konzepte über diese Inhalte entwickeln. Und schließlich existieren auch Studien, die keinen Zuwachs der akademischen Leistung durch das Spielen von Computerspielen nachweisen konnten (Mitchell und Savill-Smith 2004, S. 5).

De Lisi und Wolford (2002) berichten zu *kognitiven Fertigkeiten*, dass Simulationsspiele die allgemeine kognitive Entwicklung positiv beeinflussen können. Entgegen anderer Befunde (Phillips, Rolls, Rouse und Griffiths 1995), welche männlichen Anwendern bessere Ergebnisse zuschreiben, berichten sie dabei von gleichen Fortschritten bei Jungen und Mädchen. Deventer und White (2002) fanden Korrelationen zwischen hoher Spielexpertise und kognitiven Fertigkeiten wie Gedächtnisleistungen. Pillay, Brownlee und Wilss (1999) und Ko (2002) sowie Green und Bavelier (2003) und Green und Bavelier (2006) berichten von signifikanten Lerneffekten bei analytischen Fertigkeiten, ikonischen Fertigkeiten und selektiver visueller Aufmerksamkeit durch Simulationsspiele. Weitere positive Befunde zur Verbesserung der Aufmerksamkeitsteilung finden sich bei Greenfield, DeWinstanley, Kilpatrick und Kaye (1994). Insbesondere bei dreidimensionalen Computerspielen liegt es nahe, nach positiven Effekten im Bereich des räumlichen Wahrnehmens und Denkens zu forschen. Computerspieler sind Nichtspielern offenbar in mehreren Fertigkeiten, die die visuelle Wahrnehmung betreffen, voraus (Green und Bavelier 2007; Klimmt 2006a, S. 30). De Lisi und Wolford (2002) wiesen eine erhöhte Fertigkeit in der räumlichen Orientierung nach. Sims und Mayer (zitiert nach Klimmt 2006a, S. 30) räumen jedoch ein, dass diese Lerneffekte auf den Bereich der Computerspiele beschränkt seien. Allerdings sollte dabei bedacht werden, dass im Zuge der zunehmenden Digitalisierung unseres Alltags jene räumlichen Aufgabentypen und ikonischen Repräsentationen aus Computerspielen auch in anderen Alltagsbereichen immer relevanter werden können. Häufiges Videospielen könnte somit einen Beitrag leisten, sich in einer computerorientierten Gesellschaft besser zurechtzufinden (Greenfield, DeWinstanley, Kilpatrick und Kaye 1994).

Natale (2002) merkt an, dass sich bei komplexen Spielen verstärkt Gehirnschwingungen messen lassen, die unter anderem für *akademische Fähigkeiten* relevant sind. Auf der Ebene des Verstehens bescheinigt Squire (2004) Computerspielen Lerneffekte in Form besseren konzeptuellen Verständnisses bei geschichtlichen, politischen und geografischen Themen sowie einer erhöhte Perspektivenvielfalt. Deventer und White (2002) verbinden außerordentliche Sachkundigkeit bei Computerspielen mit verschiedenen Fähigkeiten auf mittleren bis hohen Stufen kognitiver Lernziele: Dazu gehören das Erkennen bestimmter Muster und Probleme, Problemlösen, prinzipiengeleitete Entscheidungsfindung und qualitatives Denken. Zu ähnlichen Befunden kommen auch Pillay, Brownlee und Wilss (1999), Ko (2002), Kirriemuir (2002) und Green und Bavelier (2003), wenn sie Simulationsspielen eine bedeutende Rolle bei der Nutzung mentaler Modelle, dem strategischen Denken und dem Gebrauch analytischer Fertigkeiten zuschreiben. Mitchell und Savill-Smith (2004, S. 26) erwähnen Studien, die diese Befunde stützen und auf kritisches Denken, Problemlösen und kompetente Entscheidungsfindung ausdehnen. Computerspiele scheinen zudem erfolgreich verschiedene Formen kritischen und kreativen Denkens zu fördern (Doolittle, zitiert nach ebd., S. 19). Eine hohe Fähigkeit zum Lösen von Problemen bescheinigt auch Kraam-Aulenbach (2003) den Computerspielern. Demnach übertragen Spieler ihre erworbene Problemlösekompetenz zwischen verschiedenen Spielen und Genres; inwiefern solche Problemlösungsprozesse auch auf das Handeln im realen Alltag übertragen werden, bleibt in dieser Studie offen. Curtis und Lawson (2002) weisen dagegen darauf hin, dass bei allgemeinen Problemlösungsstrategien aus Computerspielen nur ein mäßiger Transfer in die Realität stattfindet.

Affektive Ebene McLellan (1994) vermutet, dass Computerspiele die Beziehung der Spieler zu Informationen verändern können. Ursache dafür sei, dass Computerspiele oftmals narrative Inhalte enthalten, welche spezifische Erfahrungen bei den Rezipienten auslösen, die wiederum auf die Einstellung zu den Inhalten wirken. Auch Berson (1996) sieht ein Potenzial komplexer Spiele für die Änderung von Einstellungen.

Vereinzelt kommen Studien zu dem Schluss, dass der Konsum gewalthaltiger Computerspiele zu einer Erhöhung aggressiver Emotionen führen kann (vgl. Kunczik und Zipfel 2004, S. 206–209). Teilweise wird dies nicht nur auf sogenannte „violente" Inhalte, sondern auch auf Frustrationen durch Niederlagen im Spiel zurückgeführt.

Psychomotorische Ebene Mitchell und Savill-Smith (2004, S. 20) schildern positive Auswirkungen von Videospielen auf allgemeine psychomotorische Fertigkeiten. Laut Fery und Ponserre (2001) haben Computerspiele positiven Einfluss auf die Kraftkontrolle der Spieler. In einer älteren Studie dokumentieren Griffith, Volschin, Gibb und Bailey (1983) eine Erhöhung von Reaktionsvermögen und Hand-Auge-Koordination durch das Spielen von Computerspielen. Eine neuere Studie von Rosser, Lynch, Cuddihy, Merrel, Gentile und Klonsky (2007) untersucht den Zusammenhang zwischen dem Spielen von Computerspielen und der Performanz bei chirurgischen Eingriffen. Demnach scheint das Computerspielen einen größeren Einfluss auf Fehlerfreiheit und Schnelligkeit bei laparoskopischen Eingriffen zu haben als Training und praktische Erfahrung (ebd., S. 184). Dabei ist allerdings zu bedenken, dass die Quellen reine Korrelationseffekte dokumentieren und keine Aussagen über die Kausalbeziehung treffen. Damit kann die höhere Leistung bei chirurgischen Eingriffen nicht nur durch einen positiven Einfluss des Computerspielens erklärt werden, sondern ebenso gut die Folge eines übergeordneten Faktors sein, etwa einer generell hohen Fingerfertigkeit und Hand-Auge-Koordination, die sowohl die chirurgische Performanz wie auch eine Präferenz für Videospiele bedingen (da die Spiele dann besonders erfolgreich und somit unterhaltsam genutzt werden können). Das Problem der unklaren Kausalbeziehungen durch reine Korrelationsstudien besteht jedoch auch für die meisten anderen Studien.

Zusammenfassung Insgesamt lässt sich festhalten, dass nur sehr wenige gesicherte Befunde zum Erreichen *affektiver Lernziele* existieren. Lediglich die Einstellung zu Informationen scheint durch Computerspiele positiv beeinflussbar zu sein.

Die Bandbreite an Effekten, die im *psychomotorischen Lernzielbereich* belegt wurden, ist eher gering. Jene Effekte jedoch, die nachgewiesen werden konnten, sind deutlich: Bis hin zu hohen Stufen der psychomotorischen Lernzielhierarchie (d. h. bis zur Naturalisierung) können Computerspiele offenbar Kraftkontrolle, Reaktionsvermögen und Hand-Auge-Koordination (auch auf komplexe Gebiete wie der laparoskopischen Chirurgie transferierbar) trainieren. Die Arbeiten dokumentieren gerade jene Lernbereiche, die durch den Prozess des Computerspielens besonders beansprucht werden, und dies sind im psychomotorischen Bereich fast ausschließlich Hand-Auge-Koordination und Reaktionsvermögen. Anscheinend können Computerspiele die ihnen eigenen lernförderlichen Prinzipien nutzen und jene Eigenschaften, die sie dem Spieler abverlangen, effektiv trainieren. Das deckt sich mit einer Erkenntnis Scheuerls: Das Spiel fördert, indem es fordert (Scheuerl 1979, S. 182).

Studien zu *kognitiven Lernzielen* sind in der Forschungsliteratur deutlich präsenter als jene zu affektiven und psychomotorischen Lernzielen. Dennoch wurden nur verhältnismäßig wenige und unsichere Erkenntnisse zur *Wissensvermittlung* durch Computerspiele erzielt. Auch wenn es in der Literatur nicht explizit erwähnt wird, scheinen die Untersuchungen zur Wissensvermittlung vorrangig in pädagogisch moderierten, institutionellen Kontexten spielbasierten Lernens (insbesondere dem Schulunterricht) zu stammen. Dies macht die Erklärung der Lerneffekte schwieriger: Ist der Wissenserwerb auf die Spiele selbst zurückzuführen? Oder auf die vor- und nachbereitenden Interventionen im Unterricht? Summieren sich Effekte aus Spielepisoden und klassischer Lehre, oder interferieren sie miteinander? Wie „spielerisch" oder „ernst" war die soziale Situation, in die die Videospiele eingebettet waren? Es ist offen, ob die Computerspiele auch zu einem Wissenszuwachs geführt hätten, wenn sie ohne didaktische Begleitung informell in der Freizeit gespielt worden wären. Weiterhin fallen Unterschiede zwischen Themenbereichen auf: Unkomplexe Domänen mit klar umrissenen Zielen und Inhalten scheinen besser vermittelbar als komplexe und diffuse Themen. Ebenfalls interessant erscheint der Befund, dass zumindest junge Spieler selbst in pädagogisch betreuten Lernszenarien dazu neigen können, die durch Videospiele vermittelten Inhalte naiv und verkürzt aufzunehmen. Die Erkenntnisse zu Effekten im Bereich *kognitiver Fähigkeiten und Fertigkeiten* beruhen im Gegensatz zur Wissensaneignung auf einer breiten und stabilen Basis an Forschungsarbeiten. Auch stammen sie offenbar weniger aus institutionalisierten Bildungskontexten, sondern dokumentieren Effekte, die auf das Computerspielen im Freizeitbereich zurückzuführen sind. Videospiele können demnach visuelle und räumliche Wahrnehmungsfertigkeiten sowie Aufmerksamkeit fördern. Auch wirken sie positiv auf Verstehens- und Analysefähigkeiten. Besonders eindeutig jedoch ist der positive Einfluss des Computerspielens auf Problemlösefähigkeiten: Vermutlich können Computerspiele, wie bei den psychomotorischen Effekten, ihre lernförderlichen Prinzipien ausspielen und jene Eigenschaften trainieren, die sie während des Spielens beanspruchen. Dabei handelt es sich vorrangig um Eigenschaften, die mit räumlicher Wahrnehmung, Analyse und Problemlösen zu tun haben.

Kurzum: Der empirische Forschungsstand suggeriert, dass sich formale Fähigkeiten und Fertigkeiten durch Computerspiele trainieren lassen, sofern sie während des Spielens beansprucht werden. Lernziele, die auf der Vermittlung von Wissen und Werten beruhen, dagegen scheinen nicht oder nur unter bestimmten, jedoch aus der Literatur nicht ersichtlichen Umständen erreichbar. Dieser Befund ist meines Erachtens höchst bedeutsam für die Bewertung des pädagogischen Potenzials digitaler Lernspiele. Interessanterweise kommt Sacher bereits 1990 zu einem ähnlichen Schluss. Wie könnte sich eine solche Schlussfolgerung erklären lassen?

Ein Erklärungsansatz   Hilfreich für eine solche Erklärung sind die Betrachtung medialen Lernens als Kommunikationsvorgang, die begriffliche Trennung von Zeichen und Bedeutungsträgern einerseits und von Information und Wissen andererseits. Hierbei stützt sich die vorliegende Arbeit auf die Ausführungen Sachers (1990; 2001): Bevor eine Information, die in ein Medium eingebettet wurde, zu Wissen werden kann, muss ein Akteur die Zeichen eines Mediums interpretieren und Bedeutung generieren, welche dann zu Information wird. Zeichen repräsentieren dabei nicht sich selbst, sondern verweisen stets auf Bedeutungen, die ihnen über soziale Konventionen zugewiesen wurden. Texte sind Zeichenanordnungen und Bedeutungsträger, „die beanspruchen, einen über die Bedeutung der einzelnen Zeichen hinausgehenden Sinn zu enthalten" (Sacher 2001, S. 4). Die Entschlüsselung solcher Texte und die Konstruktion von Sinn verlangen nach Sacher die Beherrschung (a) der Syntax, also der spezifischen Regeln für die Verknüpfung von Zeichen, und (b) der Pragmatik, der situationsspezifischen Benutzung und Interpretation der Texte. Solche Interpretationshandlungen sind, da sie unter Rückgriff auf die individuellen Wissens- und Wertstrukturen des Rezipienten zurückgreifen, immer subjektiv. So stellt auch Burkart fest,

> daß die Bedeutung eines Zeichens, das als Symbol fungiert, weder

als etwas ein für allemal Feststehendes betrachtet werden darf, noch
als etwas, das bei verschiedenen Menschen in genau gleicher Weise
vorhanden ist. (Burkart 2002, S. 54)

Burkart warnt jedoch angesichts der durchaus vorhandenen Gemeinsamkeiten zwischen Individuen in ihrer geteilten sozialen Wirklichkeit vor
einem übertriebenen Subjektivismus. Zeichen und in Symbolsystemen
organisierte Zeichenkonstellationen sind vom jeweiligen (situativen und
kulturellen) Kontext abhängig (Sacher 1990). In lerntheoretischen Überlegungen wird dieser Gedanke unter dem Begriff des situierten Lernens
auf den Erwerb von Wissen übertragen: Dieses ist nicht als unabhängige
Konstante im Gedächtnis gespeichert, sondern wird jeweils situationsspezifisch konstruiert (Kerres 2001, S. 75). Also: Der Interpretationsprozess,
bei dem aus einem Zeichen eine Bedeutung generiert wird (welche dann
zu einer Information wird, die später wiederum zu Wissen werden kann)
wird vom Kontext beeinflusst. Die Kontextualität symbolisch transportier-
ter Bedeutung zeigt sich selbst an so einfachen Zeichen wie einem Apfel.
In einem Musikgeschäft werden nicht nur Fans der „Pilzköpfe" mit einem
Apfel das Label der Beatles assoziieren. In der Computerabteilung eines
Elektronikmarktes dagegen könnten die meisten in diesem Zeichen den
Verweis auf das Unternehmen Apple Inc. lesen. In einem literarischen Kontext weckt der Apfel vielleicht wiederum Assoziationen an Verführung –
man denke an den biblischen Sündenfall[12] oder das Schneewittchen, dem
zwar nicht mit Schönheitsutensilien wie Schnürriemen und Kamm, wohl
aber mit süßem Kernobst beizukommen war. In Fantasy-Computerspielen
wiederum besitzen die meisten Äpfel weder musikalische Bedeutung, noch
repräsentieren sie Innovation und informationstechnische „Coolness" wie
der Computer- und Unterhaltungselektronikkonzern aus Kalifornien, und
schon gar nicht symbolisieren sie eine Gefahr für Leib und Leben unvor-
sichtiger Spieler. Vielmehr dienen sie meist der Regeneration verlorener
Lebensenergie, verweisen also auf eine Instanz der Spielmechanik, die
sich angesichts des Fantasy-Motivs nicht durch moderne Objekte wie
Verbandskästen oder medizinische Nanoroboter repräsentiert, sondern
in ein altertümliches und sich stimmig in die Spielwelt einpassendes Gewand kleidet. Sie sind Symbole auf der Spielhülle, die auf Funktionen im
Spielkern verweisen. Sie „tun nur so, als ob" sie Äpfel wären, in Wahrheit jedoch sind sie für die beteiligten Spieler Symbole der abstrakten
Spielmechanik. In Abschnitt 1.3.2 wurde die Position vertreten, dass die
Spielsymbolik nur innerhalb des spezifischen Kontexts Sinn ergibt, weil

---

[12]In der Bibel findet sich zwar nur die allgemeine Bezeichnung „Früchte vom Baum der Erkenntnis", doch wird dieser zumindest im westlichen Christentum meist als Apfelbaum dargestellt.

sie auf ein Spielregelsystem bezogen ist, das außerhalb der virtuellen Spielwelt nicht existiert. Scheinhaftigkeit und Verkleidung sind also nicht nur Merkmale des Spielens, sondern auch der Computerspiele.

Dies führt meines Erachtens nicht nur zu Bedeutungsunterschieden von Zeichen zwischen virtueller Spielwelt und Realität. Es stellt sich auch die Frage, inwiefern insbesondere medienkompetente, Spielwelt und Wirklichkeit trennende (Vogelgesang 2003b, S. 11) Anwender überhaupt erwarten, dass zeichenvermittelte Informationen in der Spielwelt eine kontextübergreifende Geltung beanspruchen. Wenn auch Computerspiele erwartungshalber „nur so tun, als ob", wieso sollte man ihre Inhalte zur Erklärung der Wirklichkeit heranziehen? Zumindest aus der Perspektive des situierten Lernens ergibt sich laut Kerres (2001, S. 78) damit das Problem, dass die Rezipienten Bildungsmedien und andere kulturelle Artefakte – wie Lernspiele – womöglich gar nicht als Lernangebot wahrnehmen. Ebenfalls, so Kerres, ist nicht im Voraus absehbar, welche Elemente eines Mediums als Lernangebot angesehen werden. Das könnte meines Erachtens dazu führen, dass Lernspiele und erst recht reine Computerspiele gar nicht als Informationsmedium angesehen werden. Das gilt insbesondere dann, wenn das Medium nicht explizit als Lernangebot mit kontextübergreifender, realitätsrelevanter Geltung des Inhalts ausgewiesen wird.

Damit ist ein hypothetischer Erklärungsansatz für die oben geschilderte Befundlage zu den inhaltlichen Lerneffekten gegeben: Virtuelle Spielwelten sind Bedeutungskontexte, deren Inhalte in der Erwartung der Spieler nicht auf die Realität übertragbar sind, weil

1. bei spielerischer Rezeption der Videospiele die Handlung scheinhaft und anders als die Realität sowie uninteressiert an einem äußeren pädagogischen Nutzen ist und

2. womöglich erwartet wird, dass die Spielsymbolik gar keinen Anspruch auf kontextübergreifende Geltung erhebt und die Medien auch gar nicht als Lernangebote aufgefasst werden.

Spielende Rezipienten erwarten von Medien, die sie als reine Unterhaltungsspiele betrachten, dann vermutlich gar keinen realitätsbezogenen Informationsanspruch. Formale, von Computerspielen nachgewiesenermaßen ausgehende Lerneffekte wie die Verbesserung der Hand-Auge-Koordination oder der räumlichen Wahrnehmung sind von diesem Interpretationsprozess nicht betroffen und können daher auch von Spielen trainiert werden. Freilich gelten die oben genannten Annahmen von der

Nichtübertragbarkeit der Inhalte nur dann, wenn die Rezipienten ihrem subjektiven Handlungssinn nach *spielen* und nicht *arbeiten* (also ihr Handeln die Merkmale des Spielens aufweist) und das Medium nicht als Lernmedium mit Authentizitätsanspruch dargestellt wird. Im Umkehrschluss gilt: Bei einer „ernsten" Herangehensweise an die Videospiele und ausdrücklicher Betonung der Übertragbarkeit spezifischer Inhalte könnte sich ein entgegengesetztes Bild abzeichnen. Leider gibt die Dokumentation des empirischen Forschungsstandes zu inhaltlichen Lerneffekten keine Differenzierung im gerade genannten Sinn her. Eine empirische Prüfung dieser Annahme müsste daher in einer eigens gestalteten Studie erfolgen. Ein solches Vorhaben wird in Kapitel 5 beschrieben.

Der vorgestellte Erklärungsversuch ist hypothetischer Natur und fokussiert ausschließlich die allen inhaltsbezogenen Lernvorgängen zugrunde liegenden Interpretations- und Rekonstruktionsprozesse von Bedeutungen. Damit wird freilich nicht die ganze Bandbreite an Einflüssen auf die oben beschriebenen Lerneffekte abgedeckt. Werden Lerneffekte empirisch untersucht, rückt der Begriff des Lerntransfers und der Handlungskompetenz in den Vordergrund. Beide Phänomene unterliegen einer Vielzahl weiterer Einflüsse, die sowohl die Uneinheitlichkeit des Forschungsstandes wie auch das Fehlen von Lerneffekten erklären könnten (ausführlich dazu: Scharpf (1999)). Daher wird hier die erste und grundlegendste Voraussetzung für den Wissenserwerb fokussiert: die Konstruktion von Sinn und Bedeutung aus medial vermittelten Inhalten seitens des Rezipienten. Zwar sind damit noch nicht der Weg der über die Medien transportierten Bedeutungen in die subjektiven Wissensstrukturen der Rezipienten und schon gar nicht der Lerntransfer solcher Wissensstrukturen auf andere Anwendungsbereiche geklärt. Die Fokussierung auf Sinn und Bedeutung wird jedoch von Sacher als ganz zentral betrachtet, weil er menschliches Lernen primär als Vorgang der Bedeutungsbestimmung betrachtet (Sacher 2001, S. 10). So erlangt die Interpretationsarbeit von Daten und Texten zu Bedeutung und Information für den Erwerb von Wissen wieder einen Stellenwert, der unter dem durch Multimedia- und Internetideologie genährten „Mythos der Autoproduktion von Information und Wissen aus Zeichen und Daten" (ebd., S. 3) oft vernachlässigt wird.

Von Deutungsarbeit und der Explizitmachung von Lernangeboten ist in den meisten Abhandlungen von Lernspielverfechtern eher selten zu lesen. Dabei ließe sich mit diesem Konzept der Prozess der Lernspielrezeption differenzierter betrachten und das Lernspielpotenzial besser bewerten. Einen weiteren interessanten Aspekt bietet jedoch das von den Lernspielverfechtern immer wieder bemühte Konzept des beiläufigen

Lernens: Während des vordergründigen Spielens würden, so die Behauptung, die Spieler unbemerkt lernen. Die Gedanken zum Für und Wider solcher Annahmen sind bislang eher oberflächlicher Natur und ausbaufähig, zudem gehen sie in eine andere Richtung als die Überlegungen der hier vorliegenden Arbeit. Da sie aber die Diskussion um eine spannende Facette bereichern und Material für zukünftige Untersuchungen bieten könnten, sollen sie als Exkurs kurz angeführt werden.

2.1.3 Exkurs: Wider die Spaßpädagogik?

Die Verfechter von Game-based Learning gehen davon aus, dass das Lernen bei Lernspielen beiläufig, ganz ohne Anstrengung vonstatten geht (Kerres und Bormann 2009). Lernspiele, so die Annahme, regen implizites Lernen an. Implizites Lernen kann nach Kerres und Bormann bei Computerspielen nur dann erfolgen, wenn es beiläufig zum vorrangig mental präsenten Spielprozess abläuft, wenn der Spieler sich also subjektiv in der Spielwelt befindet. Beim expliziten Lernen dagegen verlässt der Spieler die Spielwelt und eignet sich die Inhalte bewusst an. Das Verlassen der Spielwelt geht nach Kerres und Bormann aber mit der Gefährdung des Spielspaßes einher; die Folgen sind der Abbruch des Spiels oder eine Umgehung und Vernachlässigung der Lernhandlung mit dem Ziel, schnell wieder ins Spiel eintauchen zu können. Auch Gebel (2006, S. 305–306) differenziert zwischen beiläufigem und absichtsvollem Lernen mit Computerspielen. Beiläufige, informelle Kompetenzförderung lasse sich demnach vor allem dann erreichen, wenn Lerneffekte, die ohnehin bei regulären Computerspielen auftreten, systematisch für pädagogische Zielsetzungen aufgegriffen werden. Das könnte beispielsweise erfolgen, indem Schüler, die in ihrer Freizeit häufig Strategiespiele spielen, dabei unterstützt werden, die in den Spielen angewendeten Strategien zur Analyse und Problemlösung systematisch auf reale Problemsituationen anzuwenden. Gebel weist jedoch darauf hin, dass noch nicht bekannt sei, unter welchen Voraussetzungen das Potenzial der Spiele wirksam wird, sodass hier weiterhin Forschungsbedarf besteht. Fromme (2006, S. 192) weist darauf hin, dass einige Autoren die Einnahme einer reflexiv-kritischen Haltung bei der Interaktion mit Lernspielen bezweifeln, und zwar gerade aufgrund der Beiläufigkeit der erstrebten informellen Lernprozesse. Die Zweifel beruhen auf dem Zustand der Immersion, dem Eintauchen in die Spielwelt sowie auf der Interaktivität der Spielumgebung, die die Aufmerksamkeit der Spieler in Beschlag nehme, sodass eine bewusste Reflexion der Inhalte nicht mehr erfolgen könne. Immersion und Reflexivität sind für

Fromme jedoch in Computerspielen kein Widerspruch, da die Spiele Ge-
staltungsmittel aufweisen, die Irritationen bei den Spielern hervorrufen.
Diese Irritationen würden zwar die Aufmerksamkeit darauf lenken, dass
man gerade ein Videospiel spielt, dies erfolge jedoch wiederum in beiläufiger, immersiver Form. Damit, so Fromme, könne die vorherrschende
„dichotome Betrachtung von Immersion und Reflexivität" (ebd., S. 201)
einer Anerkennung „immersiver Reflexivität" (ebd., S. 201) weichen. Im
Gegensatz zu den Ausführungen von Kerres und Bormann reagiert der
Rezipient zwar mit Aufmerksamkeit und Bewusstsein, verlässt aber nicht
die Spielwelt. Dabei bleibt jedoch meines Erachtens vorerst die für diese
Arbeit relevante Frage offen, vor welchem semantischen Kontext – Spielwelt oder Realität – bei einer solchen „Zwischenstufe" der Reflexivität
die Bedeutung des Geschehens interpretiert wird und ob die Inhalte als
Lernangebot aufgefasst werden.

Sacher (2001) hingegen wendet sich entschieden gegen beiläufige und
unterhaltungsbasierte Zugänge: Die Konjunktur solcher Ansätze „beruht
auf einer Fehleinschätzung der Bedeutung von Mühe und Anstrengung für
den Lernprozeß. Letztlich wird nur gelernt, was man sich unter Anstrengung erarbeitet" (ebd., S. 2). Daraus ergebe sich, dass auch das Potenzial
beiläufigen und unterhaltenden Lernens sehr begrenzt sei. Sachers Haltung erfährt empirische Bestätigung durch die Arbeiten Jacksons und
Graessers (2007) zum Einfluss von Feedback auf Lernen und Motivation.
Die Autoren unterscheiden zwischen inhaltlichem Feedback („content
feedback"), welches den Lernenden Rückmeldung über die Richtigkeit
und Qualität ihres erarbeiteten Wissens gibt, und Prozessfeedback („process feedback"), welches den Lernenden Auskunft über ihren Fortschritt
innerhalb des vorgesehenen Gesamtlernprozesses liefert. In einem Experiment mit einem tutoriellen Lernsystem variierten sie beide Feedbacktypen
zu vier Merkmalskombinationen: Eine Gruppe erhielt sowohl Inhalts- wie
auch Prozessfeedback, die zweite Gruppe nur Inhaltsfeedback, die dritte
lediglich Prozessfeedback und die vierte überhaupt kein Feedback. In allen Gruppen wurden sowohl der Lernfortschritt als auch das Interesse und
die Motivation der Lernenden gemessen. Während das Prozessfeedback
keinen signifikanten Einfluss auf Lerneffekte und Motivation ausübte,
zeigte sich beim Inhaltsfeedback ein interessanter Zusammenhang: Zum
einen hatte das inhaltliche Feedback einen starken, signifikanten Einfluss
auf den Lernerfolg. Gleichzeitig hatte es einen signifikanten negativen
Einfluss auf die Motivation der Lernenden (Jackson und Graesser 2007,
S. 133). Die Motivation stand also in umgekehrtem Verhältnis zu den
erzielten Lerneffekten: Die Probanden lernten dann am meisten, wenn

es ihnen am wenigsten Vergnügen bereitete. Zwar beziehen sich die Ergebnisse von Jackson und Graesser erst einmal nur auf den Einfluss von Feedback und stützen somit nicht direkt die lernspielkritische Aussage, dass Lernen manchmal auch harte Arbeit sein müsse, die eben keinen Spaß machen könne und dürfe. Dennoch geben die Befunde zu denken, scheinen sie doch zu bestätigen, was die Lehrerschaft bereits im Film „Die Feuerzangenbowle" wusste: „Mit der Schule ist es wie mit der Medizin, sie muss bitter schmecken, sonst nützt sie nichts." Und so kommen auch Jackson und Graesser in ihrer Arbeit zu dem zugespitzten Schluss: „no pain, no gain" (Jackson und Graesser 2007, S. 133).

Mit diesem Exkurs, der sich in Kurzform mit dem Verhältnis von Vergnügen, Aufmerksamkeit und Lernen auseinandergesetzt hat, ist zugleich eine Überleitung zum zweiten pädagogisch interessierenden Effektbereich spielbasierten Lernens geschaffen: der Unterhaltung und Motivation, die durch spielbasierte Ansätze gefördert werden soll.

2.2 Spielvergnügen

Wird in der Game-based-Learning-Diskussion auf das Motivationspotenzial von Spielen verwiesen, ist dabei (ohne dass es jedes Mal explizit erwähnt wird) immer die intrinsische Motivation gemeint. Intrinsisch motiviert ist ein Verhalten (etwa das Spielen eines Videospiels) dann, wenn es um seiner selbst willen, aus inneren Motiven heraus, ausgeführt wird. Extrinsisch motiviert dagegen sind Handlungen, die von außen, etwa um externer, nicht direkt mit dem Verhalten in Zusammenhang stehender Belohnungen oder drohender Strafen wegen ausgeführt werden (Malone und Lepper 1983, S. 229; Heckhausen 1989, S. 455). Wenn also vom Motivationspotenzial von Videospielen die Rede ist, dann steht dahinter die Idee, die vergnüglichen Aspekte des Spielens und der Computerspiele zu nutzen, um die Lernenden intrinsisch zu motivieren. Aber welche Mechanismen sorgen für die Unterhaltung, und auf welchen Merkmalen beruhen sie? Für eine differenzierte Beurteilung des pädagogische Potenzials von Lernspielen ist es ratsam, die an der intrinsischen Motivation beteiligten Mechanismen und Merkmale nach ihrem Ursprung im Spielen als Tätigkeit (Play) und den Spielen als medialen Konstrukten (Games) zu unterscheiden. Nur so lässt sich beurteilen, ob – für den später noch näher thematisierten Fall, dass die Instrumentalisierung von Videospielen das Spielen zur Arbeit werden lässt – der Wegfall von Merkmalen des Spielens und damit der Verlust damit verbundener Unterhaltungsmechanismen auch motivational wirksame Faktoren neutralisiert. In den folgenden Abschnitten werden daher ältere und neuere Ansätze zu Spielvergnügen vorgestellt, um sie anschließend den Dimensionen des Spielens und der Spiele zuzuweisen.

2.2.1 Abwechslung und Erholung

Guts Muths sieht den motivationalen Wert des Spielens, den Ursprung des Vergnügens, in der Unterbrechung des Alltags: „Erholung ist der rechtmäßige Zweck bei allem Spiel. Erholung ist Bedürfnis so wie Schlaf" (zitiert nach Scheuerl 1991, S. 28).

Auch Groos betrachtet das Spielen als Gegenpol zur Arbeit und sieht dessen Funktion und Motivationsquelle in der Erholung und „Befreiung von dem Druck und Zwang des Ernstlebens" (Groos in ebd., S. 72).

Caillois (1982, S. 12;54) merkt an, dass Spielende ihrem Tun freiwillig nachgehen. Ziele des Spielens sind Zerstreuung und Abkehr von den Problemen des gewöhnlichen Alltags. So entfliehen die Spielenden im Wettkampf beispielsweise der Eintönigkeit einer anstrengenden und kräftezehrenden Arbeit und finden Gelegenheit zur Erholung. Gerade die Zwanglosigkeit, die Abwesenheit von Pflicht und Last, zentrale Merkmale des Spielens selbst also, sind es, die den Spieler von den Problemen des Alltags befreien.

Diese Überlegungen stammen aus den älteren Theorien des Spiels und werden, obgleich nie widerlegt und mit den Wesensmerkmalen des Spielens kompatibel, heute kaum thematisiert, geschweige denn empirisch erforscht. Als einer der wenigen modernen Vertreter betrachten Fritz (2004, S. 97) und Klimmt (2006a,b, 2010b) (ausführlich dargestellt in Abschnitt 2.2.7) die Unterbrechung des Alltags als Quelle des Vergnügens. Der Alltag, so Fritz, erlaubt den Menschen keine volle Selbstentfaltung und ist nur zu oft von langweiligen Routinen erfüllt. Das Spielen ermöglicht es dem Menschen, sich wieder lebendig zu fühlen und sein Spannungsbedürfnis zu befriedigen.

2.2.2 Aktivierungszirkel nach Heckhausen

Geisteswissenschaftlich orientierte Theorien des Spiels versuchen, das Spielen zu beschreiben, sein Wesen zu erkunden. Naturwissenschaftlich operierende Zugänge haben dagegen den Anspruch, das Spielen biologisch zu erklären. Die früheren Ansätze gingen dabei jedoch nach heutiger Auffassung eher naiv vor. Später führten neue Erkenntnisse der Hirnforschung zur Fokussierung von Spannungszuständen und ihren Auswirkungen auf das Wohlbefinden. In diesem Kontext sind die Arbeiten von Heckhausen (1973) einzuordnen, der aus seiner psychologischen Perspektive heraus die intrinsische Motivation, das lustvolle Erleben des Spielens erklärend mit dessen Merkmalen verknüpft. Dafür verwendet Heckhausen das Konzept des „Aktivierungszirkels". Anlass seiner Überlegungen waren Erkenntnisse darüber, dass Menschen offenbar an der Erreichung und Aufrechterhaltung eines gewissen Spannungspegels gelegen ist. Dieses Spannungserleben erklärt er über die Merkmale des Spielens. In Abschnitt 1.2.2 wurden bereits einige Merkmale nach Heckhausen genannt: die Zweckfreiheit, seine zeitliche Unmittelbarkeit und unkomplizierte Zielsetzung, der Objektbezug und die Quasi-Realität. Den für ihn zentralen, unterhaltenden und motivierenden Mechanismus, der jedoch einige der übrigen Spielmerkmale voraussetzt, nennt Heckhausen Aktivierungszirkel. Aktivierungszirkel wirken lustvoll, unterhaltend und angenehm auf den Menschen. Sie weisen zwei zentrale Eigenschaften auf: Erstens *schwingt das emotionale Befinden ständig um einen Spannungsgrad*, der sich mittig zwischen den Polen Langeweile und Überwältigung befindet (welche beide gemieden werden). Zweitens erfolgt ein *Abfall der Spannung* zum einen sehr rasch und ist zum anderen sicher erwartbar. Auf diese Weise können hohe Spannungsgrade, die bei ungewissem und langsamem Abbau sehr unangenehm wären, ertragen werden.

Der Begriff Zirkel bezieht sich dabei nicht auf die Form des Spannungsverlaufs (welcher eher zackenförmig ist), sondern auf seine sich stetig wiederholende Abfolge. Je rascher diese Abfolge, desto unterhaltender ist seine Wirkung. Bestimmte „Anregungskonstellationen" (ebd., S. 138) fördern das Zustandekommen solcher Aktivierungszirkel und üben daher eine besondere Anziehung auf Menschen aus. Heckhausen nennt vier solcher Konstellationen, deren Gemeinsamkeit darin besteht, dass sie sich durch bestimmte „Diskrepanzen" (ebd.), also Unstimmigkeiten, Differenzen, Widersprüche etc., auszeichnen:

- *Neuigkeiten*, also Diskrepanzen zwischen vergangenen und momentanen Wahrnehmungen, wecken die Neugierde des Menschen, ein beim Menschen besonders stark ausgeprägtes Verhaltensmuster.

- *Überraschungen* entstehen durch Widersprüche zwischen Erwartungen und dem Wahrgenommenen.

- Die *Verwickeltheit* meint Diskrepanzen von Elementen des gegenwärtig Beobachteten/Erlebten, sie regt zu „problemlösenden Denktätigkeiten" (ebd., S. 139) an.

- Die *Ungewissheit* rührt aus Unstimmigkeiten zwischen verschiedenen, konkurrierenden Erwartungen; Personen werden vom (einigermaßen) Riskanten und (milde) Gefährlichen angezogen, um es zu bewältigen.

Diese Konstellationen machen das „Anregungspotenzial" (ebd., S. 141) einer Tätigkeit aus. Der Selbstzweck des Spielens ist eine direkte Folge des lustvoll erlebten Anregungspotenzials: Das Anregende des Spielens ist die Tätigkeit selbst, nicht eine durch sie instrumentell erlangte, externe Belohnung. Hierbei erweisen sich die formalen Kennzeichen des Spielens, insbesondere die Kurzfristigkeit und die unkomplizierte Zielsetzung sowie die Quasi-Realität, als wichtige Voraussetzungen für das Zustandekommen eines raschen Aktivierungszirkels. Ohne die reduzierende und kontrollierbar machende Wirkung der Quasi-Realität, die Vereinfachung und Unmittelbarkeit wäre die Diskrepanzstruktur der Tätigkeit kaum kontrollierbar. Erst durch die Scheinhaftigkeit, die Verwandlung der alltäglichen Wirklichkeit, können Verwickeltheiten, die die Person in der Realität überfordern, auf ein kontrollierbares Niveau gesenkt werden. Und erst dank dieses Umstands wird ein rascher Ablauf von Aktivierungszirkeln gewährleistet. Ein Außer-Kontrolle-Geraten ist indes schädlich für das lustvolle Erleben eines Spannungsgrades,

> wie ja überhaupt mit dem Entgleiten der Kontrolle über eine Situation jede Lust vergeht, jeder Spaß aufhört und sich statt dessen ein bedrohlicher Ernst ausbreitet, der alles Spielen oder sonstige, um ihrer selbst willen betriebene Tätigkeiten erstickt. (Heckhausen 1973, S. 144)

Die undifferenzierte Zielstruktur und die unmittelbare zeitliche Perspektive als weitere formale Kennzeichen des Spielens sind ebenfalls Voraussetzungen für das Zustandekommen rascher Aktivierungszirkel. Das Spielen im Hier und Jetzt, jenseits langfristiger Planung und komplexer Zielhierarchien, ermöglicht erst die die Unterhaltsamkeit steigernde, rasche Abfolge von Aktivierungszirkeln. Dies mache die „Jugendlichkeit" (ebd., S. 146) des Spielens gegenüber der Arbeit aus: der für Kinder typische geringe Anteil des strategischen Mittel-zum-Zweck-Denkens.

2.2.3 Flow

Nach Fritz (2004, S. 98–99) erklärt Heckhausens Abhandlung zum Aktivierungszirkel zwar, welche Elemente ein Spiel spannend und damit unterhaltend machen, nicht jedoch die Präferenz von Spielern für bestimmte Spielkonstrukte und ihre Erwartungen diesen gegenüber. Das von Csikszentmihalyi (2008) entwickelte Konzept des Flow-Erlebens verspricht nach Fritz, diese Lücke zu füllen. Das Flow-Erleben macht das Aufgehen in der Handlung zum Merkmal der intrinsischen Motivation: Flow „ist ein freudevolles Aktivitätsgefühl, das völlig in der Sache, mit der man sich beschäftigt, aufgeht: eine Aufmerksamkeit, die ganz von der Aufgabe absorbiert wird und die eigene Person vergessen läßt" (Heckhausen 1989, S. 458).

Csikszentmihalyi selbst nennt mehrere Elemente des Flow-Erlebens (Csikszentmihalyi 2008, S. 61–74; als Zusamenfassung auch in Fritz 2004, S. 99–101). Die *Bewältigbarkeit* der bearbeiteten Aufgaben ist eine zentrale Anforderung des Flow-Zustands. Die Aufgaben müssen der Leistungsfähigkeit der Spielenden entsprechen. Übersteigen aus der Perspektive einer handelnden Person die Handlungsanforderungen ihre eigenen Fähigkeiten, führt dies zu Sorge oder (bei besonders großer Diskrepanz) zu Angst. Umgekehrt stellt sich bei Unterforderung Langeweile ein, die in Angst umschlagen kann. Als hilfreich für ein ideales Verhältnis von Anforderungen und Fähigkeiten erweisen sich eindeutige und verlässliche, verbindliche Handlungsregeln, wie sie in Spielkonstrukten vorzufinden sind. Ein zentrales Merkmal des Flow-Zustands ist die hohe, von der Person empfundene *Kontrollüberzeugung* (die freilich mit der oben genannten Bewältigbarkeit der Aufgaben zusammenhängt, sie gar voraussetzt). Die Kontrolle wird während des Flow-Erlebens nicht bewusst empfunden, sondern offenbart sich in Form einer Unbekümmertheit, die einen potenziellen Verlust der Kontrolle emotional ausblendet, wodurch das weiter unten genannte Verschmelzen von Handlung und Bewusstsein überhaupt erst möglich wird. Erst bei einer nachträglichen, reflektierenden Rekonstruktion der Tätigkeit rückt der Eindruck ins Bewusstsein, alles unter Kontrolle gehabt zu haben. Für das Flow-Erleben ist es nicht zwangsläufig Voraussetzung, dass die Aspekte der Aufgaben objektiv kontrollierbar sind. Entscheidend ist vielmehr die subjektive Überzeugung der Person, sie prinzipiell kontrollieren (oder zumindest vorhersehen und erlernen) zu können. Das *Verschmelzen von Handlung und Bewusstsein* gilt als das zuverlässigste Anzeichen des Flow-Erlebens. Die Handlungen werden bewusst ausgeführt, sie beanspruchen die komplette Aufmerksamkeit und Konzentration des Spielers. In diesem Zustand verlieren die Menschen temporär das Bewusstsein über sich selbst. Eine Eigenreflexion (im Sinne von Fragen wie „Was tue ich hier eigentlich?") dagegen findet nicht mehr statt, sie würde den Flow-Zustand gar beenden. Sie ist nach Csikszentmihalyi aber auch gar nicht nötig, da die Hauptfunktion des Selbst darin bestehe, die Handlungen zwischen eigener Person und sozialen Interaktionspartnern zu koordinieren. Da diese Koordination bei Spielen jedoch durch die Spielregeln gewährleistet wird, besteht keine Notwendigkeit für ein die soziale Interaktion organisierendes Selbst. Jene Selbstvergessenheit, das Ausblenden des Selbst-Konstrukts, bedeutet keinesfalls, dass der Spielende den Bezug zu seinen Handlungen verliert. Im Gegenteil: Er ist sich seiner Handlungen und der physischen Realität womöglich sogar intensiver bewusst. Eng mit dem Verschmelzen von Handlung und Bewusstsein hängt die während des Flow-Erlebens oftmals *hohe und lang anhaltende Konzentration* zusammen. Sie erfolgt in Form einer „Zentrierung der Aufmerksamkeit auf ein beschränktes Stimulusfeld" (Csikszentmihalyi 2008, S. 64), auf eine Fokussierung eines bestimmten Aspektes und das Ausblenden aller anderen. Dies wird bei Spielen durch die Spielregeln übernommen. Laut Csikszentmihalyi reicht die Regelhaftigkeit von Spielen aber nicht immer aus, um alle Spieler zu begeistern. Als motivierendes Element und Konzentrationsquelle kommt zudem auch der nahezu allen Spielen innewohnende Wettbewerb (entweder gegen den Computer, gegen Mitspieler oder gegen sich selbst, bspw. in Form des Bestrebens, den eigenen Highscore zu verbessern) hinzu. Bei riskanten Handlungen mit potenziellen Folgen für die Realität (bspw. Extremsport) erlangt die Konzentration eine eigenartige Doppelseitigkeit: Einerseits erzwingt die drohende Gefahr eine noch höhere Konzentration, da ja das eigene Überleben von einer Minimierung aller Ablenkungen abhängt, andererseits mindert sie das Risiko vom „Eindringen ,äußerer Realität'" (ebd., S. 66) in die ausgeübte Tätigkeit, also die Ablenkung von eben dieser. Der Flow-Zustand setzt üblicherweise voraus, dass es unmissverständliche und miteinander verbundene *Handlungsanforderungen und Rückmeldungen über Erfolg und Misserfolg des Handelns* gibt. Auch dieser Aspekt profitiert von der Fokussierung auf ein (bei Spielen durch die Spielregeln) beschränktes, aber verbindliches Repertoire an Optionen: „In der künstlich eingegrenzten Realität einer Flow-Episode weiß man genau, was ,gut' und was ,schlecht' ist" (ebd., S. 71). Während im täglichen Leben oftmals einander widersprüchliche Dinge getan werden müssen, stehen Ziele und die Methoden zu ihrer Erreichung in einem logischem Zusammenhang. Wird die Widerspruchsfreiheit aufgelöst (z. B. durch Falschspieler), wird das Spiel wieder bewusst, und der Flow-Zustand endet. Als abschließendes Merkmal des Flow-Zustands nennt Csikszentmihalyi die in den Theorien des Spiels intrinsische Motivation, die Gerichtetheit des Spielens auf sich selbst. Eine Tätigkeit im Flow-

Zustand ist durch das Erlebnis selbst motiviert und verfolgt keinerlei externe Ziele oder Nutzen.

All diese Aspekte des Flow-Zustandes hängen miteinander zusammen:

> Dank der Einschränkung des Stimulusfeldes ermöglicht eine Flow-Aktivität dem Ausübenden, seine Handlungen zu konzentrieren und Ablenkungen außer acht zu lassen. Dies führt zum Gefühl der potenziellen Kontrolle über die Umwelt. Weil die Flow-Aktivität klare und widerspruchsfreie Regeln aufweist, erlaubt sie ein vorübergehendes Vergessen der eigenen Identität mit allen damit verbundenen Problemen. Das Ergebnis all dieser Faktoren ist, daß man den Prozeß intrinsisch belohnend findet. (Csikszentmihalyi 2008, S. 74)

2.2.4 Funktionslust und Selbstwirksamkeit

Bühler führt das Vergnügen beim Spielen auf die „Funktionslust" zurück, die er wiederum mit dem Selbstzweck des Spielens verknüpft: „Die Tätigkeit als solche, das angemessene, glatte, reibungslose Funktionieren unserer Körperorgane abgesehen von jedem Erfolg, den die Tätigkeit bringen konnte, wurde zur Lustquelle gemacht" (zitiert nach Scheuerl 1991, S. 97).

Sutton-Smith (1978a, S. 58–59) beschreitet einen ähnlichen Weg und führt die intrinsische Motivation beim Spielen darauf zurück, dass die Spielenden ihre eigene Erregung kontrollieren können und das Spiel dadurch als Belebung und Vergnügen, als Wechsel zwischen Spannung und Entspannung erleben.

Nicht auf die Beherrschung des eigenen Körpers, aber die Kontrolle externer Objekte zielt Hans Scheuerl ab, wenn er von der Motivationsquelle im Spiel als der „Freude, Ursache zu sein" (Scheuerl 1991, S. 105), spricht.

In einem neueren Ansatz hat Klimmt (2006a,b, 2010b) diesen Aspekt unter dem Mechanismus Selbstwirksamkeitserleben aufgegriffen. Das Vergnügen am Erleben des eigenen Einflusses berührt auch die in Abschnitt 1.3.1 genannten Merkmale von Spielen nach Juul (2005): Spieler bewerten einige quantifizierbare Ergebnisse positiver als andere. Wer gewinnt, erlebt positive Emotionen, wer verliert, negative.

2.2.5 Spielregeln

Wygotski (1973, S. 30) sieht in der Befolgung von Spielregeln einen bedeutenden Lustgewinn beim Spielen. Etwas Ähnliches beschreibt auch Chateau, wenn er von kindlicher „Ordnungsliebe" (Chateau 1976, S. 101),

Formstrenge, Ritus und moralischer Lust im Spiel (Scheuerl 1991, S. 78) spricht. Bei den Spielregeln als Lustquelle findet sich eine eigentümliche, auf den ersten Blick gegensätzlich wirkende Beziehung: Schließlich ist das Spiel ein durch Freiheit gekennzeichnetes Handeln. Wie passen die die Freiheit beschränkenden Regeln in dieses Konzept?

Eine erste Antwort gibt Karl Bühler (in Scheuerl 1991, S. 94): So ist es gerade die Kombination aus der Unterwerfung gegenüber den Spielregeln und dem kreativen, fantasievollen Agieren innerhalb dieses Regelsystems, die zu einem Lustgewinn beim Spielen führt. Spielregeln begrenzen zwar den Raum der Möglichkeiten, aber in der geschickten Auswahl und Gestaltung der verbleibenden Handlungsoptionen kann man seine Kreativität ausleben, und so entfaltet sich die Lust am Spiel. Ähnlich sieht es Caillois bei seiner Unterscheidung von „paidia" und „ludus" (vgl. Abschnitt 1.1). Ersteres meint die freie Entfaltung, die Freude an der Scheinhaftigkeit und Improvisation, Letzteres die das Handeln begrenzende Konvention, die Lust an der Bewältigung künstlicher Schwierigkeiten. Ludus verschafft Vergnügen,

> das man bei der Lösung einer absichtlich geschaffenen und willkürlich bestimmten Schwierigkeit empfindet, so daß schließlich der Reiz, sie zu lösen, keinen anderen Vorteil bringt als die eigene innere Befriedigung, sie bewältigt zu haben. (Caillois 1982, S. 39)

Spielregeln begrenzen also nicht nur die Handlungsmöglichkeiten, sondern liefern auch Anreize: Die Handlungsalternativen werden auf einen kleinen, nicht regulierten Bereich fokussiert. Innerhalb dieser Grenzen messen sich die Spieler.[13] Dabei ist Kreativität gefragt: Seien es der kluge, unerwartete Zug beim Schach, der überraschende Pass beim Fußballspiel oder die unkonventionell aufgestellte Falle beim Mehrspieler-Shooter – die Beschneidung von Handlungsmöglichkeiten verleiht den verbleibenden Alternativen und ihrer Ausgestaltung eine besondere, lustvolle Qualität.

Juul sieht das Zusammenspiel von Regulierung und Freiheit in dem Umstand, dass Regeln einen Kontext für das (freie) Handeln und somit überhaupt erst Bedeutung schaffen:

> Moving an avatar is much more meaningful in a game environment than in empty space; throwing a ball has more interesting implications on the playing field than off the playing field; a rush attack is only possible if there are rules specifying how attacks work; winning the game

---

[13]Hier tritt wieder ein Wesensmerkmal des Spielens zutage: seine Abgrenzung gegenüber der Außenwelt als Magic Circle.

> requires that the winning condition has been specified; without rules
> in chess, there are no checkmates, end games, or Sicilian openings.
> (Juul 2005, S. 18–19)

Kurz gesagt: Dank der Spielregeln macht es erst einen Unterschied,
in einem Spiel diese oder jene Alternative zu wählen. Und erst dadurch
gewinnen die Alternativen ihre jeweiligen Bedeutungen und ihren Wert.

2.2.6 Reizquellen bei Spielkonstrukten

Spiele und Spielen werden von Caillois (1982, S. 21–36) in vier Grundka-
tegorien unterteilt, von denen jede mit spezifischen Unterhaltungsmechanismen aufwartet.

Agon umfasst jene Spiele, bei denen es um Wettkampf und Rivalität
geht. Dafür wird innerhalb des Spielkonstrukts eine künstliche Chancengleichheit geschaffen (identische Teilnehmerzahl in den Mannschaften
bei Sportspielen, gleichmäßige Aufteilung der Spielsteine bei Brettspielen
wie Schach), um die Rivalität auf eine einzelne Eigenschaft zu konzentrieren (Schnelligkeit, Stärke, Geschick, etc.). Genau diese Eigenschaft ist
dann auch das Einzige, das der Spieler zum Gewinnen braucht. Der Wettkampf ist streng auf die räumlichen und zeitlichen Grenzen beschränkt.
Diese Spielkategorie unterhält die Spieler durch die Anerkennung, die sie
für ihre auf die Probe und zur Schau gestellten Kräfte und Fähigkeiten
erhalten. Unter *Alea* fasst Caillois jene Spielformen zusammen, deren
Ausgang vom Schicksal abhängt (und nicht wie bei Agon allein von der
Fähigkeit der Spieler) und auf den die Spieler keinerlei Einfluss haben.
Die Spieler verhalten sich passiv und überlassen sich ganz ihrem Schicksal. Sämtliche Glücksspiele zählen hierzu. Wie bei Agon wird auch hier
eine Chancengleichheit hergestellt: Vor dem Schicksal sind alle Spieler
gleich. Eben diese Gleichheit und Klarheit, die in der komplexen und
undurchsichtigen Realität niemals in dieser Form anzutreffen ist, sind
typisch für das Spielen und Spiele. Der den Alea-Spielen innewohnende Unterhaltungsmechanismus ist die „Willkür des Zufalls", die „Gunst
des Schicksals" (ebd., S. 25). Weder ludus noch paidia können hier (und
das unterscheidet diese Kategorie von den anderen) eine vergnügliche
Wirkung entfalten, da sie eine (entweder regelgeleitete oder frei impro-
visierende) Tätigkeit beinhalten, Alea-Spiele jedoch weitgehend passiv
erlebt werden. Mit *Mimicry* werden bei Caillois jene Spiele bezeichnet,
bei denen es darum geht, „selber zu einer illusionären Figur zu werden
und sich dementsprechend zu verhalten" (ebd., S. 28). Ziel ist, etwas

anderes zu sein, als man ist. So imitieren Kinder beispielsweise Erwachsene (und werden durch die Spielzeugbohrmaschinen, Puppenküchen und Kaufmannsläden produzierende Spielzeugindustrie darin unterstützt). Der Reiz dieser Spiele besteht darin, ein anderer zu sein oder für einen anderen gehalten zu werden. In die Kategorie *Illinx* fallen all jene Spiele, „die auf dem Begehren nach Rausch beruhen und deren Reiz darin besteht, für einen Augenblick die Stabilität der Wahrnehmung zu stören und dem klaren Bewußtsein eine Art wollüstiger Panik einzuflößen" (ebd., S. 32). Sei es ein Sich-Drehen im Kreis oder der Geschwindigkeitsrausch beim Skifahren: Diese Spiele berauschen die Spieler, was von ihnen als lustvoll empfunden wird. Dementsprechend liegt der Reiz dieser Spiele auch ganz in dem sie ausmachenden Rausch selbst.

Für Fritz (2004, S. 44) beschreiben Caillois' Klassen Konstellationen mit spezifischen „Reizquellen, die den Spieler motivieren, sich auf dieses Konstrukt einzulassen". Abgesehen von Alea beschreiben die Konstruktklassen Arten und Weisen, in der sich ludus und paidia entfalten können. In der Kategorie „Mimicry" beispielsweise stellt ein formalisiertes Rollenspiel, bei dem strikt das Profil der eigenen Rolle einzuhalten und „charaktergerecht" zu handeln ist, eine Form des ludus dar. Freie kindliche Nachahmung dagegen ist eine Form der paidia. Fritz (ebd., S. 44–49) empfindet Caillois' Klassifikation als etwas zu knapp und erweitert sie auf elf Elemente. Er nennt die folgenden Reizquellen, die in Spielkonstrukten anzutreffen sein können: Beim *(Wett-)Kampf*, z. B. in Form von Sportspielen, besteht der Reiz im Vergleich der eigenen Fähigkeiten mit denen eines Gegners (oder gegen sich selbst, wenn es bspw. gilt, eigene Rekorde zu überbieten). Der ungewisse Ausgang des Wettstreits erzeugt eine motivierende, da als unterhaltsam empfundene Spannung. Riskante Spielformen leben vom *Wagnis* und fordern den *Mut* der Spielenden heraus. *Glück und Zufall* als Reizquellen machen das Spiel unabhängig von den Fähigkeiten der Spielenden und befreien diese so von ihrer Verantwortung für den Ausgang des Spiels. Wie bei Glück und Zufall kommt es auch bei der *Unterhaltung* eher auf das Konstrukt selbst als auf die eigene Leistung an. Der Reiz ergibt sich hier aus dem im Spiel steckenden Witz und Humor. Manche Spielkonstrukte, bspw. Tanzspiele mit intensiven Bewegungserfahrungen, lassen die Spielenden in einen *Rausch* versinken und ganz in ihrer Tätigkeit aufgehen. Meditationsspiele und Fantasiereisen motivieren durch die Möglichkeit zur *Ruhe, Entspannung und Selbstfindung* und bieten so einen Kontrast zu den meisten anderen Spielformen. Das *Sammeln* von Objekten reizt durch den Erwerb von und die intensive Beschäftigung mit den gesammelten Dingen, die Vervollständigung und die Ordnung der

Sammlung. Bei der *Verwandlung* (bspw. bei allen Rollenspielen) besteht der Reiz in der Übernahme anderer Rollen und im Ausleben anderer Verhaltensweisen und Seiten der eigenen Persönlichkeit. *Genuss* als Reiz in Spielen zielt auf ästhetisches Empfinden und sinnliche Erfahrungen ab. Spiele, die die eigene *Gestaltung* von Produkten ermöglichen, motivieren durch die mit der Konstruktion verbundene Gelegenheit zum Ausdruck innerer Erfahrungen und Möglichkeiten. Die *Problemlösung* in Spielen reizt über die kognitive Herausforderung, die die Lösung eines Rätsels und die Entwicklung einer strategischen Vorgehensweise mit sich bringt.

Die einzelnen Reizquellen fügen sich je nach Spielkonstrukt zu unterschiedlichen Reizkonstellationen zusammen, in denen die einzelnen Quellen in unterschiedlichem Ausmaß vertreten sind. Sogenannte „Tactical Shooter"[14] wie z. B. „Swat 4" (Irrational Games 2005) enthalten für gewöhnlich keine Zufalls- oder Selbstfindungsmomente, sehr wohl dagegen Elemente von Wettkampf und Problemlösung sowie aufgrund der immer noch spürbaren Action auch Wagnis und Rausch. Simulationsspielen wie SimCity 4 (Maxis 2003) fehlen die Action und die damit verbundenen Reizquellen weitgehend; sie motivieren vorrangig durch ihre Möglichkeiten zur Gestaltung und Problemlösung. Das ungewöhnliche Spiel „Flower" (thatgamecompany 2009), bei dem der Spieler den Wind steuert und auf weiten Wiesen Blumen zum Erblühen bringt und einzelne Blüten mit sich trägt, reizt in erster Linie durch sein Entspannungsmoment und die Sammlung von Objekten (hier: Blütenblätter). Während solche Reizquellen oft typisch für bestimmte Spielgattungen sind, ist Humor dagegen ein universelles, genreübergreifendes Element, das in einigen spezifischen Spielen sehr großen, in anderen dagegen überhaupt keinen Stellenwert besitzt. Ästhetik, aber auch Wettkampf (als zentrales Prinzip nahezu aller Spiele) finden sich meines Erachtens in einem Mindestmaß in allen Videospielen.

Fritz' Klassifikation von Reizquellen hat den Vorteil, sowohl strukturelle Elemente des Mediums (bspw. Humor und Ästhetik) als auch Nutzungsmotive, die sich erst aus dem Handeln mit dem Medium selbst ergeben (Herausforderung, Spannung) bei der Erklärung der Unterhaltungwirkungen zu berücksichtigen. Die Spielkonstrukte werden so also unterscheidbar hinsichtlich der Faktoren, die die Interaktion mit diesen intrinsisch motivierend macht. Damit könnten sich Reizkonstellationsprofile unterschiedlicher Spieltypen erstellen lassen, was die Trennschärfe bei der

---

[14]Taktik-Shooter sind Schießspiele, die im Gegensatz zu herkömmlichen Ego-Shootern ein hohes Maß an taktischem Vorgehen erfordern. Sie enthalten durchaus Action, aber weniger als klassische Ego-Shooter.

Beurteilung des Motivationspotenzials digitaler Spiele erhöht. Fritz' Klassifikation von Reizquellen weist jedoch auch inhaltliche Überschneidungen auf: So könnte man meines Erachtens Wettkampf und Problemlösen unter dem übergreifenden Faktor Herausforderung subsumieren, Genuss als Unterelement einer allgemeinen Unterhaltung begreifen, Wagnis und Zufall als Spannung zusammenfassen etc. Außerdem beschreibt Fritz' Typologie weniger universelle Unterhaltungsfaktoren, sondern stellt eher den *primären* Unterhaltungsmechanismus unterschiedlicher Spieltypen heraus. Eine Unterscheidung des Motivationspotenzials nach Handlungs- bzw. Rahmungs- und Konstruktdimension, nach Play und Game, wie sie in diesem Buch zur Beurteilung des pädagogischen Potenzials digitaler Lernspiele angestrebt wird, geht aus der Typologie nicht hervor.

2.2.7 Computerspielspaß

Die oben genannten Arbeiten untersuchten das Spielvergnügen insbesondere in Bezug auf die Handlungsdimension des „analogen" Spielens. Spielspaß bei Computerspielen dagegen wurde bislang eher selten thematisiert und ist daher nur lückenhaft erforscht (Klimmt 2006a, S. 36, 2010b, S. 36). Auch wenn das Thema derzeit verstärkte Aufmerksamkeit erfährt, mangelt es immer noch an theoriegeleiteten und empirischen Arbeiten (Klimmt 2010b, S. 128). Dementsprechend ist der zitierbare Forschungsstand eher überschaubar (ein solcher findet sich bspw. bei Klimmt (2006a, S. 31–38)).

Sherry, Lucas, Greenberg und Lachlan (2006) haben in einem faktoren-analytischen Ansatz Klassen von Persönlichkeitsmerkmalen identifiziert, die die Hinwendung zu Computerspielen beschreiben und erklären sollen. Der Faktor Erregung („arousal") kennzeichnet das Motiv, Emotionen herbeizuführen, die bspw. durch hohe Grafikqualität und Action erzeugt werden. Herausforderung („challenge") umschreibt das Bedürfnis, eine Verbesserung eigener Fähigkeiten zu spüren und das Gefühl zu erhalten, etwas erreicht zu haben. Der Faktor Wettbewerb („competition") umfasst jene Merkmale, die auf einen Vergleich der eigenen Leistungsfähigkeit mit der anderer Spiele kennzeichnen. Üblicherweise entfaltet sich die motivationale Kraft des Wettbewerbs erst über die anerkennenden Reaktionen der Bezugsumgebung. Wettbewerb scheint im Übrigen ein Motivationsfaktor zu sein, der vorrangig bei männlichen Spielern wirksam ist. Ablenkung zielt darauf ab, Stress und Verantwortung mittels Computerspielen aus dem Weg zu gehen. Hierzu gehören Motive wie Entspannung, das Fliehen vor Stress, aber auch das Füllen von Zeit. Der Faktor Fantasie wiederum kennzeichnet die Gelegenheit, in Spielen Dinge zu tun, die in der Realität nicht möglich wären. Soziale Interaktion schließlich umfasst soziale Motive der Spielnutzung wie gemeinsames Spielen, aber auch den Wunsch, durch Spielkenntnis auf Bezugspersonen „cool" zu wirken.

Während der soeben genannte Ansatz nach personenbezogenen Faktoren der Spielmotivation sucht, wurde in einer Studie von Wang, Shen und Ritterfeld (2009) versucht, die Unterhaltsamkeit von Computerspielen über Eigenschaften des Spielkonstrukts zu beschreiben und zu erklären. Die Autoren wollten Motivationsdimensionen von Videospielen über eine inhaltliche Analyse von Videospielreviews aus Zeitschriften und Webportalen erschließen. Die der Arbeit zugrundeliegende Ausgangsüberlegung war, dass Autoren von Spielreviews in ihrem Gebiet als Experten angesehen werden können, deren Erfahrung ihnen ein differenziertes Bild von Videospielen ermöglicht und die diese auch adäquat in den Reviews äußern können. In ihrer Studie analysierten Wang, Shen und Ritterfeld 60 ausführliche Spielbewertungen und extrahierten daraus 27 Spielspaßfaktoren, die nach ihrer Prominenz in den Reviews geordnet wurden. So zeigte sich, dass die Hälfte aller positiven Bewertungen auf nur drei Spaßfaktoren, „overall game design", „visual presentation" und „control", basierten (ebd., S. 35–36). Insgesamt lassen sich die 27 extrahierten Spaßfaktoren auf fünf Cluster reduzieren: die technische Leistungsfähigkeit („technological capacity") der Spiele, das Gamedesign, ästhetische Aspekte der Spielgestaltung („aesthetic presentation"), die Unterhaltsamkeit des Gameplays („entertainment game play experience") und narrative Elemente („narrativity").

Beide soeben genannten Perspektiven – Fokus auf Subjekt- und Konstruktseite – für sich allein haben den Nachteil, die ebenfalls wichtigen Faktoren der jeweils anderen Perspektive auszulassen. Ein früherer Versuch, intrinsischer Spielmotivation in Computerspielen auf den Grund zu gehen, der zumindest implizit beide Seiten thematisiert, stammt von Malone und Lepper (1983). Ihre Arbeit führte zu einer *Taxonomie intrinsischer Motivation* mit starkem Bezug zu Videospielen. Die Autoren unterscheiden dabei Arten individueller intrinsischer Motivation und Typen interpersoneller intrinsischer Motivation. Erster Typus der intrinsischen Motivation ist die *Herausforderung* („challenge"). Demnach werden Tätigkeiten auf mittlerem Schwierigkeitsgrad als ideal und besonders motivierend empfunden. Hierbei spielen die Existenz klarer, verbindlicher Ziele oder die Möglichkeit, diese selbst zu erstellen sowie ein offener (aber auch: beeinflussbarer) Ausgang der Tätigkeit, konsequente und konstruktive Rückmeldungen über die Leistungen und die Förderung des

Selbstwertgefühls eine wichtige Rolle. Der zweite Typus intrinsischer Motivation bezieht sich auf die *Neugierde*: Auch hier wird ein mittlerer Grad an Informationskomplexität oder Unterschiedlichkeit zum aktuellen Wissensstand des Handelnden als ideal empfunden. *Kontrollüberzeugung* ist eine weitere Kategorie intrinsischer Motivation. Selbstbestimmung und Kontrolle werden demnach vom Handelnden als angenehm empfunden. Die Kontrollüberzeugung wird durch eine reaktive und responsive Umgebung, Wahlmöglichkeiten und Personalisierbarkeit sowie die Inszenierung beeindruckender, vom Akteur auslösbarer Effekte gefördert. Die vierte und letzte Dimension individueller intrinsischer Motivation bezieht sich auf die Förderung und Einbindung von *Fantasie*. Das Hervorrufen von Vorstellungen physischer oder sozialer, in der aktuellen Situation nicht existenter Begebenheiten können emotionale Bedürfnisse befriedigen oder als metaphorische Darstellung kognitive Prozesse anregen. So weit zu den vier individuellen Klassen intrinsischer Motivation. Weitere Typen beziehen sich auf interpersonelle intrinsische Motivation und berücksichtigen soziale Faktoren. So können Tätigkeiten durch die Möglichkeit der *Kooperation* intrinsisch motivieren, wenn Aufgaben gemeinsam gelöst werden. *Wettkampf* kann ebenfalls intrinsisch motivieren. Als letzten interpersonellen Typus nennen Malone und Lepper *Anerkennung*: Indem eigene Leistungen anderen Personen präsentiert werden, wird die Möglichkeit geschaffen, Lob und Wertschätzung durch das Publikum zu erfahren. Obwohl Malones und Leppers Arbeiten zu den frühesten Ansätzen zählen, Computerspielmotivation zu systematisieren, wurden sie in der Vergangenheit kaum aufgegriffen.

Ein Rahmenmodell, das das Unterhaltungserleben beim Spielen von Computerspielen und dessen Einflussfaktoren beschreibt und dabei eine Brücke zwischen den oben genannten personalen Rezipienten- und externalen Konstruktfaktoren schlägt, wird aufgrund seiner Verbreitung und Verwendbarkeit für die vorliegende Arbeit im folgenden Abschnitt ausführlicher vorgestellt.

Modellierung von Computerspielspaß nach Klimmt

Klimmt (2006a,b, 2010b) baut auf medien- und kommunikationswissenschaftlichen Arbeiten zur Unterhaltungsforschung auf. Er nimmt an, dass die Funktion unterhaltenden Medienkonsums (wie bspw. des Spielens von Computerspielen) insbesondere in der *Erholung vom Alltag* liegt. Er überträgt daraufhin die Annahmen allgemeiner medialer Unterhaltung auf das Unterhaltungserleben bei Computerspielen und entwickelt ein dreistufiges Modell zu deren Unterhaltungsmechanismen. Auf beide Punkte Klimmts – Erholung vom Alltag und das integrative Drei-Stufen-Modell – wird im Folgenden näher eingegangen.

Erholung Unterhaltender Medienkonsum ist nach Klimmt intrinsisch motiviert. Er ist damit ein Gegensatz zur Arbeit, welche stets bestimmte, äußere Zwecke verfolgt und somit extrinsisch motiviert ist. Handlungen, die der Unterhaltung dienen, erfolgen zudem freiwillig und selbstbestimmt. Ebenso wird der Unterhaltung ein fester zeitlicher Raum zugeteilt. Damit wird die Unterhaltung vom Alltag und von Verantwortungszusammenhängen wie Arbeit und Haushaltstätigkeiten entkoppelt (Klimmt 2006a, S. 50). Unterhaltung hat ihren Platz in der Freizeit. Die (externen) Ergebnisfolgen medialer Unterhaltung spielen für den Handelnden keine Rolle; auch wenn sie durchaus auftreten können, wird ihnen vom Akteur wenig Beachtung geschenkt. Obwohl die Lektüre eines Romans Effekte auf den sozialen Alltag haben kann (etwa die Verbesserung der Lesefähigkeit), spielen diese Folgen keine Rolle bei der Wahl und Ausübung der unterhaltungsbezogenen Handlungen. Die Intentionen von Unterhaltung beziehen sich stets nur auf den Rezipienten selbst und nicht auf externe Folgen (wie dies etwa bei der Arbeit der Fall ist). Klimmts Auffassung von Unterhaltung, mit der er Spielspaß untersucht, weist somit Parallelen zum Wesen des Spielens auf (vgl. Abschnitt 1.2.2), und auch Klimmt selbst sieht im Konzept des Spielens mehr Ähnlichkeiten zum unterhaltenden Mediengebrauch als etwa beim Konzept der Interessehandlungen (die auch in Arbeitskontexten auftreten können). Spielhandlungen unterscheiden sich von Alltags- und Arbeitshandlungen, sie werden von den Arbeitsflüssen des Alltags entkoppelt und bilden eigene, vollständige Einheiten. Spielende gestalten Intention und Sinn ihrer Spielhandlungen bewusst so, dass sie nichts mit dem Alltagshandeln zu tun haben; mehr noch: Das Spielen dient der Befreiung von Einengungen und Funktionszwängen des Alltags (ebd., S. 53). Hierin sind sich Unterhaltung und Spielhandlungen sehr ähnlich. Gerade die Merkmale des Spielens wie der Kontrast zum Alltag, Folgen- und Nutzlosigkeit, die Abgrenzung zum Ernst und zur Arbeit sind also für die Spielmotivation verantwortlich:

> Erst die Abschottung gegen andere Handlungen und die mit ihnen verbundenen Implikationen (z. B. Verantwortung, Zeitdruck, Leistungszwang mit erheblichen Sanktionen im Falle von Fehlern, Notwendigkeit der Inkaufnahme unattraktiver Tätigkeiten, Kooperationen mit nicht bevorzugten Partnern, unangenehm hohe Komplexität) macht Spielhandlungen attraktiv. (Klimmt 2006a, S. 53)

Es gibt also eine spezifische Auswirkung von medialer Unterhaltung auf die Akteure: die Erholung. Sie beruht auf der „Wiederherstellung oder Rückgewinnung von situativ (z. B. während eines Arbeitstags oder Sportwettkampfs) verlorenen Ressourcen" (ebd., S. 65). Spiel- und Unterhaltungshandlungen dienen damit dem Ausgleich von Beanspruchungen, die dem Akteur durch seine alltäglichen Handlungen widerfahren. Damit haben Spiel- und Unterhaltungshandlungen eine komplementäre Funktion gegenüber den Wirkungen von Alltag und Arbeit. Während Letztere die körperlichen und psychischen Ressourcen des Menschen verbrauchen, laden Erstere diese wieder auf. Das subjektbezogene Motivationspotenzial des Computerspielens resultiert also aus dem erholenden Unterhaltungserleben, aus der Komplementarität des Spielens zu Ernst und Alltag.

Drei Ebenen von Spielspaß Daneben nennt Klimmt Aspekte des Spielvergnügens, die vorrangig auf der spezifischen Struktur vom Computerspielen basieren. Computerspiele besitzen Eigenschaften, die bestimmte Erlebensformen kausal herbeiführen. Die Beziehung zwischen strukturellen Eigenschaften und deren Effekten auf das Erleben des Spielers nennt Klimmt Mechanismus. Klimmt erläutert drei Ebenen solcher Mechanismen des Unterhaltungserlebens in Computerspielen.

Input-Output-Loops („I-/O-Loops") bezeichnen die kleinste Einheit des Unterhaltungserlebens. Sie bestehen aus einer Eingabe seitens des Spielers (z. B. dem Drücken einer Taste) und der Reaktion seitens des Spiels (z. B. dem Abfeuern einer virtuellen Waffe). Diese Reaktion ist wiederum der Ausgangspunkt für die nächste Eingabe des Spielers (z. B. das Drücken einer weiteren Taste zum Nachladen der Waffe). So entstehen schnell aufeinander abfolgende Interaktionsschleifen; selbst kleinere Handlungssequenzen enthalten eine Vielzahl solcher Loops. Der Spieler erhält bei Computerspielen den Eindruck, dass jede seiner Aktionen eine unmittelbare Reaktion hervorruft. Durch eine konsequente Umsetzung dieses Prinzips nimmt der Akteur stets ausschließlich sich selbst als Ursache der Reaktion wahr. Erfolgt diese „Wahrnehmung eigener direktkausaler Einflussnahme auf das Geschehen" (ebd., S. 76) durchgängig, wird der dadurch hervorgerufene Zustand von Klimmt als *„Selbstwirksamkeitserleben"* bezeichnet. Dieses Selbstwirksamkeitserleben ist der primäre Mechanismus des Unterhaltungserlebens auf der Ebene der I-/O-Loops. Der Zustand produziert positive Emotionen, wird von den Spielern aber nicht bewusst wahrgenommen, da diese ihre Aufmerksamkeit auf die Episoden und narrative Struktur (die beiden im Folgenden geschilderten Dimensionen des Unterhaltungserlebens) richten. Computerspiele fördern das Selbstwirksamkeitserleben durch die Unmittelbarkeit ihres Feedbacks besonders stark. Zudem inszenieren sie auch bei kleineren Aktionen des Spielers große Reaktionen. Spieler können mit wenig Aufwand sehr starke Effekte im Spiel verursachen, bspw. durch einen einfachen Mausklick große Explosionen auslösen. Narrative Strukturen oder Ziele und Erwartungen sind auf der Ebene der I-/O-Loops jedoch noch nicht abgebildet. Diese treten erst auf der Ebene der Episoden zutage.

Spielepisoden bestehen aus vielen, miteinander verknüpften I-/O-Schleifen und stellen längere Spielabschnitte dar, innerhalb derer sich der Spieler einem Problem oder einer Herausforderung widmet. Eine Episode beginnt mit einer Ausgangslage, die dem Spieler bestimmte (a) Handlungsnotwendigkeiten und (b) Handlungsmöglichkeiten bietet. Der Spieler vollzieht daraufhin eine (c) ihm angemessen erscheinende Handlung und provoziert so ein (d) Ergebnis, wodurch die jeweilige Episode abgeschlossen wird. Auf das Ende einer Episode folgt meist der Beginn einer neuen, deren Eigenschaften durch den Ausgang der vorherigen Episode beeinflusst werden. Der Spieler muss eine Erfolg versprechende Handlungsmöglichkeit auswählen und diese so gut wie möglich in die Tat umsetzen. Die Eigenschaften von Spielepisoden und deren Verkettung miteinander werden dem Spieler durch narrative Elemente vermittelt. So erschließen sich Handlungsnotwendigkeiten beispielsweise aus der begleitenden Geschichte, die die in Episoden auftretenden Personen als Feinde bzw. Bösewichter markiert; der Sieg über einen Endgegner kann narrativ von der Beseitigung der Gefahr und der Möglichkeit zur Versorgung eigener Wunden (Anwendung von Heilgegenständen etc.) begleitet werden (Klimmt 2006a, S. 73). Ganze Spiellevel können auf diese Weise als Episoden betrachtet werden, aber auch auf einzelne Levelabschnitte trifft Klimmts Formalisierung zu. Episoden stellen den Spieler also vor eine Herausforderung, die es zu bewältigen gilt. Je nach Spieltypus sind diese Herausforderungen anders beschaffen (Geschicklichkeit, Schnelligkeit, logisches Denken etc.) und in andere narrative Strukturen gekleidet (etwa Jump-and-run-Spiele, Ego-Shooter, Strategiespiele). Die Herausforderung stellt den Spieler unter Handlungsdruck: Wird die Aufgabe nicht gelöst, drohen Punktverlust oder gar Niederlage. Da den Spielern an einem für sie günstigen Ausgang der Episode gelegen ist, nehmen sie eine affektive Haltung gegenüber der Situation ein. Gleichzeitig jedoch wissen sie nicht, ob sie es schaffen werden, den erwünschten Ausgang der Situation zu erreichen oder ob sie daran durch eine falsche oder nicht gut genug ausgeführte Handlungsalternative scheitern. Es entsteht ein Zustand der *Spannung*. Bei Computerspielen ist diese Spannung direkter und unausweichlicher als bei anderen Medien, da die Situation mit ungewissem Ausgang den Spieler selbst betrifft und nicht einen „fremden" Charakter. Dieser hohe Spannungszustand ist einer der auf der Ebene der Episoden wirksamsten Unterhaltungsmechanismen. Hinzu kommt die *Lösung*: Hat der Spieler durch seine Handlungen einen Ausgang der Situation herbeigeführt, wird der Zustand der Ungewissheit beendet. Die Spieler bewerten nun, ob das Ergebnis in ihrem Sinne ist oder nicht. Im Falle eines positiven Ausgangs wandelt sich die aufgebaute Erregung in große Freude und Euphorie, bei einem negativen Ergebnis wandelt sie sich in starken Ärger. Zusätzlich wirkt auf der mittleren Ebene ein gesteigertes *Selbstwertgefühl* motivierend. Da die Spieler die Herausforderungen im Erfolgsfall selbst bewältigt haben, stellt die Reaktion des Spiels eine Bewertung der Spielerleistung dar. Hierüber erlebte Erfolge steigern das Selbstwertgefühl und sorgen für Glückszustände – sofern die Aufgabe nicht als zu leicht wahrgenommen wurde. Als letzten Mechanismus auf der mittleren Ebene des Unterhaltungserlebens nennt Klimmt die *Exploration*: Manche Computerspielepisoden weisen keine Handlungsnotwenigkeit, wohl aber Handlungsmöglichkeiten auf. Die Spieler können diese in Ruhe erforschen und ausprobieren und damit ihre Neugierde befriedigen. Die auf dieser Ebene genannten Mechanismen sind den Spielern im Gegensatz zu den Mechanismen auf der Ebene der I-/O-Loops zumindest teilweise bewusst.

Spielsitzungen stellen eine Erweiterung der zeitlichen Perspektive über einzelne Spielepisoden hinaus dar und bilden die letzte und umfassendste Einheit des Unterhaltungserlebens bei Computerspielen. Sie sind große narrative Einheiten, meist vollständige Geschichten, in denen übergeordnete Erzählthemen, der Spannungsbogen der Geschichte und die Rolle des Spielers hervortreten. Die Narration behandelt ganze Entwicklungslinien, etwa die Evolution des Spielhelden. Das Verhalten der Spieler ist nicht mehr nur auf einzelne I-/O-Loops und Episoden gerichtet, sondern hat einen umfassenderen Fokus: Als unterhaltungswirksame Mechanismen kommen hier *simulierte Lebenserfahrungen* zur Geltung. Für Klimmt ist dabei das spielpsychologische Konzept der Handlungsrolle zentral: Handlungsrollen enthalten Personenmerkmale und stellen tätigkeitsbezogene Aspekte in den Vordergrund, etwa welche Handlungen für eine Rolle typisch sind, welche Verhaltensweisen der Träger der Rolle üblicherweise an den Tag legt, mit welchen Personen sie zu tun hat etc. Vor allem Kinder haben am kindlichen Rollenspiel großes Vergnügen, da sie dort Rollen ausprobieren können, die ihnen in der Realität noch verwehrt sind (vgl. dazu auch die Ausführungen zur Kompensationsfunktion des Spielens auf

S. 31 ff. in dieser Arbeit). Die Scheinhaftigkeit des Spielens fördert diesen Aspekt zusätzlich:

> Wegen des spielerischen Charakters solcher Rollensimulationen gehen diese angenehmen Erfahrungen nicht mit den Problemen, Gefahren und Risiken einher, welche der simulierten Rolle in der Wirklichkeit anhaften können. (Klimmt 2006a, S. 97)

Nicht nur Kinder, sondern auch Erwachsene haben an derartigen simulierten Lebenserfahrungen ihre Freude. Die Rollenerfahrungen werden vor allem durch die übergeordneten Erzählstrukturen des Computerspiels geboten: Handlungsrollen werden inszeniert und untermalt, und es werden vorrangig jene Rollen in Spielen aufgegriffen, die in der Realität des Alltags eher unzugänglich sind (etwa Magier, Herrscher, Kriegshelden, Abenteurer etc.). Es gibt also einen starken Kontrast zwischen den simulierten Lebenserfahrungen und dem Alltag der Spieler. Symbolische Scheinwelten, wie sie in Computerspielen aufwendig inszeniert werden, sind für die Spieler besonders interessant und unterhaltsam. Klimmt sieht in den Unterhaltungsmechanismen der dritten Ebene starke Ähnlichkeiten zum kommunikationswissenschaftlichen Konzept des Eskapismus, das davon ausgeht, dass unterhaltender Mediengebrauch die Alltagssorgen vergessen lässt und eine befristete „Flucht" in eine Umgebung ermöglicht, die als angenehmer empfunden wird. Computerspiele bieten ihren Nutzern durch ihre technischen Eigenschaften besonders authentische und plausible Wirklichkeitssimulationen und damit besonders attraktive „Fluchträume".

Die drei Ebenen des Unterhaltungserlebens in Klimmts Rahmenmodell existieren nicht isoliert nebeneinander, sondern weisen verschiedene Wechselbeziehungen auf (vgl. Abbildung 2.2). So verstärkt etwa das durch die I-/O-Loops induzierte Selbstwirksamkeitserleben den Selbstbezug, der im Zuge des Spannungsaufbaus durch die Wahl einer Handlungsalternative zur Geltung kommt. Damit steigert das Selbstwirksamkeitserleben auch die Prozesse der Spannung und der Lösung. Narrative Elemente aus der Ebene der Spielepisoden wiederum füllen die übergreifend-abstrakte Erzähldimension und Handlungsrolle der dritten Ebene (simulierte Lebenserfahrungen) mit Leben. Gleichzeitig wirkt diese Ebene auf die zweite Ebene zurück, indem Rollenvorstellungen auf die Wahl von Handlungsalternativen auf Episodenebene Einfluss nehmen. Eine Beziehung zwischen der ersten Ebene des Selbstwirksamkeitserlebens und den simulierten Lebenserfahrungen besteht in der Plastizität und im Erleben einer aktiven Einflussnahme auf die virtuelle Spielwelt, die das Erfahren von Kontrolle fördert.

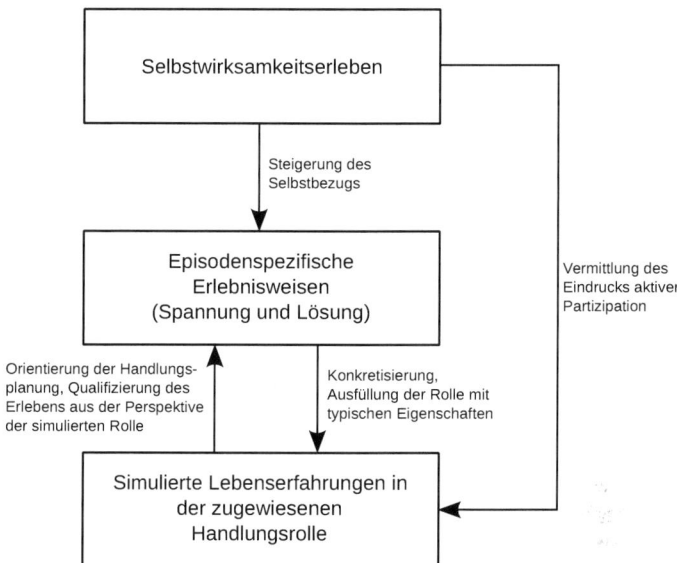

Abbildung 2.2: Mechanismen des Unterhaltungserlebens beim Computerspielen und ihre Interaktion nach Klimmt (2006a, S. 107)

2.2.8 Differenzierung der Unterhaltungsmechanismen

Wenn das Motivationspotenzial von Game-based Learning theoretisch beurteilt werden soll, erscheint die Differenzierung der Motivationsfaktoren nach play- und game-bezogenen Mechanismen hilfreich. Zwar können die Unterhalungsmechanismen von Lernspielkonstrukten denen von reinen Computerspielen prinzipiell sehr ähnlich sein. Jedoch verliert die Interaktion mit Lernspielen womöglich an Unterhaltsamkeit, wenn man mit ihnen nicht spielt, sondern „arbeitet" (dieser Gedanke wird in Abschnitt 3.4.1 ausgeführt und zur erweiterten Fragestellung ausgedehnt). Daher sollen die Unterhaltungsmechanismen nach konstrukt- und handlungs-/rahmungsbezogenen Spieldimensionen differenziert werden.

Unterhaltungsmechanismen des Spielens

Einerseits üben *Abwechslung und Erholung* einen vergnüglichen und damit motivierenden Einfluss aus. Diese beruhen insbesondere auf Merkmalen wie Freiheit von Pflichten, Zwängen und Folgen, der Zweckfreiheit und dem Kontrast zur Realität. Handlungen, die diese Merkmale aufweisen, unterliegen nicht dem Druck und Zwang des ernsten Alltags; sie wirken erholend und bringen dem Akteur Abkehr und Zerstreuung vom eintönigen und ressourcenverbrauchenden Alltag.

Auch Heckhausens Konzept des *Aktivierungszirkels* greift auf Merkmale des Spielens zurück, nämlich Freiheit, Zweckfreiheit und Scheinwelt. Die Scheinwelt des Spielens nämlich reduziert die Komplexität und Störungen, wie sie in der Wirklichkeit vorherrschen, und macht die Tätigkeitsstruktur so überhaupt erst kontrollierbar. Erst dank der vereinfachenden Scheinhaftigkeit des Spielens können Aktivierungszirkel rasch (und somit unterhaltsam) ablaufen; ohne sie entgleitet den Spielenden die Kontrolle, und der Spaß weicht dem Ernst. Weiterhin spielt bei Heckhausen die Zweckfreiheit von Spielhandlungen eine Rolle, denn sie macht eine langwierige strategische Handlungsplanung und Sorgen um die Erreichung externer Folgen unnötig und ermöglicht so das Erleben im „Hier und Jetzt", das ebenfalls Voraussetzung für eine rasche Abfolge von Aktivierungszirkeln ist.

Csikszentmihalyis *Flow-Konzept* berührt ebenfalls das Spielmerkmal der Scheinwelt, aber auch die Abgrenzung durch den Magic Circle und die Bedeutung von Regeln. Zentraler Unterhaltungsmechanismus bei Csikszentmihalyi ist die Kontrollüberzeugung, die die Bewältigbarkeit von Aufgaben erfordert. Diese wird, ebenso wie Heckhausens Aktivierungszirkel, gefördert durch die Komplexitätsreduktion einer spielerischen Scheinwelt, während die Realität oft überkomplex und damit schwer bewältigbar ist. Die Einschränkung des Stimulusfeldes erhöht zudem die Konzentration, die die motivationswirksame Kontrollüberzeugung unterstützt. Diese Einschränkung wiederum wird gefördert durch die Spielregeln, denn diese sorgen für klare und widerspruchsfreie Handlungsanweisungen, reduzieren Ablenkungen und unterstützen die Fokussierung auf die ausgeübte Handlung.

Regeln wurden in den obigen Ausführungen auch direkt als unterhaltendes Element des Spielens genannt; sie sind selbst ein unterhaltsames Spielmerkmal. Sie stehen aber auch in enger Beziehung zur Abgrenzung der Spielwelt durch das Merkmal des Magic Circles, denn Regeln begrenzen Handlungsalternativen und die Geltung von Vorgaben auf einen abgeschlossenen Bereich. Erst die Abschottung von Regeln nach innen und außen (und auch die Ausgrenzung von Geltungsansprüchen alltäglicher Regeln gegenüber der Spielwelt) ermöglicht die Konzentration auf die gültigen Handlungsoptionen und das Ausleben von Kreativität, Geschick, Raffinesse etc. innerhalb des Magic Circles. Regeln sind allerdings kein genuines Merkmal des Spielens, sondern kommen auch bei

Spielkonstrukten vor.

Die von Caillois und Fritz *nach ihren primären Unterhaltungsmecha-nismen differenzierten Spielkonstrukte* zeigen Bezüge zu den Spielmerk-malen der Scheinwelt sowie der Spannung und Ungewissheit. Die Schein-haftigkeit des Spielens, seine Nicht-Realität, ermöglicht erst die künst-liche Chancengleichheit beim Wettkampf. Die Ungewissheit über den Ausgang solcher Wettkämpfe wiederum sorgt für eine Spannung, die als unterhaltend empfunden wird (die aber ebenfalls kein genuines Merkmal des Spielens ist). Der Reiz, für einen anderen gehalten zu werden, andere Rollen und fremde Verhaltensweisen auszuleben, kann erst durch die Verwandlung und Scheinhaftigkeit in der Spielwelt ermöglicht werden.

Personenbezogene Motivationsfaktoren, wie sie exemplarisch anhand der Studie von Sherry, Lucas, Greenberg und Lachlan ausgeführt wurden, nehmen Bezug auf die Spielmerkmale Freiheit (von Pflicht und Zwang), Zweckfreiheit und Kontrast zur Realität: Diese Merkmale ermöglichen das „Abschalten", die Ablenkung vom Alltag, mit deren Hilfe Stress und Anspannung abgebaut werden können.

Die *Taxonomie intrinsischer Motivation* von Malone und Lepper nennt als unterhaltende, intrinsisch motivierende Mechanismen die Kontroll-überzeugung, die durch Selbstbestimmung und durch Assimilation von Zwängen, Zwecken und äußeren Bedingungen an die subjektive Struktur des Spielenden gefördert wird. Damit sind die Merkmale der Freiheit und Zweckfreiheit Voraussetzungen der motivierenden Effekte. Das Ausleben von Fantasien wiederum benötigt die Scheinhaftigkeit des Spielens und den Kontrast zur Realität.

Die *Modellierung des Spielspaßes* durch Klimmt setzt aufseiten der play-bezogenen Unterhaltungsmechanismen eine Vielzahl von Spielmerk-malen voraus: Zweckfreiheit, Kontrast zur Realität, Abgrenzung vom Alltag durch den Magic Circle, Freiheit und Scheinhaftigkeit. Ein unter-haltsamer Faktor des Computerspielens ist nach Klimmt die Erholung. Sie dient der Regeneration von Ressourcen, die durch Arbeit und Alltag verbraucht wurden. Dies wird aber erst möglich, wenn die ausgeübte Tätigkeit nur sich selbst dient, sich also von der Arbeit sinnhaft, räum-lich und zeitlich abgrenzt, wenn der Akteur keine Sanktionen befürchten muss und die Komplexität des Handlungsgegenstands auf ein angenehmes Niveau assimiliert werden kann. Das Motivierende an der tätigkeitsbezo-genen Dimension des Spielens ist damit die Erholung, die sich aber erst durch die Oppositionierung des Spielens zur Arbeit einstellen kann. Die unterhaltsamen simulierten Lebenserfahrungen setzen ebenfalls die Spiel-merkmale der Scheinwelt, des Kontrasts zur Realität und der Freiheit von

Folgen voraus. Die Übernahme fantasievoller Rollen und Handlungen (die irreal und im Alltag unzugänglich sind) in der Scheinwelt des Spielens kompensiert unerfüllbare Bedürfnisse und wirkt darüber unterhaltend. Das Ausleben simulierter Lebenserfahrungen zieht zudem keine realen Folgen nach sich. Der Kontrast zur Realität und zum vergleichsweise langweiligen Alltag wirkt faszinierend. Die scheinhafte Spielwelt ist somit ein Ort, der durch seine Nicht-Realität und den Kontrast zum Alltag als unterhaltsam empfundenen Eskapismus ermöglicht.

Sieht man einmal von den Merkmalen der Spannung/Ungewissheit und der Regelhaftigkeit (die sich mit Merkmalen der Konstruktdimension überlagern) ab, gibt es also eine Vielzahl unterhaltungswirksamer Mechanismen, die das Spielen zu einer intrinsisch motivierenden Handlung machen. Arbeitshandlungen, die mangels dieser Spielmerkmale auch nicht über die genannten unterhaltenden Mechanismen verfügen dürften, sollten somit weniger intrinsisch motivierend sein.[15] Bei der Interaktion mit Lernspielen kommen zu den play-bezogenen Motivationsfaktoren jedoch auch die unterhaltenden Mechanismen vonseiten des Spielkonstrukts hinzu. Diese werden im folgenden Abschnitt dargestellt.

Unterhaltungsmechanismen von Spielen

Es lassen sich aus den obigen Ausführungen auch Auswirkungen auf die Motivation beim Computerspielen ableiten, die auf unterhaltenden Mechanismen der Spielkonstrukte, unabhängig von der Handlungsdimension des Spielens, beruhen.

Das *Flow-Konzept* Csikszentmihalyis beispielsweise nennt die Bewältigbarkeit der Aufgaben und die Förderung der Kontrollüberzeugung als Elemente des intrinsisch motivierenden Flow-Zustands. Spielkonstrukteigenschaften wie widerspruchsfreie und klare Handlungsanforderungen, meist vermittelt über die Spielregeln, fördern das Flow-Erleben ebenso wie die durch die Interaktivität von Computerspielen ermöglichte Rückmeldung über Erfolg oder Misserfolg des Handelns.

Funktionslust und die Freude, Ursache zu sein (Scheuerl 1991, S. 105), werden durch die Interaktivität und Responsivität der Computerspiele bedient.

Die *Spielregeln* von Spielkonstrukten sind ein Merkmal derselben, das unmittelbar unterhaltsam wirkt: So spricht Wygotski vom Lustgewinn

---

[15]Wobei Arbeitshandlungen durchaus über andere intrinsische Motivationsfaktoren, etwa das Interesse am Handlungsgegenstand, verfügen können (Klimmt 2006a, S. 52), ebenso wie extrinsische Motive.

durch Regelbefolgung, und auch andere Autoren bescheinigen den Spielregeln einen eigentümlichen Unterhaltungswert durch das Wechselverhältnis aus Regelunterwerfung und kreativem Agieren innerhalb der geltenden Regeln. Im Übrigen gilt hier all das, was im vorliegenden Buch bereits ab S. 78 zu den play-basierten Unterhaltungseffekten von Regeln gesagt wurde.

Die *personenbezogenen Motivationsfaktoren* wie Erregung und Emotionalität als Unterhaltungsfaktoren, wie sie von Sherry, Lucas, Greenberg und Lachlan erörtert wurden, werden ausgelöst durch die Computerspielen inhärente Action und die Ästhetik der visuellen Darstellung.

Konstruktbezogene Unterhaltungsfaktoren von Videospielen gehen laut Wang, Shen und Ritterfeld auf die drei wichtigsten Detailfaktoren „overall game design", „visual presentation" und „control" zurück. Insgesamt wirken auf Spielkonstruktseite die übergeordneten „Unterhaltungscluster" technische Leistungsfähigkeit, das Gamedesign, ästhetische Aspekte, das Gameplay und narrative Elemente unterhaltend und somit intrinsisch motivierend.

Auch die *Taxonomie intrinsischer Motivation* nach Malone und Lepper hebt strukturelle Eigenschaften der Spielkonstruktdimension hervor, die unterhaltende Wirkungen entfalten. So betrachten die Autoren die Herausforderung als intrinsischen Motivationstypus, der klare, verbindliche Ziele, wie sie durch die den Computerspielen eigenen Spielregeln und Spielziele vorgegeben werden. Interaktivität sowie konsequentes und unmittelbares Feedback tragen ebenfalls hierzu bei und heben zudem das Selbstwertgefühl der Spieler. Ein weiterer wichtiger Unterhaltungsmechanismus von Spielkonstrukten ist die Kontrollüberzeugung, die durch die interaktive, responsive Umgebung und Personalisierbarkeit in Videospielen gefördert wird. Unterhaltungswirksam ist zudem die beeindruckende multimodale Inszenierung der vom Spieler ausgelösten Effekte.

Die *handlungstheoretische Modellierung von Spielspaß* nach Klimmt nennt als einen Unterhaltungsmechanismus das Selbstwirksamkeitserleben. Dieses beruht auf I-/O-Loops, bei denen jede Aktion des Spielers eine konsequente und unmittelbare Reaktion erfährt. Dieser Prozess wird durch die Interaktivität der Videospiele ermöglicht, die das Feedback zudem durch Gamedesign und technische Leistungsfähigkeit schnell und präzise vermitteln. Zudem tragen Gamedesign und Leistungsfähigkeit moderner Computerspiele dazu bei, dass auch wenig aufwendige Spielerhandlungen bild- und tongewaltig in Szene gesetzt werden und das Selbstwirksamkeitserleben verstärkt wird. Spielepisoden produzieren Spannung, indem sie den Spieler vor eine affektiv bewertete Herausforderung stellen, deren Ausgang ungewiss ist und von der Wahl einer Handlungsalternative des Spielers und deren Umsetzung abhängt. Computerspiele bilden diese unterhaltende Struktur ab und inszenieren sie mittels ebenfalls unterhaltsamer Narration. Die Neugierde der Spieler wird durch Spielkonstrukte über explorative Episoden befriedigt. Die simulierten Lebenserfahrungen als weiterer Unterhaltungsmechanismus faszinieren den Spieler, und die Scheinwelten, in denen die Erfahrungen gemacht werden, können in Computerspielen dank professionellen Gamedesigns und technischer Fortschritte sehr beeindruckend und authentisch in Szene gesetzt werden. Die virtuellen Scheinwelten der Videospiele, in denen sich die Spieler ihrem Bedürfnis nach simulierten Erfahrungen zur Unterhaltung nachkommen können, wirken durch die Interaktivität der Computerspiele zudem besonders plastisch.

So weit zu den Unterhaltungsmechanismen, die auf strukturelle Eigenschaften von Videospielen zurückzuführen sind. Viele dieser Eigenschaften wurden in diesem Buch bereits bei den Merkmalsbeschreibungen von Spielen (Abschnitt 1.3.1) und ihren lernförderlichen Prinzipien (S. 37 ff.) genannt. Die Eigenschaften und ihre unterhaltenden Wirkungen sind nicht unbedingt den Videospielen vorbehalten: Sie können beispielsweise sowohl beim vom Game unabhängigen Play wie auch bei der ernsten Interaktion mit sonstiger Software auftreten. Es gibt daher auch keinen Grund, warum zumindest prinzipiell diese durch Vergnügen und Unterhaltung intrinsisch motivierenden Merkmale von Videospielen nicht auch in Lernspielen anzutreffen sein sollten. Die Praxis sieht indes bislang oft anders aus. Dies aber ist ein praktisches Problem der Umsetzung und keine strukturelle Einschränkung des Unterhaltungspotenzials von Lernspielen.

Fazit: Unterhaltung und Motivation beim Videospielen

Die Unterhaltsamkeit des Spielens ist also an dessen Wesensmerkmale gebunden. Das Motivationspotenzial des Spielens ist somit über seine unterhaltenden Mechanismen und Wesensmerkmale vom Handlungssinn des Akteurs abhängig, während die unterhaltungswirksamen Faktoren von Videospielen nicht vom Handlungsinn betroffen sind: Narrative Elemente und Selbstwirksamkeitserleben in Spielkonstrukten machen auch Spaß, wenn externe Ziele verfolgt werden und unter Handlungsdruck agiert wird – aber Erholung vom Alltag mit seinen Funktionszwängen und Sanktionsdruck wird vermutlich nur der erfahren, der diesen Lasten nicht unterworfen ist. Da den Merkmalen des Spielens über den

„Katalysator" des Handlungssinns somit eine besondere Bedeutung für das Motivationspotenzial von Game-based Learning zukommt, werden diese und ihre aus der Literatur extrahierten, genuin play-bezogenen (d. h. überschneidungsfrei zu game-bezogenen Faktoren), unterhaltenden Mechanismen in Tabelle 2.2 noch einmal als Überblick zusammengefasst. Diese Ideen werden in Abschnitt 3.4.1 aufgegriffen und zu einer erweiterten Fragestellung ausgedehnt; die Modellierung dieses Konzepts und seine Determinanten werden ausführlich in Kapitel 4 behandelt.

2.3 Zusammenfassung

In diesem Kapitel wurden die beiden aus pädagogischer Sicht besonders wichtig erscheinenden Aspekte von Game-based Learning behandelt: Lernen und Motivation durch Vergnügen.

Der Zusammenhang zwischen dem Spielen und Lern- und Entwicklungsprozessen wurde vorrangig in den älteren Beiträgen aus den Theorien des Spiels, die die Handlungs- und Rahmungsdimension des Spielbegriffes fokussieren, behandelt. Lernanlässe in Videospielen und die Verwendung didaktischer Prinzipien im Gamedesign sind Aspekte, die eher von den neueren, Spielkonstrukte behandelnden Ansätzen untersucht werden. Sowohl die Beziehungen zwischen dem Spielen und Entwicklungsprozessen als auch die Lernförderlichkeit von Spielkonstrukten können jeweils auf die spezifischen Eigenschaften der entsprechenden Spieldimensionen (etwa die Spielstruktur in der Konstruktdimension) zurückgeführt werden: Die Struktur der Spielkonstrukte (Games) weist erstens viele Prinzipien auf, die Lernprozesse begünstigen und fördern. Zudem bietet der Prozess des Videospielens selbst mehrere Lernanlässe. Die entwicklungsfördernde Wirkung des Spielens (Play) beruht zweitens einerseits auf der unterhaltenden Wirkung, die durch ständiges Wiederholen die Einübung formaler Fähigkeiten und Fertigkeiten begünstigen kann. Zweck-, Folgen- und Zwanglosigkeit fördern freie Exploration. Folgenlosigkeit, Scheinhaftigkeit und die das die Wirklichkeit verwandelnde Handeln ermöglichen es den Spielenden, sich die Wirklichkeit (scheinbar) anzueignen, die Unbeherrschbarkeit der Realität im Spiel zu kompensieren und die Kreativiät auszubauen. Dabei stehen inhaltliche Lernprozesse vermutlich den formalen und kompensatorischen Effekten nach.

Der Forschungsstand zu allgemeinen (d. h. auch beiläufigen) Lerneffekten in Videospielen suggeriert, dass Computerspiele vorrangig formale Fähigkeiten und Fertigkeiten fördern; bei der Vermittlung inhaltlicher Aspekte wird die empirische Befundlage dünn und diffus. Ein möglicher

	Freiheit, Folgenlosigkeit	Kontrast zur Realität	Zweckfreiheit	Ausgrenzung	Scheinwelt
Abwechslung, Erholung	Erholung vom Alltag	Erholung vom Alltag	Erholung vom Alltag	–	–
Aktivierungszirkel	unstrategisches Erleben im „Hier und Jetzt"	–	unstrategisches Erleben im „Hier und Jetzt"	–	Kontrolle durch Reduktion
Flow-Erleben	–	–	–	–	Kontrolle durch Reduktion
Spielkonstrukte	–	–	–	Einschränkung des Stimulusfeldes	Chancengleichheit, Übernahme reizvoller Rollen
personale Faktoren	Ablenkung vom Alltag, Stressreduktion	Ablenkung vom Alltag, Stressreduktion	Ablenkung vom Alltag, Stressreduktion	Ablenkung vom Alltag,	–
Taxonomie intr. Motivation	Kontrollüberzeugung	–	Selbstbestimmung	–	Ausleben von Fantasie
handlungstheor. Modell	Erholung vom Alltag, Eskapismus	Erholung vom Alltag, Eskapismus	Erholung vom Alltag, Alltag, Eskapismus	Erholung vom Alltag, Eskapismus	Erholung vom Alltag, Eskapismus

Tabelle 2.2: Merkmale und genuine Unterhaltungsmechanismen des Spielens als Handlung

Erklärungsansatz besteht in der sinnhaften Abgrenzung des Spielens vom Alltag seitens der Akteure, nämlich als Scheinwelt und Opposition zum Ernst, die dazu führen könnte, dass die Spielenden gar kein Lernangebot erwarten und die Bedeutungen der Inhalte auch nicht als realitätsrelevant erachten. Zudem wird auf Spielerseite womöglich erwartet, dass die Spielkonstrukte nicht real sind: Zeichen auf der Ebene der Spielhülle ähneln schließlich nur äußerlich der Realität und verweisen eigentlich auf abstrakte Funktionen des Spielkerns, haben also andere Signifikate. Damit stellt sich die in dieser Arbeit weiter verfolgte Frage, ob Lernspiele ebenfalls einen solchen Spielcharakter aufweisen, der ihre Inhalte als irrelevant und andersbedeutend hinsichtlich der Realität erscheinen lässt, was ihr Potenzial zur Vermittlung von Inhalten schmälern würde.

Spielmotivation beruht auf dem Spaß, den das Videospielen bereitet. Die Ursachen dieses Vergnügens gehen, wie auch beim Zusammenhang zwischen (dem) Spielen und Lernen, auf die Eigenschaften des Spielens und der Spiele zurück. Dabei fällt auf, dass sich die unterhaltungswirksamen Aspekte relativ gut nach play- und game-bezogenen Merkmalen und Mechanismen differenzieren lassen. Das Spielen als Handlung unterhält durch seine genuinen Eigenschaften, die mit der Opposition des Spielens zu Ernst, Alltag und Arbeit zu tun haben. Videospiele hingegen unterhalten durch Merkmale, die zwar nicht genuin game-bezogen sind, jedoch in Computerspielen besonders gekonnt und konsequent umgesetzt werden, etwa die Ermöglichung von Selbstwirksamkeitserleben oder Spannung. Das Computerspielen motiviert damit auf zwei Ebenen: der Konstrukt- und der Handlungs-/Rahmungdimension. Interessant sind nun die Fragen, (a) ob die Beschäftigung mit Lernspielen eher Züge der Arbeit als des Spielens aufweist und (b) ob durch den daraus resultierenden Mangel an play-bezogenen Unterhaltungsmechanismen das Motivationspotenzial von Lernspielen leidet. Bevor diese Fragen näher untersucht werden, wird sich diese Arbeit jedoch intensiver mit den formalen Eigenschaften digitaler Lernspiele auseinandersetzen.

Kapitel 3

Digitale Lernspiele

Bisher hat sich die vorliegende Arbeit mit dem Spielen und Computerspielen auseinandergesetzt. Damit wurden zwei zentrale Grundlagen für die Untersuchung des pädagogischen Potenzials von Lernspielen bearbeitet: welche Dimensionen bei Lernspielen zu differenzieren sind (nämlich Play und Game) und welche Erkenntnisse bislang zur Unterhaltsamkeit und zu Lerneffekten der beiden Dimensionen gewonnen wurden. Nach diesen Vorarbeiten soll nun konkret auf digitale Lernspiele eingegangen werden: Was genau ist darunter zu verstehen? Welche pädagogisch relevanten Eigenschaften weisen sie auf? Und welche Argumente werden bislang für und gegen ihren Einsatz angeführt? Das Kapitel mündet in die Darlegung bislang unzureichend beantworteter Fragen und spitzt die vorliegende Untersuchung auf die Fragestellungen zu.

3.1 Begriffliche Abgrenzung

Der Begriff „spielbasiertes Lernen" könnte eigentlich sämtliche, durch Spiele angeregten Prozesse des Kenntnis- und Fähigkeitenerwerbs umfassen, also auch beiläufige und informelle Lernprozesse wie das Erlernen von Spielregeln oder die zunehmende Fingerfertigkeit bei regelmäßigem Gebrauch von actionlastigen Videospielen. Wenn von Lernspielen die Rede ist, sind jedoch meist organisierte und intendierte Lernprozesse gemeint: Üblicherweise sollen die Adressaten mittels Computerspielen ja in irgendeiner Form unterrichtet, trainiert oder instruiert werden. Auch wenn die vorliegende Arbeit an einigen Stellen auf die beiläufigen und informellen Lerneffekte zurückkommen wird, richtet sich der Fokus dieser Arbeit doch weitestgehend auf intendierte Lernprozesse. *Spielbasiertes Lernen* bzw. *Game-based Learning* meint in dieser Arbeit demnach nur solche Vorhaben, bei denen durch das Spiel bewusst und in organisierter Form im Voraus bestimmte Lernprozesse initiiert werden sollen.

Bisher wurden die Begriffe Lernspiel, spielbasiertes Lernen, Serious Game und Game-based Learning synonym benutzt. Von nun an soll der Begriff „(digitales) Lernspiel" als Oberbegriff für sämtliche Varianten an

Spielkonstrukten verwendet werden, die Game-based Learning (synonym: „spielbasiertes Lernen") verfolgen (die Arbeit konzentriert sich dabei auf digitale Spiele). Zwar wird auch in der Fachliteratur der Begriff Serious Games („ernste Spiele") synonym für sämtliche Lernspielarten verwendet (Ritterfeld, Cody und Vorderer 2009, S. 4), jedoch existieren durchaus Meinungen, die eine begriffliche Unterscheidung zwischen Educational Games und Serious Games fordern. Ritterfeld, Cody und Vorderer (ebd., S. 5–6) bedauern die Folgen, die die begriffliche Unordnung auslöst: Unzufriedenheit mit dem Begriff Serious Games habe dazu geführt, dass einige Autoren zu einer Benennung der Angebote anhand ihrer Einsatzgebiete („Games for Health", „Persuasive Games", aber auch „Educational Games") übergegangen sind. Dies jedoch packe das Problem nicht bei der Wurzel, bleibe doch die Frage offen, welche konkreten Eigenschaften das jeweilige Angebot von regulären Spielen unterscheiden. Die Autoren sprechen sich für eine sehr vage, erste Definition von Serious Games aus:

> As a starting point we define serious games as any form of interactive computer-based game software for one or multiple players to be used on any platform and that has been developed with the intention to be more than entertainment. (Ritterfeld, Cody und Vorderer 2009, S. 6)

Die Definition liefert meines Erachtens einen guten Startpunkt: Serious Games sind Computerspiele, die explizit zu mehr als nur zur Unterhaltung geschaffen wurden. Sie soll mit einer kleinen Abwandlung hier übernommen werden: *Lernspiele sind Computerspiele, die explizit zur Iniitierung bestimmter Lern- und Entwicklungsprozesse eingesetzt werden.* Damit wird die hinter den Spielen stehende Zielsetzung auf eine pädagogische Dimension eingeschränkt. Denn vermutlich kann jedes Spiel zu einem Lernspiel werden, unabhängig davon, mit welcher Zielstellung es erstellt wurde (und gleichzeitig kann jedes Lernspiel zu einem gewöhnlichen Computerspiel werden).

Damit ist eine erste, grobe Definition von Lernspielen gegeben. Sie weist jedoch noch keine Angaben über Eigenschaften entsprechender Konstrukte auf. Im folgenden Abschnitt wird daher eine Systematik für Lernspiele vorgeschlagen, die gleichzeitig zentrale Merkmale der Medien nennt und die primären Ausprägungen dieser Merkmale als Systematisierungskriterium heranzieht.

3.2 Systematik digitaler Lernspiele

Es existieren bereits einige Versuche, Lernspiele zu klassifizieren. Meier und Seufert (2003) unterteilen die Angebote in „computer-based training" mit und ohne Spielelemente, Planspiele und Simulationen, Quizzes und Denkspiele, Abenteuerlernspiele und sonstige (herkömmliche) Spiele. Zur Klassifikation ziehen sie drei Kriterien heran: Sichtbarkeit von Lernzielen, Inhalte und Motivationselemente. Diese Typologie ist meines Erachtens jedoch zu grob, denn sie sagt nichts über die Lehr- und Lernmechanismen der jeweiligen Typen aus.

Ratan und Ritterfeld (2009) haben anhand einer Befragung induktiv vier Dimensionen von Unterscheidungsmerkmalen extrahiert, die wiederum unterschiedliche Ausprägungen annehmen können: primärer Lerninhalt, primäres Lernprinzip, Alter der Zielgruppe und Plattform. Die Datenbasis enthielt vorrangig Lerninhalte aus dem klassischen Bildungssystem (etwa aus schulischen Curricula), soziale und politische Themen, Inhalte der Aus- und Weiterbildung, der gesundheitlichen Bildung, militärische und marketingbezogene Themen. An Lernprinzipien extrahierten die Autoren das Training von Fähigkeiten und Fertigkeiten, Wissenserwerb, kognitives Problemlösen und soziales Problemlösen. Adressierte Altersgruppen der Lernspiele wurden in Vorschule, Grundschule, Sekundarstufe und weiterführende Schule („Middle and High School") sowie Hochschulen und Erwachsenenbildung („College, Adult, and Senior") unterteilt. Die in der Datenbasis verwendeten Plattformen umfassten zu 90 % den Computer; die übrigen Lernspiele wurden für stationäre und portable Spielkonsolen, DVD, Handhelds und Plug-and-Play-Geräte entwickelt. Ratans und Ritterfelds Klassifikationssystem wirkt schlüssig, kann jedoch meines Erachtens noch verbessert werden. So fehlt beispielsweise auch hier der didaktische Wirkungsmechanismus, über den die pädagogischen Ziele erreicht werden sollen. Ratans und Ritterfelds Dimensionen des primären Lernprinzips entsprechen weniger einem solchen Mechanismus des Lernspiels, sondern erinnern eher an eine Lernzieltaxonomie. Zudem gibt die Klassifikation keinen Aufschluss über das Verhältnis aus Spiel- und Lernanteilen. In den folgenden Abschnitten wird eine Systematisierung für digitale Lernspiele vorgeschlagen, die eine differenzierte Unterteilung von Lernspielen anhand pädagogisch bedeutsamer Kriterien ermöglicht. Die Ebenen der Systematisierung umfassen den Grad, in dem klassische Merkmale der Konstruktdimension von Spielen Einzug in das Lernspiel erhalten haben, den didaktischen Wirkungsmechanismus, über den die pädagogischen Ziele erreicht werden sollen, das Lernziel sowie den von Ratan und Ritterfeld genannten Bereich des Themengebiets.

3.2.1 Spielmerkmale der Konstruktdimension

Im Grunde ist der Begriff Serious Game paradox. Denn nach der in Kapitel 1 erfolgten Merkmalsbestimmung des Spielens und der Spiele ist ja gerade die Opposition zum Ernst ein zentrales Merkmal beider Dimensionen. Eine mögliche Differenzierung von Lernspielen, die auf diesen Aspekt eingeht, unterscheidet die Spielkonstrukte hinsichtlich des Stellenwerts, den die spezifischen Eigenschaften von Spielkonstrukten im Medium haben (Royle 2008, Exhibit 2; Herkersdorf 2010, S. 129).

Serious Games

Serious Games weisen wenige Eigenschaften auf, die für Computerspiele typisch sind (etwa Spielregeln, eine grundlegende Spielmechanik etc.). Die meisten Serious Games würden daher genau genommen treffender mit dem Begriff der virtuellen Simulationen bezeichnet werden: Sie beanspruchen eine hohe Authentizität, ihre intendierten Konsequenzen sind meist weniger verhandelbar, und sie weisen oft kein variables Spielergebnis auf, sondern führen immer zum gleichen (pädagogisch intendierten) Ausgang oder lassen einen solchen Ausgang sogar ganz vermissen (da es nicht um das Erreichen eines Spielziels und ein „Fertigspielen" geht, sondern um die Veranschaulichung eines Sachverhalts oder die Bereitstellung eines authentischen Übungsraums). Häufig fehlen den Serious Games echte Spielregelsysteme, eine Spielmechanik und damit das Gameplay. Serious Games fokussieren den pädagogischen Inhalt und räumen der Unterhaltung durch Eigenschaften der Spiele – wenn überhaupt – nur nachrangige Bedeutung ein. Aus ludologischer Sicht haben sie recht wenig mit Spielen gemeinsam. Aus rein technischer Sicht besteht dagegen durchaus ein Bezug zu Computerspielen, weil Serious Games meist auf handelsüblicher Spieltechnologie aufbauen.

Ein solches Serious Game ist beispielsweise „Hazmat: Hotzone" (Entertainment Technology Center und Fire Department of New York o. J.). Es handelt sich um ein von der New Yorker Feuerwehr und dem Entertainment Technology Center der Carnegie-Mellon-Universität entwickeltes Trainingsprogramm. Es richtet sich an Feuerwehrleute, die den Noteinsatz im Falle biochemischer Katastrophen trainieren sollen. Zentrale Lerninhalte sind die Kommunikation unter den Beteiligten, Beobachtung und Beurteilung der Lage sowie das Treffen von Entscheidungen in kritischen Situationen. Das Serious Game wird als Verbundkonzept aus Präsenzunterricht und auf Spieltechnologie basierender, virtueller Simulation eingesetzt (ein Ansatz, für den mir in Anlehnung an den Begriff

„Blended Learning" die Bezeichnung „Blended Gaming" recht treffend erscheint). Die virtuelle Simulationsumgebung wurde als Modifikation des kommerziellen Computerspiels „Unreal Tournament 2003" (Epic Games und Digital Extremes 2004) erstellt. Der Seminarleiter kreiert ein virtuelles Szenario und dessen dynamische Bedingungen, woraufhin sich die Lernenden in ihre miteinander vernetzten Computer einloggen und die Mission kooperativ absolvieren. Hierbei wird das Handeln innerhalb der virtuellen Umgebung mit der Bedienung echter, beim Einsatz verwendeter Geräte (bspw. Funkgeräten) kombiniert. Ist der Einsatz beendet, wird das gemeinsame Vorgehen in der Seminargruppe diskutiert.

Educational Games

Im Gegensatz zu Serious Games wird bei Educational Games ein Gleichgewicht zwischen spielerischem Zugang und pädagogischer Zielsetzung angestrebt. Spielmerkmale erhalten bewusst in das Spielkonstrukt Einzug: Die Spiele sind nicht ganz so streng bei der Wahrung der Authentizität, es existieren ein Spielregelsystem, Spielziele und damit ein Gameplay. Educational Games kombinieren den Lerninhalt mit unterhaltenden Spielmechanismen. An reguläre Videospiele reichen sie hinsichtlich Spielspaß meist nicht heran: Sie stehen mit einem Bein im Magic Circle, in der Spielwelt, mit dem anderen in der Wirklichkeit, aus der die Lerninhalte stammen. Sie sollen genug Spaß machen, um um ihrer selbst Willen gespielt zu werden, verfolgen jedoch auch externe Lernziele. Der Spielspaß bei Educational Games wird durch ihre Kompromisse, die bei der Verbindung von Gameplay und Lerninhalten einzugehen sind, im Vergleich zu reinen Spielen häufig getrübt (Fabricatore 2000).

Ein Educational Game, das hohe Aufmerksamkeit auf sich gezogen hat, ist das Spiel „Global Conflicts: Palestine" (Serious Games Interactive 2007). Es ist vorrangig für den Einsatz im Schulunterricht konzipiert, richtet sich aber auch an private Kunden. Die Lerninhalte umfassen sowohl die politische und soziale Situation in den palästinensischen Autonomiegebieten als auch medienkundliche Aspekte wie politische Ausrichtungen der Presse und Gestaltung von Zeitungsartikeln sowie journalistische Praxis. Der Spieler schlüpft in die Rolle eines Journalisten, der aus den palästinensischen Autonomiegebieten berichtet. Dafür muss er mit Angehörigen beider dortigen Konfliktparteien sprechen und aus den so gesammelten Interviewfragmenten Artikel zusammenstellen, die den recherchierten Fakten, dem spezifischen Profil der beauftragenden Zeitungen und allgemeinen journalistischen Gestaltungsregeln entsprechen sollen.

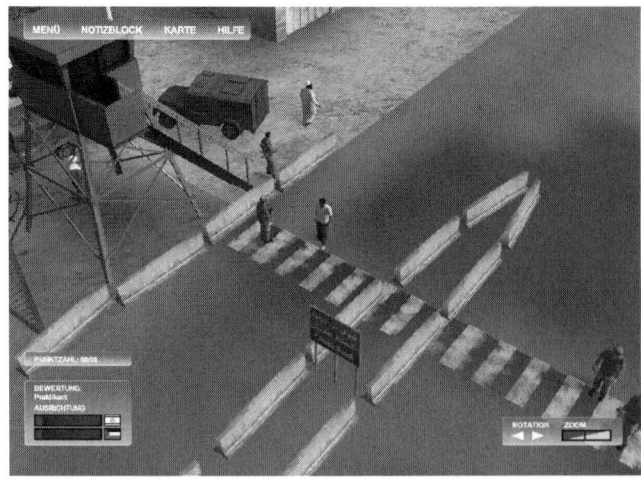

Abbildung 3.1: „Global Conflicts: Palestine" (Serious Games Interactive 2007) ist ein Educational
Game, das hauptsächlich den Konflikt in Pa-
lästina, aber auch medienkundliche Themen
behandelt.

Leisure Games bzw. „COTS"

Leisure Games (manchmal auch mit „COTS", Kurzform für„commercial off
the shelf"-Games, bezeichnet) sind Computer- und Videospiele ganz im in
Abschnitt 1.3 geschilderten Sinne. Sie sind von den Designern zum reinen
Vergnügen der Spieler gestaltet worden. Dementsprechend weisen sie
alle oben geschilderten Merkmale von Spielkonstrukten auf: Sie agieren
im Magic Circle, ihre Konsequenzen sind verhandelbar, sie besitzen einen
Gameplay konstituierenden Kern aus abstrakten Spielregeln, die symbolisch nach außen repräsentiert werden. Obwohl Leisure Games eigentlich
nicht dafür konzipiert wurden, können sie in pädagogischen Kontexten zur
Anwendung kommen: Squire (2005) berichtet beispielsweise davon, dass
das in einem historischen Kontext angesiedelte Strategiespiel „Civilization III" (Firaxis 2001), eingesetzt im Geschichtsunterricht, das Verständnis
für historische und entwicklungsbedingte Zusammenhänge fördern kann
– auch wenn dies besser bei schwachen als bei guten Schülern funktionierte.

Zur Bedeutung der Handlungs- und Rahmungsdimension

Vor allem bei den Leisure Games zeigt sich, dass es nicht zielführend ist, Game-based-Learning-Konzepte allein nach „Spielgehalt" zu unterscheiden. Während die Differenzierung nur die Merkmale der Konstruktdimension als explizites Klassifikationskriterium heranzieht, ist es doch auch die Rahmungs- und Handlungsdimension, die die Interaktion mit einem solchen Medium zu einem Spiel oder einer ernsten Tätigkeit macht. Denn aus der handlungstheoretischen Perspektive des interpretativen Paradigmas (näher behandelt in Abschnitt 4.1.5) ist nicht etwa die Intention eines Serious-Game-, Educational-Game- oder Leisure-Game-Designers ausschlaggebend, sondern der Handlungssinn derjenigen, die mit dem Objekt agieren. Die ernsthafteste Militärsimulation kann in den Händen ausgelassener Kinder oder Jugendlicher zu einem Spiel umfunktioniert werden; bei einem Bussimulator können, wie das Beispiel aus der Einleitung verdeutlicht, authentische Sachverhalte von den Spielern übergangen und kreativ in irreale Inhalte verwandelt werden. Andersherum können auch reine Leisure Games ernst behandelt werden, wenn bspw. das Spiel „Civilization III" (ebd.) zur Vermittlung geschichtlicher Inhalte im Unterricht eingesetzt wird – besonders mit der potenziellen Ermahnung des Lehrkörpers an die Schüler, die Sache angesichts der anstehenden Klassenarbeit bitte ernst zu nehmen. Eine Klassifikation, die Lernspiele nach ihrem Anteil an Spielmerkmalen differenziert, müsste daher konsequenterweise auch die Bedingungen ihrer Verwendung, den subjektiven Sinn der mit dem Spiel interagierenden Akteure berücksichtigen. Dieser aber ist höchst flexibel: Jedes Spiel kann von einem Akteur zu einem ernsten Medium gemacht werden. Und jedes „ernste" Medium kann zu einem reinen Spiel umfunktioniert werden.

Die Klassifikation von Lernspielen nach ihren Spielmerkmalen ist mangels der Berücksichtigung von Rahmungs- und Handlungsdimension daher nicht vollständig. Sie kann jedoch angesichts der Annahme, dass die Ausrichtung jedes Konstrukts in seiner Ernst- oder Spielhaftigkeit durch den Handlungssinn des Akteurs überstimmt werden kann, auch gar nicht um die Handlungs- und Rahmungsdimension bereichert werden, ohne ihre methodische Trennschärfe einzubüßen. Damit ist die Unterscheidung von Lernspielen nach ihrer Umsetzung von Spielkonstruktmerkmalen ein pragmatischer Kompromiss. In der überwiegenden Zahl der Fälle kann vermutlich auch davon ausgegangen werden, dass der Charakter der sozialen Situation, in der Lernspiele eingesetzt werden, auch die Wahl des Lernspieltyps (Serious, Educational oder Leisure Game) steuert.

Schließlich werden durch eine Passung von Ernst der Situation und Ernsthaftigkeit des Lernspiels potenzielle Reibungsverluste beim Erreichen des pädagogischen Ziels gemindert: Wenn es auf Authentizität und die Verwirklichung externer Ziele ankommt, wenn die positiven Folgen und drohenden Sanktionen ins Blickfeld rücken, ist man mit einem Serious Game, das wirklichkeitsgetreue Simulation enthält, die Nichtverhandelbarkeit der Folgen betont und Spielelemente dem pädagogischen Inhalt opfert, besser bedient. Stehen dagegen der Kontrast zur Realität, die Aufhebung realer Folgen und die Erholung von Zwängen im Vordergrund der sozialen Situation, leistet ein Educational Game oder Leisure Game wahrscheinlich die besseren Dienste. In den meisten Fällen werden Lernspiele vermutlich so ausgesucht, dass Ernsthaftigkeit der Situation (also die Handlungs- und Rahmungdimension) und Spielgehalt des Mediums (die Konstruktdimension) einander ähneln.

3.2.2 Didaktische Funktion

Reguläre Videospiele, Educational Games und Serious Games können unterschiedliche Wirkungen im Dienst der Pädagogik entfalten. Ihre didaktischen Funktionen sollen daher als eine weitere Dimension bei der Klassifikation von Lernspielen dienen.

Informationen vermitteln

Maßgebliche Funktion des Videospiels ist in diesem Falle, den Spieler mit Faktenwissen über bestimmte Sachverhalte zu versorgen, ihn über etwas zu informieren. Das Spiel präsentiert konkrete Informationen, die in die Spielstruktur eingebettet sind. Die Präsentation der Inhalte kann explizit in Form konkreter Lehr- und Instruktionsmethoden erfolgen oder implizit als mehr oder weniger versteckte Bereitstellung von Informationen, die von den Nutzern selbst exploriert werden können.

Das Spiel „Re-Mission" (Hope Lab 2006) beispielsweise richtet sich an krebskranke Kinder und Jugendliche und soll diese bei der Therapie ihrer Krankheit unterstützen. Wesentliche, durch das Spiel vermittelte Fakten umfassen Informationen über Krebszellen und die Ansatzpunkte und Wirkungsweisen der gegen sie eingesetzten Medikamente. Der Spieler schlüpft in die Rolle von „Roxxi", einer winzigen Roboterheldin, die im Körper eines Krebspatienten aktiv Krebszellen bekämpft. Ziel ist, dass sich die Patienten durch das Lernspiel eine grundlegende Vorstellung von den Vorgängen in ihrem Körper und der Bedeutung und Wirkung der Medikamente, die sie im Rahmen ihrer Therapie verabreicht bekommen, bilden können und dass sich über die Verinnerlichung dieser Informationen die Bereitschaft, sich aktiv an der Therapie zu beteiligen, erhöht.

Training

Hier stehen formale Lernprozesse im Vordergrund. Über die Interaktion mit dem Gameplay sollen Fertigkeiten und Fähigkeiten trainiert werden, die sowohl körperlicher (z. B. Geschicklichkeit) als auch geistiger Natur (z. B. mathematisches Denken) sein können. Die Spiele vermitteln keine Informationen, sondern verlangen dem Spieler bestimmte Handlungen ab, die über die ständige Wiederholung eingeübt werden.

„The Binary Game" (Cisco Systems o. J.) beispielsweise ist ein Spiel, das diesen Mechanismus nutzt. Es erinnert entfernt an Tetris (Pajitnov 1984). Das Spielen des Binary Game soll laut Cisco das Umrechnen zwischen dezimalem und binärem Zahlensystem trainieren. Hierfür werden im Gegensatz zu lehrenden Spielen keine Informationen über die Umrechnung vermittelt, sondern die Spieler bilden sich ihre Strategien selbst und trainieren dann deren Anwendung. Das Binary Game präsentiert dem Spieler dafür ein Spielfeld mit mehreren Reihen und zwei Spalten. Die rechte Spalte enthält dezimale Zahlen, die linke binäre; beide ergeben zusammen eine Gleichung, die jedoch nicht aufgeht. Aufgabe des Spielers ist, die Werte einer der beiden Spalten pro Zeile derart zu ändern, dass die Gleichung stimmt, woraufhin sich die Zeile auflöst. Mit der Zeit erscheinen in immer kürzeren Abständen mehr und mehr neue Zeilen, die den Bildschirm zu füllen und damit das Spiel zu beenden drohen, sollten sie nicht rechtzeitig aufgelöst werden.

Rekonstruktion und Reflexion

Bei der Rekonstruktion und Reflexion von Inhalten hat das Spiel nicht die Aufgabe, formale Fähigkeiten und Fertigkeiten durch Trainingsaufgaben zu fördern. Stattdessen geht es um inhaltsbezogene Lernprozesse. Diese werden jedoch nicht durch die Übermittlung von Informationen vom Lernspiel zum Spieler, sondern deren Reaktivierung und Aufarbeitung von Informationen und Wissenselementen, über die der Spieler bereits verfügt, anzuregen versucht. Dieser Wirkungsmechanismus ist im Zuge von Game-based Learning eher selten anzutreffen, obwohl er aus pädagogischer Sicht interessant ist: Schließlich ist die differenzierte, distanzierte Auseinandersetzung mit eigenen Annahmen und Vorstellungen ein prominentes Ziel von Bildungsmaßnahmen; zudem stellt ein solches Vorhaben

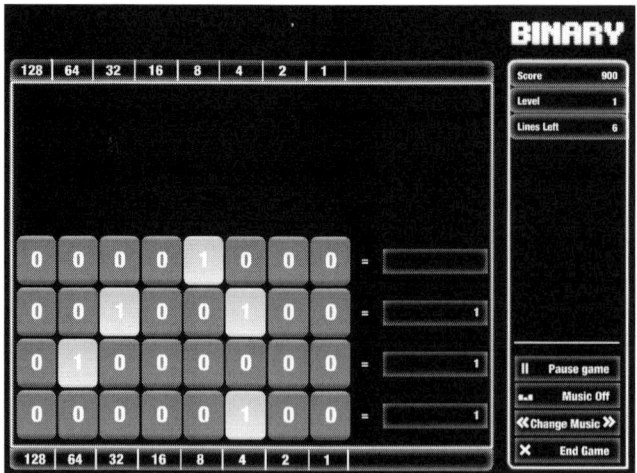

Abbildung 3.2: Das „Binary Game" (Cisco Systems o. J.) soll
das Umrechnen zwischen binärem und dezima-
lem Zahlensystem trainieren.

einen Kontrast zum teils kritisch betrachteten Prinzip beiläufiger, infor-
meller und oberflächlicher Lernprozesse dar.

Das Spiel „The Triple A Game Show" (CAT2 Lab o. J.) verfolgt diesen
Ansatz. Die Spieler können virtuelle Agenten erstellen und diese dann
mittels selbst erstellter Concept-maps unterrichten. Auf diese Weise mit
dem rekonstruierten Wissen der Spieler ausgestattet, treten die virtuellen
Agenten dann in einer Quizshow gegeneinander an. Ebenfalls geeignet
für den Mechanismus der Rekonstruktion und Reflexion ist das eigene
Erstellen kurzer Videospiele durch die Schüler zu einem vorgegebenen
Thema. Genau genommen soll dabei jedoch nicht der Spielprozess, son-
dern die Konzeption eines Spiels die Reaktivierung und Aufarbeitung von
Informationen und Wissenselementen anregen. Mit der Software „Mission
Maker" (Immersive Education o. J.) existiert eine schülergerechte Ent-
wicklungsumgebung, die das unkomplizierte Planen und Erstellen solcher
Spiele ermöglicht.

Das Spiel als Hintertür – ein Grenzfall spielbasierten Lernens?

Bei den bisher genannten Mechanismen war es immer die Interaktion
mit dem Videospiel selbst (oder zumindest dessen Gestaltung), die die
gewünschten Lernprozesse anregen sollte. Ein Grenzfall spielbasierten

Lernens dürfte der Einsatz von Videospielen sein, bei dem die Lernprozesse nicht aus der Auseinandersetzung mit dem Spielkonstrukt selbst resultieren, sondern das Spiel nur als Hintertür für die eigentliche, lernwirksame pädagogische Intervention dient. Das Spiel (mehr noch: das Medium selbst) ist austauschbar. Wichtig ist nur, dass die Zielgruppe an ihm interessiert ist und sich gern auf Aktivitäten einlässt, die in irgendeiner Form mit Videospielen zu tun haben. Das Computerspiel bietet nur Anlass bspw. für soziale Interaktion. Es nimmt so eine wichtige Rolle in der Beziehungsarbeit zwischen Pädagogen und Zielgruppe ein, ohne dass von ihm in direkter Form pädagogische Wirkungen erwartet werden. Damit sind Ansätze dieser Art nur Beispiele *indirekten* spielbasierten Lernens. Da diese Funktion von Computerspielen in der Jugendarbeit aber nicht zu unterschätzen sein dürfte, sei sie hier der Vollständigkeit halber dennoch aufgenommen.

Die Einsatzmöglichkeiten von Videospielen als „Hintertüren" sind vielfältig. Als Beispiel sollen hier Netzwerkpartys, sogenannte LAN-Partys (Kurzform für „Local-Area-Network-Partys"), genannt werden, die auch im Kontext der Jugendarbeit öffentlicher und privater Träger organisiert werden. Die Spieler vernetzen ihre Computer und spielen gemeinsam (kooperativ oder wettstreitend) über das Netzwerk Videospiele. Hierbei bieten sich mehrere Gelegenheiten zur sozialen Interaktion zwischen Jugendlichen untereinander und den Betreuern. Neben der Beziehungspflege zwischen Betreuern und Jugendlichen können den Jugendlichen so Anlässe zur Verantwortungsübernahme (etwa im Rahmen organisatorischer Beteiligung), zur identitätsstiftenden Differenzierung von, aber auch Vergemeinschaftung mit Gleichaltrigen (bspw. über Case-Modding oder Teamwettkämpfe) oder einfach nur sozialer Austausch ermöglicht werden. Damit bieten Netzwerkpartys vielseitige Möglichkeiten zur Kontaktpflege und zur Bewältigung von Entwicklungsaufgaben im Jugendalter (Vogelgesang 2002, 2003a,b).

3.2.3 Lernziel

Gebräuchlich ist auch die Klassifikation von Lernspielen nach den verfolgten Lernzielen. Die Lernzieltaxonomie von Bloom, Engelhart, Furst, Hill und Krathwohl (1976) unterscheidet kognitive, affektive und psychomotorische Lernziele. Die Taxonomie ist als methodische Klassifikation zu verstehen; in der Praxis dürften die Kategorien kaum in Reinform anzutreffen sein (Krathwohl, Bloom und Masia 1975, S. 7–8).

Kognitive Lernziele

Kognitive Lernziele beinhalten das Erinnern und Reproduzieren von Inhalten sowie das Problemlösen (Krathwohl, Bloom und Masia 1975, S. 6). Vom Erinnern bis zum Problemlösen hin werden die kognitiven Lernspiele komplexer: Ein einfaches Erinnern kann leichter und schneller erreicht werden als komplexes Problemlösen, welches jedoch besser im Gedächtnis bleibt (ebd., S. 10–11). Komplexere kognitive Lernziele werden dabei zu den intellektuellen Fähigkeiten gerechnet. Sie sind eine Kombination aus intellektuellen Fertigkeiten und dem Wissen (Bloom, Engelhart, Furst, Hill und Krathwohl 1976, S. 49).

Wissen umfasst das Erinnern, Wiedererkennen und Reproduzieren von Inhalten. Auch in den höheren Lernzielbereichen (Fähigkeiten) ist das Erinnern von Inhalten enthalten, aber nur auf der unteren Wissensebene stellt es den hauptsächlichen psychologischen Prozess dar. Bloom, Engelhart, Furst, Hill und Krathwohl unterteilen diesen Bereich noch einmal in das Wissen um (a) konkrete Einzelheiten, (b) Mittel und Wege, mit konkreten Einzelheiten zu arbeiten, und (c) Verallgemeinerungen und Abstraktionen eines Fachgebietes (ebd., S. 71–97).

Auch kognitive *Fähigkeiten* lassen sich in unterschiedliche Komplexitätsgrade unterteilen. Auf der untersten Ebene, dem *Verstehen*, können Lernende bspw. einen Text korrekt begreifen und Schlüsse daraus ziehen. Das *Anwenden* dagegen umfasst den Gebrauch von Abstraktionen wie verallgemeinerten Ideen, Methoden, Regeln, technischen Prinzipien etc. Die *Analyse* wiederum beinhaltet das Zerlegen des Lehrinhalts in dessen Hauptideen sowie das Erfassen der Beziehungen zwischen diesen Teilen, also ein Verständnis der Organisation des Lehrinhalts (bspw. suggestive Techniken einer Propagandanachricht identifizieren). Bei der *Synthese* werden gegebene Teile zu einem Ganzen kombiniert, dessen Muster in dieser Form vorher nicht klar erkennbar war. Hierzu zählen z. B. das Entwerfen eines Plans für bestimmte Handlungen (etwa einen Weg zur Überprüfung von Hypothesen vorschlagen) und das Ableiten einer Folge abstrakter Beziehungen (wie bspw. mathematische Verallgemeinerungen formulieren). Die *Evaluation* schließlich als höchste kognitive Fähigkeit beinhaltet die Bewertung von Ideen, Lösungen und Arbeiten. Hierzu gehört unter anderem die Fähigkeit, logische Fehler in einer Argumentation nachzuweisen oder Haupttheorien/Verallgemeinerungen bestimmter Kulturen zu vergleichen (ebd.).

Kognitive *Fertigkeiten* unterscheiden sich dadurch von Fähigkeiten, dass sie nicht auf konkretes Wissen angewiesen sind. Bloom, Engelhart,

Furst, Hill und Krathwohl führen in ihrer Taxonomie solche Fertigkeiten nicht gesondert auf. Dies könnte daran liegen, dass die Autoren ihre Taxonomie zur Klassifikation schulischer Lernziele entwickelt haben, reine Fertigkeiten ohne inhaltliche Wissensbestandteile jedoch keinen besonderen Stellenwert im Lehrplan haben. Es ist aber anzunehmen, dass kognitive Merkmale wie Gedächtnisleistung (z. B. Erinnern) und Wahrnehmen/Verarbeiten visueller Reize (z. B. mentale Rotation) zu den kognitiven Fertigkeiten gezählt werden können.

Affektive Lernziele

Affektive Lernziele umfassen emotionale Komponenten. Krathwohl, Bloom und Masia nennen eine Reihe unterschiedlicher affektiver Lernziele, deren Hierarchie durch den Grad der Internalisierung bestimmt ist (Krathwohl, Bloom und Masia 1975, S. 26,32). Auf der untersten Internalisierungsebene finden sich die Lernziele aufnehmen/aufmerksam werden, die Bereitschaft Lernender zur Aufnahme und Beachtung bestimmter Phänomene. Das *Reagieren* geht bereits darüber hinaus und umfasst u. a. das Befolgen von Sicherheits- oder Gesundheitsregeln, wobei hier noch keine Wertvorstellungen berührt werden. Beim *Werten* dagegen werden die Lerninhalte bereits derart verinnerlicht, dass sie zukünftig als Handlungskriterien Verwendung finden können. Typische affektive Lernziele dieser Stufe sind Moralvorstellungen. Eine Internalisierungsstufe darüber befindet sich die Ebene der *Wertordnung*, das Anfangsstadium beim Aufbau eines Wertesystems. Dieses System benötigt der Lernende, um die auf der vorherigen Stufe internalisierten Werte zu organisieren, die Beziehungen zwischen ihnen zu klären und sie in eine hierarchische Ordnung zu bringen. So kann beispielsweise das Recht jedes Einzelnen auf Freiheit durch das Recht der Gemeinschaft auf Schutz und Frieden (und die damit einhergehende Gefängnisstrafe für Kriminelle) untergeordnet werden. Am oberen Ende der Skala affektiver Lernziele befindet sich das *Bestimmt-Sein durch Werte*. Die von außen an die Lernenden herangetragenen Werte wurden hier in einem Maß vom Indiviuum internalisiert, dass dessen Wertesystem das Handeln lenkt und völlig konsistent hält (ebd., S. 92–171).

Psychomotorische Lernziele

Die Lernziele im psychomotorischen Bereich umfassen muskuläre und motorische Fähigkeiten sowie die neuromuskuläre Koordination. Diese Koordination psychischer und muskulärer Arbeit ist das Kriterium, nach dem die Autoren die Hierarchie psychomotorischer Lernziele organisieren (Dave in Möller 1973, S. 255). Auf der niedrigsten Stufe, der *Imitation*, ahmen die Lernenden die beobachtete Handlung nach. Mit fortschreitender Übung festigt sich der Handlungsablauf zur *Manipulation*: Der Lernende kann die Handlung nicht mehr nur allein aufgrund der Beobachtung, sondern auch durch Instruktion ausführen. Die Handlung wird zunehmend sicherer, muss aber noch bewusst ausgeführt werden. Auf der Stufe der *Präzision* wird die Leistung der Lernenden genauer, sie werden zunehmend vom ursprünglichen, verhaltensleitenden Vorbild unabhängig und können selbstständig Änderungen vornehmen und die Geschwindigkeit steuern. Eine Koordinationsstufe höher können Lernende die einzelnen Handlungen einer längeren und womöglich mehrere Körperteile beanspruchenden Sequenz strukturieren und/oder sie gleichzeitig ausführen. Sie beherrschen damit die *Handlungsgliederung*. Auf der höchsten Stufe der psychomotorischen Lernziele, der *Naturalisierung*, wird die Handlung für die Lernenden zur Routine und geht in eine wie von selbst ablaufende Sequenz über. Auf diesem höchsten Niveau wird sie unbewusst ausgeführt und regelrecht zur „zweiten Natur".

3.2.4 Themengebiet

Ratan und Ritterfeld (2009) haben als eines ihrer Klassifikationskriterien den primären Lerninhalt des Lernspiels gewählt. Sie unterscheiden

- Themen, wie sie den Lernenden im schulischen und universitären Bildungssystem begegnen („academic"), etwa Biologie, Mathematik, Nanotechnologie,

- soziale und politische Inhalte („social change") wie Armutsbekämpfung, Umweltschutz, aber auch Informationen zu politischen Vertretern und Themen (wie es beispielsweise im Spiel „Peacemaker" (ImpactGames 2007) thematisiert wird,

- berufliche Themen („occupation"), die alles Wissen und alle Fähigkeiten umfassen, die primär für den ausgeübten Beruf von Bedeutung sind,

- gesundheitliche Inhalte („health"), die die Gesundheit der Adressaten erhöhen und gesundheitliche Risiken senken helfen oder den Umgang mit Krankheiten erleichtern (wie das bereits erwähnte Spiel „Re-Mission" (Hope Lab 2006)),

- Themen aus dem militärischen Bereich, die insbesondere in den USA eine große Rolle spielen, wo Themen von Logistik über Nachwuchsakquise (America's Army (U.S. Army 2002)) bis zu Taktiken im urbanen Kriegsgebiet (Full Spectrum Warrior (Pandemic Studios 2004)) reichen,

- und schließlich Marketing als Themenbereich, der bspw. Markenbewusstsein und Produktwerbung adressiert.

Alternative Einteilungen sind sicherlich denkbar. Die Unterteilung nach Ratan und Ritterfeld (2009) erscheint jedoch nachvollziehbar und praktikabel, weshalb sie in die Lernspielsystematik dieser Arbeit einfließen soll. Die Trennung von beruflichen und militärischen Inhalten leuchtet meines Erachtens jedoch nicht vollends ein, da militärische Inhalte auch als Sonderfall beruflicher Themen angesehen werden können. Marketing als Themenbereich mag im industriellen und marktwirtschaftlichen Bereich durchaus geläufig sein, jedoch stellen Markenbewusstsein und Produktwerbung keine pädagogischen Themenbereiche dar. Im Gegenteil: Ein Gegenstand von Erziehung und Bildung wäre eher die Mündigkeit und Emanzipation gegenüber Marketing, was jedoch eher in den Themenbereich „soziale und politische Inhalte" fällt. Die Merkmalsdimension der Lerninhalte von Ratan und Ritterfeld (ebd.) wird für die hier vertretene Systematisierung (pädagogischer) Lernspiele daher auf die Ausprägungen *schulische/universitäre Bildung, soziale/politische Themen, berufliche Bildungsthemen* und *gesundheitliche Bildung* komprimiert.

3.2.5 Fazit

Anteil an Spielmerkmalen, didaktischer Wirkungsmechanismus, Lernziel und Lerninhalt – das sind die vier Merkmalsdimensionen, anhand deren Ausprägungen sich Lernspiele meines Erachtens prägnant differenzieren lassen. In dieser Arbeit wurde sich bewusst dagegen entschieden, auch die Zielgruppe als Klassifikationsmerkmal in die Systematik aufzunehmen. Denn erstens ist die Zielgruppe keine genuine Eigenschaftskategorie von Lernspielen, sondern ein Kriterium, nach dem sich die Gestaltung von Lernspielen richtet (und das damit andere Eigenschaften beeinflusst). Zweitens tragen die inhaltliche Klassifikation und die Unterscheidung nach Spielgehalt bereits gewisse Züge einer Zielgruppenklassifikation in sich. Und drittens soll die Systematik ein ausgewogenes Verhältnis aus Kompaktheit und Aussagekraft bewahren. Die Aufnahme weiterer Merkmalsdimensionen würde diesem Anliegen nicht dienen.

	Spielanteil	Mechanismus	Lernziel	Themenge-biet
Hazmat: Hotzone	Serious Game	Training	kognitive Fähigkeiten	berufliche Bildung
Global Conflicts: Palestine	Educational Game	Information	kognitiv: Wissen	politische Bildung
Binary Game	Educational Game	Training	kognitive Fähigkeiten	akad., berufl. Themen
Re-Mission	Educational Game	Information, Hintertür	affektiv: Reaktion	gesundheitl. Bildung
Triple A Game Show	Educational Game	Rekonstrukti-on	akad., berufl. Themen	
Civilization III	Leisure Game	Information, Hintertür	kognitiv: Wissen	akademische Themen

Tabelle 3.1: Eine exemplarische Anwendung der Lernspielsystematik auf die ge-nannten Praxisbeispiele

Abschließend sollen die oben genannten Lernsoftwarebeispiele exem-plarisch in die Systematik eingeordnet werden, um ihre Anwendung zu veranschaulichen. Tabelle 3.1 zeigt das Ergebnis dieser Zusammenstel-lung. Natürlich ist bei den angegebenen Ausprägungen zu beachten, dass es sich dabei um die *primären* Themen, Ziele und Mechanismen handelt – selten dürfte man Lernspiele finden, die die Merkmalsausprägungen in Reinform aufweisen. Doch lässt sich meines Erachtens bereits mit den primären Ausprägungen der Merkmale ein anschauliches Profil der jeweiligen Spiele abbilden.

3.3 Game-based Learning – pro und kontra

3.3.1 Ein alter Diskurs

Die Instrumentalisierung des Spielens und der Spiele im Dienst päd-agogischer Vorhaben wurde bereits diskutiert, als es noch gar keine Computerspiele gab. In der Ideengeschichte der Theorien des Spiels (vgl. Scheuerl 1978) war das Thema besonders präsent zur Zeit der Aufklärung. Damals wurden das Spielen und die Spiele vorrangig hinsichtlich zu er-bringender „Rechtfertigungen für das Nutzlose"[16] betrachtet, und dies in

---

[16]Mit dieser Bezeichnung betitelte Scheuerl (1991, S. 16) den von ihm zitierten Textausschnitt aus Lockes Erziehungslehre „Some thoughts concerning education" und bringt damit meines

doppelter Hinsicht: Es galt erstens, das als „nutzlos" empfundene Spielen über eine noch näher zu bestimmende Funktion in der Entwicklung von Kindern zu erklären. Und zweitens sollten Wege gefunden werden, das Spielen in den Dienst der Pädagogik zu stellen und ihm so einen Zweck und Nutzen für die Erziehung und Bildung zuzuweisen. Ganz im Sinne des Vernunftgedankens der Aufklärung sollte das Spielen also über seine biologische Funktion und seinen didaktischen Nutzen rationalisiert werden (vgl. ebd.). Freilich beschränkt sich das Paradigma der Nutzbarmachung des Spielens nicht auf die Aufklärung. Vielmehr taucht dieser Gedanke immer wieder in der Geschichte auf und erlebt heute mit digitalen Lernspielen eine Renaissance.[17] Die Grundideen für das Nutzbarmachen des Spielens sind dabei in den meisten Fällen gleich: Über spielorientierte Ansätze pädagogischer Interventionen soll sich das Vergnügen des Spielens motivierend auf die erziehenden und bildenden Aufgaben übertragen. Außerdem sehen viele Autoren einen entwicklungspsychologisch oder lerntheoretisch begründbaren Wert des Spiels (sei es als Tätigkeit, Play, oder als Konstrukt, Game).

Eine der frühesten Ausführungen zur Nutzung des Spielens im Dienste der Pädagogik stammt von John Locke:

> Ich habe gesehen, wie kleine Mädchen ganze Stunden lang miteinander übten und sich vielen Mühen unterzogen, um sich im Tippsteinspiel, wie sie es nennen, zu vervollkommnen. Während ich das sah, dachte ich, es bedürfe nur einer guten Erfindung, um sie zu veranlassen, dass sie all diesen Eifer auf etwas verwenden, das ihnen nützlicher wäre. (Locke, zitiert nach Scheuerl 1991, S. 19)

Das ist die motivationsbezogene Grundidee hinter dem spielbasierten Lernen: Um die Kinder zu dem zu motivieren, was man für sie als nützlich erachtet, muss man es „zur Erholung und nicht zum Geschäft für sie machen" (Locke, zitiert nach ebd., S. 17). Das Spiel ist hierbei das Mittel der Wahl. Denkt man diese Idee weiter, wird klar, dass eine solche Maßnahme erfordert, dass die Kinder nicht merken, dass sie mit dem Spielen zum Lernen „überlistet" werden sollen. Ebenfalls interessant ist, dass Locke hiermit implizit einen Gegensatz von Spiel und Arbeit auf motivationaler Ebene voraussetzt: Spiel macht Spaß, Arbeit nicht – obwohl *beides* große Mühen erfordert. Offenbar ist also nicht die „objektive" Anstrengung, sondern der subjektiv damit assoziierte Handlungssinn

---

Erachtens die Haltung der Aufklärung gegenüber dem Spielen auf den Punkt.

[17] Dennoch ist er insofern typisch für die Aufklärung, als sie sich wie keine andere Epoche auf diesen Aspekt fixiert hat, während sich Klassik und Romantik auf andere Facetten konzentrierten und sich die Theorien des Spiels im weiteren Verlauf der Geschichte in zeitlich parallele, thematisch verstreute Einzelstränge aufteilten.

für Locke ausschlaggebend. Auch Rousseau zeigt sich beeindruckt vom Motivationspotenzial des Spielens für die Kinder:

> In allen Spielen, von denen sie überzeugt sind, daß sie nichts als Spiele sind, ertragen sie ohne Klagen und sogar lachend, was sie nirgendwo sonst, ohne Strömen von Tränen zu vergießen, ertragen würden. (Rousseau, zitiert nach Scheuerl 1991, S. 22)

Bedauernd stellt er jedoch fest, dass nur wenige Lehrer in der Lage seien, dieses Motivationspotenzial zu nutzen. Auch Trapp (in ebd.) findet, dass Kinder beim Spielen keinerlei Anzeichen von Faulheit oder Müdigkeit zeigen, obwohl sie ja doch immer das Gleiche tun und es ihnen daher doch eigentlich zu eintönig sein müsste. Selbst Regeln und Ordnung finden ihren Platz im Spiel. Trapp empfiehlt daher, zumindest jüngere Kinder zu überlisten, indem der Unterricht als Spiel verkleidet wird.

Guts Muths (in ebd.) wähnt im bewussten Einbau des Spielens die Möglichkeit, die Beziehung zwischen Kindern und Erziehern zu pflegen:

> Um die Herzen der Kinder zu gewinnen, spiele man mit ihnen; der immer erste, ermahnende Ton kann wohl Hochachtung und Ehrfurcht erwecken, aber nicht so leicht das Herz für natürliche unbefangene Freundschaft und Offenherzigkeit aufschließen ... Durch Spiele nähert sich der Erzieher der Jugend. (Guths Muths, zitiert nach Scheuerl 1991, S. 27)

Nach der Aufklärung wandten sich die Theorien des Spiels anderen Schwerpunkten zu, wobei der Gedanke zur pädagogischen Instrumentalisierung des Spielens nie ganz verstummte. Lauter wurde er wieder in den 70er-Jahren, inspiriert durch Meads Ausführungen zur sozialen Nützlichkeit des Spielens. Das soziale Rollenspiel erlebte eine wahre Hochzeit. Mit ihm sollten soziale Kompetenzen von Kindern gefördert und Defizite ausgeglichen werden. Vielleicht jedoch, so lenkt Jürgen Fritz ein, sind die Pädagogen damals über ihr selbst gesetztes Ziel hinausgeschossen: „Jede Methode, jede Spielplanung, jedes einzelne Spiel wurde mit einem Lernzielkatalog versehen, als ob Spielprozesse immer aufs Neue ihre Nützlichkeit belegen müssten" (Fritz 2004, S. 96). Mit dem Auftreten der Videospiele und ihrer immer weiter wachsenden Popularität rückten diese dann in den Fokus der Pädagogik, und aus den früheren Überlegungen von Game-based Learning wurde das Digital Game-based Learning.

3.3.2 Gegenwärtige Diskussion

Die von den heutigen Befürwortern digitaler Lernspiele postulierten Vorzüge von Game-based Learning lassen sich auf drei Aspekte herunterbrechen: intrinsische Motivation durch Unterhaltung, didaktische Prinzipien des Gameplays und technische Vorzüge gegenüber analogen Spielen (vgl. dazu auch Ritterfeld, Cody und Vorderer 2009, S. 5; Herkersdorf 2010, S. 129; Sykes 2006). Eine besondere Bedeutung für die vorliegende Arbeit kommt der intrinsischen Motivation und den didaktischen Aspekten, also dem Motivations- und Informationspotenzial zu. Diese wurden bereits ausführlich in Kapitel 2 ausgeführt und werden hier daher nur kurz aufgegriffen.

Motivation

Papert (1998) stellt die Hauptargumentationslinie für Game-based Learning überspitzt folgendermaßen dar: „The kids like to play games, we want them to learn multiplication tables, so everyone will be happy if we make games that teach multiplication." Unterricht dagegen, so Papert, sei entsetzlich langweilig. Gegenüber herkömmlichen Lernmethoden sind Spiele, zumindest nach dieser Logik, die motivierenderen Ansätze. Spiele motivieren intrinsisch, von sich selbst heraus ohne äußere Ansätze. Eine solche intrinsische Motivation führt, so die Hoffnung, zu einer bewussten Selektion, höheren Akzeptanz, stärkeren Auseinandersetzung, längeren Verweildauer und häufigerem Gebrauch des Mediums (Ritterfeld, Cody und Vorderer 2009, S. 4; Klimmt 2009). Lernspiele, so könnte man es verkürzen, sollen über ihren unterhaltenden Charakter die Auseinandersetzung mit dem Lerninhalt intensivieren. Manche Autoren glauben, die erfolge ohne Anstrengung und beiläufig (Kerres und Bormann 2009).

Was das Computerspielen unterhaltsam macht, wurde in Abschnitt 2.2 erläutert. Es fällt auf, dass sich die aktuelle Diskussion fast ausschließlich auf die konstruktbezogenen Unterhaltungsmechanismen bezieht: Wettbewerb, Selbstwirksamkeitserleben, Herausforderung, Ästhetik, Interaktivität etc. Unterhaltungswirksame Eigenschaften des Spielens, zurückzuführen etwa auf Zwanglosigkeit, Freiheit und Selbstzweck, bleiben in der Diskussion zum Motivationspotenzial weitgehend außen vor. Warum ist das so? Spielen play-bezogene Faktoren empirisch keine Rolle (etwa weil sie von den Unterhaltungsmechanismen der Spielkonstrukte überstrahlt werden) oder sind sie in der Diskussion einfach übergangen worden? Eine Antwort wird aus der Literatur leider nicht ersichtlich. Sollten Eigenschaften der Handlungs- bzw. Rahmungsdimension des Spielens im Gesamtmotivationspotenzial von Lernspielen eine bedeutende Stellung einnehmen, sind die Ausführungen zur intrinsischen Motivation von Lernspielen mit Skepsis zu betrachten, da eine Instrumentalisierung des Spielens unabhängig von der Konstruktdimension des Lernspiels die Beschäftigung mit diesem womöglich zur weniger unterhaltsamen Arbeit macht und das Motivationspotenzial mindert. Diese bislang offene Frage wird in dieser Arbeit weiter verfolgt.

Didaktische Prinzipien

Videospiele machen durch ihr spezifisches Design von mehreren didaktischen Prinzipien Gebrauch, die sich positiv auf die beim Computerspielen ereignenden Lernprozesse auswirken – das wurde bereits auf S. 37 ff. behandelt. Dieser Umstand wird von den Verfechtern spielbasierten Lernens als Argument angeführt, dass Lernspiele besonders effektive Lernmedien sind. Weil das Computerspielen ein aktiver, konstruktiver, selbstgesteuerter, emotionaler und situierter Prozess ist, lernen die Spielenden besonders nachhaltig (Meier und Seufert 2003; Van Eck 2006). Nahezu alle Informationen, die die Spieler in Computerspielen aufnehmen, lassen sich zudem nutzbringend und unmittelbar für das Bewältigen des Spielzieles verwenden (Kirriemuir 2002). Aber auch Aspekte wie die direkte Rückmeldung über Erfolg oder Misserfolg des eigenen Handelns, stetiges Wiederholen und praktisches Einüben des Erlernten sowie ein langsam ansteigender Schwierigkeitsgrad sind in Computerspielen vorzufindende und lernförderliche Prinzipien (Gentile und Gentile 2008). Die Interaktivität der Spiele verleitet zum aktiven Experimentieren; der Lerner wird vom passiven Rezipienten zum aktiv Handelnden, exploriert die virtuelle Umgebung (Herkersdorf 2010, S. 129). Freilich, und das wird von den Lernspielverfechtern nicht explizit erwähnt, setzt dies voraus, dass der durch die lernförderlichen Prinzipien unterstützte Spielprozess auch eng mit den Lerninhalten verzahnt ist; das ist jedoch in vielen Lernspielen von eher mäßiger Qualität nicht der Fall. Sykes (2006, S. 4) mutmaßt über die mediendidaktischen Aspekte hinaus, dass Game-based-Learning-Konzepte einen strukturellen Wandel in herkömmlichen Unterrichssituationen bewirken können: Die Spiele übernehmen die Vermittlung der Informationen und das Feedback zu den Leistungen der Lernenden. Beides war vorher den Lehrern vorbehalten, die nun „die Hände frei haben" und einen Rollenwechsel vom Referenten und (oppositionellen) Prüfer zum Coach und Verbündeten vollziehen können.

Technischer Mehrwert

Die didaktischen und motivationalen Argumente für Lernspiele fußen auf jenen Annahmen, die in Kapitel 2 detailliert ausgeführt wurden. Mehrfach wird betont, dass sie durch die technischen Vorzüge der Computertechnologie noch verstärkt werden: Der exponentielle Leistungszuwachs von Haupt- und insbesondere Grafikprozessoren (Owens, Luebke, Govindaraju, Harris und Krüger 2007) etwa ermöglicht einen Detailgrad bei der Simulation auf normalen Heimcomputern, der vor wenigen Jahren noch Hochleistungsrechnern vorbehalten war. Realitätsnahe Physik, detaillierte Modelle, fotorealistische Grafik und zunehmend glaubwürdigere künstliche Intelligenz ermöglichen, komplexe Szenerien und Sachverhalte detailliert, authentisch und interaktiv abzubilden. So wird das Erleben reichhaltiger, authentischer und interaktiver Welten ermöglicht (Herkersdorf 2010, S. 129). Dies unterstützt das Eintauchen in die Umgebung („Immersion"), was nach Ansicht der Lernspielbefürworter einen Fortschritt gegenüber reiner Inhaltsbereitstellung wie beim klassischen E-Learning bedeutet. Nach Ritterfeld, Cody und Vorderer (2009, S. 6) allerdings wird von den Vertretern der Spieleindustrie zwar oft behauptet, dass Spieletechnologie nachhaltiges Lernen fördere, an entsprechenden, systematisch gewonnenen Forschungsbelegen mangele es jedoch. Die Autoren sind dennoch der Ansicht, dass Computerspieltechnik derart komplexe Inhalte bereithalten kann, dass die Gestaltung vielfältiger Lernanlässe möglich wird. Sykes (2006, S. 5–6) ist der Ansicht, dass sich die technischen Vorzüge von Lernspielen insbesondere auf affektive Aspekte, die für das menschliche Lernen und die zwischenmenschliche Interaktion von großer Wichtigkeit sind, auswirken: Computer könnten einerseits die beim Spieler vorherrschenden Affekte erfassen und auf diese reagieren und andererseits selbst solche Affekte hervorrufen, etwa über die Gestaltung der räumlichen Umgebung oder narrative Elemente.

Auch Klimmt (2006a, S. 79,100–101) geht auf die Vorzüge des elektronischen Mediums ein und verknüpft diese unmittelbar mit den von ihm postulierten Unterhaltungsmechanismen: So sind Computerspiele eher als analoge Spiele in der Lage, Selbstwirksamkeitserleben zu fördern, da sie schneller und effektvoller als andere Medien auf Eingaben der Spieler reagieren können und so die I-/O-Loops intensivieren. Der Mechanismus der simulierten Lebenserfahrungen wiederum wird gleich durch mehrere Eigenschaften digitaler Spiele unterstützt: Die *Interaktivität* virtueller Spielwelten lässt die Spieler ihre Eigenbeteiligung an der Umwelt besser erleben und die simulierten Ereignisse plastischer erscheinen. Das *Simulationspotenzial* der Spiele kann Handlungsrollen vollständiger imitieren als analoge Spiele. Klimmt nennt als Beispiel die Sportsimulation, die geringste Fehler besonders lebensecht darstellt und damit einen authentischen Eindruck der Brisanz und des Leistungsdrucks vermittelt. Das *audiovisuelle Leistungspotenzial* moderner Computerspiele schließlich ermöglicht hohe Realitätsgrade, die die simulierten Lebenserfahrungen noch authentischer wirken lassen.

Insgesamt erscheint es plausibel, dass die technische Dimension digitaler Spiele einen Mehrwert bietet und die postulierten didaktischen und motivationalen Vorzüge untermauert. Es gibt jedoch auch skeptische Stimmen sowohl gegenüber digitalen als auch analogen Lernspielen. Sie sollen in den folgenden Absätzen zur Sprache kommen.

3.3.3 Einwände gegen Game-based Learning

Defizite bei der Gestaltung der Spielkonstrukte

Ein prominentes – wenn nicht sogar das die Diskussion dominierende – Problem bei Game-based Learning betrifft die Gestaltung der Spielkonstrukte. Fritz (1993, S. 130) kritisiert, dass Lernspiele häufig rigide und unflexible Spielregeln haben: Immer existieren nur wenige als „richtig" definierte Spielweisen. Der Spieler kann daher nicht frei und selbstbestimmt spielen (im Sinne des Play), sondern muss den vorgegebenen Weg „nachspielen". Zwar werden die adressierten Lerninhalte damit ständig wiederholt und geübt, die spielerische Freiheit jedoch bleibt nach Fritz auf der Strecke:

> Mit dieser Verzweckung des Spiels droht das Moment verlorenzugehen, um deretwillen Kinder überhaupt spielen: die Freiheit bei der Gestaltung ihrer eigenen Wirklichkeit zu nutzen und fortzuentwickeln, sich in dieser Wirklichkeit mit ihren Wünschen, Gefühlen und Handlungsabsichten zu erleben. (Fritz 1993, S. 130)

Bezüglich der Handlungs- und Rahmungsdimension leuchtet Fritz' Skepsis ein (ich werde im nächsten Abschnitt detailliert auf diesen Aspekt eingehen), hinsichtlich der Konstruktdimension jedoch könnte die Kritik differenzierter ausfallen. Einerseits ist ein linearer Spielverlauf doch geradezu typisch für die meisten Computerspiele: Computerspiele haben feste Ziele und verbindliche Regeln – auch sie beschränken also die Gestaltungsspielräume der Spieler. Allerdings gibt es zwei Ausnahmen: Videospiele lassen erstens innerhalb des ansonsten stark reglementierten Rahmens einen definierten Bereich zum freien Ausspielen der Kräfte frei. Zweitens ist der Ausgang eines Spiels nicht vorbestimmt, sondern wird anhand des freien Kräftespiels entschieden. Auch Lernspiele können diese Eigenschaften haben, sofern sie kein minderwertiges Gamedesign aufweisen.

Auch andere Autoren kritisieren die Designmängel in Lernspielen. Papert (1998) etwa konstatiert: „Shavian reversals – offspring that keep the bad features of each parent and lose the good ones – are visible in most software products that claim to come from a mating of education and entertainment" (ebd.). Der Begriff „shavian reversal" bezieht sich auf eine Anekdote von ungeklärtem Wahrheitsgehalt, die man sich über den irischen Dramatiker George Bernard Shaw erzählt. Diesem habe eine attraktive Dame vorgeschwärmt, welch bemerkenswerte Kinder eine Liaison zwischen ihnen beiden hervorbringen würde: „With your brains and my looks ..." Shaw habe darauf jedoch geantwortet: „Gut und schön – aber was, wenn die Ärmsten *mein* Aussehen und *Ihren* Intellekt erben?" Offensichtlich von der insultierenden Schlagfertigkeit Shaws beeindruckt, benannte Papert seine Kritik an Edutainmentprodukten nach dieser Anekdote. Lernspiele, so Papert, sind shavian reversals: Sie sind nicht nur schlechte Lernmedien, sondern auch schlechte Spiele. Denn die Integration der didaktischen Aufgaben erfolgt meist fantasielos: „[...] the actions are schoolish exercises such as those little addition or multiplication sums that schools are so fond of boring kids with" (ebd.). Auch Royle (2008) bemängelt diese in digitalen Lernspielen anzutreffende „Verschulung". Problematisch ist vor allem die Verbindung zwischen Spiel und Lerninhalt: Diese, kritisiert auch Fabricatore (2000), ist meistens mangelhaft umgesetzt. So weisen Lerninhalt und Spiel in vielen Lernspielen keinen Bezug zueinander auf, sondern existieren verbindungslos parallel zueinander. Dies schränkt sowohl die motivationalen als auch die didaktischen Möglichkeiten der Lernspiele ein. Brenda Laurel vom Center College of Design konstatierte auf der „Electronic Entertainment Expo" in Los Angeles kurzerhand: „Educational games suck!" (zitiert nach Stiftung Partner für Schule NRW 2002). Eine Vertreterin der Lernsoftwarebranche berichtete unterdessen, dass einerseits Schulen ungern Lernspiele anschaffen, da sie diese nicht ernst nehmen, und Lernspiele andererseits allein durch die Aufschrift „Education" im freien Handel eine marktwirtschaftliche Bruchlandung erleiden (ebd.) (eine Überlegung, der sich die empirische Untersuchung in Kapitel 5 annehmen wird). Die Klientel von Lernspielen ist nicht stets vorurteilsfrei. Einzelbeispiele finden sich immer wieder und passen nur zu gut ins Bild der ob ihrer Gestaltung ungeliebten Lernspiele: Sei es die zynische Reaktion auf die Kategorie „bestes Serious Game" beim deutschen Computerspielpreis („Gute Serious Games? Yeah, right." (Green Ninja 2010)) oder die Erwartung, die die bloße Ankündigung des Lernspiels zur politischen Bildung „Genius – Im Zentrum der Macht" (Cornelsen 2008) weckt:

> Bei so einem Titel bekomme ich gleich das Gruseln. Das hört sich
> wiedermal (sic!) nach pädagogischer Holzhammermethode an und ich
> sehe schon die armen Kinder mit schlecht gezeichneten Figuren durch
> virtuelle Bundestagsräume stapfen und Gesetzestexte einsammeln.
> (zitiert nach Lange 2007)

Womöglich verdirbt die mangelnde Verknüpfung von Lerninhalt und
Spielstruktur nicht nur den Spielspaß, sondern verhindert auch, dass sich
die *lernförderlichen Prinzipien* des Gameplays positiv auf die Lerninhalte
auswirken (Fabricatore 2000). Wagner (zitiert nach Klopp 2010) etwa
glaubt, dass man in Lernspielen nur das Spielen des Spiels lernt, nicht
aber den Lerninhalt. Bei einem Lernspiel beispielsweise, in dem die Spieler per U-Boot Meerestiere beobachten, lernen sie nur das, was für das
Spielen wichtig sei: die Steuerung des U-Boots. Der Lerninhalt gerate
ins Hintertreffen. Wagners Ausführung erinnert an die zuvor aufgeführte
Überlegung, dass das Spielen in erster Linie jene formalen Fähigkeiten
und Fertigkeiten einübt, die es dem Spieler im Rahmen der Spielhandlungen abverlangt. Wird die Aneignung der ins Spiel integrierten Informationen nicht zu einem Element des Gameplays gemacht, erscheint
es plausibel, dass auch keine inhaltsbezogenen Lernprozesse zu erwarten sind. Allerdings sollten sich Lernspiele didaktisch aufwerten lassen,
indem Lerninhalt und Spielstruktur eng und sinnvoll miteinander verzahnt werden: Dann nämlich wird die Informationsaneignung gefordert
und gefördert, die Interaktion mit dem Spiel zur Interaktion mit dem
Lerninhalt. Dies wird von Wagner nicht bedacht. Es gilt also Wege zu
finden, die Lerninhalte auf natürliche Weise in die virtuelle Spielwelt
zu integrieren und ihnen eine Relevanz für das Gameplay zu geben, die
Aneignung der Lerninhalte zu einem Prozess des situierten Lernens werden zu lassen. Vermutlich gestaltet sich dies bei manchen Themen und
Lernzielen einfacher als bei anderen. Gerade formale, kognitive oder
psychomotorische Lernziele, die ohnehin typischen Herausforderungen in
Videospielen entsprechen, sollten hier wenige Probleme bereiten. Inhaltsbezogene Lernziele könnten sich dagegen als problematischer erweisen.[18]
Die Ausführungen zum Lernspieldesign sollen mit einem Positiv- und einem Negativbeispiel veranschaulicht werden.

Ein Lernspiel, das durch seine besonders gelungene Gestaltung (hinsichtlich der Verknüpfung von Spielstruktur und Lerninhalt) zu überzeugen vermag, ist das im vorliegenden Buch bereits auf S. 95 ff. beschriebene „Binary Game" (Cisco Systems o. J.). Das Spiel richtet sich an

---

[18]Ein Ansatz, inhaltsbezogene Lernziele möglichst bruchlos in Spielstrukturen einzubetten, wird
in Wechselberger (2009) und Wechselberger (2010) beschrieben.

Netzwerktechniker und -administratoren in der Grundausbildung. Diese müssen in ihrer beruflichen Praxis routiniert zwischen binärem und dezimalem Zahlensystem umrechnen können. Ziele des Lernspiels sind die Entwicklung und das Einüben kognitiver Strategien, mittels derer diese Umrechnung erfolgt. Das Spiel präsentiert dem Spieler zwei Spalten, die eine Gleichung darstellen: Die Zahlen auf der linken Seite sind im binären System notiert, die auf der rechten im dezimalen. Allerdings gehen die Gleichungen nicht auf. Die Aufgabe des Spielers ist es, die Gleichungen korrekt aufzulösen. Es fallen immer weitere Zeilen auf die bereits vorhandenen herunter. Löst der Spieler die Gleichungen nicht schnell genug auf, stapeln sich die Zeilen immer höher. Erreichen sie den oberen Bildschirmrand, ist das Spiel zu Ende. Das „Binary Game" verbindet Lernziel und Gameplay besonders geschickt: Es verlangt dem Spieler genau das ab, was er lernen soll, nämlich das routinierte Umrechnen zwischen binärem und dezimalem Zahlensystem. Das Hauptziel des Spiels ist das Training formaler kognitiver Fähigkeiten, aber zur Unterstützung kompetenten Handelns existieren einige lehrende Elemente (vgl. das Klassifikationssystem in Abschnitt 3.2): So informieren am oberen und unteren Rand der Dezimalspalte angegebene Zahlen über die Werte der binären Stellen im dezimalen System. Das Spiel ist ästhetisch ansprechend gestaltet. Direktes Feedback über den Erfolg (Auflösen der Zeilen) und ein allmählich steigender Schwierigkeitsgrad erhalten die Motivation des Spielers aufrecht und unterstützen den Lernprozess. Das motivationale und didaktische Potenzial von Computerspielen wird hier gut genutzt.

Anders dagegen stellt sich das Spiel „Was steckt dahinter 3" (Bundesamt für Verfassungsschutz o. J.) dar. Unter der Rubrik „Jugend@BfV" möchte das Bundesamt für Verfassungsschutz junge Menschen zielgruppengerecht ansprechen, das Interesse für die eigene Thematik wecken und Informationen dazu vermitteln. Das Spiel „Was steckt dahinter 3" dient somit der Bereithaltung von Informationen, fungiert aber auch als „Hintertür", da es die Adressaten ausdrücklich ermuntert, sich bei Fragen zum Verfassungsschutz an das zuständige Bundesamt zu wenden. Im Spiel übernimmt der Spieler die Aufgabe, ein geheimes Dokument durch den städtischen Untergrund von einem Ort zum anderen zu bringen. Dabei läuft er durch zweidimensionale Labyrinthe, weicht Gegnern und Hindernissen aus und findet Schlüssel, mit denen sich verschlossene Ausgangstüren öffnen lassen. So weit entspricht das Spielprinzip einem klassischen zweidimensionalen Jump-and-Run-Spiel. Der Spieler hat für seine Aufgaben nur ein gewisses Zeitpensum zur Verfügung, welches er auffüllen kann, indem er Quizfragen zum Verfassungsschutz beantwortet. Für korrekte Antworten wird der Spieler mit Bonuszeit belohnt, bei falschen Antworten erhält er nur unstrukturierte Informationstexte zur richtigen Antwort. Eine Verknüpfung aus Lerninhalt und Spielstruktur erfolgt, wenn überhaupt, lediglich über den Umstand, dass das Wissen über den Verfassungsschutz die verfügbare Spielzeit erhöht. Damit ist der Lerninhalt nur oberflächlich in das Gameplay eingebunden und deckt sich nicht mit der Intention, Inhalte zum Verfassungsschutz zu *vermitteln*, zumal sich das Spiel auch ohne Kenntnis der Lerninhalte absolvieren lässt. Die Lerninhalte sind somit nicht besonders hilfreich bei der Bewältigung der Spielaufgaben. Dementsprechend können sich vermutlich auch die lernförderlichen Prinzipien des Spieles nicht auf die Lerninhalte übertragen. Zudem kann das Spiel nicht mit dem übrigen Gamedesign überzeugen. Die Grafik ist wenig ansprechend, es entsteht keine Spannung, die unpräzise Steuerung erschwert die Kontrolle über die Spielfigur. Das Vorhaben, die Zielgruppe mit „ihrem" Medium für die eigenen Themen zu interessieren und zu motivieren, dürfte angesichts des Fehlens nahezu aller unterhaltungswirksamer Mechanismen scheitern. „Was steckt dahinter 3" ist damit das, was Papert als „Shavian Reversal" bezeichnet hat (vgl. S. 109 in diesem Buch). Es weist eine eher bescheidene didaktische Qualität und ein wenig ansprechendes Gamedesign auf, zudem sind Inhalte/Lernziele und Gameplay nicht ausreichend miteinander verzahnt.

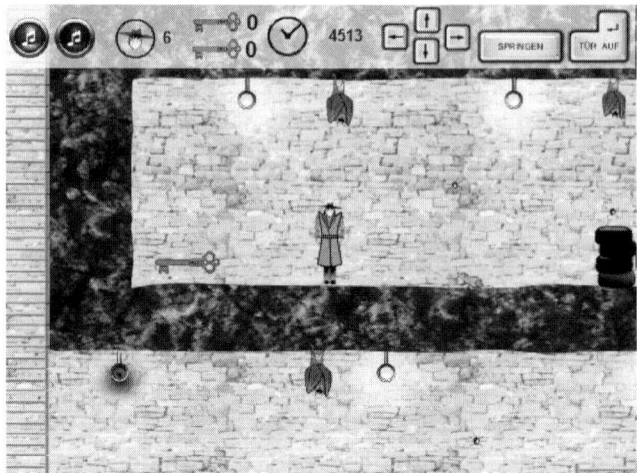

Abbildung 3.3: Das Spiel „Was steckt dahinter 3" (Bundesamt für Verfassungsschutz o. J.)

Als Fazit ist festzuhalten: Viele der Designprobleme sind lösbar. Mit entsprechendem Aufwand und zunehmender Erfahrung sollten sich unterhaltsame Spiele entwickeln lassen, die das Gameplay konsequent mit dem Lerninhalt verknüpfen. Dabei stellen sich mehrere Herausforderungen. Zum einen müssen die Lerninhalte in einem ausgewogenen Verhältnis zum Spielanteil stehen. Selbst bei gutem Lernspieldesign besteht die Gefahr, dass die Spiele unter dem zusätzlichen Inhalt „aufquellen". Diesem Umstand ist nicht unbegrenzt mit einer Reduktion der Bildungsinhalte zu begegnen, da sie sonst zu wenig Bestand haben, um ihr Anliegen angemessen transportieren und bspw. im Unterricht eingesetzt werden zu können. Beschäftigungsdauer mit dem Lernspiel und Lerneffekt stünden dann in einem ungünstigen Verhältnis (vgl. Klimmt 2010a). Zum anderen haben Lernspiele weniger Freiheiten als reine Leisure Games. Letztere können sich einen deutlich geringeren Authentizitätsanspruch leisten, während Erstere den Lerninhalt wirklichkeitsgetreu gemäß ihrem Bildungsauftrag nachbilden müssen. Das reduziert vielleicht die Spielbarkeit und die Möglichkeit, exotische, simulierte Lebenserfahrungen zu machen. Ebenfalls können sich Lernspiele mit Bildungsanspruch zumindest in der aktuellen Situation in Deutschland deutlich weniger politische und moralische Freiheiten erlauben als reine Videospiele. Auftraggeber von Lernspielen bestimmen üblicherweise die Inhalte ihrer Spiele, und es ist vorstellbar, dass den umsetzenden Entwicklerfirmen weniger Freiheiten eingeräumt werden, als diese in eigenverantwortlich erfolgenden Produktionen haben. Zudem ist es schwer vorstellbar, dass ein Lernspiel mit fragwürdigen Inhalten wie virtueller Gewalt oder politisch inkorrekten Inhalten, und sei es in seinem übrigen didaktischen und gameplay-bezogenen Design auch noch so brilliant, auf breite politische und gesellschaftliche Akzeptanz stößt. Deutlich wird dies beispielsweise bei der Verleihung des deutschen Computerspielpreises, dem von der Spielergemeinschaft und computerspielaffinen Journalisten vorgeworfen wird, ein durch politische Ideologie verzerrtes Bild dessen, was ein Computerspiel auszeichnungswürdig macht, zu pflegen (vgl. Blank 2010; Lindemann 2010).

Auch Videospiele sind also durchaus linear und beschränken die Freiheiten der Spieler. Sie haben aber deutlich mehr inhaltliche Freiheiten als Lernspiele und weisen oftmals (auch aufgrund ihres deutlich höheren Budgets) auch das wertigere Gamedesign auf. Die gestaltungsbezogenen Defizite bei Lernspielen beruhen aber lediglich auf Umsetzungsproblemen: Gutes Gamedesign und dessen Verknüpfung mit den Lerninhalten zu motivierenden und didaktisch wirksamen Lernspielkonstrukten sind prinzipiell möglich und leiden höchstens unter politisch und curricular bedingten Reibungsverlusten, unterliegen jedoch keinen strukturellen Problemen. Das sieht – zumindest hypothetisch – bei der Handlungs- und Rahmungsdimension von Game-based Learning meines Erachtens sowohl bezüglich des Motivations- wie auch des Lernpotenzials anders aus. Hier gibt es womöglich einen strukturellen, unauflösbaren Widerspruch zwischen pädagogischer Intention und den Merkmalen des Spielens. In den folgenden Abschnitten wird dies näher beleuchtet.

Spielverderb

Locke (in Scheuerl 1991) spricht sich zwar für das Spiel als Motivationshilfe im Unterricht aus, gleichzeitig jedoch ist er der Meinung, dass man den Kindern damit die Freude an ihrem freien Spiel verderben könne (und solle!), um ihre Aufmerksamkeit auf „nützlichere" Dinge zu lenken. Alles, was man zu tun habe, um ihnen ihr Spiel zu verleiden, sei, es ihnen zur Pflicht zu machen. Was dem Erzieher blühen könnte, wenn die Kinder hinter diese Scharade kommen und die pädagogisch ersinnten Aufgaben als Arbeit entlarven, das Spielen dadurch wieder als etwas Verbotenes entdecken – darüber schweigt Locke sich aus. Ernst Christian Trapp dagegen befürchtet diesbezüglich das Schlimmste: „Wenn sie – besonders die, welche dem Lernen ganz abgeneigt sind – merken, daß ihr auf das Lernen ausgeht: so mögen sie auch nicht mit euch spielen; und alle eure Mühe und Kunst ist verloren" (Trapp, zitiert in ebd., S. 25). Trapp legt daher den Pädagogen ans Herz, ihre didaktischen Absichten unbedingt vor den Kindern zu verbergen. Rousseau weist ebenfalls darauf hin, dass das Spielen seinen Charakter behalten müsse. Im Gegensatz zu Trapp, der die Kinder nur scheinbar spielen lassen will, scheint Rousseau hingegen das Wesen des Spielens (hier in Form der Zwanglosigkeit) möglichst beibehalten zu wollen: „Übrigens muß man immer bedenken, daß dies alles nichts anderes ist und sein soll als Spiel [...], ohne daß jemals der mindeste Zwang sie in Arbeit verkehre" (Rousseau, zitiert in ebd., S. 23).

Schleiermacher sieht das Spielen als ein befriedigendes, nicht auf die Zukunft gerichtetes Tun (entgegen der Übung, die sich auf ein in der Zukunft liegenes Ziel richtet). Mit anderen Worten: Das Spiel ist im Gegensatz zur Übung immer Selbstzweck. Die Schule sei, zumindest für ältere Kinder, Arbeit und Übung, das Spielen dagegen gehöre zur Freizeit. Schleiermacher verweist auf den Eigenwert des Spielens und fragt: „Darf man überhaupt zugestehen, daß ein Lebensaugenblick als bloßes Mittel für einen anderen diesem anderen könne aufgeopfert werden?" (Schleiermacher, zitiert in ebd., S. 43). Auch Bühler spricht sich gegen das Opfern des Spielmoments für die Zukunft aus: „Die Natur opfert nicht wie ein schlechter Schulmeister die Gegenwart der Zukunft" (Bühler, zitiert in ebd., S. 96). Das Spielen und das aus diesem hervorgehende Vergnügen ergäben sich ausschließlich aus seinem intrinsisch motivierten Gegenwartsbezug.

Hans Mogel merkt zur Nutzbarmachung des Spielens an, dass der, der das Spielen für pädagogische Zwecke instrumentalisieren will, den intrinsisch motivierten Charakter des Spielens verkennt. Man begeht damit den Fehler

> zu übersehen, dass das Spielen zumeist als eine eigene kindliche Verhaltensform funktioniert, die ihren Erlebens- und Verhaltenswert in sich selbst trägt [...] und besonders dadurch gekennzeichnet ist, frei von äußeren Zwecken zu sein. (Mogel, zitiert in Fritz 2004, S. 95)

Das Spiel erlangt hier seine Unterhaltsamkeit und motivierende Wirkung durch seine Freiheit von äußerem Zwang und Nutzen. Im Umkehrschluss sollte erzwungenes Spielen dann auch keine unterhaltende und motivierende Wirkung haben. Und genauso sieht es dann auch Caillois: Das Spielen ist für ihn eine Handlung frei von äußerem Druck. In dem Moment, in dem sich Zwang einstellt, verliert das Spielen seine Unterhaltsamkeit (Caillois 1982, S. 16).

Heute, in der Zeit digitaler Lernspiele, wird dem potenziellen Verlust spielerischer Merkmale durch die pädagogische Instrumentalisierung erstaunlich wenig Beachtung geschenkt. Ohler und Niedling (zitiert in Kerres und Bormann 2009) konstatieren, dass es sowohl dem Spielen als auch den Lernprozessen wenig zuträglich sei, das Spielen zur Wissensvermittlung zu zweckentfremden. Wagner führt dazu aus:

> Ich bin [...] davon überzeugt, dass man auch bei Computerspielen strikt von einer Freiwilligkeit des Spielens ausgehen muss. Wird ein Computerspiel nicht freiwillig gespielt, ist es meiner Meinung nach kein Spiel mehr. [...] Im Game Based Learning ist die Freiwilligkeit des Spiels bis jetzt kaum vorausgesetzt worden. [...] Wenn eine LehrerIn ein Spiel in den Unterricht einbaut, ist es nahezu automatisch nicht mehr als freiwillige Aktivität zu betrachten und daher auch kein Spiel mehr. (Wagner 2006)

Die aus den Ausführungen hervorgehende Skepsis passt zu den Schilderungen aus den Kapiteln 1 und 2. Spielende haben Vergnügen bei ihrem Handeln, weil sie es aus freien Stücken tun, weil sie keine äußere Absicht verfolgen, keinem externen Zwang und funktionalem Druck unterworfen sind. Die Instrumentalisierung des Spielens zu pädagogischen Zwecken macht möglicherweise genau diese Merkmale zunichte und verdirbt dadurch vielleicht den Spaß. Durch die Verkehrung des Spielens in Arbeit könnte verhindert werden, dass es die erholende Wirkung, die es nur durch seine Wesensmerkmale erhält, nicht entfalten kann. Damit verlöre die ursprünglich als Spiel erwartete Handlung nicht nur ihr Potenzial, die physischen und psychischen Ressourcen der Akteure aufzuladen, sie strapazierte diese durch seinen Arbeitscharakter sogar noch weiter – Game-based Learning wäre damit nicht nur nicht erholend, sondern sogar belastend. Freilich ist hier angesichts des Umstands, dass die Zuschreibung einer Tätigkeit als Spielen oder Ernst immer nur anhand der Perspektive des Akteurs erfolgen darf, der subjektive Handlungssinn des Akteurs ausschlaggebend: Erst in dem Augenblick, in dem die Spielenden das Gefühl haben, dass ihr Handeln einem Zweck außerhalb des Spielens selbst dient, Folgen und Bezug zum Alltag aufweist, verlieren sie womöglich das Vergnügen, welches die Pädagogik zum Erreichen dieses Zweckes nutzen möchte. Daher riet Trapp bereits vor über 200 Jahren: „Soll euch die Absicht eures Spielens nicht mißlingen, so verbergt sie vor den Kindern" (Trapp, zitiert in Scheuerl 1991, S. 25).

Damit stellen sich für die vorliegende Arbeit die Fragen: Wirken Lernspiele als „befohlenes Spiel", und verlieren sie dadurch ihr play-bezogenes Motivationspotenzial? Und wenn ja: Können die game-bezogenen motivationsfördernden Aspekte digitaler Spiele diesen Verlust ausgleichen? Diese Fragen sind in der Forschung bislang nicht hinreichend geklärt.

Informationsverwandlung durch Eskalation und Assimilation

Caillois widmet sich zudem der „Korruption der Spiele" und beschreibt die Folgen, die eine Vermischung von Spiel und Realität nach sich ziehen kann (Caillois 1982, S. 52–65). Demnach manifestiert sich in den in Abschnitt 1.2.2 beschriebenen, formalen Merkmalen des Spielens die Abgrenzung des gewöhnlichen Lebens zum Spiel. Werden die Grenzen zwischen beiden Welten aufgeweicht, kommt es nach Caillois zu einem Ausufern der dem Spiel zugrunde liegenden, psychologischen Triebe (die sich in den Spieltypen Agon, Alea, Mimicry und Illinx manifestieren, vgl. Abschnitt 2.2.6), die nun nicht mehr durch die schützenden und isolierenden Spielgrenzen und -konventionen im Zaum gehalten werden können. Fairer Wettstreit wird zu brutaler Konkurrenz, Glücksspiel zu Aberglauben, Verwandlung zu Entfremdung und Rausch zu Sucht. Das Spiel ist für Caillois also kein fragiles Phänomen, das durch die harte Wirklichkeit zerstört zu werden droht. Vielmehr stellt es einen durch soziale Kovention vom Alltag entkoppelten, zur Nicht-Realität erklärten Raum dar, in dem die Mitglieder einer Gemeinschaft ihre Grundtriebe ausleben können, ohne dass sich dies negativ auf das Gesellschaftssystem auswirkt. Die Korruption des Spiels, die Auflösung von Spielgrenzen und die damit einhergehende Vermischung von Spiel und Realität ist daher weniger eine Bedrohung für das Spiel, sondern vielmehr für den sozialen Alltag, in dem die nicht mehr durch Spielgrenzen gebändigten Triebe nun zu eskalieren drohen. Wie eine solche Eskalation im Unterricht aussehen kann, schildert Fritz anhand eigener Erfahrungen als Lehrer:

> Als Lehrer einer 5. Klasse war es mir aufgegeben, meinen Schülern die Funktionsweise von Sieltoren bei Deichen beizubringen. Zur Erinnerung: Sieltore sind Öffnungen im Deich, die sich bei Flut durch das anbrandende Wasser schließen und sich bei Ebbe durch das abfließende Wasser hinter dem Deich öffnen. [...] Ich ließ die Kinder also Sieltore spielen. Ein Teil der Kinder wurde „Deich", ein anderer wurde zu den „Sieltoren". Fest eingehakt bildeten wieder andere die „Flut", die langsam auf die Sieltore zumarschierte. Schließlich fand sich auch noch das „abfließende Wasser". Jetzt wurde geprobt, bis alles zur Zufriedenheit der Schüler klappte. Danach Rollentausch und erneutes Proben. Alle Schüler wollten mindestens einmal mitspielen. Es brachte ihnen offensichtlich viel Spaß: Immer wieder kamen neue Einfälle hinzu. Die Stunde war „gelaufen", und ich stand alleine mit dem Katalog meiner Lernziele. (Fritz 1993, S. 131)

Fritz führt noch einige weitere Beispiele aus der Praxis an, und es zeigt sich immer das gleiche Bild: Das vom Lehrer inszenierte Spiel weitet sich auf den Unterricht aus und „überwältigt" diesen entgegen dem ursprünglichen Sinn des Lehrers. In diesem Beispiel tritt das ureigene Wesen des Spielens, die Assimilation, zutage: die Verwandlung von Wirklichkeit in eine Scheinwelt, das Handeln allein zum Vergnügen und das Ausblenden von Handlungszielen und -folgen. Die vom Lehrer angedachten Lerninhalte und -ziele verschwinden mit dem Übertreten des Magic Circles seitens der Schüler augenblicklich aus deren Sichtfeld. Die Schüler spielten ihr eigenes Spiel, nicht das des Lehrers. Die Theorien des Spiels betrachten das Spielen als eine bedeutungsverwandelnde Handlung. Beim Spielen wird die äußere Umwelt an die innere Struktur des Individuums assimiliert und damit kontrollierbar gemacht. Im Gegensatz zu Lernprozessen, die informations*verarbeitende* Vorgänge sind, stellt das Spielen durch seinen assimilierenden Charakter eher eine Form der Informations*verwandlung* dar (ebd., S. 129). Dass das Spielen kein Widerspruch zum Lernen sein muss, steht außer Frage. Das Spielen und institutionalisierte Lehre bilden dagegen vor dem Hintergrund der gerade genannten Überlegungen durchaus einen potenziellen Widerspruch.

Diese auf die Handlungs- und Rahmungsdimension des Spielens bezogenen Ausführungen sind anschlussfähig an den Erklärungsansatz zu den dürftigen und diffusen Forschungsbefunden auf S. 52 ff. in dieser Arbeit: Erstens gibt es keinen Grund, warum die „Eskalation" während des Spielens, die Abkehr der Schüler von den Intentionen des Lehrers hin zu ihren eigenen Vorstellungen, nicht auch bei Lernspielen erfolgen könnte. Auch hier kann dem Lehrer die Situation entgleiten. Mit den Medien wird dann nicht mehr im Sinne der Unterrichtsvorbereitung umgegangen, den Inhalten wird nicht die Beachtung geschenkt, die im didaktischen Konzept vorgesehen war, sondern die Schüler verfahren damit ganz nach eigenem Gusto. So berichtet beispielsweise Carter von der Notwendigkeit, seine Autorität einsetzen zu müssen, um ein Entgleiten des unterrichtlichen Ernstes ins freie Spielen zu verhindern: „I have no doubt that left to their own devices the children would have concentrated on the game and ignored the biology" (Carter 1995, S. 28). Selbstverständlich lässt sich dieser Prozess der Abkehr von den bei Gestaltung und Einsatz vorherrschenden Intentionen des Lernspiels vom Unterrichtseinsatz auf den Gebrauch von Lernspielen in der Freizeit übertragen: Das Lernspiel, das die Großmutter dem Enkel im gut gemeinten Sinn unter den Weihnachtsbaum legt, wird vielleicht sabotiert und ganz anders gespielt, als es vorgesehen war, womit auch das didaktische Konzept womöglich nicht mehr greift.[19] Zweitens sind auch ohne das verwandelnde Zutun der Spieler Videospielwelten Scheinwelten. Zeichen und Phänomene werden von den Gamedesignern aus der realen Welt entlehnt und auf der Zeichenebene des Spiels äußerlich ähnlich abgebildet, ihre Bedeutungen und Beziehungen aber den abstrakten Spielkern der Spielmechanik und der Regeln assimiliert. Auch ein Videospiel „tut nur so, als ob", es ist „nur ein Spiel". Unter der Prämisse, dass den Spielern dies bewusst ist, sie entsprechend mit den Inhalten verfahren und sie durch den Magic Circle gegenüber der Wirklichkeit abgrenzen, ist zweifelhaft, ob sie die Spiele als Lernangebote mit inhaltlicher Relevanz für die Alltagsrealität ansehen. Droht Lernspielen, sofern sie aus Motivationsgründen eine möglichst hohe Ähnlichkeit zu regulären Spielen anstreben, ein ähnliches Schicksal?

---

[19]Der Vorgang einer assimilierenden Vereinnahmung kann nicht nur bei Lernspielen, sondern auch bei regulären Videospielen auftreten. Kringiel (2005) vermittelt einen Eindruck davon, wie kreativ sich Computerspieler über die Intentionen von Gamedesignern hinwegsetzen und völlig neue, regelrecht anarchistische Spielformen entwickeln können. In den Game Studies wird dieses Phänomen unter dem Begriff „emergent game play" behandelt (vgl. Berger und Marbach 2009).

Hypothetisch bergen das Wesen des Spielens und eine hohe „Verspieltheit" von Lernspielen damit das Risiko, dass der informationstragende
Inhalt in seinem Sinn und seiner Bedeutung von den Spielern transformiert oder übergangen wird. Dieser Aspekt wurde in der Literatur bisher
kaum thematisiert und verlangt daher eine systematische Aufarbeitung,
zu der die vorliegende Arbeit beitragen soll. Der kommende Abschnitt
leistet die Eingrenzung und Konkretisierung dieser Fragestellung.

3.4 Zusammenfassung

In diesem Kapitel wurde der Lernspielbegriff eingehend bearbeitet. Der
Begriff wird uneinheitlich verwendet. Es wurde daher versucht, einen
pädagogischen Bezug herzustellen, indem Lernspiele als Computerspiele,
die zur Initiierung bestimmter Lern- und Entwicklungsprozesse eingesetzt
werden, bezeichnet wurden. Die vorgeschlagene Systematik zu Lernspielen dient dazu, diese allgemeine Definition um ein Instrument zur Diffe-
renzierbarkeit zu erweitern und die besonders relevant erscheinenden
Ebenen von Lernspielen (Spielanteile, didaktischer Wirkungsmechanismus, Lernziel und Themengebiet) sowie die Ausprägungen innerhalb
dieser Ebenen darzulegen.

Die in der gegenwärtigen Diskussion angeführten Argumente für den
Einsatz von Lernspielen beziehen sich auf deren potenzielle Auswirkungen
auf Lern- und Unterhaltungsprozesse, die bereits ausführlich in Kapitel 2
dargestellt wurden. Die in jüngerer Zeit vorgetragenen Einwände gegen
Lernspiele kritisieren deren unzulängliche Gestaltung: Viele Lernspiele
stehen in Gamedesign und didaktischer Gestaltung reinen Unterhaltungs-
spielen und Lernprogrammen nach. Wenig Beachtung finden heutzutage
dagegen Einwände aus den älteren Theorien des Spiels. Diese beziehen
sich eher auf die Handlungs- und Rahmungsdimension des Spielens und
wurden bereits zur Zeit der Aufklärung geäußert, jedoch nie systematisch
weiterverfolgt und sind dann weitgehend verstummt. Sie alle beziehen
sich auf den Verlust des Vergnügens durch die Instrumentalisierung des
Spielens.

Zusammengefasst beruht die Skepsis auf zwei Aspekten: Erstens führt
die Instrumentalisierung des Spielens durch ihren Widerspruch zu den
Merkmalen des Spielens möglicherweise zu einen „Spielverderb". Zweitens suggerieren die Skeptiker ein Misslingen der Informationübermitt-
lung, weil Spielwelten sowohl in Handlungs-, Rahmungs- wie auch Konstruktdimension Scheinwelten mit anderen Bedeutungen sind und von
den Spielern womöglich nicht als Lernangebot aufgefasst werden.

3.4.1 Zwischenfazit und erweiterte Fragestellung

In der Einleitung zu dieser Arbeit wurde gefragt, ob die Fantasie beim Spielen überhaupt mit dem Authentizitätsanspruch einer pädagogischen Informationsvermittlung vereinbar ist und das Motivationspotenzial des freiwilligen Spielens nicht unter dem Leistungsdruck einer institutionalisierten Bildungsmaßnahme leidet. Die bis zu diesem Punkt erfolgten theoretischen Arbeiten lassen ein erstes Zwischenfazit zu diesen Fragen zu.

Das in den Einwänden gegenüber Game-based Learning erläuterte unterhaltungs- und motivationsmindernde Problem des suboptimalen Lernspieldesigns bezieht sich auf die Konstruktdimension von Spielen und ist meines Erachtens prinzipiell mit zunehmender Erfahrung und entsprechendem Aufwand lösbar. Auf der Handlungs- und Rahmungsebene dagegen liegt womöglich ein strukturelles Problem von Game-based Learning vor, das, berücksichtigt man neben der Konstrukt- auch die Handlungs- und Rahmungsdimension des Computerspielens, die gleichzeitige Nutzung des Lehr- und Motivationspotenzials infrage stellt. Die Ursache dieses potenziellen Widerspruchs liegt im Handlungssinn der Spielenden, die mit ihrem Tun Wesensmerkmale des Spielens verbinden, insbesondere die Freiheit von Zwang und Folgen, den Alltagskontrast, die Abgrenzung zur Realität, Zweckfreiheit und Scheinhaftigkeit. Diese Merkmale weisen nach den Ausführungen in Kapitel 2 unmittelbare Bezüge zum Informations- und Motivationspotenzial auf: Zum einen bedingen diese Merkmale die Erholung, die den unterhaltenden Effekt des Spielens (in seiner Handlungs- und Rahmungsdimension) bewirkt. Ohne diese Merkmale wird die Handlung zu Ernst und Arbeit, die die physischen und psychischen Ressourcen des Akteurs nicht auflädt, sondern verbraucht. Lernspiele verstoßen immer zumindest gegen manche dieser Merkmale, da sie im Gegensatz zum freien Spielen den Bezug zu Realität und Alltag herstellen, einen externen Zweck (nämlich den Lernerfolg) verfolgen, Realismus und Authentizität aufweisen, in institutionalisierten Bildungskontexten Konsequenzen nach sich ziehen und Leistungszwänge hervorbringen. Game-based Learning ist aus der Perspektive des Akteurs möglicherweise nicht eine Form des Spielens, sondern des Arbeitens. Und als solche sollte Game-based Learning nicht mehr von den Motivationsmechanismen des Spielens in seiner Handlungs- und Rahmungsdimension, sondern nur noch vom Unterhaltungswert der Konstruktdimension profitieren können. Wo das Spielen zum Ernst wird, geht womöglich auch ein Teil des Motivationspotenzials verloren. Zum anderen grenzen einige Wesensmerkmale des Spielens dieses inhaltlich von der Realität ab. In der Rahmungs- und Handlungsdimension ist das Spielen kein Abbild der äußeren Wirklichkeit, sondern ihre Verwandlung. Zu den Merkmalen des Spielens gehört, nur so zu tun „als ob", die Handlungen und Inhalte also gerade als nicht realitätsbedeutsam zu klassifizieren. Aber auch die Konstruktdimension bildet die Wirklichkeit nicht authentisch ab, sondern verwandelt sie in fantasievolle Scheinwelten, die durch ihren inhaltlichen Realitätskontrast faszinieren und deren Zeichenhülle nicht auf Begebenheiten die Wirklichkeit, sondern über lediglich äußere Ähnlichkeitsbeziehungen allegorisch auf den spielmechanischen Kern des Konstrukts verweist. Daraus könnte folgen, dass Spieler auf Grundlage ihrer Erfahrung (mit dem Spielen als Handlung und virtuellen Spielwelten als Konstrukten) erstens Lernspiele gar nicht erst als Lernangebote wahrnehmen und zweitens ihre Inhalte zu anderen (nämlich rein spielregelbezogenen, scheinhaften) Bedeutungen interpretieren, als dies von den Lernspieldesignern eigentlich angedacht war. Dies gilt vermutlich umso mehr, wenn das Spielkonstrukt viele Spielmerkmale aufweist und sich mit einer Explizitmachung seines didaktischen Auftrags und der realitätsbedeutsamen Inhalte zurückhält – Unterschiede, die bspw. zwischen Serious Games und Educational Games anzutreffen sind. Kurz gesagt: Je „spielerischer" ein Lernspiel daherkommt, desto weniger ernst werden seine Inhalte vielleicht genommen. Diese Annahme trifft womöglich vor allem auf jene (Sub-)Kulturen zu, die besonders scharf zwischen institutionalisiertem Lernen und „unseriösem Spielkram" differenzieren und die Auffassung vertreten, dass „nur bittere Medizin wirklich wirkt" (vgl. S. 58 in dieser Arbeit).

Damit wären das Unterhaltungs- und Informationspotenzial bei Gamebased Learning nicht in vollem Umfang gleichzeitig zu haben. Die bisherigen Überlegungen führen somit zu den beiden folgenden, ersten Vermutungen:

- Das Informationspotenzial von Lernspielen steigt mit zunehmender Explizitmachung des Realitätsbezugs und „Verernstung". Ein Lernspiel informiert den Rezipienten mehr, wenn dieser es als „Ernst" anstatt als Spiel auffasst.

- Durch genau diese „Spielverderberei" sinkt jedoch das auf tätigkeits- und rahmungsbezogenen Unterhaltungsmechanismen beruhende Motivationspotenzial. Ein Lernspiel unterhält den Rezipienten unabhängig vom Gameplay weniger, wenn dieser es als Ernst anstatt als Spiel auffasst.

Kurz gesagt: Informations- und Motivationspotenzial von Lernspielen verhalten sich komplementär, und zwar über den Mediator Handlungssinn. Über die Gewichtung von sichtbaren Spiel- und Lernangebotsmerkmalen kippt dieser vom Spiel zum Ernst. Das echte Spielen von als reinen Games wahrgenommenen Lernspielen macht womöglich mehr Spaß, da hier neben den konstrukt- auch die rahmungs- und handlungsbezogenen Unterhaltungsmechanismen motivationswirksam werden, aber die Inhalte werden dann vielleicht nicht ernst genommen, sondern als „Spielkram" beurteilt. Dies zumindest legt die bislang in dieser Abhandlung geleistete theoretische Arbeit als logische Schlussfolgerung nahe und kann daher als Zwischenfazit festgehalten werden. Es stellen sich jedoch im unmittelbaren Anschluss zwei Fragen, die die in der Einleitung angedeutete Fragestellung erweitern: Lässt sich dieser aus der Theorie abgeleitete, komplementäre Zusammenhang von Informations- und Motivationspotenzial empirisch bestätigen? Wie lässt sich der in den bisherigen Ausführungen nur oberflächlich behandelte, aber entscheidende Prozess der Konstitution des Handlungssinns beschreiben und erklären?

Wie eine Überführung der oben genannten hypothetischen Annahmen in eine empirische Untersuchung aussehen könnte und welche Ergebnisse eine solche Untersuchung liefert, wird ausführlich in Kapitel 5 dargestellt. Hierfür ist es jedoch aus methodischer Sicht von Vorteil, die bislang genutzten, in der Literatur eher isolierten Theoriebeiträge in ein Rahmenmodell zu integrieren. Dies und die nähere Untersuchung des Handlungssinns erfolgen in Kapitel 4.

3.4.2 Eingrenzungen und Erweiterungen

Implizit wurden bereits einige Eingrenzungen der Fragestellung in den bisherigen Ausführungen genannt. An dieser Stelle soll nun auch explizit aufgeführt werden, welche Aspekte in die Untersuchung einbezogen und welche außen vor gelassen werden. Weiterhin besteht Bedarf hinsichtlich einer Perspektivenerweiterung. Diese Aspekte sollen im folgenden Abschnitt zur Sprache kommen.

Diese Arbeit untersucht nicht den vollen Umfang von *Lerneffekten*, sondern beschränkt sich auf die kognitiven Lernziele und innerhalb dieser auf die Ebene der Informationsvermittlung. Der Wissenserwerb spielt im hiesigen Bildungssystem schließlich die größte Rolle, gleichzeitig ist hier die empirische Forschungsbefundlage am diffusesten, sodass an dieser Stelle besonderer Forschungsbedarf besteht. Bei der Untersuchung der Wissensvermittlung durch Game-based Learning wiederum konzentriert sich die Arbeit auf einen kleinen, wenngleich wichtigen Schritt: die Interpretation der medial vermittelten Zeichen zu einer Bedeutung und die Auslegung dieser Information als „wirklichkeitsrelevant". Für die Fokussierung dieser Phase im Lernprozess hat sich bereits Sacher (1990; 2001) ausgesprochen. Gelingt dieser erste Schritt der Informationsvermittlung im Rahmen von Bildungsangeboten nicht im Sinne des die Lernspiele einsetzenden Lehrers, gerät das ganze pädagogische Konzept ins Wanken: Der Schüler extrahiert dann gar nicht erst die „korrekte" Information und konstruiert nicht das gewünschte Wissen (welches später unter bestimmten, bislang ohnehin nur vage bekannten Voraussetzungen (Scharpf 1999) in die Praxis transferiert wird). Der nach pädagogischer Intention ablaufende Interpretationsprozess beim Lerner ist damit eine entscheidende Voraussetzung für den Lernerfolg, dennoch wird ihm bei der Untersuchung des pädagogischen Potenzials von Game-based Learning bislang kaum Beachtung geschenkt. Man beschränkt sich offenbar lieber auf die Lernerfolgsmessung, die häufig auch noch den Lerntransfer beinhaltet. Die Folge ist die im vorliegenden Buch auf S. 50 ff. geschilderte Diffusität der Forschungsbefunde, die weitgehend ohne systematische Erklärungen auskommen muss.

Beim *Motivationspotenzial* von Game-based Learning darf nicht vergessen werden, dass auch extrinsische Anreize die Motivation erhöhen können, Belohnungen oder drohende Sanktionen etwa. Extrinsische Anreize sollen hier aber nicht weiter untersucht werden, stattdessen werden die *intrinsischen Motivationsfaktoren* behandelt. Diese wiederum können sich auch auf thematische Vorlieben und das Interesse am Lerninhalt beziehen, welche hier aber nicht untersucht werden. Beim Motivationspotenzial wird stattdessen die intrinsische Motivation durch Spielspaß fokussiert. Dieses lässt sich auf konstruktbezogene Unterhaltungsmechanismen des Spiels und auf rahmungs- und handlungsbezogene Mechanismen des Spielens zurückführen. Wie im vorherigen Abschnitt angemerkt wurde, ist das Play im Gegensatz zum Game abhängig vom Handlungssinn des Akteurs und daher ein kritischer Faktor in der Bewertung des Motivationspotenzials. Die Arbeit konzentriert sich daher auf die Untersuchung des intrinsisch motivierenden, play-bezogenen Unterhaltungspotenzials von Lernspielen. Unterhaltungswirksame Probleme der Konstruktdimension lassen sich meines Erachtens einfacher lösen als der hypothetische strukturelle Widerspruch zwischen dem Spielen und seiner Instrumentalisierung und sind daher die weniger dringliche Aufgabe.

Es sollen einige weitere, methodisch notwendige Eingrenzungen vorgenommen und der Untersuchungsgegenstand in die in Abschnitt 3.2

vorgestellte Systematik integriert werden. Lernspiele können vonseiten des Designs – abhängig vom quantitativen Verhältnis der Lerninhalte zu den Spielelementen – als Serious Games oder Educational Games konzipiert werden. Auch Leisure Games können bei entsprechender Einsatzkonzeption als Lernspiele herangezogen werden, selbst wenn beim Design keinerlei Lerninhalte intendiert wurden. Da es in diesem Buch um das Motivations- und Informationspotenzial von Lernspielen (und deren Abhängigkeiten vom Handlungssinn des Rezipienten) geht, sollte das behandelte Spielkonstrukt auch vom Design darauf ausgelegt sein, sowohl zu unterhalten als auch zu informieren. So kann die zusätzliche Wirkung der Handlungs- und Rahmungsdimension im Zusammenspiel mit den konstruktbedingten Wirkungen untersucht werden. Diese Balance findet sich am ehesten bei Educational Games. Daher sollen diese in der vorliegenden Arbeit auch zugunsten der anderen Typen fokussiert werden. In dieser Untersuchung steht zudem die Interpretation der Inhalte von Lernspielen seitens der Rezipienten im Vordergrund. Diese lässt sich am besten anhand von Lernspielen untersuchen, deren Wirkungsmechanismus aus dem Bereithalten von Informationen besteht. Andere Dimensionen – etwa das Training oder das Spiel als Hintertür – sollen an dieser Stelle nicht weiter thematisiert werden. Weiterhin wurde im vorigen Abschnitt ausführlich dargelegt, dass sich die Untersuchung auf das kognitive Lernziel der Wissensvermittlung konzentriert. Somit fehlt zur Vervollständigung gemäß der Systematik nur noch das Themengebiet. Hier wird nicht weiter eingegrenzt, sondern versucht, Aussagen für alle in Abschnitt 3.2.4 genannten Bereiche zu treffen.

Wie bereits erwähnt, entscheidet die Interpretation der Situation und des Mediums durch den Rezipienten, welche in der Konstitution des Handlungssinns mündet, über Spiel oder Ernst (und damit die informierenden und motivierenden Potenziale des Mediums). Dem Handlungssinn kommt damit eine besondere Bedeutung zu. Die Untersuchung des zugrunde liegenden Interpretationsprozesses und das Erklären des aus ihm resultierenden Handelns stellen somit die nächsten Aufgaben in dieser Abhandlung dar. Dieser Prozess findet jedoch nicht im „luftleeren Raum" statt, sondern ist stets in einen sozialen Kontext eingebettet. Bisher wurde bei den Ausführungen, die in irgendeiner Form den subjektiven Handlungssinn berühren, die soziale Komponente meist nicht explizit thematisiert. Dies wird in den nun folgenden Teilen der Arbeit nachgeholt. Schließlich spielt der soziale Kontext bei all den bisher angestellten Überlegungen eine entscheidende Rolle: Akteure orientieren sich in ihrem Handeln (spielen oder ernst sein?) an den sozialen und normativen Rahmenbedingungen der Situation. Viele der Spielmerkmale – Folgen, Sanktionen, Abgrenzung etc. – beziehen zudem das Verhalten eines sozialen Gegenübers ein. Die Interpretation der Zeichenhülle von Spielkonstrukten ist ein parasozialer Prozess, weil (zumindest indirekt) die Kommunikationsabsichten eines antizipierten Gamedesigners vom Spieler durchdacht werden. Die unterstellte Opposition von Spiel und Arbeit, wie sie sich auch in der Gegenüberstellung von „Spielkram" und „seriösem Lernangebot" manifestiert, ist zudem keine genetische Disposition, sondern ein Produkt der Sozialisation. Sie unterliegt dem Einfluss der Kultur. Und schließlich ist der Mensch ein soziales Wesen und als solches in seinen Handlungen in irgendeiner Form immer einem gemeinschaftlichen Einfluss unterworfen.

Die Untersuchung der oben ausgeführten Fragestellung allgemein und die Behandlung des Interpretationsprozesses müssen also die Interaktion mit dem Lernspiel als sozialen Prozess begreifen. Dies ist der Schwerpunkt des nun folgenden Kapitels.

Kapitel 4

Computerspielen als soziales Handeln

Die aus der Theorie abgeleiteten Vermutungen des vorherigen Kapitels lauten: Bei Lernspielen sind sowohl Konstrukt- als auch Handlungs- und Rahmungsdimension zu berücksichtigen. Das Play steuert motivierende Unterhaltungsmechanismen bei, reduziert aber mittels seines Wesens ebenso wie die Symbolik des Game die wahrgenommene Authentizität des Spiels. Die hier fokussierten Informations- und Motivationspotenziale stehen somit komplementär zueinander. Dreh- und Angelpunkt dieses Verhältnisses ist der subjektive Handlungssinn, der wiederum nicht ohne den sozialen Kontext untersucht werden sollte. Dieses Kapitel geht detailliert auf die Genese dieses Handlungssinns, die Ausrichtung des Handelns und den Einfluss des sozialen Umfelds sein. Das Kapitel hat drei Funktionen: Es soll die in der Literatur meist voneinander isolierten theoretischen, bis hierhin geschilderten Positionen in ein schlüssiges Rahmenmodell integrieren. Es soll die Ausführungen aus den vorherigen Kapiteln theoretisch ergänzen und die Lücken zwischen diesen füllen. Es soll die Überführung der meist abstrakten bisherigen Ausführungen in eine exemplarische empirische Untersuchung vorbereiten. Der nun folgende Teil der Arbeit untersucht die subjektive Konstitution des Handlungssinns (Spiel vs. Ernst) unter Berücksichtigung des sozialen Kontexts und die Auswirkungen dieses Prozesses auf die Interpretation medial vermittelter Bedeutung und das Vergnügen. Dieser Vorgang berührt drei Aspekte:

1. subjektive Interpretationsprozesse einschließlich ihrer psychosozialen Einflussfaktoren,

2. objektive Sachverhalte und Strukturen (den situativen Kontext und das Spielmedium) sowie

3. die daran anschließende Reaktion des Individuums.

Gemeinsam mit den weiter oben genannten Funktionen dieses Kapitels stellen sich damit folgende Anforderungen an den theoretischen Rahmen, anhand dessen die Untersuchung erfolgen soll: Die bisherigen Ausführungen müssen sich schlüssig in ihn integrieren lassen. Er muss das Zusammenspiel objektiver und subjektiver Strukturen modellieren. Und er sollte einen Beitrag zur Operationalisierung der modellierten Strukturen leisten. Einen theoretischen Rahmen, der diese Anforderungen erfüllt, bietet das Modell der soziologischen Erklärung von Hartmut Esser (1999, 2000a,b,c,d, 2001, 2002). Erst werden die Hintergründe und Grundzüge des Modells kurz dargestellt. Die darauffolgenden Abschnitte erläutern detailliert die beiden für diese Abhandlung wesentlichen Bestandteile von Essers Arbeit. Abschließend werden Essers Modell und die theoretischen Positionen der vorherigen Kapitel miteinander verknüpft.

4.1 Grundlagen

4.1.1 Ziel

Essers Ziel ist, historische Wirklichkeiten sozialer Prozesse und Gesellschaften nicht bloß zu beschreiben, sondern sinnverstehend zu erklären (Esser 2001, S. 531–534, 2002, S. IX–XIX). Eine solche Erklärung schließt deduktiv aus allgemeinen Gesetzen und den sozialen Randbedingungen logisch auf das zu erklärende[20] Phänomen, sie ordnet etwas bis dato Unbekanntes in etwas im Prinzip Bekanntes ein (Esser 1999, S. 42–43). Esser versucht, zentrale Konzepte der erklärenden Gesellschaftswissenschaften (insbes. Soziologie, Sozialpsychologie und Ökonomie) zu einem einzigen Grundmodell der soziologischen Erklärung zusammenzufügen. Er strebt nach *einer* Soziologie für *alle* Spezialfragen, Perspektiven, Gesellschaften und Epochen. Die Unterschiede zwischen diesen werden in den verschiedenen Randbedingungen berücksichtigt, nicht aber im allgemeinen, erklärenden Grundgerüst. Esser weiß und nimmt in Kauf, dass er klassische soziologische Grenzen zwischen den verwendeten Theorien und Paradigmen übertritt. Er verpflichtet sich keinem einzelnen Paradigma (auch nicht, wie ihm vorgeworfen wird, dem Rational-choice-Ansatz), er möchte vielmehr zu einer Einheit der Soziologie beitragen, in der soziologische Paradigmen und Sozialpsychologie integriert werden. Dieser Integrationsanspruch führt dazu, dass Essers Modell auch auf die Themenstellung der vorliegenden Arbeit anwendbar ist.

---

[20] Für die Nutzung einer solchen nomologischen und überdies auch noch aus den Naturwissenschaften stammenden Perspektive zur Untersuchung von heute eher interpretativ angesehenen sozialen Prozessen wurde und wird Esser von einigen Vertretern kritisiert. Wie sich jedoch noch zeigen wird, versucht Esser, beide Perspektiven (kausale Erklärung kollektiver Phänomene und Berücksichtigung der Interpretativität menschlichen Handelns) einvernehmlich zu integrieren.

4.1.2 Hintergrund

Ein dem Modell zugrunde liegender Kerngedanke, der auf Berger und Luckmann zurückgeht, lautet, dass Menschen einerseits Produkte einer (objektiven) Gesellschaft sind, diese aber wiederum ein Produkt menschlichen Handelns ist. Diese Kombination „objektiver Unerbittlichkeit und subjektiver Konstruktion" (Esser 2002, S. 5) verlangt nach Esser die Integration von makrosoziologischen und mikrosoziologischen Ansätzen: Objektive Struktur (etwa die Gesellschaft) muss als Aggregation von Handlungsfolgen der Subjekte in ihr verstanden und erklärt werden können. Genau dieses Ziel verfolgt Esser mit seinem Modell. Es ist laut ihm anschlussfähig zu Ökonomie, Geschichte, (Sozial-)Psychologie, empirischer Rechtswissenschaft u. a. Das Modell geht von zwei Grundannahmen aus: Die Aufgabe der Soziologie ist erstens, etwas zu *erklären*, und zwar auf *kollektiver* Ebene (analytisches Primat der Soziologie). Auf dieser Ebene gibt es allerdings keine brauchbaren Gesetze. Die kausalen und allgemeinen Gesetze finden sich zweitens erst auf der Ebene der Akteure: Es sind die Gesetze der Selektion des Handelns. Das theoretische Primat der Soziologie muss daher auf der *individuellen* Ebene liegen. Die Akteure mit ihrem Handeln rücken also nur in den Fokus, weil sich ausschließlich über sie soziale Prozesse – und damit gesellschaftliche Strukturen – erklären lassen (ebd., S. 14–15).

4.1.3 Das Grundmodell in Kurzform

Das Modell betrachtet die Konstitution sozialer Prozesse als immer neu erfolgende Verkettung dreier Schritte: Zuerst existiert eine Ausgangssituation, die Vorgeschichte. Diese beeinflusst dann das Handeln der Akteure in ihr. Das Handeln der Akteure hat schließlich kollektive Folgen und bringt damit eine neue Situation hervor, die dann wieder als Ausgangssituation der nächsten Sequenz dient. Die soziologische Erklärung dieses Zyklus erfolgt in drei methodischen Schritten: Erst werden die sozialen Rahmenbedingungen einer Ausgangssituation beschrieben (Situationslogik). Dann wird die Selektion der Handlungsalternative innerhalb dieser Ausgangssituation kausal erklärt (Selektionslogik). Und schließlich wird das Zusammenwirken der Handlungsfolgen zu einer neuen sozialen Situation untersucht (Aggregationslogik), die dann wiederum als Ausgangssituation für das darauffolgende Handeln dient (siehe dazu Esser 2002, S. 15–16, 1999, S. 93–98, 2001, S. 497–499).

Die soziologische Erklärung beginnt mit der Logik der Situation, der Rekonstruktion der sozialen Situation, in der sich der Akteur befindet.

Hier wird die objektive Situation in Form vorhandener Randbedingungen beschrieben und so mit dem subjektiven Wissen und den Motiven der Akteure verknüpft. Es ist die Verbindung zwischen der Makroebene der jeweiligen Situation und der Mikroebene der Akteure darin. Hierin ist festgelegt, welche objektiven *Bedingungen* vorherrschen und welche *Alternativen* die Akteure objektiv haben; beides wird mit den subjektiven *Erwartungen* und *Bewertungen* der Akteure verbunden. Diese Verbindung erfolgt in der soziologischen Erklärung als „Brückenhypothese". Die *Brückenhypothese* beschreibt die subjektive Einstellung des Akteurs zur Situation, auf deren Basis er handeln wird.

Darauf folgt die Logik der Selektion, die Anwendung allgemeiner Gesetze[21], die das Handeln der Akteure in der vorher beschriebenen Situation erklären. Die Selektion des Handelns wird in eine kausale Beziehung mit der Situation gesetzt. Es ist für das Verständnis des Modells förderlich, „Handeln" nicht einfach als die operative Ausführung von Vorhaben, als „Sprechenlassen von Taten", anzusehen, sondern bereits die mentale Aufarbeitung der Situation seitens eines Akteurs in die Selektionslogik einzubeziehen. Schließlich kann diese ein ausgesprochen bewusster und interessengeleiteter Prozess sein. Warum beispielsweise soll die Entscheidung eines Akteurs, bei der Verkündung von Vertragsklauseln genau hinzuhören und die Situation ganz genau zu analysieren, bevor das nach außen sichtbare Handeln (Unterschreiben des Vertrages) ausgeführt wird, auch nicht bereits als sinnhaftes Handeln betrachtet werden?

Zuletzt folgt die Logik der Aggregation, die Transformation der Folgen des individuellen Handelns zum kollektiven Resultat, das erklärt werden soll. Das Handeln aus dem vorherigen Schritt ist für andere Akteure sichtbar. Daher hat es Folgen, auch solche, die der handelnde Akteur vielleicht gar nicht bedacht oder geplant hat. Die Handlungsfolgen der Akteure führen zu einer neuen Situation, und zwar nach einer bestimmten Aggregationslogik. Bestimmte Transformationsregeln geben an, unter welchen Randbedingungen (z. B. Institutionen, kollektiven Verteilungen, Prozessabläufen u. a.) welche individuelle Effekte welche kollektiven Sachverhalte erzeugen. Es geht um die Anhäufung der individuellen Handlungen zu einem kollektiven Phänomen. Die Logik der Aggregation erklärt diesen Prozess.

Mit dem Beenden des Aggregationsprozesses endet die erste Sequenz

---

[21]Allgemeine Gesetze verbinden Ursachen mit Folgen, benennen Folgen als Funktion der Ursachen. Und zwar präzise, explizit und möglichst allgemein geltend. Es entsteht ein funktionaler Zusammenhang, z. B. „wenn ..., dann ..." (Esser 1999, S. 41). Esser stellt hohe Ansprüche an die in diesem Schritt heranzuziehende Handlungstheorie, vgl. dazu Abschnitt 4.1.4.

der sozialen Konstitution, die neue Situation steht als externe Randbedingung für das weitere Handeln der Akteure zur Verfügung, und die nächste Sequenz beginnt. Bei der Entstehung sozialer Strukturen spielen nach Esser also mehrere Elemente eine Rolle: Erstens die soziale *Ausgangssituation*, die Vorgeschichte: Sie besteht aus materiellen Opportunitäten, institutionellen Regeln sowie kulturellen Bezugsrahmen und Orientierungen mit kollektiver Geltung, die symbolisch angezeigt werden. Zweitens die *Akteure:* Sie haben im Laufe ihrer Sozialisation eine Identität gebildet, die sie mit mentalen Modellen in Form von kulturellen Orientierungen (Frames) und Handlungssequenzen für typische Situationen (Skripten) ausstattet. Sie bilden das Wissen und die Werte eines Akteurs. Drittens das für andere Akteure sichtbare *Handeln* der Akteure in der Situation. Und viertens schließlich die *neue soziale Situation*: Sie ist das aggregierte Resultat des sichtbaren Handelns der beteiligten Akteure.

Ausgangsbedingungen und Akteure enthalten somit die internen und externen Randbedingungen, ohne die das soziale Handeln nicht erklärbar ist. Sie werden in den späteren Abschnitten genauer betrachtet. Ausgangssituation und Akteure sind Gegenstand der Situationslogik (Abschnitt 4.2), die Auswahl einer Handlungsalternative wird über die Selektionslogik (Abschnitt 4.3) erklärt. Abbildung 4.1 zeigt die zeitliche Abfolge sozialer Prozesse und die Verortung der Logiken darin. Essers Modell soll hier verwendet werden, um die Konstitution des Handlungssinns bei Gamebased Learning in Abhängigkeit vom personalen und situativen Kontext zu untersuchen. Dafür werden zwei kleine Veränderungen an Essers soziologischer Erklärung vorgenommen: Erstens wird auf die Aggregationslogik, die die Konstitution sozialer Phänomene erklärt, verzichtet, da diese für die Fragestellung keine Rolle spielt. Zweitens wird das Modell nicht zur nachträglichen Erklärung des Handelns, sondern zu dessen Vorhersage herangezogen.

Zusammengefasst sollen also das Denken und Handeln von Lernspieladressaten mithilfe der soziologischen Erklärung verallgemeinerbar, jedoch situative und persönliche Faktoren berücksichtigend vorhergesagt werden. Dafür wird im weiteren Verlauf detailliert auf die Situations- und Selektionslogik eingegangen, diese dann mit den spieltheoretischen und ludologischen Beiträgen aus den vorherigen Kapiteln verknüpft und das so gebildete Vorhersagemodell zum Design und zur Durchführung einer empirischen Studie (Kapitel 5) verwendet.

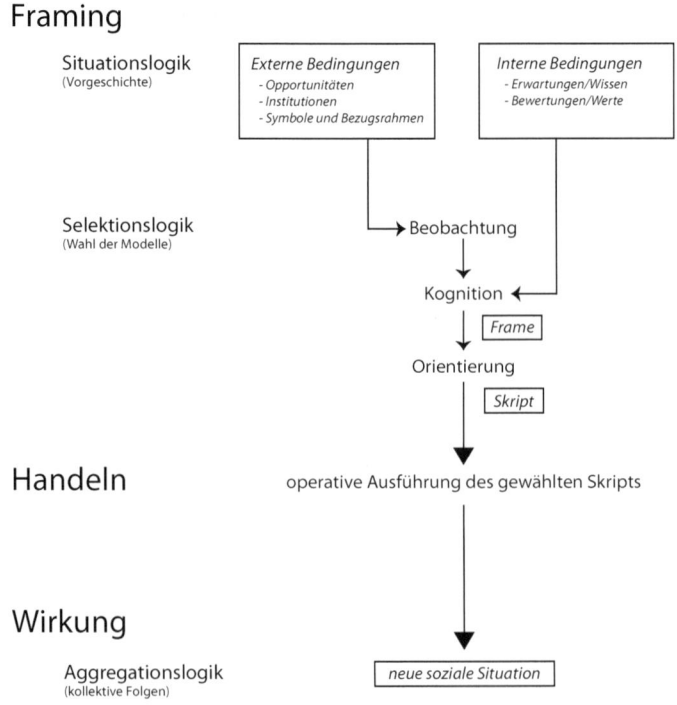

Abbildung 4.1: Die Logiken nach Essers Modell im Überblick

Ein Beispiel

Das Grundmodell sei nun exemplarisch am Beispiel des sogenannten Schweinezyklus' erläutert. Das Modell umschreibt das Phänomen, dass auf einem Markt regelmäßige Angebots- und damit Preisschwankungen auftreten. Angenommen, im Jahr 2007 hätte es einen Mangel an Schweinefleisch gegeben, was die Preise des nun knappen Gutes in die Höhe getrieben hätte. 2008 jedoch hätte es plötzlich ein Überangebot an Schweinen gegeben, die Preise fielen in den Keller. Im Jahre 2009 wiederum wäre dann eine Unterversorgung aufgetreten, mit der Folge, dass die Preise in die Höhe schossen. Wie lässt sich dieses Phänomen erklären? Die Makrosoziologie, so kritisiert Esser, habe bislang keinerlei allgemeine Gesetze finden können, die das Phänomen der Angebotsschwankungen auf kollektiver Ebene erklären könnten. Erst über eine Betrachtung des Schweinezyklus in drei einzelnen Sequenzen (Situation 1 im Jahr 2007,

Situation 2 im Jahr 2008 und Situation 3 im Jahr 2009) und die Zerlegung
der Sequenzen in drei Logiken lässt sich das Phänomen erklären, da allein
die Mikroebene des sinnhaften Handelns der Akteure eine nomologische
Theorie bereithält. Eine Erklärung des Phänomens mit Essers Modell
könnte in Kurzfassung folgendermaßen aussehen:

Die *soziale Ausgangssituation* im Jahre 2007 bietet einem Schweine-
bauern (er sei an dieser Stelle Bauer Schmidt genannt) folgende Randbedingungen: Die deutsche Bevölkerung zeigt eine starke Nachfrage
nach Schweinefleisch und ist bereit, hohe Preise dafür zu zahlen. Bauer Schmidt hat die Wahl zwischen mehreren *materiellen Opportunitäten*,
kann er seine Ställe doch mit Schweinen oder auch Kühen füllen. Die *institutionelle* Gesetzeslage erlaubt ihm beides, verbietet jedoch den Einsatz
von allzu viel Wachstumshormonen, sodass die Frucht seiner Arbeit erst
im nächsten Jahr reif zur Ernte – respektive für das Schlachthaus – sein
wird. Gleichzeitig aber sieht sich Bauer Schmidt in der Pflicht eines marktwirtschaftlich orientierten Unternehmers (*sozialer Bezugsrahmen*), der
eine gewinnversprechende Situation zu nutzen hat. Bauer Schmidts *Wertesystem* geht damit konform: Reichtum ist ja schließlich keine Schande.
Und sein subjektives *Wissen* über den finanziellen Erfolg der Schweinezucht mag ihm suggerieren, dass angesichts der aktuell hohen Preise
ein gutes Geschäft winkt (*Brückenhypothese*). Bauer Schmidt erhofft
sich vom Wechsel zur Schweinezucht zuversichtlich (hohe Erwartung)
einen hohen Gewinn (hoher Wert), und er *handelt* dementsprechend:
Er schwenkt auf die Schweinezucht um. Die objektive Situation ist für
alle Bauern innerhalb des entsprechenden Marktes – in diesem Falle
alle deutschen Bauern – gleich. Durch die Anwendung einer allgemeinen
Handlungsregel (hier: die Wert-Erwartungs-Theorie) lässt sich folgern,
dass die meisten Bauern im Jahr 2007 Schweine züchten werden. Bis
aus einem kleinen Ferkel ein Schnitzellieferant geworden ist, dauert es
jedoch ein Jahr. Im Jahre 2007 wachsen unzählige Schweine auf Deutsch-
lands Höfen heran, die dann im nächsten Jahr – der *neuen Situation*, dem
Ausgangspunkt der zweiten Sequenz – auf den Markt gebracht werden.
Die deutschen Bürger können all die Schweine gar nicht essen. Die Folge
ist ein erbitterter Preiskampf der Händler, um die Unmengen an Fleisch
irgendwie loszuwerden. Nun sehen die Randbedingungen ganz anders
als noch vor einem Jahr aus: Schweinefleisch ist nichts mehr wert. Und
wieder kann Bauer Schmidt sich aussuchen, ob er Schweine oder Kühe
züchtet. Da in diesem Jahr sowohl die Erwartung, die Schweine überhaupt loszuwerden, als auch deren Wert gering waren, entscheidet sich
Bauer Schmidt für die Kuhzucht, die unter den gegebenen Umständen

für ihn die deutlich bessere Alternative darstellt. So wie er entscheiden sich Tausende andere deutsche Bauern (schließlich hat die zur Erklärung angewandte Handlungsregel den Anspruch, allgemeingültig zu sein). Die kollektive Folge des gesamtdeutschen, bäuerlichen Handelns: Zum Jahreswechsel 2008/2009, am Beginn der dritten Sequenz, gibt es zwar Kühe en masse, an Schweinen jedoch mangelt es. Das rar gewordene, erbittert umkämpfte Schweinefleisch erzielt Höchstpreise auf dem Markt. Und so stellt sich die Situation im Folgejahr 2009 genauso dar wie im Jahr 2007, und der Schweinezyklus geht in die nächste Runde.

Erst über das Handeln der Akteure, also die den Handlungssinn untersuchende Mikroebene, ist die Schwankung auf dem Markt als sozialer Prozess, die Makroebene, plausibel erklärbar. Freilich ist dies ein vereinfachtes Beispiel, das Prinzip jedoch ist laut Esser auf sämtliche sozialen Phänomene anwendbar. Lediglich die Elemente der sozialen Konstitution und mit ihnen die Brückenhypothesen können je nach Situation komplex werden (bspw. die Modellierung des Zusammenspiels von Bauer Schmidts individuellen Erwartungen und Werten mit seiner subjektiven Wahrnehmung der situativen Rahmenbedingungen). Und natürlich gibt es auch Ausnahmen von der Regel: In Bauer Schmidts Familie wurden vielleicht schon immer Kühe gezüchtet, und ein Wandel zum Schwein würde daher den Bruch mit der Schmidt'schen Familientradition bedeuten. Vielleicht verspürt der Landwirt Schmidt ja auch eine tiefe emotionale Affinität zum Rind, die nur durch seine Abneigung gegen Schweine übertroffen wird. Aber selbst diese Ausnahmefälle (hier: traditionales und affektives Handeln) lassen sich nach Esser meist mit dem gleichen allgemeinen Prinzip erklären. Werte und Affekte fließen dann über die sozialen und personalen Randbedingungen in die Situation ein, die Lage des Akteurs kann über die individuell zugeschnittenen Brückenhypothesen beschrieben und über die allgemeine Selektionsregel erklärt werden.

4.1.4 Formale Anforderungen

Bevor detailliert auf den Inhalt von Essers soziologischer Erklärung eingegangen wird, seien noch einige formale Ansprüche seines Erklärungsansatzes wiedergegeben.

Esser spricht sich wiederholt dafür aus, einen *Kompromiss zwischen Einfachheit und Realismus* anzustreben. Schließlich sollen die allgemeinen, typischen, kausalen Prozesse verstanden werden, nicht aber deren bunte Vielfalt. Daher werden die Erklärungen immer als vereinfachende Modelle abgefasst. Dies erfordert eine Abstraktion von der Wirklichkeit

(Esser 1999, S. 119–140). Für die Untersuchungspraxis in dieser Arbeit bedeutet das: Bei der Situationslogik muss die Situation möglichst typisiert und „objektiv" beschrieben werden. Und bei der Selektionslogik muss möglichst stets eine denkbar einfache Handlungstheorie herangezogen werden.

Gute Erklärungen sind für Esser also stets einfache Erklärungen. Manchmal jedoch „funktioniert" eine Erklärung nicht, weil die Schritte zu stark vereinfacht wurden. Dann kann der Untersuchende die Komplexität erhöhen, aber zu einem hohen Preis: Die Erklärung wird dadurch nämlich unübersichtlicher, sie verliert an Informationsgehalt (Bortz und Döring 2006, S. 5–6; Esser 2002, S. 20–22).

Eine weitere, bereits erwähnte Anforderung betrifft die Wahl der die Selektion erklärenden *Handlungstheorie*. Esser betont mehrfach, dass besonders bei der Wahl der Handlungstheorie Einfachheit geboten sei (Esser 1999, S. 140). Die Selektionsregel innerhalb der Handlungstheorie muss präzise angeben, „unter welchen Bedingungen der unabhängigen Variablen einer bestimmten Handlungstheorie welches Handeln auftreten wird" (Esser 2002, S. 20). Nicht alle Handlungstheorien sind für die soziologische Erklärung präzise genug. Esser (ebd., S. 241–244) nennt sechs Anforderungen, die eine Handlungstheorie erfüllen muss, wenn sie für die soziologische Erklärung brauchbar sein soll:

1. Präzision: Sie benötigt eine präzise, funktionale Verbindung zwischen Merkmalen der Situation und dem Handeln.

2. Kausalität: Die funktionale Verbindung muss ein Kausalgesetz enthalten.

3. Allgemeinheit: Die Theorie soll potenziell auf alle Individuen verallgemeinerbar sein.

4. Einfachheit: Die Handlungstheorie ist für die soziologische Erklärung eher unwesentlich, daher sollte sie nur typische Aspekte berücksichtigen und möglichst einfach sein.

5. Modellierbarkeit: Situationen müssen sich mit möglichst wenigen Grundvariablen beschreiben lassen (die Wert-Erwartungs-Theorie bspw. kommt mit zwei Variablen, Bewertungen und Erwartungen, aus).

6. Bewährung: Die Theorie sollte empirisch bewährt sein.

Esser sieht einzig in der Wert-Erwartungs-Theorie („WE-Theorie", ausführlich dargestellt in Abschnitt 4.3.1) alle genannten Anforderungen erfüllt. Daher macht er sie zum grundlegenden Instrument seiner Erklärungen, auf die er sämtliches Handeln der Akteure reduziert: „Das Wissen über die Situation und die Werte, die mit bestimmten Folgen des Handelns verbunden sind [. . .], bilden zusammen die elementare ‚Logik der Situation' für die Akteure" (Esser 2002, S. 45). Für die pädagogische Untersuchung solch komplexer Prozesse wie in der vorliegenden Arbeit mag die WE-Theorie zu vereinfachend klingen. Dennoch soll hier Essers Vorgabe gefolgt und zur allgemeinen Vorhersage die WE-Theorie genutzt werden, da die Vereinfachung auf zwei Parameter einen bedeutenden methodischen Vorteil bietet und zudem die Überführung in die empirische Untersuchung erleichtert. Der Komplexität menschlichen Handelns wird damit meines Erachtens auch kein Abbruch getan: Sie wird über die vielfältigen Ausprägungskonstellationen personaler und sozialer Rahmenbedingungen und die individuellen Brückenhypothesen, die diese verbinden, abgebildet.

Die vorliegende Arbeit nutzt also ein soziologisches Erklärungsmodell zur Beurteilung des pädagogischen Potenzials digitaler Lernspiele. Esser arbeitet selbst stark interdisziplinär und überwindet Grenzen innerhalb soziologischer Positionen, bedient sich aber auch der Ökonomie und Sozialpsychologie. Dies macht Essers Werk zu einem nützlichen Instrument auch für medienpädagogische Fragestellungen, insbesondere, wenn man medienpädagogisches Handeln – wie in dieser Arbeit – in seinem sozialen Kontext begreifen will. Essers Logik der Situation soll in dieser Arbeit dazu dienen, die situativen und personalen Einflussfaktoren auf das Potenzial zu modellieren; Essers Logik der Selektion soll auf dieser Basis erklären, was die Akteure eigentlich tun: Spielen sie noch, oder arbeiten sie schon? Und wohin führt dies – auf individueller Ebene? Die Aggregation subjektiven Handelns zu objektiven Strukturen spielt in dieser Arbeit keine Rolle[22].

---

[22]Möglicherweise rücken sie ja in einer späteren Untersuchung ins Blickfeld: Die kollektiven, langfristigen Folgen medienpädagogischen Handelns im Kontext spielbasierten Lernens sind ein hochinteressantes Forschungsfeld: Wie verändert sich die Lernkultur und vor allem: warum? Welchen Stellenwert wird spielbasiertes Lernen in zehn Jahren haben und (vor allem): warum? Wie lassen sich bereits heute vorhandene Unterschiede in Lern- oder Spielkulturen, bspw. zwischen Generationen, Firmen, Ländern, und damit Randbedingungen medienpädagogischer Interventionen erklären? Hier ergeben sich bereits Anschlussarbeiten an die vorliegende Abhandlung, die mit dem hier verwendeten Modell erfolgen können.

4.1.5 Theoretische Wurzeln

Esser baut seine soziologische Erklärung auf mehreren klassischen Theorien der Soziologie auf. Da drei von ihnen meines Erachtens für das Verständnis der Situations- und Selektionslogik hilfreich sind und Anknüpfungspunkte für Spieltheorien und Ludologie aus den vorherigen Kapiteln aufweisen, sollen sie hier kurz in ihren Kernelementen vorgestellt werden.

Symbolischer Interaktionismus

Hintergrund Der symbolische Interaktionismus (als eine der bedeutendsten Theorien innerhalb des interpretativen Paradigmas) geht auf Herbert Blumer und George Herbert Mead zurück und war eine Gegenreaktion auf die im frühen 20. Jahrhundert verbreitete Ansicht des normativen Paradigmas, dass Menschen „mechanistisch reagierende Marionetten" (Esser 2001, S. 82) sind. In den kritisierten Ansätzen wurde die Verbindung zwischen den Reizen der Situation und der Reaktion des Akteurs als unverrückbar betrachtet: Erstere lösen Letztere mechanistisch aus, der Akteur hat zu seinem eigenen Handeln recht wenig beizutragen. In der Welt des normativen Paradigmas gibt es nur strukturelle Effekte der sozialen Kontexte, ausgelöst durch die sich maschinengleich verhaltenden Akteure. Die Menschen als Individuen zählen hier nicht, sie werden als einander derart ähnlich angesehen, dass man nichts über ihre individuellen Merkmale wissen muss. Sie reagieren aus Sicht des normativen Paradigmas in den sie umgebenden, festen Strukturen immer gleich. Die Vorstellung einer solch einfachen und vorgeprägten Umgebung mag vielleicht noch „im beschaulichen Milieu des Fernsehhundes Lassie" (ebd., S. 84) Bestand gehabt haben, in einer durch Individualisierungs- und Pluralisierungsprozesse immer komplexer, bunter, unvorhersehbarer und unstabiler werdenden Gesellschaft jedoch ist sie nicht mehr tragfähig. Das interpretative Paradigma und der symbolische Interaktionismus waren die Antwort auf die gesellschaftlichen Veränderungen. Sie beziehen den Menschen als reflektierendes, strategisches, selegierendes Wesen mit in die Erklärung sozialer Prozesse und sozialen Handelns ein.

Handeln mittels Zeichen und ihrer Interpretation Der symbolische Interaktionismus erklärt das Handeln der Menschen im Gegensatz zu den Theorien aus dem normativen Paradigma nicht vorrangig über die geltenden Normen, sondern über die symbolisch vermittelte Bedeutung des Handelns in einem sozialen Kontext, den der Akteur interpretiert. Von den Akteuren geteilte Zeichen und Symbole werden wahrgenommen und beurteilt, also interpretiert (daher die Namen *symbolischer* Interaktionismus und *interpretatives* Paradigma). Das Handeln stützt sich auf diese Interpretation und nicht unmittelbar auf reine Nutzenkalkulation oder Normenkonformität. Die Grundidee des symbolischen Interaktionismus beschreibt Esser folgendermaßen: „Situationen drängen sich dem Akteur nicht einfach auf, und das Handeln ist keine bloße Frage der Wiedererkennung von typischen Situationen" (Esser 2001, S. 85). Das Handeln ist vielmehr eine bewusste Entscheidung des Akteurs, ein interpretativer Prozess. Zwei Dinge werden vom Akteur dabei reflektiert. Erstens: Welche Regeln gelten gerade, wie ist die aktuelle Situation definiert? Zweitens: Wie kann man seine Identität angesichts der offenbar geltenden Situation möglichst günstig einbringen? Handeln ist im interpretativen Paradigma damit immer eine mittels Zeichen und der Interpretation der Zeichen gesteuerte symbolische Interaktion, die Sinn verwendet und Sinn herstellt. Das Handeln wird nicht durch schon vorher bestehende Regeln geleitet. Stattdessen werden die Regeln überhaupt erst durch die Interaktion geschaffen (ebd., S. 79–111).

Menschen versuchen dem symbolischen Interaktionismus zufolge stets, ihr Handeln in eine sinnvolle Handlungslinie zu bringen. Die daran beteiligten Grundelemente sind die Wünsche/Bedürfnisse und Ziele sowie das Selbstbild des Akteurs, seine verfügbaren Mittel, die Handlungen anderer Akteure und das wahrscheinliche Ergebnis der Handlungslinie. Alle Situationen und all ihre Elemente (Normen, Optionen, Symbole usw.) sind Ergebnisse von früheren Interaktionen von Menschen und nicht unverrückbare, gottgegebene Strukturen. Blumer (zitiert nach Esser (ebd., S. 85–90)) führt diese Gedanken in drei Prämissen aus: Menschen handeln den Dingen gegenüber erstens auf der Grundlage der Bedeutungen, die die Dinge für sie haben. „Bedeutung" meint immer zwei Aspekte: die Verständlichkeit eines Symbols und seine Relevanz für die vom Akteur gerade zu lösenden Probleme. Akteure fragen sich stets, was die Dinge in der Umgebung um sie herum bedeuten, was davon wichtig für ihre Ziele ist, was nun angesichts der Interessen und Ziele des Akteurs zu tun ist. Menschen leben in einer subjektiven Sinnwelt, und dieselbe objektive Umgebung kann für verschiedene Menschen (oder denselben Menschen in einer anderen persönlichen Lage) ganz unterschiedliche subjektive Sinnwelten ergeben. Die Bedeutungen der Dinge, Menschen und Handlungen sind zweitens nicht fest vorgegeben. Sie werden immer wieder in der Interaktion der Menschen neu gebildet. Die wichtigsten Mechanismen dabei sind: Anzeigen von Zeichen, Interpretation der angezeigten Absichten und gedankliches Durchspielen von alternativen Interpretationen und Handlungen. In der Interaktion von Menschen können sich diese Mechanismen verschränken, wodurch sich die Interaktion zu einem Gebilde zusammensetzt, das nach außen wie eine fixe Struktur aussieht. So können kollektive Phänomene entstehen. Die Bedeutungen von Dingen werden drittens interpretativ generiert. Akteure reflektieren die Situation, sie nutzen Zeichen und Symbole und handeln schließlich auf dieser Basis. Bedeutungen sind soziale Schöpfungen, sie werden von interagierenden Personen hervorgebracht. Sie werden in den Interpretationsakten geschaffen, wobei die Interpretation selbst wieder ein reflektierter, zielgerichteter, bewusster Orientierungsakt ist.

Kurz gesagt:

> Menschen handeln also erst nach den Bedeutungen, die sie bestimmten Dingen zuschreiben. Die Bedeutungen entstehen aus einem Prozeß der sozialen Interaktion und werden vom einzelnen Akteur dabei jeweils in einem eigenen intentionalen Akt der Interpretation gebildet. (Esser 2001, S. 89)

Wenn aber die Bedeutungen in den gegenseitig angezeigten Absichten und Deutungen der beteiligten Akteure liegt, können Interpretation und Interaktion nie eine solch feste Sicherheit und Verbindlichkeit haben, wie das bspw. beim Reiz-Reaktionsschema, bei der Nutzentheorie oder dem normativen Paradigma behauptet wird. Die Akteure schaffen und versichern sich der Situationen immer wieder selbst, sie gehen immer nur fiktional von einer festen Grundlage ihres Handelns aus. Vor allem Sprache und Konversation sorgen dafür, dass die Fiktionen der subjektiven Sinnwelt nicht brüchig werden, denn mit ihnen versorgen die Akteure sich gegenseitig mit Hinweisen darauf, welches Situationsmodell jetzt gerade gilt.

Das Handeln ist beim symbolischen Interaktionismus also ein interpretativer Prozess. Bei der Interpretation beurteilt der Akteur potenzielle Bedeutungen und wählt davon eine aus, die ihn dann zu einem Handlungsplan bringt. Handeln ist also kein durch Stimuli ausgelöstes Reagieren, kein durch Normen gesteuertes Tun, sondern ein „auf die Verwirklichung von Zielen hin entworfenes, auf die Zukunft gerichtetes, planvolles Handeln" (ebd., S. 91–92). Der Plan entsteht in der Situation, und zwar als Ergebnis eines interpretierenden Interaktionsprozesses mit sich selbst. Nach Blumer erfolgt das in zwei Schritten: Zuerst erfolgt das *innere Anzeigen*. Die Akteur macht sich hier auf jene Objekte aufmerksam, die eine Bedeutung haben könnten. Dabei ist er, zumindest im Geiste, nicht allein, denn er antizipiert, was die anderen Akteure von ihm in bestimmten Situationen denken. Dieser Denkprozess verleiht dem Handeln in der Vorstellung des Akteurs einen Sinn, eine Handlungslinie, er bringt es in eine zeitliche und sachliche, aber vor allem auch (durch die mitgedachten anderen Personen) soziale Ordnung. Dann folgt die *Selektion der Bedeutung*. Wie aber entscheidet sich der Akteur für eine von mehreren gefundenen Handlungslinien? Hier – bei der Benennung einer Selektionsregel – werden das interpretative Paradigma und der symbolische Interaktionismus leider undeutlich. Zwei Arten von Selektionen lassen sich aber unterscheiden: Erstens die dokumentarische Interpretation: Bei dieser Methode wird bei einer Reihe von einzelnen Ereignissen ein gemeinsames soziales Muster identifiziert. Jedes einzelne Ereignis dient als Hinweis/Dokument für dieses Muster. Das Muster bestätigt sich über die gelungene Identifikation mittels eines Dokumentes dann wieder selbst. Eine informationsbedürftige Kundin in einem Supermarkt etwa könnte eine andere Person (weißer Kittel, geschäftiges Auftreten) im Glauben ansprechen, es handele sich um einen Verkäufer. Gehen die weiteren Ereignisse dieser Interaktion mit dem Muster konform (Person antwortet und weiß, in welchem Regal die Dosenmilch steht), bilden Kundin und Verkäufer das soziale Muster „Beratungsgespräch zwischen Verkäufer und Kundin". Das Einzelereignis wird so einem bestimmten, über das Ereignis hinausgehenden Kontext zugeordnet, es wird mit einem Index bzgl. des Kontextes versehen, und „die Indexikalität der Einzelereignisse wird auf diese Weise zur Grundlage der subjektiven Ordnung des Alltags" (Esser 2001, S. 94). So entstehen in den Gedächtnissen der Akteure typische Situationen, und das oben genannte innere Anzeigen besteht dann hauptsächlich aus dem Einordnen der Zeichen und Symbole in diese kognitiven Muster. Die zweite Selektion ist die mit Gründen versehene Wahl: Hier wird, beruhend auf dem Ergebnis der inneren Kommunikation, aus dem geistig vorgestellten Set an Bedeutungsalternativen jene gewählt, die den Wünschen des Akteurs (seiner Ziele, Folgen, etc) am meisten entspricht. Dabei werden oftmals die angebotenen Alternativen gründlich geändert. Diese Wahl ist durchaus rational und von den Zwecken, die der Akteur im Sinn hat, gelenkt.

Die Interpretation der Situation ist also eine Selektion: Der Akteur entscheidet sich für eine Bedeutung, die die Situation jetzt und hier für ihn hat. Er wählt ein geistig vorgestelltes Modell der Situation und des in ihr angebrachten Handelns aus, definiert die Situation subjektiv, und dies alles auf der Basis der inneren und äußeren Bedingungen der Situation. Damit ist die Interpretation ein sozialer Vorgang. Die soziale Wahrheit wird aktiv und dynamisch von den Akteuren während der Interaktion ausgewählt. Es sind ganz besonders die durch Symbole angezeigten, geltenden Bezugsrahmen (dargestellt in Abschnitt 4.2.4), die die Orientierung und das Handeln der Menschen steuern. Um diese Annahme haben interpretatives Paradigma und symbolischer Interaktionismus die soziologische Forschung bereichert, und Esser weist ihr in seinem Konzept der Situationslogik eine bedeutende Stellung zu. Neben den Bezugsrahmen spielen jedoch auch die antizipierten Vorstellungen der anderen Akteure und das Selbstbild des Akteurs (entstanden wiederum aus früheren sozialen Interaktionen) beim Interpretieren und Handeln eine Rolle (ebd., S. 97–101).

Gesten und Symbole Über Gesten stimmen sich die Akteure wechselseitig über ihr Tun ab. Mit ihnen können die Akteure ihre eigenen Absichten anzeigen und die der anderen erschließen. Es sind typische Zeichen für typische Absichten. Menschen reagieren nach Mead (zitiert nach Esser (ebd.)) nicht einfach mechanistisch auf diese Zeichen. Vielmehr nutzen sie die Umgebung intelligent als Indikator. Menschen können Reize und Symbole gezielt herausgreifen und gewichten und aus einer bestimmten Aktion bereits das zu erwartende Resultat einer interaktiven Abstimmung antizipieren: Der Regierungspolitiker kann meist aus der scheinbar nebensächlichen und etwas scheinheiligen Frage des Oppositionspolitikers in der TV-Talkshow recht gut absehen, wie der Hase läuft und welchem politrhetorischen Ritus die darauf folgende Diskussion folgt. Und beide Streithähne stellen sich, sobald sie sich versichert haben, dass der andere mitspielt, auf eben dieses Muster ein und absolvieren einen langwierig erlernten, traditionsreichen und kunstvollen Zweikampf der Beteuerungen, Unterstellungen und Seitenhiebe. Kurz: Interagierende Akteure können über die im Gedächtnis gespeicherten typischen Ergebnisse von früher zu einem gemeinsamen Fixpunkt für ihr Handeln kommen. Das führt zu einer gemeinsam gewollten, mit Gesten angezeigten und mit ihrem Handeln gemeinsam umgesetzten sogenannten „vollständigen Handlung". Und genau diese vollständigen Handlungen dienen den Akteuren als innerer Bezugspunkt, wenn sie sich in einer Situation orientieren. Es sind die Ideen, Modelle, fertigen Projekte etc., über deren Geltung sich die Menschen wechselseitig gestengesteuert vergewissern. Hierüber klären sie, worum es in einer Situation geht und welche Spielregeln dabei gelten.

Signifikante Symbole sind sehr starke und eindeutige Gesten. Es sind Zeichen, über die die Akteure eine Idee einer vollständigen Handlung verbinden, den geltenden Bezugsrahmen anzeigen. Sie sind kulturell definiert und mit Sinn belegt. Aus ihnen schließen die Akteure auf weitere

Eigenschaften der Situation, die sie nicht unmittelbar festlegen können: Sie helfen beim Erkennen von Opportunitäten und Institutionen (vgl. die Abschnitte 4.2.2 und 4.2.3), stellen Verbindungen zu typischen Orientierungsmustern und der Rahmung einer Situation her. Kurz gesagt können die Akteure sich mit ihrer Hilfe ohne viel Aufwand über die Situation informieren. Sie haben eine große Macht über die Definition einer Situation. Das wohl wichtigste System signifikanter Symbole ist die Sprache: Allein dadurch, dass der Mensch einer Sache einen Namen gibt, kann er einen komplexen Apparat von gerade geltenden Zielen, Regeln und Modellen des Handelns zuverlässig anzeigen. Nicht umsonst weigerte sich der deutsche Verteidigungsminister Franz Josef Jung lange Zeit beharrlich, den Einsatz der Bundeswehr in Afghanistan als „Krieg" zu bezeichnen; nicht umsonst sprechen den Rotstift schwingende Personalmanager lieber von der „Freisetzung" ihrer Mitarbeiter als von deren Entlassung. Besonders deutlich wird die Macht eines einzelnen Wortes bei raufenden Kindern: Die einen Streit vermutende, besorgt herbeieilende Lehrerin wird durch die darauf folgende, kindliche Beteuerung „Das ist doch nur Spiel" die Situation in einem völlig anderen Licht betrachten und ihr Handeln entsprechend in eine andere Richtung lenken. Mittels der Sprache verschränken die Akteure also die gleichen Ideen ihrer eigenen Perspektiven. Dadurch sehen sie sich selbst auch aus dem Blickwinkel des anderen Akteurs. Sie machen sich geistig zum Objekt der Handlungen des anderen. Und weil dies wechselseitig geschieht und dazu an Fixpunkten (nämlich den Ideen der vollständigen Handlungen) ausgerichtet ist, wird das Handeln auf diese Weise gut koordiniert. Die interaktive Abstimmung einer identischen Idee bei den verschiedenen Akteuren kann nur erfolgen, wenn die Perspektiven der Akteure sich mittels eines signifikanten Symbols verschränken und die Akteure sich empathisch gedanklich in den jeweils anderen hineinversetzen können. Kurz: Nur wenn die Akteure sich gegenseitig verstehen, wird ihre Interaktion effizient verlaufen. Und ein effizienter Ablauf ist für die Akteure wichtig: Sie erwarten ein zufriedenstellendes Kooperationsgleichgewicht, einen erfolgreichen und möglichst kurzen Abstimmungsprozess. Esser nennt dies die Erwartung an die *„Motivationsgünstigkeit"* (Esser 2001, S. 109) einer Interaktion (Esser 2001, S. 101–106, 2001, S. 109, 2002, S. 53–54).

Selektionsregeln der Interpretation Auch die Handlungstheorie des interpretativen Paradigmas muss sich der Frage stellen, ob es denn eine Selektionsregel für die Erklärung des Handelns gibt. Explizit wird eine solche nicht genannt. Implizit jedoch ist sie durchaus vorhanden: Die

Selektion einer Bedeutung und damit verbundene Definition der Situation erfolgen nach zwei Kriterien: zum einen nach der *Wahrscheinlichkeit*. Der Akteur entscheidet sich für jene Interpretation, die angesichts der in der Situation sichtbaren Zeichen am besten und leichtesten zu einem Modell im Gedächtnis passt. Er wählt jene Interpretation, welche ihm als wahrscheinlicher erscheint. Wenn es hierbei dann gleichwertige Alternativen gibt, greift die zweite Selektionsregel: Es wird jene Interpretation selegiert, die die sinnvollste zu sein scheint, die den meisten Sinn ergibt und damit auch die wenigsten Missverständnisse und die effizienteste Kooperation erwarten lässt (*Motivationsgünstigkeit*). Das macht die sozial korrekte Interpretation ausgesprochen nützlich für den Akteur: er spart sich Ärger und Missverständnisse bei der anschließenden Interaktion.

An dieser Stelle werden die sozialen Normen interessant. Freilich wirken sie nicht als mechanistischer Auslöser einer Interpretation oder eines Handelns, wohl aber als Hinweise bei der Selektion des Handelns. Denn die Akteure gehen davon aus, dass auch die anderen Akteure die sozialen Normen kennen und befolgen. So werden die Normen zu hilfreichen und wichtigen Anhaltspunkten für die Interpretation der Situation: Die Menschen unterstellen sich gegenseitig die Verbindlichkeit von Normen und die Orientierung an diesen, und da sie sich wechselseitig genau darauf einstellen, können sie ihre Interaktion passend miteinander verschränken. Das Aufleuchten des grünen Ampelsignals regt bei der betagten Fußgängerin an der Ampel nicht mechanistisch die Beinmuskulatur an. Stattdessen rechnet sie damit, dass die mit der Ampelschaltung und dem Straßenverkehr geltenden Normen allgemein bekannt sind und auch von allen Verkehrsteilnehmern eingehalten werden: Steht die Fußgängerampel auf Grün, dann zeigt sie dem Rowdy im Sportwagen ein rotes Signal. Dieser wird dann vielleicht widerwillig, aber verlässlich warten (Esser 2001, S. 114–115).

Phänomenologie nach Alfred Schütz

Laut symbolischem Interaktionismus interpretieren Menschen die Situation und das Handeln der anderen Akteure um sie herum immerzu, halten nach Hinweisen für diese oder jene Interpretationsalternative Ausschau, antizipieren daran die Handlungen des Gegenübers und stellen sich darauf ein. Ein solcher Ansatz mag manchem Betrachter zu intellektualistisch erscheinen. Freilich geht das interpretative Paradigma davon aus, dass solche Vorgänge auch routiniert ablaufen können. Den Wechsel zwischen routiniertem und reflektierendem Handeln (inklusive der Interpretation der Situation) hat jedoch Alfred Schütz (zitiert nach Esser (2001, S. 120–139)) näher betrachtet.

Unsicherheiten, Wissen und Alltagshandeln Auch für Schütz erfolgt das Handeln im Prinzip immer reflektiert. Allerdings wird die Aufmerksamkeit des Akteurs immer dahin verteilt, wo sie gerade benötigt wird: Wenn es fertige und bewährte Lösungen für eine Handlungslinie gibt, greifen die Menschen auf diese zurück. Das Handeln erfolgt dann im fraglosen und bewährten Horizont des Wissens[23]. Entspricht aber irgendetwas nicht der Gewohnheit oder geht es um riskante Entscheidungen, geraten die Akteure ins Zweifeln. Dann schmieden sie neue Pläne, reflektieren die Folgen, bewerten potenzielle Alternativen, spielen im Geiste verschiedene Entwürfe durch – immer mit dem Ziel, die Situation so definieren zu können, dass sich wieder Gewissheit einstellen kann. Das jedoch kann durchaus mühsam werden, denn die Menschen wissen in einer unsicheren Situation ja oft gar nicht so genau, worum es eigentlich geht. Sie kennen jedoch ihre eigenen, übergeordneten Interessen und die groben Strukturen ihrer Umwelt. Und genau hieraus können sie Vor- und Nachteile ihrer im Geiste durchgespielten Alternativen für ihre eigenen Interessen ableiten. So gelangen sie wieder zu einem Bezugsrahmen, auf dessen Basis sie eine Entscheidung für die Selektion des Handelns treffen können (ebd., S. 120–139).

Im Normalfall also sind nach Schütz die Handlungsumstände selbstverständlich, sie gelten ohne Zweifel, und die Akteure wissen automatisch, was zu tun ist. Dieses Wissen ist natürlich immer nur subjektiv. Auch unterscheidet es sich zwar zwischen Individuen, ist aber andererseits auch wieder kollektiv. Zudem gibt es typisches Wissen für soziale Gruppen – für die einen ist oft fragwürdig, was für die anderen selbstverständlich ist. Die Strukturen, in denen das Wissen einer Gruppe aufgeschichtet ist, bilden die Kultur einer Gruppe, den Vorrat an typisiertem Wissen, welches die Mitglieder der Gruppe bei ihrem Handeln nutzen (ebd., S. 140–150).

Soziales Handeln Das bisher Gesagte gilt erst einmal nur für das isolierte Handeln eines einzelnen Akteurs. Sind andere Akteure anwesend, wird das Handeln zum sozialen Handeln. Das soziale Handeln bezieht die Einstellungen und Handlungen der anderen Akteure mit ein und orientiert sich an diesen. Der Erfolg des sozialen Handelns hängt ganz entscheidend

---

[23]Wobei es sich nach Esser vorrangig um ein „negatives Wissen" handelt, also ein Wissen darüber, was nicht passieren darf.

davon ab, was der andere Akteur tut. Der ist in seinen Entscheidungen und Handlungen nämlich ebenfalls prinzipiell frei, sodass die wechselseitige Reaktion aufeinander wichtig wird. Der Akteur antizipiert, dass die Motive des eigenen Handelns zu den Gründen für die Reaktionen des anderen werden. Ein Fahrradfahrer antizipiert beispielsweise, dass sein Motiv, einem entgegenkommenden Radfahrer nach rechts auszuweichen, der Grund für den anderen Radfahrer wird, in die entgegengesetzte Richtung auszuweichen. Jedoch nicht nur das Handeln der anderen Akteure wird antizipiert, sondern auch deren Antizipation des eigenen Handelns. Der Akteur nimmt den subjektiven Standpunkt des Interaktionspartners ein, er versucht, dessen Handlungsgründe und potenzielle Handlungen zu verstehen. Kennt man dann also Gründe, Ziele und Wissen des Gegenübers, braucht es nur noch eine Selektionsregel, um ein Handeln zuverlässig abzuschätzen. Und die einfachste Selektionsregel lautet: Der andere handelt rational und situationsgerecht. Auf deutschen Straßen gilt der Rechtsverkehr, und daher ist es nur wahrscheinlich, dass der entgegenkommende Radfahrer nach links fährt. Tatsächlich funktioniert das soziale Handeln meist reibungslos, und zwar dank der fertigen, typischen Modelle des sozialen Handelns: „Die Akteure wissen in typisierten Situationen genau, daß sich die jeweils anderen Akteure [. . .] an dem jeweiligen typischen Modell – der Motive, Zwecke, Mittel – orientieren" (ebd., S. 165). Die derart geteilten Modelle enthalten Anweisungen darüber, was in der entsprechenden Situation an typischem, sozial abgestimmtem Handeln erwartet wird. Ihre fraglose Geltung ist gerade beim sozialen Handeln so wichtig, denn die Menschen wissen ja nicht viel übereinander und müssen sich daher völlig auf die gemeinsamen angesagten Routinen verlassen. Das Aufgeben dieser Fraglosigkeit erfolgt erst, wenn die Routinen nicht mehr richtig funktionieren, wenn Zweifel auftreten, ob ein bestimmter Bezugsrahmen überhaupt gilt. Dann erst wird das wechselseitige Verstehen notwendig, dann erst erfolgt das rationale Durchdenken der Situation. Erst, wenn der Radfahrer gegenüber schon gefährlich nahe gekommen ist und sich eine Kollision abzeichnet, kommt man ins Grübeln: Hat der mich nicht gesehen? Ist der betrunken? Oder kommt der gar aus dem linksverkehrenden England?

Rahmen und Rezepte Wenn die Akteure nach der Definition einer Situation und dem in ihr angemessenen Handeln fragen, passiert laut Schütz (zitiert nach Esser (ebd., S. 151–162)) zeitlich parallel zwei Dinge: Einerseits die *Rahmung*. Hier fragt sich der Akteur, was in der Situation vor sich geht. Er sucht das in der Situation relevante Oberziel, das gültige primäre Zwischengut (vgl. Abschnitt 4.2.5), das Leitmotiv, an denen sich (so vermutet er) auch alle anderen Akteure in der vorliegenden Situation orientieren. Der Akteur wählt ein Modell des leitenden Zieles der Situation. Normalerweise zeigen Symbole das geltende Modell deutlich an, sodass die Handelnden es automatisch selegieren. Erst bei Schwierigkeiten kommt ihnen der Gedanke, dass vielleicht ein anderes Modell angebrachter wäre. Und wenn auch das nicht mehr weiterhilft, weil es kein passendes Modell gibt oder die Akteure völlig durcheinander sind (und erst dann!), versuchen sie, die nun zum Problem gewordene Situation intensiver aufzuarbeiten. Nun wechseln die Akteure den Modus ihrer Informationsverarbeitung, die Heuristik ihrer Entscheidungsfindung (vgl. Abschnitt 4.3.2). Sie neigen umso mehr zu diesem Moduswechsel, je ungereimter ihnen die Situation vor dem Hintergrund ihrer bekannten Modelle ist, je mehr von ihrer Entscheidung abhängt, je weniger Aufwand mit dem Finden einer neuen und besseren Rahmung verbunden ist. Des Weiteren die *Rezeptwahl*. Hier geht es um die Frage, was innerhalb der erfolgenden Rahmung zu tun ist, was für das Erreichen des in der Rahmung identifizierten Zieles getan werden muss. Der Akteur wählt die der Situation angemessenen Mittel. Auch hier gehen die Akteure normalerweise routiniert und nach Gewohnheit vor. Sie gehen nicht ins Detail, solange die eingespielte Routine ausreicht. Erst, wenn es nicht mehr ausreichend scheint, wenn Zweifel aufkommen, wenn es um kritische Entscheidungen geht und wenn eine deutlich bessere, neue Rezeptalternative vermutet wird, wird nach völlig neuen Rezepten gesucht.

Beide Stufen der Situationsdefinition können unterbrochen werden. Entweder durch Zweifel („Ist die bislang für das Problem vermutete Lösung immer noch gültig, oder sollte ich die andere verfügbare Lösung wählen?") oder bei Fragen („Müsste ich die Situation nicht ganz neu untersuchen, weil alle mir bekannten Lösungen nicht mehr greifen und eine falsche Wahl schwerwiegende Folgen hätte?"). Normalerweise, beim Alltagshandeln, bleiben die Akteure jedoch bei der Routine und begnügen sich mit dem funktionierenden Nichtwissen. Nur in Ausnahmefällen gehen sie den Sachen auf den Grund. Diese Form ist die ökonomischste: Es werden gute Resultate mit den wenigsten Anstrengungen erreicht. Auch eine einmal durcheinandergebrachte Situation ist für den Akteur bereits dann mittels einer Neudefinition gelöst, wenn ihm die Relation zwischen Kosten der Informationsbeschaffung und dem erwartbaren Ergebnis (hinsichtlich Interessen und Zwängen) günstig erscheint. Sobald eine Lösung als zu aufwendig erscheint, bricht der Akteur die Suche nach anderen Situatonsdefinitionen ab. Die Orientierung an Routinen ist nicht nur ökonomisch, sondern auch verlässlich, schließlich richten sich die anderen Akteure auch nach ihnen. So entsteht eine Verschränkung der Perspektiven, und es wäre wenig sinnvoll, plötzlich mit neuen, alles durcheinanderbringenden Innovationen hereinzubrechen (Esser 2001, S. 151–162).

Harold Garfinkel: Ethnomethodologie

Schütz führte die Fraglosigkeit bei der Interaktion zwischen Akteuren auf die als „Rahmen" und „Rezepte" bestehenden intersubjektiven Zusammenhänge zurück. In ihnen sammeln sich die gemeinsamen sozialen Bezüge in Lebenswelt, Wissen und Werten. Harold Garfinkel, Begründer der Ethnomethodologie, dagegen geht einen deutlichen Schritt weiter: Die Intersubjektivität existiert für ihn überhaupt nicht als stabile Basis, vielmehr wird sie von den Akteuren immer wieder neu erzeugt: Die interagierenden Menschen bilden beim Handeln aktiv und spontan eine soziale Ordnung, und diese wird dann zum intersubjektiv gültigen Sinnzusammenhang im Bewusstsein der Akteure. Das Wissen und die Typisierungen, welche beim sozialen Handeln angewendet werden, gibt es als fraglos geltendes Modell also gar nicht vor dem Eintreten der Situation. Die Fraglosigkeit wird vielmehr erst in der Situation gemeinsam erzeugt (ebd., S. 171–172).

Techniken zum Schaffen sinnvoller Ordnung Ausgehend von diesen Grundannahmen untersucht die Ethnomethodologie, mit welchen Techniken sich die Akteure die Situationen gegenseitig als durchschaubar, geordnet und fraglos anzeigen, wodurch sie also die Orientierungsbasis erzeugen, die sie für ihr Handeln brauchen. Die Methoden zum Aufdecken dieses unthematisierten, das Handeln dennoch lenkenden Hintergrundwissens bestehen in der Ethnomethodologie darin, eine Situation zu schaffen, die (würde das unhinterfragt vorausgesetzte Hintergrundwissen hier tatsächlich gelten) nicht passieren darf (sogenannte „Krisenexperimente"). Garfinkel hat eine Reihe solcher für für die Betroffenen offenbar sehr verstörenden Krisenexperimente durchgeführt.

Es geht der Ethnomethodologie also um die Techniken, mit denen die Menschen eine sinnhafte Ordnung schaffen, ohne dass es eine objektive Basis für eben diesen Sinn gibt. Hier liegt ein großer Unterschied zu Mead, Blumer und Schütz, denn diese gehen ja davon aus, dass Menschen ihr Handeln auf der Basis fester Ideen koordinieren. Solcherlei vorgegebene Deutungsstrukturen gibt es in der Ethnomethodologie nicht. Diese entstehen nach Garfinkel immer erst in der fortlaufenden Handlungssequenz: Handeln und Hintergrund, Sinn und sinnhaftes Tun sind eine aus sich heraus entstehende Einheit. Einzelhandlungen bringen einen bestimmten Sinn hervor, und dieser Sinn wiederum macht auch die Einzelhandlungen überhaupt erst sinnhaft! Hierzu ein Beispiel: Angenommen, eine Person habe durch ihr bisheriges Handeln eine außerordentliche Geschäftstüchtigkeit demonstriert. Ihr Bekanntenkreis interpretiert dies mit der Zeit folgendermaßen: „Der ist ein richtiger, Gewinn maximierender Kapitalist geworden!" Während man sich früher vielleicht noch über eine Einladung zum Essen bei der Person gefreut hat, interpretiert man eine solche nun im neuen Licht der Situation: „Der will sich mit dieser Gefälligkeit doch sicher nur wieder einen Freundschaftsdienst ergaunern, für den er bei einem kommerziellen Dienstleister teuer zahlen müsste!" Und nicht nur wird die Einladung der Person von seinem Umfeld vor dem Hintergrund ihrer vermeintlichen profitorientierten Ausrichtung interpretiert, nein: Ihre bloße Handlung gilt ihrem Bekanntenkreis sogar als Bestätigung ihres kapitalistischen Lebenswandels (Esser 2001, S. 173–177).

Handeln, Zeichen, Kontext und Indexikalität Ähnlich wie beim Interpretativen Paradigma stehen auch in der Ethnomethodologie Handlung, Zeichen und Kontext in einem unauflösbaren Zusammenhang. Ein Gruß beispielsweise ist eine Handlung, aber auch ein Zeichen für einen im Hintergrund befindlichen Kontext, nämlich: Wir alle leben in einer Gemeinschaft, in der man sich grüßt. Nur in einem solchen Kontext ist ein Gruß überhaupt sinnvoll. Aber nur das regelmäßige Grüßen erzeugt und bestätigt diesen Kontext auch: Würde man sich eines Tages nicht mehr einen guten Tag wünschen, würde der gesellschaftliche Kontext sein Grußritual verlieren. Und in einer solchen Gesellschaft hätte eine Grußhandlung keinen Sinn mehr. Kurz gesagt: „Es gibt kein Handeln und kein Zeichen ohne Kontext. Und es gibt keinen Kontext ohne sein Handeln und sein Zeichen" (ebd., S. 178). Kontext, Handeln und Zeichen erschaffen sich also gegenseitig, und erst aus diesem Umstand entsteht die Fraglosigkeit, mit der wir unser Alltagshandeln erledigen. Eine für andere sinnhafte Handlung muss demnach immer mit einem bestimmten Zeichen, einem Index, versehen sein, der spezifisch für seinen jeweiligen Kontext ist, der auf den Hintergrund der Handlung verweist und der ihr erst einen Sinn verleiht („Indexikalität"). Das Aufstellen des Weihnachtsbaums im Wohnzimmer erlangt erst Sinn durch den Kontext des Weihnachtsfestes. Und ein Weihnachtsfest, dem solch indexikalisierte Handlungen mit der Zeit abhandenkommen, verliert an Substanz und sinnstiftender Kraft.

Bestimmte Handlungen, etwa das Aufstellen des Weihnachtsbaums, verfügen also über eine sich geradezu aufdrängende Konnotation, die sehr nützlich ist, erspart sie einem doch weitere, zeitraubende Erklärungen.

Das Handeln der anderen muss also immer in einen Kontext eingeordnet werden, damit es Sinn ergibt und dadurch erst verständlich wird. Allgemeinen, kontextlosen, nichtkonnotierten Sinn kann es gar nicht geben. Wenn ein Akteur in einer sozialen Situation plötzlich etwas völlig Unerwartetes tut, suchen die anderen Akteure sofort nach dem Sinn seiner Handlung, betrachten sie vor einem anderen, potenziellen Kontext, aus dem sich ein Sinn ableiten ließe. Kontexte werden dann so lange durchprobiert, bis das Handeln des anderen plötzlich sinnvoll erscheint: „Ah, versteckte Kamera" oder „Der hat ja ganz offensichtlich Drogen genommen". Esser fasst zusammen:

> Sinnhaftes [...] Handeln besteht damit vor allem in einer Technik des richtigen Umgangs mit indexikalen Äußerungen: in der einsehbaren und schließlich wieder als vernünftig angesehenen Identifikation und Schaffung eines erklärenden Kontextes und der darin thematisierten Regeln, die das spezifische Ereignis [...] erwartbar erscheinen lassen. (Esser 2001, S. 181)

Soziales Handeln besteht also darin, Kontexte und Indizes gemeinsam neu zu erschaffen, damit das gemeinsame Handeln dann frag- und reibungslos ablaufen kann.

Fünf Eigenschaften der Wirklichkeit Die subjektive Wirklichkeit wird aus Sicht der Ethnomethodologie von den Akteuren selbst in der Interaktion konstruiert. Es existieren ja keine festen und universell geltenden Hintergründe, an denen sie sich im Voraus verlässlich orientieren könnten. Es gibt für die Akteure immer nur jeweils situationsspezifisch neu geschaffenen Sinn. Fünf miteinander verbundene Eigenschaften dieser Wirklichkeit sind dabei wichtig und fassen gleichzeitig die Kernannahmen der Ethnomethodologie zusammen (ebd., S. 182–190):

Reflexivität: „Ein Tun wird erst sinnvoll im Rahmen eines Kontextes, den es selbst schafft und auf den es durch sich selbst wiederum verweist" (ebd., S. 182). Ein Beispiel: Eine Person gibt einem Bettler etwas Geld. Dieses Tun ist nur in einem bestimmten Kontext sinnhaft und schafft diesen Kontext selbst. Der Kontext könnte aus Sicht eines Beobachters sein, dass die Person ein wahrer Menschenfreund ist. In diesem Fall handelt sie für die an der Situation Beteiligten (und auch aus ihrer Perspektive) aus Mitleid, und ihre Handlung bestätigt diese Deutung. Oder aber der

Beobachter hält die Person für eine Heuchlerin. Vor diesem Hintergrund würde ihre Handlung als verlogene Inszenierung von Barmherzigkeit interpretiert werden. Und die als solche interpretierte Handlung würde die negative Meinung des Beobachters wiederum bestätigen.

Kohärenz: Die Akteure haben für die Bereiche ihres Alltags nicht immer fertige Wissensmodelle. Das wissen sie aber auch, und sie können es auch gut begründen: Es ist nämlich durchaus vernünftig, seine knappe Aufmerksamkeit und sein Wissen kohärent auf das zu verteilen, was wirklich wichtig ist.

Interaktive Konstruktion: Subjektive Realitäten können nur existieren, wenn sie immer wieder bekräftigt werden. Und diese Bekräftigung erfolgt dadurch, dass Akteure sich beim Handeln wechselseitig wahrnehmen und interpretieren, dass sie mit ihrem an institutionalisierten Modellen orientierten Handeln deren Geltung demonstrieren. Ohne die ständige Bekräftigung dieser Modelle gäbe es keine „Dokumente" (vgl. S. 140 ff. in diesem Buch) ihrer selbst. Die subjektiven Sinnwelten würden zerfallen.

Fragilität: Die subjektiven Wirklichkeiten sind fraglos, solange es ein Gleichgewicht bei der sozialen Interaktion gibt. Dennoch sind sie fragil, denn sie können zerbrechen, wenn es eine unerwartete Regelverletzung gibt, die dann – notwendigerweise, um wieder Sinn in das Handeln der anderen Akteure zu legen – zu einer Uminterpretation der Situation, zu einer Änderung der sozialen Wirklichkeit führt.

Permeabilität: Aus der Fragilität geht bereits hervor: Das Wissen und die subjektive Wirklichkeit der Akteure sind veränderbar, meist schrittweise, manchmal aber auch komplett.

Zusammenfassung

Was lässt sich aus den Positionen von Mead/Blumer, Schütz und Garfinkel zusammenfassend ableiten? Erstens: Handeln wird von einer kulturellen Orientierung gerahmt, die für die aktuelle Situation vorgegeben ist. Diese Orientierung wirkt nicht mechanistisch auf das Handeln der Akteure, sondern wird von diesen als Unterstützung bei der Interpretation der sozialen Situation herangezogen. Zweitens: Die Orientierung und das Handeln erfolgen normalerweise, beim Alltagshandeln, selbstverständlich und unhinterfragt. Die Selbstverständlichkeiten können erschüttert werden, wenn bestimmte Details der Situation nicht mit den geistigen Orientierungsmodellen der Akteure harmonieren oder besonders kritische Entscheidungen anstehen. In einem solchen Fall lenkt der Akteur seine Aufmerksamkeit auf das entstandene Problem und durchdenkt die

Situation genauer. Drittens: Kulturelle Orientierungen und Selbstverständlichkeiten wiederum sind nicht gottgegeben, sondern bilden und
bestätigen sich in der stetigen Interaktionen der Akteure immer wieder
neu. Das Handeln der Akteure selbst schafft die Maßstäbe, an denen
es sich orientiert. Kulturelle Orientierungen, Sinn des Handelns und
das Handeln selbst sind also eine Einheit, die das ganze soziale Leben
bestimmt.

Die Ansätze von Schütz, Mead/Blumer und Garfinkel wurden lange Zeit
voneinander isoliert betrachtet. Essers Anliegen ist, diese Ansätze als
Teilmodell, das die kulturelle Rahmung von Situationen und die soziale
Konstitution von Sinn erklärt, zu integrieren. Dieses Teilmodell soll sein
Modell der soziologischen Erklärung vervollständigen (Esser 2001, S. 203–
204). Die oben genannten Ansätze fließen in die im folgenden Abschnitt
eingehend behandelte Logik der Situation ein, und zwar in Form der
externen Randbedingungen: materielle Opportunitäten, institutionelle
Regeln und kulturelle Bezugsrahmen, die dem Handeln einen Sinn geben.

4.2 Situationslogik

Akteure werden von den sie umgebenden Situationen nicht mechanistisch
determiniert. Vielmehr bilden sie aktiv Bedingungen für die sinnhafte
Wahl eines bestimmten Handelns auf Basis der Situation. Demnach ist
bei der soziologischen Erklärung auch nicht trivial zu fragen, welchen
Effekt eine Situation auf die Akteure hat, sondern welche Eigenschaften
der Situation die Akteure dazu veranlassen, sich in typischer Weise zu
verhalten. Die Akteure orientieren sich in ihrem Handeln an der Situation.
Diese Annahme ist die Grundlage einer jeden soziologischen Erklärung.
Mehrere Elemente der Situation sind im Rahmen der soziologischen Erklärung laut Esser zu berücksichtigen (vgl. Esser 2002, S. 56): Zu den
internen Bedingungen zählen Wissen und Erwartungen sowie Werte und
Bewertungen. Zu den externen Bedingungen gehören Opportunitäten
und Restriktionen, institutionelle Regeln sowie signifikante Symbole und
Bezugsrahmen. Im Folgenden soll auf die einzelnen Elemente der Situation, aus der sich ihre Logik ergibt, eingegangen werden. Allerdings nur
kurz, denn dieses Kapitel hat in erster Linie methodische Funktion, soll
es die vorherigen Theoriekapitel doch integrieren und die Übertragung
in eine empirische Untersuchung vorbereiten. Esser hat die jeweiligen
Beiträge der soziologischen Theorie bereits in verdichteter Form in sein
Modell integriert, und dies reicht meines Erachtens für die Funktion
dieses Kapitels an dieser Stelle aus.

4.2.1 Wissen und Werte

Die Identität besteht nach Esser aus der Summe zweier Komplexe und ihrer Elemente: Das Wissen über bestimmte Wahrscheinlichkeiten in einer Situation und Werte in Form von Präferenzen für bestimmte Optionen in dieser sowie dem Satz an inneren Einstellungen für eine bestimmte Situation. Letztere sind Spezialfälle der Ersteren: Einstellungen bestehen aus dem speziellen Wissen, dass ein bestimmter Situationstyp durch ein signifikantes Zeichen angezeigt wird, und aus den speziellen Werten, die ein Akteur mit dieser angezeigten Situation und dem entsprechenden Handeln in ihr assoziiert. Die Identität birgt also das Wissen und die Werte eines Akteurs, seien sie nun allgemein oder situationsbezogen. Bei genauerer Betrachtung jedoch lassen sich drei Dimensionen der Identität beschreiben, deren Gesamtheit als das *Selbst* eines Akteurs bezeichnet wird: die soziale Identität („Me"), die personale Identität („I") und die Ich-Identität („Self") (Esser 2001, S. 341).

Die *soziale Identität* enthält den Satz an sozial geteilten und verbindlichen mentalen Modellen, die die Beziehung des Akteurs zu anderen Akteuren in typischen Situationen beschreiben. Auf dieser Grundlage stellen die Akteure eine Beziehung zu ihrer sozialen Umwelt her. Die soziale Identität enthält

- Wissen (kognitive Erwartungen) und Bewertungen über sozial typisierte Situationen und die mit ihnen verknüpften signifikanten Symbolen,

- das aus sozialer Sicht angemessene, „korrekte" Handeln in diesen

- und die Beziehung des Akteurs zu seiner Umgebung, und zwar aus der vom Akteur antizipierten Sicht der Umgebung.

Die soziale Identität enthält damit die vom Akteur subjektiv an sich selbst, aber aus dem antizipierten Blickwinkel der Umwelt vorgenommenen Zuschreibungen seiner Eigenschaften und sozialen Beziehungen. Es ist der Blick, den der Akteur auf sich wirft, indem er sich in die anderen hineinversetzt. Hierbei betrachtet der Akteur verschiedene Facetten von sich selbst aus verschiedenen antizipierten Perspektiven: Der Arbeitsplatz beispielsweise berührt andere Bereiche seiner sozialen Identität als das traute Heim nach Feierabend oder das kleine Café um die Ecke am Samstagvormittag. Tagsüber ist ein Akteur vielleicht der ob seiner Unbarmherzigkeit und ökonomischen Kälte gefürchtete Abteilungsleiter, abends der unter dem Pantoffel seiner Frau stehende Ehemann und samstags der Stammgast im Bistro um die Ecke, der stets bei Cappucino mit extra viel Zucker die FAZ liest. Jede Nische spricht andere „Me"s (wie dieser Teil der Identität bei Mead genannt wird) an.

Die *personale Identität* ist die „Stellungnahme des Akteurs als individuelle und ununterscheidbare Person zu seiner sozialen Umgebung" (ebd., S. 342). Sie besteht aus dem Ich („I" bei Mead), dem spezifischen Teil der Individualität und den sozialen Beziehungen des Akteurs zwischen ihm als Person mit bestimmten persönlichen Eigenschaften zu seiner sozialen Umgebung.

Die *Ich-Identität* („Self" nach Mead) wiederum bildet die Verfassung einer Person, sie organisiert die personale und soziale Identität übergreifend. Diese können mitunter zu gegenseitigen Konflikten führen. Besonders dann, wenn sich aus ihnen unterschiedliche Orientierungen in bestimmten Bereichen ergeben, etwa wenn ein Grafikdesigner sich personal als feingeistiger Künstler sieht, sein soziales Umfeld in Form einer Werbeagentur ihm aber das Berufsbild eines opportunistischen Dienstleisters vermittelt. Eine intakte Ich-Identität verleiht dem Akteur eine „Verfassung des Selbst" (Esser 2002, S. 55) und integriert personale und soziale Identität eines Akteurs.

Diese drei Dimensionen bilden die Identität eines Akteurs. Die in ihr gespeicherten Modelle manifestieren sich als Erwartungen und Bewertungen in und für verschiedene(n) Situationen. Damit sind sie die unabhängigen Variablen bei der Selektion des Handelns und die internen Bedingungen der Situation. Sie entstehen im Rahmen der Sozialisation über das Erlernen von Präferenzen und Wissen. Damit sind sie Produkte sozialer Prägungen und Vorstrukturierungen. Identitäten entstehen, indem sich anfangs vage Vermutungen (über das Selbst) im Laufe institutioneller Abläufe und deren Reflexion seitens des Akteurs zu festen Hypothesengebilden stabilisieren. Dabei liefert das soziale Umfeld Bestätigungen oder Irritationen. In jeder Situation aber kann der Akteur sich nur partiell identifizieren, denn sein Selbst besteht ja aus verschiedenen Komponenten, die nicht allesamt aus derselben Quelle bedient werden. Symbole haben bei den Bestätigungen und Irritationen eine besonders wichtige Funktion: Sie dienen als Anzeichen dafür, was der andere nun tut wird und wie er einen selbst dabei sieht. Sie verfügen über eine starke Bindungskraft, denn wenn sich ein Akteur einmal an ihnen orientiert, erfolgt die Problemlösung sehr effizient, weil er sich aufwendige Anpassungen erspart. Symbole erhöhen auch bei der Bildung von Identitäten die Motivationsgünstigkeit (siehe S. 142 ff. in dieser Arbeit) bei der sozialen Interaktion. Und die erfolgreiche und effiziente Problemlösung sowie die hohe Motivationsgünstigkeit bestärken die Geltung und Bindung der Symbole noch weiter (Esser 2001, S. 335–370, 2002, S. 54–56).

4.2.2 Opportunitäten und Restriktionen

Die Opportunitäten sind jene Elemente einer Situation, die der Akteur als Mittel kontrolliert und die ihm damit als Handlungsalternativen zur Verfügung stehen. Die Gesamtheit der Opportunitäten nennt Esser „Möglichkeitsraum". „Opportunitäten beschreiben den letzten materiell möglichen Rahmen des Handelns, der sich aus objektiven Knappheitsbedingungen ergibt" (Esser 2002, S. 52). Dazu gehören etwa verfügbares Geld, eigene Fähigkeiten, soziale Kontakte, aber auch die gerade verfügbare Zeit, die oft knapp ist und zeitraubende Handlungen beschränkt. Opportunitäten grenzen den materiell möglichen Handlungsraum ein. Damit sind sie die materiellen Äquivalente zu den in Abschnitt 4.1.5 geschilderten signifikanten Symbolen, die den kulturell möglichen (d. h. sozial definierten) Raum des Handelns abgrenzen.

4.2.3 Institutionen

Institutionen sind „Glaubensvorstellungen" (Esser 2000d, S. 4) von Akteuren, die aber nicht von den Akteuren selbst, sondern von ihrer Gesellschaft geregelt werden. Institutionen sind Regeln, keine bloßen (beobachteten) Regelmäßigkeiten à la „Spielen die Mücken im Februar, frier'n Schafe und Bienen das ganze Jahr". Denn bloße Regelmäßigkeiten beanspruchen im Gegensatz zu sozialen Regeln keine soziale Geltung: Ein Landwirt würde sich angesichts warm-wonniger Schafe im Sommer trotz fehlender Mücken im Februar nicht beschweren, ganz im Gegensatz zum Bürger, der von der Institution „Polizei" auch dann Schutz als Anspruch erwartet, wenn seiner Erwartung einmal nicht entsprochen wurde. Institutionen sind also „bestimmte, in den Erwartungen der Akteure verankerte, sozial definierte Regeln mit gesellschaftlicher Geltung und daraus abgeleiteter ‚unbedingter' Verbindlichkeit für das Handeln" (ebd., S. 6). Sie regeln über die sozialen Produktionsfunktionen (vgl. Abschnitt 4.2.5) den Nutzen, den bestimmte Handlungen für die Befriedigung von Bedürfnissen eines Akteurs haben. Die institutionellen Regeln, die in einer Situation gelten, muss ein Akteur berücksichtigen, wenn er erfolgreich sein und verstanden werden will. Sie regeln die Arten, Ziele und Mittel des Handelns. Institutionen sind gewissermaßen die sozialen Spielregeln, die aber von Situation zu Situation wechseln können. Dementsprechend droht bei

Nicht-Beachten von Institutionen ein Ausschluss aus der jeweiligen Sinn-Gemeinschaft (im Extremfall auch physischer Natur in entsprechenden Anstalten wie z. B. Gefängnissen). Daher befolgen Menschen sie nicht nur aus rationalen Gründen, sondern sind von ihnen höchst emotional betroffen. Typische Institutionen sind sämtliche Normen wie z. B. Bräuche, Gewohnheiten, Konventionen und soziale Rollen (Esser 2002, S. 52–53, 2000d, S. 2–10).

Esser unterscheidet drei Arten von Institutionen: soziale Rollen, Normen und soziale Drehbücher. Alle drei sind mit Handlungsmodellen für typische Situationen verknüpft, die orientierende Funktion haben. Die Modelle sind bei den Akteuren mental präsent und emotional verankert. Sie beschreiben zwei Aspekte des jeweils angemessenen Handelns:

- Den Inhalt, also die Ziele in der entsprechenden Situationen, und das Wissen über die die zulässigen Mittel zu deren Erreichung. Sie beschreiben, *was* getan werden muss.

- Die Form, also die Art und Weise, *wie* zu handeln ist: Zweckrational, wertrational etc.

Diese Modelle werden durch signifikante Symbole einer Situation ausgelöst. Wenn Modelle und deren Zeichen sicher mental verankert und Zeichen deutlich in der Situation sichtbar sind, handeln Menschen fast automatisch. Störungen dagegen unterbrechen den automatischen Ablauf. Die Vorstellungen über die Modelle und die Symbole, die Geltung der Modelle in einer bestimmten Situation anzeigen, sind somit die kulturelle Schnittstelle zwischen dem Akteur und der Struktur der Gesellschaft (Esser 2000d, S. 10–12).

Institutionen sind in praktisch allen sozialen Gebilden vorhanden. Denn auch wenn die Bedürfnisse der Menschen allgemein sind, können sie doch nur auf eine Art bedient werden, die sozial definiert wird: über die sozial festgelegten primären und indirekten Zwischengüter. Institutionen definieren also die sozialen *Produktionsfunktionen* (siehe Abschnitt 4.2.5), sie legen fest, wie erwartbar der Nutzen einer Handlung in einer bestimmten Situation ist. Sie sind die Spielregeln, nach denen sich die Akteure verhalten müssen, wenn ihr soziales Handeln Erfolg haben soll. Damit sind die Institutionen der wohl wichtigste Aspekt in der Logik der Situation – zumindest für die Akteure. Nur über sie können die sozialen Interaktionen reibungslos koordiniert werden. Das Befolgen der Institutionen ist durch ihre Nutzen generierende Funktion im Zuge der sozialen Produktionsfunkionen durchaus im Interesse der Akteure. Das macht einen Teil ihrer sozialen Geltung aus. Einen weiteren Betrag zu ihrer Geltung leisten die Sanktionen, die bei Nichtbefolgung drohen. Institutionen bestimmen also nicht nur den Nutzen einer Handlung, sondern auch ihre Kosten (Esser 2000d, S. 2–10, 2000d, S. 43, 2000d, S. 223–225).

Betrachtet man die Funktionen von Institutionen genauer, können drei Detailfunktionen voneinander unterschieden werden:

- Ordnungsfunktion: Institutionen sichern die soziale Ordnung und Kooperation. Denn ohne Institutionen, die das Miteinander von Akteuren regeln, würde es aufgrund hoher Transaktionskosten (für Informationssuche, Verhandlung und Abschließen eines Vertrages, Überwachung und Durchsetzung dessen Einhaltung) und Risiken oftmals gar nicht erst zu einer Transaktion kommen. Ohne sie würden die Akteure nur nach ihren egoistischen Interessen handeln.

- Orientierungsfunktion: Institutionen entlasten die Akteure von Unsicherheit bei Risiken und Entscheidungsdruck. Weiß man in einer neuen Entscheidungssituation von sich heraus nicht weiter, hilft oft die Besinnung auf institutionalisierte Bräuche: Dies oder jenes wurde schon immer so und nicht anders gemacht. Institutionen definieren eine Situation objektiv, sie legen die hier und jetzt geltenden Regeln verbindlich fest. Dadurch ersparen sie dem Menschen Irrtümer und grenzen die Optionen ein, sodass der Rest der verfügbaren Optionen umso besser genutzt werden kann. Ohne die entlastenden und orientierenden Wirkungen von Institutionen wären Menschen in sozialen Situationen oft gar nicht handlungsfähig.

- Sinnstiftungsfunktion: Institutionen ordnen das Handeln der Akteure in einen ihnen verständlichen und bindenden Zusammenhang sozialer Regeln ein. Institutionen wirken erst dann orientierend und ordnend, wenn sie dem Handeln einen Sinn verleihen. Dieser Sinn muss für die Akteure einsichtig und verständlich sein, das Handeln muss durch ihn als richtig oder falsch, gerecht oder ungerecht empfunden werden.

Institutionen ermöglichen also die Orientierung, die Bildung von Sinn und Ordnung, indem sie andere Handlungsmöglichkeiten ausschließen. Sie begrenzen den Raum der Möglichkeiten. Sie sind gewissermaßen die „Softwarevariante" der weiter oben genannten Opportunitäten und Restriktionen. Es gibt bei den Institutionen immer einen Payoff, eine

Nutzen-Kosten-Relation, zwischen den beschränkenden und Nutzen generierenden Wirkungen, der die Akteure mit den Begrenzungen versöhnt (Esser 2000d, S. 15–37).

4.2.4 Kulturelle Bezugsrahmen und Symbole

Essers Rahmenbedingungen der Bezugsrahmen („Frames") und Symbole basieren auf seinen Ausführungen zu den eingangs genannten „Klassikern", nämlich dem symbolischen Interaktionismus, Schütz und Garfinkel. Im Großen und Ganzen gilt hier, was bereits bei den obigen Schilderungen gesagt wurde; an dieser Stelle soll lediglich noch einmal Essers Zusammenfassung in kurzer Form aufgeführt werden.

Die objektiv vorhandenen Möglichkeiten (Opportunitäten) und die Institutionen sind für den Akteur erst einmal nur rein äußerlicher Natur: Es gibt keine direkte Verbindung zwischen ihnen und seinem psychischen Inneren. Ansonsten wäre jede Situation mit all ihren objektiven Merkmalen viel zu komplex und würde den Akteur hoffnungslos überlasten. Der Akteur wird erst durch eine Strukturierungshilfe handlungsfähig. Eine solche Komplexität reduzierende und Sinn verleihende Strukturierungshilfe ist die Definition der Situation, ihre Einordnung in einen *Bezugsrahmen:* „Bezugsrahmen sind gedankliche und von den Akteuren kollektiv geteilte Modelle des sozial ‚richtigen' Denkens, Fühlens und Handelns für typische Situationen" (Esser 2001, S. 1).

Solche Frames definieren das in der Situation geltende Oberziel, den Code der Situation, also das, worum es hier und jetzt geht. Sie sind mit typischen, kollektiv geteilten und damit „objektiven" *Symbolen* verknüpft (die Symbole sind dabei bestimmte, sichtbare Merkmale von Situationen). Bezugsrahmen schaffen Grenzen, innerhalb derer (und nur dort) bestimmte Handlungen und Gedanken, Gefühle etc. vernünftig oder geboten sind. Ein Aborigine wäre, würde man ihn von seinem Heimatdorf in eine katholische Messe befördern, völlig befremdet. Für einen routinierten Kirchgänger indes sind das Geheimnis des Glaubens, Vaterunser und die Kommunion selbstverständliche und sinnvolle Handlungen des Bezugsrahmens „Abendmahl", welcher durch entsprechende Symbole (insbesondere das Verhalten des Geistlichen) angezeigt wird. Außerhalb dieses Kontextes wäre das gleiche Handeln womöglich sinnlos, undenkbar, je nach Rahmen sogar unmoralisch (man denke an die durch den Bezugsrahmen „Kölscher Karneval" ausgelöste normative Ausnahmesituation). Ist ein Bezugsrahmen erst einmal aktiviert, kann er rationale Überlegungen dominieren: Die Akteure richten ihr Handeln dann nicht nach materiellem Erfolg aus, sondern folgen automatisch dem Code des Rahmens (wobei kaum ein Bezugsrahmen jedoch in der Lage ist, die materielle Realität komplett zu verdrängen (Esser 2001, S. 31)).

Die Gesamtheit aller Bezugsrahmen, verknüpfter Symbole und der damit verbundenen Handlungen und aus den Handlungen entstandenen Artefakte ist laut Esser die *Kultur* eines Kollektivs. Aus diesem Pool bedienen sich die Menschen, wenn sie ihr Handeln mit Sinn versehen und von anderen Mitgliedern des Kollektivs verstanden werden wollen. Die Modelle aus der Kultur kontrollieren über die Symbole die Orientierung und das damit verbundene Handeln der Menschen. Die Kultur ist also zum verstehenden Erklären des Handelns immens wichtig, da sie der Schlüssel zum Sinn ist: Sie steuert für typische soziale Situationen die Präferenzen und das Wissen (als interne Rahmenbedingungen der Situation) der Akteure, weil diese sich möglichst günstig in die soziale Situation einbringen wollen, und zwar anhand der in der Kultur gespeicherten Produktions- und Nutzenfunktionen (Esser 2001, S. 1–10, 2001, S. 31).

4.2.5 Soziale Produktionsfunktionen

Die obigen Ausführungen zum subjektiven Sinn, insbesondere aus der Perspektive des symbolischen Interaktionismus und der Ethnomethodologie, vermitteln den Eindruck, als würden die Menschen in einer individuellen Scheinwelt und nicht in der objektiven Wirklichkeit leben. Jedoch: Auch wenn die Menschen den Sinn einer Situation in einem interpretativen Prozess hervorbringen und ihn damit zwangsläufig zu einer subjektiven Konstruktion werden lassen, ist die Kluft zwischen subjektiver und objektiver Wirklichkeit beim sozialen Handeln – zumindest in den hierbei beteiligten Bedingungen der Situation – nicht groß. Meist richten sich die Akteure nach den objektiven Vorgaben, weil sie sonst Schwierigkeiten bekämen, ihre Lebensbedürfnisse über die soziale Interaktion mit ihren Mitmenschen zu befriedigen (Esser 2002, S. 75–84). Der Schlüsselbegriff für diesen Aspekt ist der Begriff der *sozialen Produktionsfunktionen*.

Die Grundidee Essers lautet, dass das Handeln stets der Produktion von Nutzen dient. Vielleicht nicht auf den ersten Blick und unmittelbar. Aber der allerletzte, endgültige Bezug der Menschen für ihr Handeln sind immer ihre Reproduktion und das Funktionieren ihres Organismus. Hierbei spielen mehrere Elemente eine Rolle: Der *Nutzen* ist das, was ein Akteur erlebt, wenn etwas dem Funktionieren seines Organismus zuträglich ist. Um dieses Erleben zu schaffen, müssen bestimmte Bedürfnisse bedient werden. Ihre Bedienung erfüllt den Nutzen. Esser bevorzugt in seiner Abhandlung die Rückführung allen Handelns auf die beiden allgemeinen Bedürfnisse der *sozialen Wertschätzung* und des *physischen Wohlbefindens*. Jene Mittel, die unmittelbar die soziale Wertschätzung oder das physische Wohlbefinden bedienen, werden *primäre Zwischengüter* genannt. Die sind eng an soziale Institutionen gebunden: Nicht alle primären Zwischengüter werden in jeder Situation gleichermaßen akzeptiert. In einigen Kreisen erhöht man sein Ansehen gegenüber der Bezugsgruppe durch ein niedriges Handicap auf dem Golfplatz, in anderen Kreisen durch das heroische Leeren einer Bierdose in weniger als drei Sekunden. Meist stehen die zur Bedürfnisbefriedigung wichtigen primären Zwischengüter jedoch nicht unmittelbar zur Verfügung. Sie müssen erst noch hergestellt werden. Ein niedriges Handicap will erspielt, eine Leber trainiert werden. Die Produktion dieser primären Zwischengüter erfolgt mittels der *indirekten Zwischengüter*. Wie bei den primären Zwischengütern regeln auch hier soziale Institutionen, welches indirekte Mittel für die Produktion des primären Mittels akzeptabel ist und welches nicht. Deswegen bestimmen sie die Logik der Situation massiv mit. Auch hierüber werden also die objektiven Bedingungen der Situation mit den subjektiven verknüpft.

Meist haben Menschen bestimmte *Präferenzen* bei der Wahl der Güter und Zwischengüter. Der Nutzen, den ein Ziel zur Befriedigung eines Bedürfnisses eines Akteurs hat, kann für einen anderen Akteur ein anderer sein: Ein Brite erlangt sein physisches Wohlbefinden vielleicht eher über die Tasse Earl Grey am Nachmittag, der Wiener über seine Melange mit Schlagobers. Diese Präferenzen werden über verschiedene Mechanismen ausgebildet: die kulturelle Prägung, die institutionalisierten Vorgaben der Produktionsfunktionen oder einfach rein technische Umstände, wenn sich bestimmte Zwischengüter materiell besser zur Bedürfnisbefriedigung eignen als andere. Eng mit den Präferenzen verknüpft ist das *Interesse* eines Akteurs an bestimmten Zwischengütern. Dieses wird aus der Effizienz der Mittel zur Bedienung der allgemeinen Bedürfnisse gebildet. Damit ist das Interesse an einem Zwischengut abhängig von den objektiven Bedingungen der Situation, die ja die Effizienz und die Geltung eines Mittels bestimmt. Interessen sind sehr daher variabel, eben je nach Situation spezifisch.

Menschen versuchen also, die Situation möglichst „objektiv" zu erfassen (d. h. hinsichtlich der gegebenen Opportunitäten/Möglichkeiten und deren sozialer Akzeptanz), um ihre Bedürfnisse möglichst effizient (d. h. unter wenigen technischen und sozialen Reibungsverlusten) erreichen zu können. Das von Esser aus der Ökonomie adaptierte Konzept der sozialen Produktionsfunktionen erklärt damit, warum sich Akteure an den objektiven Vorgaben orientieren und diese einigermaßen enthusiastisch befolgen:

> Sie wissen in aller Regel ganz genau, worum es in einer Gesellschaft, einer Gruppe oder einer Situation „primär" geht. Und sie wissen, meist ebenso gut, welche Mittel, Alternativen, Möglichkeiten sie haben, um diese Dinge zu erzeugen. Und sie definieren daher auch subjektiv ihre Situation so, wie es die objektiven Vorgaben verlangen – wenn sie diese objektiven Vorgaben erkennen können und wenn eine „falsche" Definition der Situation fatale Folgen hätte. (Esser 2002, S. 110)

In der Wahl der primären Zwischengüter sind die Akteure also nicht frei. Was geeignet und akzeptiert ist, um ein Bedürfnis zu bedienen, ist durch soziale Konventionen und den institutionellen Rahmen geregelt, dem damit eine immens wichtige Bedeutung beim menschlichen Handeln zukommt: „Das Handeln ist eben nicht nur durch die inneren Einstellungen, sondern auch durch die äußeren Bedingungen, durch den materiellen, institutionellen und kulturellen Kontext bestimmt" (ebd., S. 419). Wer ausschließlich von den individuellen Eigenschaften der Akteure direkt auf kollektive Phänomene schließt und damit die sozialen Strukturen um die Akteure herum (also den Kontext) ignoriert, der begeht, so Esser, einen „individualistischen Fehlschluß" (ebd., S. 421). Der Akteur muss die im jeweiligen situativen Kontext geltenden, sozialen Regeln genau beachten. Damit werden die richtige Interpretation der sozialen Situation und das Befolgen der in ihr geltenden Regeln zu einer wichtigen Voraussetzung für den Erfolg des sozialen Handelns. Daher vergewissern sich die Akteure im Alltag auch immer wieder, ob sie nicht „auf dem falschen Dampfer" sind. Hier erweist ihnen die Sprache einen großen Dienst: Sie ist das wichtigste Mittel bei der Sinnvergewisserung. Sie liefert die Symbole, die auf die in der jeweiligen Situation geltenden Vorgaben (die als Modelle im Gedächtnis des Akteurs gespeichert sind) verweisen (ebd., S. 98–104).

4.2.6 Zusammenfassung

Die Situationslogik beschreibt die externen und internen Rahmenbedingungen der Situation. Beide beeinflussen das Handeln der Akteure: Erstere über die sozial-objektive Wirklichkeit der den Akteur umgebenden Situation, Zweitere über die Verinnerlichung dieser Wirklichkeit beim Akteur und dessen Bewertungssystem. Zur Befriedigung seiner persönlichen Bedürfnisse ist der Akteur über die sozialen Produktionsfunktionen auf die sozial-objektive Wirklichkeit und sein Wissen über diese angewiesen. An diesem Punkt der objektiven und subjektiven Rahmenbedingungen setzen die Brückenhypothesen der soziologischen Erklärung an. Sie beschreiben die Lage des Akteurs und verknüpfen interne mit externen Parametern der Ausgangssituation: Bauer Schmidts Handlungsspielraum, um das Schweinezyklus-Beispiel aus der Einleitung dieses Kapitels auf S. 132 ff. noch einmal aufzugreifen, ist durch materielle Restriktionen und institutionelle Regeln an bestimmte Handlungsoptionen in der Landwirtschaft gebunden. Der internalisierte, kulturelle Viehzucht-Rahmen erleichtert ihm zusätzlich die Orientierung, gibt typische Betriebsziele und Arbeitsmethoden vor, sodass sich Bauer Schmidt nur noch die Frage stellt, welche Tiere er denn eigentlich züchten soll: Schweine oder Kühe. Seine Identität versorgt ihn weiterhin mit einem subjektiven Wissen über aktuelle Preise und Absatzchancen sowie ebenso mit subjektiver Bewertung des persönlichen Nutzens der verfügbaren Alternativen. Die Brückenhypothesen beschreiben diese Parameter der Situation und ihre Ausprägungen im Detail, sie füllen die abstrakte Situationslogik mit konkreter Substanz: Was weiß Bauer Schmidt über die Marktlage, wie wichtig ist ihm finanzieller Erfolg, welche kulturellen Rahmen sind ihm zugänglich, welche materiellen Optionen stehen ihm offen, welche institutionellen Regelungen greifen bei ihm? All diese Parameter können von Person zu Person einmal mehr, einmal weniger schwanken – sie ähneln sich aber zwischen zwei pfälzischen Ökobauern vermutlich mehr als zwischen diesen und dem Inhaber eines nordamerikanischen Massentierhaltungsbetriebs. Über die Situationslogik und die aus ihr resultierenden Brückenhypothesen kann die Lage eines Akteurs beliebig detailliert und *individuell* beschrieben werden. Die Logik der Selektion erklärt das Handeln des Akteurs dann mit *Allgemeingültigkeit* beanspruchender Kausalität auf der Basis dieser Brückenhypothesen. Sie wird im nächsten Teilkapitel behandelt.

4.3 Selektionslogik

Im vorherigen Teil dieses Kapitels wurde festgehalten, dass die Situationslogik aus objektiven/äußeren und subjektiven/inneren Bedingungen besteht: den Opportunitäten, Institutionen und mit signifikanten Symbolen versehenen Bezugsrahmen als „soziale Tatsachen" auf der einen sowie dem Wissen und den Werten als innere Parameter auf der anderen Seite. Die objektive Seite der Situation wird durch die sozialen Produktionsfunktionen und die Verfassung einer Gesellschaft bestimmt. Das Handeln der Menschen in einer Situation wird aber nur durch die subjektiven Erwartungen und Bewertungen determiniert. Welche davon in einer bestimmten Situation aktiv werden, ist die Folge der subjektiven Definition der Situation. Diese Definition ist eine Selektion des Akteurs, sie reduziert die ansonsten zu hohe Komplexität einer Situation auf ein zentrales Leitmotiv. Um sie und die daran anschließende Wahl des Handelns geht es in diesem Teilkapitel. Die Definition der Situation besteht in Essers Modell aus drei aufeinanderfolgenden Stadien:

1. der Vorgeschichte sowohl der inneren wie der äußeren Bedingungen,

2. der Kognition, der Verarbeitung situativer Reize zu einer Wahrnehmung der Umgebung, in deren Rahmen beim Aufeinandertreffen von äußeren und inneren Bedingungen die Erwartungen und Werte des Akteurs beeinflusst werden. Als Resultat der Kognition wird ein mentales Modell der Situation oder mehrere alternative Modelle aktiviert bzw. konstruiert. Ihr folgt schließlich

3. die Orientierung (von Esser auch „Framing" genannt). Hierbei wird eines der in der Kognition gefundenen Modelle ausgewählt. Hat die Kognition kein eindeutig passendes Modell gefunden, wird hier weiter nach einer Definition der Situation gesucht.

Das Modell, das in den beiden o. g. Schritten aktiviert wird, ist dann der Bezugsrahmen der Situation, an dem sich der Akteur orientiert. Er verleiht seinem Handeln Sinn. Er verbindet die äußeren, objektiven mit den inneren, subjektiven Bedingungen in der Situation. An die derart stattfindende Definition der Situation erfolgt anschließend „nur noch" die technische Ausführung der selegierten Handlung. Erst dieses tatsächliche Handeln hat Folgen, die dann in der dritten Logik (der Aggregationslogik) zu einer neuen sozialen Situation zusammenwachsen (Esser 2002, S. 161–162, 2002, S. 165, 2001, S. 205–206).

4.3.1 Kausale Erklärung des Handelns

In der Selektionslogik geht es um die Erklärung des Handelns. Ihr formaler Kern ist eine die Selektion des Akteurs kausal erklärende, allgemeine Handlungstheorie. Esser bevorzugt die Wert-Erwartungs-Theorie, kurz „WE-Theorie", weil sie für ihn als einzige alle formalen Anforderungen an eine brauchbare Handlungstheorie erfüllt. Bevor näher auf Essers Selektionslogik eingegangen wird, soll der hier verwendete Handlungsbegriff, das dem Modell zugrunde liegende Paradigma der Zweckrationalität und schließlich die WE-Theorie kurz vorgestellt werden.

Der Handlungsbegriff

Was bedeutet eigentlich „Handeln"? Hier folgt Esser Max Weber, der zwischen Handeln und Verhalten unterscheidet: „Handeln soll dabei ein menschliches Verhalten [...] heißen, wenn und insofern als der oder die Handelnden mit ihm einen subjektiven Sinn verbinden" (Weber 2006, S. 12). Subjektiver Sinn ist also das Schlüsselelement des Handelns, er unterscheidet das Handeln vom Verhalten: *Verhalten* umfasst sämtliche Reaktionsweisen eines Individuums, auch automatische und unreflektierte. Menschen unterscheiden sich von Tieren vor allem dadurch, dass sie ihr *Handeln* im Voraus durchdenken können und aufgrund dieses antizipierten Ausgangs ihre Selektion vornehmen können. Sie bilden einen „vorimaginierten Entwurf" (Esser 2002, S. 181) und richten ihr Handeln danach aus. Handeln ist also ein Verhalten, das auf Reflexion, Antizipation und Intentionen, die den *subjektiven Sinn des Handelns* ausmachen, abzielt.

Oerter (1999) beschreibt im Rahmen seiner handlungstheoretischen Auseinandersetzung mit der Psychologie des Spiels ebenfalls die Merkmale von Handlungen. So zeichnen sie sich einerseits durch die soeben genannte Intentionalität und Zielgerichtetheit aus, die sich durch drei Merkmale beschreiben lassen:

- Beim Handeln werden die Ziele und die Handlung zu deren Erreichung antizipiert.

- Das Handlungsziel wird über längere Zeit, auch über Unterbrechungen hinweg, beibehalten.

- Die Handlung wird über den Vergleich von Ist- und Sollzustand kontrolliert.

Des weiteren ist für Handlungen der *Gegenstandsbezug* kennzeichnend: Das Handeln richtet sich immer auf bestimmte Gegenstände. Diese müssen nicht in materieller Form vorliegen, sondern können auch in körperloser Form (etwa als Werte, Ideen, Regeln) beteiligt sein. Das Besondere am spielenden Handeln ist, dass der Handlungsgegenstand Wandlungen unterliegt, die seine (von der Kultur verliehene) Bedeutung verändern und ihn an das Ich des Spielenden assimilieren:

> Das auf den Gegenstand gerichtete Handeln wird durch die Beschaffenheit diktiert, die der Gegenstand als kulturelles Erzeugnis der Gesellschaft erhalten hat, aber auch durch die Valenzen und Merkmale, die er für das Kind zum jeweiligen Zeitpunkt besitzt. Das Kind geht also mit dem Gegenstand einerseits mehr und mehr so um, wie es die Kultur vorschreibt (es setzt sich beispielsweise auf den Stuhl), andererseits agiert es mit ihm nach eigenem gusto (sic), nämlich zur Erfüllung eigener Wünsche (der Stuhl wird zu einem Auto umgedeutet). (Oerter 1999, S. 4–5)

Bei Spielhandlungen also wird der Gegenstand selbst hergestellt, oder vorhandene Gegenstände werden je nach Ziel des Handelns assimiliert.

Beim Handeln ohne direkten Interaktionspartner richtet sich der Sinn des Tuns auf Objekte, bei denen ein bestimmter Zustand erreicht werden soll (Bahrdt 2003, S. 31). Ein anderer Akteur wird vom Handelnden nicht mitbedacht. Dies ändert sich beim *sozialen Handeln*. Dies ist ein Handeln, „welches seinem von dem oder den Handelnden gemeinten Sinn nach auf das Verhalten anderer bezogen wird und daran in seinem Ablauf orientiert ist" (Weber 2006, S. 12). Die situative Anwesenheit eines Interaktionspartners ist keine Bedingung für soziales Handeln, vielmehr kommt dem Handlungssinn entscheidende Bedeutung zu: Ein Single, der beim abendlichen Risotto-Kochen entgegen der Rezeptvorgabe auf den Knoblauch verzichtet, weil er ihn nicht mag, handelt noch nicht sozial. Ein Single, der Knoblauch liebt, aber im Risotto auf ihn verzichtet, um seinen Büronachbarn am nächsten Tag nicht mit einer Knoblauchfahne zu stören, handelt sozial. Die Differenzierung zwischen Handeln und sozialem Handeln ist auch in der vorliegenden Arbeit relevant: Wenn sich ein Akteur den Spaß an einem Spiel dadurch verderben lässt, dass Spielmerkmale wie Freiwilligkeit, Folgenlosigkeit und Scheinhaftigkeit „Ernstmerkmalen" wie Zwang, Konsequenzen und Authentizität weichen, passiert dies, weil der Akteur das potenzielle Verhalten der sozialen Umgebung in die Konstitution seines Handlungssinns mit einbezieht. Das Lernspiel wird, beispielsweise in der Schule, für den Akteur möglicherweise zur Arbeit, weil antizipierte Ziele, Erwartungen und Konsequenzen aus der sozialen Umgebung wichtig werden („Wenn man von diesem Spiel nichts lernen sollte, würde die Lehrerin es nicht im Unterricht einsetzen. Und wenn ich anhand dieses Spiels nicht die Inhalte für die nächste Klassenarbeit erlerne, droht mir eine schlechte Note"). Ohne die Reaktion der sozialen Umgebung kein motivationsmindernder Spielverderb, ohne die Explizitmachung des Realitätsbezugs keine Erhöhung des Informationspotenzials (vgl. das Zwischenfazit in Abschnitt 3.4.1). Durch die Instrumentalisierung eines Spiels in einem institutionalisierten Bildungskontext wird die Interaktion mit dem Lernspiel meines Erachtens zu einem sozialen Prozess. Doch auch die Interaktion mit Computerspielen, die erst einmal allein und nur zum reinen, individuellen Vergnügen erfolgt, kann (para)soziales Handeln sein: Dann nämlich, wenn die Spielhülle bewusst als eine durch den antizipierten Gamedesigner vorgenommene Symbolisierung des Spielkerns betrachtet wird, um die Spielmechanik schneller zu verstehen und damit die eigene Spielperformance zu verbessern (vgl. Abschnitt 1.3.2). In diesem Fall fragt sich der Spieler möglicherweise, warum der Designer die Spielszene genau so und nicht anders dargestellt hat. Das Computerspielen wird gemäß der obigen Terminologie meines Erachtens zu einem (quasi-)sozialen Handeln.

Zweckrationalität und begrenzte Rationalität

Die Zielgerichtetheit menschlichen Tuns und die Berücksichtigung eventueller Folgen bilden den subjektiven Handlungssinn. Er unterscheidet das Handeln vom Verhalten. Die kausale Erklärung des sinnhaften Handelns wird durch die Intentionalität des Tuns möglich (Esser 2002, S. 195): Das Handeln ist das Mittel, um einen Zweck zu erreichen. Menschliches Handeln basiert stets, das ist die Prämisse der Selektionslogik, auf einer zweckrationalen Logik:

> Gegeben bestimmte subjektive Zielsetzungen und gegeben bestimmte subjektive ‚Theorien' über die Verbindung der Handlungen zu den subjektiven Zielen, folgt die Auswahl der Handlung immer den objektiven Regeln der Rationalität. (Esser 2002, S. 204)

Die allen Menschen gleichermaßen unterstellte Selektionslogik ist also logisch und rational, selbst wenn die inneren, subjektiven Randbedingungen der Akteure irrational sind oder das Handeln emotional ist. Manchmal kann ein solches Handeln im Sinne der Selektionslogik vernünftig sein: Bei einem leidenschaftlichen Techtelmechtel erst noch die Blumenvase und Tischdecke vom Küchentisch beiseitezuräumen und Letztere ordentlich zusammenzufalten, bevor man sich einander hingibt, wäre zwar eine rationale Handlung, aber sie wäre nicht nach zweckrationalen Gesichtspunkten gewählt. Der Code der Situation, die leidenschaftlichen Hingabe, verlangt vielmehr eine emotionale Handlung: Tischdecke und Blumenvase machen mit einem Armschwung Platz für das Liebespaar. Alles andere würde die aktuelle Situation und ihren potenziellen Nutzen für die Bedürfnisbefriedigung der Akteure ruinieren. Esser konstatiert also nicht, dass Menschen stets rational handeln, sondern dass sie ihr (wie immer geartetes) Handeln nach Nutzen maximierenden Gesichtspunkten auswählen.

Und aus dieser Perspektive kann eben auch emotionales und traditionales Handeln zweckrational sein.

Ein Kritikpunkt, zu dem Esser ausführlicher Stellung nimmt, ist die dem Rational-Choice-Ansatz entgegengesetzte Annahme von der *begrenzten Rationalität des Menschen:* Für den Akteur sei es viel zu aufwendig und auch überhaupt nicht möglich, immer alles zweckrational anzugehen. Die „bounded rationality" zwingt den Menschen daher oft, von der Zweckrationalität als Handlungstyp abzusehen und einen weniger aufwendigen Selektionsmodus zu nutzen. Esser trägt diesem Umstand Rechnung, indem er die Heuristik der Entscheidungsfindung einführt (vgl. Abschnitt 4.3.2).

Das Grundmodell der sich am Paradigma der Zweckrationalität orientierenden Handlungslogik geht von zwei Randbedingungen und einem Kausalgesetz aus (vgl. Esser 2002, S. 204–206):

- Randbedingung 1: Man muss die *Ziele* des Akteurs kennen. Sie enthalten die Bewertungen von Situationen, die Motive des Akteurs.

- Randbedingung 2: Man muss die Erwartungen des Akteurs kennen, seine *subjektiven Vermutungen* darüber, mit welchen Handlungen er die Ziele erreicht. Quasi seine subjektive Alltagstheorie über die Wirksamkeit seines potenziellen Tuns.

- Gesetz: Nun braucht es eine *Verbindung* zwischen den Zielen und dem Handeln auf Basis der Bewertungen. Hier liegt der Kern jeder Erklärung, jede Handlungstheorie muss diese Verbindung irgendwie herstellen. Und zwar als *kausales* Gesetz!

Ein Explanandum (hier: die Selektion einer Handlungsalternative) ist dann erklärt, wenn es sich logisch aus den Randbedingungen und dem Gesetz ableiten lässt.

Es ist, so betont Esser, immens wichtig, dass die Erklärung auf den subjektiven Randbedingungen, also den subjektiven (potenziell verrückten) Zielen und Alltagstheorien des Akteurs beruht. Das bringt den interpretativen Charakter in die soziologische Erklärung, das macht den Unterschied zu den Naturwissenschaften aus (die das gleiche Grundmodell nutzen, nur statt der subjektiven objektive Randbedingungen berücksichtigen). Nicht die objektive Situationslogik, sondern der subjektive Sinnzusammenhang des Akteurs ist die Grundlage des zweckrationalen Handelns. Wer glaubt, dass es Unglück bringt, wenn er Salz verschüttet und dies vermeiden kann (Handlungsziel), indem er drei Prisen Salz über seine linke Schulter wirft (Erwartung), was er dann auch tut (Handeln), der handelt nach Esser zweckrational und logisch. Auch wenn seine subjektiven Randbedingungen abergläubischer Humbug sind. Die Selektionslogik eines Akteurs ist nach Esser dann zweckrational, wenn er seine Handlung danach selegiert, welche Option auf Basis seiner Erwartungen und Ziele den größten Nutzen bringt. Die objektive Richtigkeit seiner Erwartungen und Ziele spielt höchstens eine indirekte Rolle. Natürlich stellt sich die Frage, ob und wie weit denn nun die subjektiven Erwartungen der Akteure und damit die Logik der Selektion von den objektiven Tatsachen (z. B. über Effizienz der Mittel und Alternativen für ein Ziel) abweichen. Nach Esser sind sie einander meist recht ähnlich – denn nur so sind die Chancen für den Erfolg des Handelns groß. Im Falle einer objektiv irrationalen Selektion des Handelns würden die Akteure schnell Misserfolge ernten und ihre Erwartungen anpassen. Missachten sie die objektiven Randbedingungen, dann schaden sie nur sich selbst (ebd., S. 207–217).

Wert-Erwartungs-Theorie

Essers favorisierte Theorie zur kausalen Erklärung der Selektionen, der nomologische Kern seiner Selektionslogik ist die Wert-Erwartungs-Theorie („WE-Theorie", auch: Erwartungs-mal-Wert-Theorie). Erstens erfüllt sie die Anforderungen an eine brauchbare Handlungstheorie und zweitens lassen sich laut Esser alle anderen Handlungstheorien als Spezialfälle der Wert-Erwartungs-Theorie modellieren. Dies bedeutet, dass die WE-Theorie der Notwendigkeit der Allgemeingültigkeit gerecht wird und nicht nur einen singulären Aspekt des Handelns berücksichtigt. Das Grundprinzip der WE-Theorie ist sehr einfach:

> Versuche Dich vorzugsweise an solchen Handlungen, deren Folgen nicht nur wahrscheinlich, sondern Dir gleichzeitig auch etwas wert sind! Und meide ein Handeln, das schädlich bzw. zu aufwendig für Dich ist und/oder für Dein Wohlbefinden keine Wirkung hat. (Esser 2002, S. 248)

Die WE-Theorie enthält damit nur zwei Parameter: Erwartungen und Bewertungen. Zudem erlaubt sie, das Handeln *kausal* zu erklären: Die Akteure handeln nach Auffassung der WE-Theorie gesetzmäßig. Die WE-Theorie ist jedoch keine empirische Beschreibung der mentalen Vorgänge im Gehirn, sondern abstraktes Modell!

Das Vorgehen bei der Erklärung eines Explanandums anhand der Wert-Erwartungs-Theorie erfolgt nach Esser in sechs Schritten (vgl. ebd., S. 251–258): Im ersten Schritt wird der *Alternativenraum* des Handelns beschrieben: Das Explanandum, also das zu erklärende Phänomen, ist eine bestimmte Handlung (A, „Alternative"). Im Zuge der Erklärung wird zu rekonstruieren sein, warum diese und keine andere Handlung aus dem vorhandenen Satz an Alternativen gewählt wurde. Dafür müssen in diesem ersten Schritt sämtliche Elemente des Alternativenraums, also sämtliche Handlungen, die der Akteur hätte selegieren können, benannt werden. Die einzelnen Alternativen müssen sich dabei wechselseitig ausschließen. Angenommen, ein Akteur stehe vor der Frage, wie er seinen Feierabend gestalten solle. Der Einfachheit halber soll sein Alternativenraum nur aus den beiden sich ausschließenden, konkreten Möglichkeiten A_1 „Bei einem Videospiel entspannen" und A_2 „An der Steuererklärung arbeiten" bestehen. Als zweites werden für jede der im ersten Schritt formulierten Alternativen die erwartbaren Handlungsfolgen (O , „outcomes") aufgelistet. Sie bilden zusammen den *Ergebnisraum* des Handelns. Es versteht sich von selbst, dass hier nur die Folgen berücksichtigt werden, die vom Akteur auch prinzipiell erwartet werden können (und sei es unbewusst). Im obigen Beispiel bestünde der gesamte Ergebnisraum aus den einzelnen outcomes O_1 „fertige Steuererklärung" mit der daraus folgenden O_2 „Feststellung einer Steuernachzahlung", O_3 „Besiegen des Videospiel-Endgegners" und O_4 „Mahnung des Finanzamts wegen verspäteter Steuererklärung". Der Akteur bewertet die im dritten Schritt festgehaltenen Folgen O des Handelns unterschiedlich, er versieht sie mit unterschiedlichen *Bewertungen*. Die Beschreibung dieser Bewertungen bildet den Bewertungsraum des Handelns. Esser betont, dass es sich bei diesen Bewertungen nicht um objektive Auszahlungen handelt, sondern um meist von diesen abweichende subjektive Bewertungen. Positive Auszahlungen werden als Nutzen bezeichnet, negative als Kosten. In der Formel jedoch soll die Bewertung eines outcomes vorerst mit der Bezeichnung $U(O)$ bzw. vereinfacht U („utility") versehen werden; dieser Parameter kann im Falle von Kosten auch negative Werte annehmen. Die bewerteten Folgen des Handelns sind die Ziele des Akteurs, an Nutzen hat er positives, an Kosten dagegen negatives Interesse. Der subjektive Bewertungsraum für den Ergebnisraum des obigen Beispiels sähe dann U_1 für den Nutzen einer fertiggestellten Steuererklärung, U_2 für die entstehenden finanziellen Kosten einer Steuernachzahlung sowie U_3 für die sich aus dem Spielerfolg ergebende Gratifikation und U_4 für das schlechte Gewissen vor. Viertens wird der *Erwartungsraum* des Handelns bestimmt. Kaum ein Akteur kann die tatsächliche Eintrittswahrscheinlichkeit der outcomes seiner Alternativen (und damit die Eintrittswahrscheinlichkeit des Nutzens) völlig objektiv und in jeder Hinsicht einschätzen. Das Wissen um die Wirksamkeit des eigenen Handelns ist daher meist nur eine

Annäherung an die Wirklichkeit – wenn überhaupt. Es wird mit der *Erwartung* p („probability") bezeichnet. Die Erwartung p_{11} ist damit das Bindeglied zwischen einer Alternative A_1 und dem Nutzen U_1. Es lassen sich vier verschiedene Fälle von Wahrscheinlichkeiten unterscheiden: Bei der *Sicherheit* kennt der Akteur die Wahrscheinlichkeit, sie beträgt entweder 1 oder 0. Das Ereignis tritt entweder mit Sicherheit auf oder nicht, für den Akteur besteht keinerlei Zweifel. Auch beim *Risiko* kennt der Akteur die Wahrscheinlichkeit, allerdings liegt sie zwischen 1 und 0. Der Akteur kann beispielsweise nicht mit Sicherheit voraussagen, dass beim nächsten Würfelwurf eine 6 gewürfelt wird, aber er weiß, dass die Wahrscheinlichkeit dafür $\frac{1}{6}$ beträgt (vorausgesetzt natürlich, es handelt sich um einen nicht gezinkten, sechsseitigen Würfel). Sicherheit und auch Risiko (welches ja immerhin sicheres Wissen über die Eintrittswahrscheinlichkeit enthält) sind damit Zustände perfekter Information. Bei der *Unsicherheit* kennt der Akteur dagegen keinerlei Wahrscheinlichkeiten. Alle denkbaren Ereignisse könnten aus seiner Sicht mit allen denkbaren Wahrscheinlichkeiten eintreten. Auf diesen Zustand reagieren die Menschen üblicherweise mit Vorsicht und der Suche nach Informationen, die Aufschluss über die Wahrscheinlichkeit eines outcomes geben könnten. Die Unsicherheit ist ein Zustand völliger Ignoranz. Zwischen den Extrempolen des sicheren Wissens und der völligen Unsicherheit liegt die *Ambiguität*. Es ist die „Streuung der Einschätzungen des Risikos" (Esser 2002, S. 255) um einen Mittelwert der subjektiven Erwartungen, der wiederum einen ersten, der Orientierung dienenden Anhaltspunkt für die Erwartung p_{ij} bildet. In diesem Zustand liefern Hinweise, Gesten und ganz besonders signifikante Symbole (vgl. Abschnitt 4.2.4) nicht nur den ersten Orientierungspunkt, sondern sie verringern auch die Streuung um diesen und damit die Ambiguität. Das macht sie bei der Definition der Situation so wichtig. Die Verbindung zwischen den Alternativen und dem Nutzen über die Erwartung lässt sich recht gut tabellarisch darstellen (vgl. Tabelle 4.1). Die sich hiermit ergebende Matrix ist der Erwartungsraum des Handelns. Sie führt Ergebnisraum und Bewertungen über die Erwartungen zusammen und beschreibt damit, welche Alternativen und Folgen die Akteure kennen und für wie wirksam sie Erstere bezüglich Letzterer halten. Die Erwartungen sind also das „Produkt von Kontrolle und Effizienz eines Mittels zur Verwirklichung eines Zieles" (ebd., S. 256). Der Erwartungsraum entspricht dem *Wissen* des Akteurs. Für das oben genannte Beispiel soll die Erwartung p_{11}, mit dem Spielen eines Videospiels A_1 die dringliche Steuererklärung U_1 fertigstellen zu können, 0 (also mit Sicherheit ungeeignet) sein. Die Erwartung p_{12} würde die Wahrscheinlichkeit angeben, mit der das Spielen des Videospiels A_1 zu der Entstehung von finanziellen Kosten in Form einer Steuernachzahlung U_2 führt. Je nach Aufschiebeverhalten und Rechtfertigungsstrategien des Akteurs dürfte diese irgendwo zwischen Sicherheit, Risiko und vorgeschobener Unsicherheit liegen: Der rational denkende Akteur weiß, dass das Aufschieben der Steuererklärung als ausschließende Alternative zum Spielen nicht das sichere Auftreten der Kosten verhindern kann, dass die Wahrscheinlichkeit für U_2 also unabhängig von der gewählten Alternative unerbitterliche 100 % beträgt, während der in der Selbstillusionierung geübte Prokrastinateur sich vielleicht zurechtlegt, dass die Kosten mit dem Spielen des Videospiels zumindest in die ferne Zukunft verschoben werden. Die Erwartung p_{13}, mit dem Videospiel die als angenehm empfundene Folge der Gratifikation U_3 zu erhalten, wird vielleicht ambivalent sein: Der Akteur weiß eventuell gar nicht, wie lange er noch spielen muss, um bis zum Endgegner des Spiels vorzudringen, ob er also aus zeitlichen Gründen überhaupt noch Gelegenheit erhält, den Lohn seiner Mühen zu genießen. Die Erwartungen der Alternative A_2, also der Beschäftigung mit der Steuererklärung, lassen sich in ähnlicher Form formulieren, worauf an dieser Stelle aber verzichtet wird. Die Randbedingungen der WE-Theorie sind demnach der Bewertungsraum und der Erwartungsraum. Aus diesen Randbedingungen soll in der Selektionslogik kausal logisch das Explanandum, die Selektion einer Alternative aus dem Alternativenraum, abgeleitet werden. Die WE-Theorie ermöglicht dies, indem sie zwei Instrumente zur Verfügung stellt: eines zur Gewichtung der Alternativen und eines für die anschließend erfolgende Auswahl einer gewichteten Alternative. Die *Bewertung der Alternativen* ist der fünfte Schritt und der Kern in Essers Selektionslogik. Er produziert die sogenannten *EU-Gewichte*, die Produkte aus Erwartungen und Werten. Für jede Alternative wird das Produkt aus Wahrscheinlichkeit, dass die Alternative zur Folge führt, und dem Wert der Folge gebildet. Da eine Alternative mehrere Folgen haben kann (erwünschte und unerwünschte), wird nun die Summe aus diesen Produkten gebildet. Diese Summe ist das EU-Gewicht der Alternative. Die Formel dafür lautet (am Beispiel einer Alternative i mit all ihren Folgen U_1 bis U_j und den jeweiligen Erwartungen): $EU(A_i) = \sum p_{ij} \cdot U_j$. Betrachtet man nur die so gebildeten EU-Gewichte aller Alternativen des Alternativenraumes, erhält man den Gewichteraum der Alternativen. Für das obige Beispiel bedeutet das für die Alternative „Computerspielen": $EU(A_1) = p_{11} \cdot U_1 + p_{12} \cdot U_2 + p_{13} \cdot U_3 + p_{14} \cdot U_4$. Anders gesagt: Das EU-Gewicht der Alternative „Computerspielen" ist die Summe der als Nutzen bewerteten Folgen der fertigen Steuererklärung, der entstehenden finanziellen

	U_1 der fertigen Steuererklärung	U_2 der Steuernachzahlung	U_3 des Sieges im Spiel	U_4 Mahnung des Finanzamts
A_1: Computerspielen	p_{11}	p_{12}	p_{13}	p_{14}
A_2: Steuererklärung	p_{21}	p_{22}	p_{23}	p_{24}

Tabelle 4.1: Der Erwartungsraum des Handelns für zwei Alternativen und vier Nutzen in Form eines Beispiels

Kosten, der Endgegner-Gratifikation und des schlechten Gewissens, wobei jede dieser Bewertungen mit der subjektiven Erwartung multipliziert wird, mit der das Spielen überhaupt zu dieser Folge führt. Im sechsten und letzten Schritt wird die Wahl einer bestimmten Alternative erklärt. Das ist einfach: Es wird die Alternative gewählt, deren EU-Gewicht im Vergleich zu den anderen Elementen des Alternativenraumes am höchsten ist. Diese Alternative bereitet dem Akteur den maximalen Nutzen, und Akteure handeln nach dem Esser'schen Paradigma stets zweckrational. Im Zusammenspiel von Schritt 5 und 6 liegt laut Esser das für die soziologische Erklärung anzustrebende allgemeine, für alle Menschen gleichermaßen gültige Gesetz des Handelns: „Strebe nach Dingen, die möglich und zuträglich sind; und meide ein Handeln, das undurchführbar und/oder schädlich ist" (Esser 2002, S. 257).

Dies also ist der nomologische Kern der Selektionslogik. Menschen selegieren jene Alternative, deren Nutzen (verrechnet mit ihrer Eintrittswahrscheinlichkeit) am höchsten ist. Zur Erklärung dieser Selektion genügt es zu wissen, welche Alternativen ein Akteur hat, welche Folgen diese Alternativen aus seiner Sicht haben und wie er diese Folgen bewertet. Obwohl den subjektiven Randbedingungen Rechnung getragen wird, kommt man über das objektive und allgemeingültige Gesetz zu einer nomologischen Erklärung. Die die Selektion vornehmende Instanz, die nach dem allgemeingültigen Gesetz operiert, ist gewissermaßen die „Hardware", und diese ist bei allen Menschen aller Kulturen gleich. Was sich jedoch massiv unterscheiden kann, ist die „Software": Mentale Modelle, Codes, Programme, all das, was den nach außen manchmal verrückt anmutenden subjektiven Sinn bestimmt (ebd., S. 223). Den Mechanismus der EU-Berechnung für alle Menschen zugrunde zu legen, heißt also nicht, alle Kulturen der Welt und alle Individuen über einen Kamm zu scheren. Es heißt nur, dass die Art, wie Menschen ihr Handeln angesichts ihrer

Alternativen wählen, immer gleich ist. Welche Alternativen die Kultur akzeptiert und vorgibt, was man selbst kann und wie man die Folgen einschätzt und bewertet, das alles kann sich zwischen Kulturen und sogar zwischen Individuen unterscheiden und wird bei Esser über die sehr viel individuelleren Brückenhypothesen modelliert. Die WE-Theorie wird in Abschnitt 4.3.1 wieder aufgegriffen.

4.3.2 Heuristik der Entscheidungsfindung

Auf S. 166 dieses Buchs wurde erwähnt, dass Menschen nicht immer reflektiert, sondern aufgrund ihrer begrenzten Rationalität häufig spontan und ohne aufwendige Überlegungen handeln. Das MODE-Modell von Fazio (zitiert nach Esser 2001, S. 251–257) klärt die Verarbeitungstiefe, die Heuristik der Entscheidungsfindung, also wann der Akteur spontan reagiert und wann er überlegt handelt. Demnach beobachtet der Akteur zu Beginn die Situation, wobei manche Objekte („cues") dem Akteur anzeigen, dass er diese Situation kennt und eine bestimmte Einstellung[24] zu ihr hat. Von besonderer Bedeutung hierbei ist, wie zugänglich diese Einstellung im Gedächtnis ist, wenn der Akteur bestimmte cues beobachtet. Passen Objekte und im Gedächtnis gespeicherte Einstellung problemlos zueinander, gibt es einen perfekten „Match" zwischen den cues der Situation und den Einstellungen des Akteurs. Die anschließende Wahrnehmung engt sich auf die gespeicherte Einstellung ein, der Akteur nimmt dann selektiv und einstellungskonsistent wahr. Sofern keine Störungen auftreten (indem dem Akteur und seiner Einstellung beispielsweise keine sozialen Normen in die Quere kommen), ist die Situation für den Akteur definiert: Die bereits vorher im Gedächtnis gespeicherte Einstellung wurde durch die situativen Objekte aktiviert, und sie hat die Situation für den Akteur definiert. Das dazugehörige Verhalten wird dann unmittelbar ausgelöst. Einstellung und Verhalten werden als eine Einheit empfunden, ohne dass der Akteur aktiv nachdenken oder sein Bewusstsein einschalten müsste. Der Match zwischen cues und Einstellung führt zur automatischen kognitiven, affektiven und konativen Reaktion. Das Handeln wird durch die im Gedächtnis des Akteurs gespeicherten Modelle gelenkt. Ein Akteur mit ausgeprägtem Hang zum Katholizismus (und damit einer hohen Zugänglichkeit der Einstellung in Fragen des katholischen Brauchtums) beispielsweise dürfte bei der Sichtung der situativen cues „Holzkreuz", „Altar"

---

[24]Die Einstellung bündelt die Wahrnehmung der Situation, die Gefühle des Akteurs gegenüber den anwesenden Objekten und seine Handlungsbereitschaften. Sie vermittelt zwischen den objektiven/kulturellen Eigenschaften der Situation und den subjektiven Eigenschaften des Akteurs.

und „Weihwasserbecken" in einem größeren Raum spontan und ohne viel Nachdenken der Ansicht sein, sich in einem kirchlichen Raum zu befinden und das entsprechende Handeln unhinterfragt ausführen: stille Einkehr, Bekreuzigung und Sprechen des Vater Unser. Gibt es jedoch gar keinen oder keinen perfekten Match zwischen den cues der Situation und der Einstellung des Akteurs, sucht dieser nach weiteren Hinweisen, die ihm die Definition der Situation (und damit auch die Indentifikation des darin angebrachten Verhaltens) erleichtern. Nun nutzt der Akteur sämtliche Hinweise der Situation, die ihm bei deren Definition helfen könnten. Oft genug dienen in solchen Situationen erste, in irgendeiner Form auffällige Eindrücke der Situation als orientierende Anhaltspunkte. So manch eingefleischter und nicht weit in der Welt herumgekommener Katholik mag sich (ganz entgegen seiner schlafwanderlichen Sicherheit in klassischen Kirchen) beim Anblick eines modernen evangelischen Gotteshauses fragen: „Wo bin ich hier? Ist das eine Kirche oder ein Versammlungssaal?" Nun beginnt die Suche nach Hinweisen, die Klarheit in dieser entscheidenden (da die Angemessenheit des Handelns ja steuernde) Frage bringen sollen: Wo ist das Kreuz? Trägt die Frau dort nicht einen Priesterkragen? Und so weiter. Eine solche Interpretation kann wiederum auf zweierlei Weise erfolgen: als spontane Interpretation mit einer nur vordergründigen und schnell erledigten Suche nach Hinweisen (ggf. sogar nur per Zufall) oder aber in Form einer überlegten Interpretation, als sorgfältige Beurteilung verschiedener situativer Elemente. Eine überlegte Interpretation ist zwar die korrekteste Heuristik, aber sie ist sehr aufwendig. Nicht immer lohnt sich dieser Aufwand (ebd., S. 254). Eine überlegte Interpretation liefert zwar die korrekteren Ergebnisse, bedeutet aber auch einen erheblichen Mehraufwand bei der Informationsverarbeitung. Mit einer Ausnahme: Auch das spontane, automatische Handeln bei einem perfekten Match mit einer im Gedächtnis gespeicherten Einstellung kann sehr korrekt und durch den geringen heuristischen Aufwand sehr effizient sein – und zwar dann, wenn es sich um eine gewohnte, alltägliche Situation handelt. Dann spiegelt sich in der Einstellung des Akteurs, die „erfahrene Rationalität vergangener Problemlösungen" (ebd., S. 254) wider, „die Ökonomie des Alltagshandelns, das der kondensierten Weisheit vergangener Problemlösungen" (ebd., S. 255) folgt.

Zusammengefasst lässt sich sagen, dass Menschen, wenn sie eine Situation wiedererkennen (perfekter Match), spontan und dank Routine sehr effizient handeln können. Ob es nach einem ausgebliebenen perfekten Match zu einer spontanen oder zu einer überlegten Interpretation kommt, hängt von drei Faktoren ab:

1. *Motivation*: In diesem Aspekt kommt die Furcht vor einem Fehlurteil zum Tragen. Je nach Situation können dessen Kosten unterschiedlich ausfallen: Manche Folgen sind verschmerzbar. Bei anderen jedoch steht viel auf dem Spiel, sodass die Motivation des Akteurs, die Situation sorgfältig zu interpretieren, deutlich ausgeprägter ist.

2. *Aufwand*: In den Aufwand spielen die Kosten für die Definition der Situation hinein. Hierzu zählen vor allem die für die überlegte Interpretation aufzuwendende Zeit (die dann vom knappen Zeitbudget abgezogen wird und somit „verloren" ist), aber auch die mit erhöhter Aufmerksamkeit und erhöhtem Bewusstsein verbundene Anstrengung sowie die lieb gewonnenen Illusionen und andere Dinge, die durch das Herausfinden und Definieren der wahren Situation womöglich verloren gehen.

3. *Opportunitäten*: Schließlich spielt es auch eine Rolle, ob es überhaupt die Möglichkeit, die Opportunität, gibt, die Situation reflektiert zu interpretieren. Zeitmangel beschränkt die Opportunitäten, er ist eine Restriktion. Trotz niedriger Kosten und hoher Motivation vermag ein akuter Zeitmangel eine sorgfältige Interpretation zu vermeiden.

Eine überlegte Interpretation erfolgt also nur dann, wenn wirklich alle drei Bedingungen gleichzeitig vorherrschen: hohe Motivation, geringer Aufwand und ausreichend Gelegenheiten zur Reflexion. Andernfalls kommt es selbst im Falle eines Mismatch nur zur spontanen Interpretation. In allen anderen Fällen – Match oder Mismatch mit dem Fehlen einer oder mehrerer Bedingungen – erfolgt entweder die spontane, automatische, durch die Einstellung ausgelöste Reaktion oder die ebenfalls spontane Interpretation anhand vordergründiger oder womöglich zufälliger Eindrücke und Anhaltspunkte.

4.3.3 Vorgeschichte der Situation

Die Entstehungsgeschichte sämtlicher mit dem aktuellen Geschehen zu tun habender *objektiven Strukturen* ergibt die Vorgeschichte der Situation. Die Genese der *inneren Bedingungen* (Wissen, Werte, Einstellungen, Identität) wird durch die Biografie des Akteurs bestimmt. In ihr finden Speicherung von Wissen und Erfahrungen, Internalisierung von Vorlieben statt – allesamt sozial determinierte Prozesse, für die der Akteur beeinflussende Rückmeldung aus seinem Umfeld erhalten hat. Die Vorgeschichte der inneren und äußeren Bedingungen ist nicht mehr zu ändern. Was geschehen ist, ist geschehen!

4.3.4 Kognition

Bei der Kognition nimmt der Akteur die Reize der situativen Umgebung auf und fasst sie zu sinnvollen Einheiten zusammen. Dies ist ein subjektiver und konstruktiver Vorgang. Bei der Wahrnehmung laufen zwei Dinge gleichzeitig ab: Viele einzelne Merkmale einer Situation werden erfasst. Und die einzelnen Merkmale werden zu vereinfachten und bedeutungsvollen Einheiten zusammengefasst. Die Wahrnehmung ist nicht immer eindeutig, es kann mehrere konkurrierende bedeutungsvolle Einheiten der Merkmale geben. Zum Beispiel bei Kippbildern: Sie bestehen aus denselben objektiven Reizen, können aber zu verschiedenen sinnvollen Einheiten zusammengefasst werden. Kippbilder haben normalerweise nur zwei alternative Modelle: Damit besitzen sie eine deutlich sichtbare Struktur, die aber zu zwei Erwartungen des Akteurs passt. Etwas anders verhält es sich, wenn ein Akteur die wahrgenommenen Reize nicht zu einer bedeutungsvollen Einheit verbinden kann. Hier findet sich auf Anhieb gar kein passendes Modell zu den sichtbaren Merkmalen des Bildes. Esser verweist auf Roth (1997, S. 261–263), der den Einfluss des Gedächtnisses auf die Wahrnehmung anhand einer Grafik veranschaulicht. Demnach ist kaum jemand auf Anhieb in der Lage zu erkennen, was in Abbildung 4.2 dargestellt ist, obwohl das abgebildete Objekt jedem Menschen bekannt ist. Durch langsames Zusammenführen der Muster zu zusammenhängenden Einheiten gelang es Roth, die meisten Betrachter dazu zu bringen, das dargestellte Objekt zu erkennen. Hat man aber erst einmal zu einer bedeutungsvollen Einheit der Merkmale gefunden, wird dies im Gedächtnis als Gestalt gespeichert, und man findet beim nächsten oder übernächsten Betrachten das Modell fast automatisch wieder. Roth schlussfolgert, dass nicht das Augenpaar, sondern das Gedächtnis das wichtigste Sinnesorgan des Menschen ist (ebd., S. 263).

Woher jedoch stammen diese bei der Wahrnehmung so wichtigen Modelle? Woher kommen die im kognitiven System bereits vor der Situation vorhandenen Regeln und Ordnungsprinzipien? Esser nennt zwei Ursprünge: Erstens die genetischen Quellen: Die Ordnungsprinzipien sind angeboren, es handelt sich um eine physiologische Grundausstattung (beispielsweise farbliches und räumliches Wahrnehmen). Zweitens die kulturellen Quellen: Sie entstehen aus der Interaktion mit der Umwelt. Im Kindesalter werden Grunderfahrungen gemacht (diese knüpfen an die ge-

Abbildung 4.2: Eine unklare Darstellung eines bekannten Objekts

netisch vorgegebenen Ordnungsprinzipien an, verfestigen sich im Gehirn und sind schließlich kaum noch zu ändern), später folgen individuelle Erfahrungen. Der Prozess der Wahrnehmung ist also nicht objektiv. Er wird zwar durch objektive Reize angeregt, basiert aber immer auf subjektiv verinnerlichten Strukturen, den internalisierten Modellen (Esser 2001, S. 206–213).

Abbildung 4.2 zeigt übrigens eine Kuh. Links befindet sich der Kopf mit zwei schwarzen Ohren, zwei schwarze Augen blicken den Betrachter an, und der Kopf verjüngt sich nach unten zur Schnauze. Die rechte Bildhälfte wird durch den hellen Rumpf des Tieres eingenommen.

4.3.5 Orientierung

Die Kognition führt noch nicht dazu, dass der Akteur bereits ein Modell der Situation, einen Bezugsrahmen, für sein Denken und Handeln „auswählt". Das erfolgt erst im auf die Kognition folgenden Prozess: dem Framing, auch Orientierung genannt.

Frames und Skripte

Esser (2001, S. 261–264) unterteilt die gedanklichen Modelle in Frames und Skripte. Beides sind kognitive Strukturen, die die Wirklichkeit stark vereinfachen und auf bestimmte Teilaspekte reduzieren. Das unterscheidet sie von den in Abschnitt 4.2.4 beschriebenen Frames als kulturellen Bezugsrahmen: Während jene institutionalisierte, äußere Randbedingungen einer Situation darstellen, sind die Frames und Skripte als kognitive Strukturen Eigenschaften des Akteurs und seines Informationsverarbeitungsapparates (die natürlich auch kulturell erworben sein können, also internalisierte kulturelle Frames sind, siehe vorheriger Abschnitt). Werden die mentalen Modelle von mehreren Akteuren geteilt, bilden sie die Kultur einer sozialen Gruppe, eines Handlungsfeldes oder einer Gesellschaft: als kulturelle Systeme, als Verbindungsglieder zwischen psychischen und sozialen Systemen. Die bedeutendsten institutionellen Grundlagen dieser Modelle sind soziale Rollen und Normen.

Frames sind Modelle typischer Situationen. Sie beinhalten die inhaltliche Definition einer speziellen Situation, vor allem deren *Oberziel*, wodurch es den funktionalen, kulturellen und normativen *Code* festlegt. Dieser Code bestimmt, wie potenzielle Handlungsergebnisse bewertet werden, er legt also eine Präferenzordnung fest. Damit hängt der Code von den weiter oben genannten sozialen Produktionsfunktionen ab: Sie bestimmen, wie effektiv eine Handlung zum Erreichen eines primären Zwischenguts ist. Der Code zeigt den Akteuren damit an, was Sache ist, er lenkt ihr Interesse auf einen bestimmten (den wertvollsten) Handlungsfokus und beantwortet damit ihre Fragen „Was will ich hier eigentlich?" (im Sinne von: „Welche Zwischengüter nützen mir jetzt gerade am meisten für die Befriedigung meiner Bedürfnisse?"). Bei der Bundestagsrede geht es beispielsweise darum, andere von der eigenen Politik zu überzeugen und den Gegner niederzumachen, beim wissenschaftlichen Vortrag darum, die eigenen Erkenntnisse zu verbreiten. Beim Spielen geht es einfach darum, Spaß zu haben, beim Arbeiten dagegen darum, ein bestimmtes Ziel zu erreichen.

Skripte sind Modelle typischer Handlungssequenzen. Sie beschreiben die typischen Abläufe von *Handlungen*, die am Code der Situation orientiert sind. Sie enthalten die *Programme* des Handelns innerhalb der Frames. Solche Modelle beinhalten die Alltagstheorien und Erwartungen darüber, wie wirksam bestimmte Mittel für das Erreichen des (im Code definierten) Oberziels der Situation sind. Damit sind auch sie mit den sozialen Produktionsfunktionen verknüpft: Über die materiellen, institutionellen und kulturellen Festlegungen der indirekten Zwischengüter, also der Frage, über welche Wege sich die durch den Code definierten, primären Zwischengüter eines Frames hier und jetzt am besten erreichen lassen. Der nach Erkenntnis strebende Wissenschaftler wendet z. B. Methoden des wissenschaftlichen Arbeitens an, und der Politiker verspricht Steuersenkungen.

Die Anzahl an möglichen Frames und Skripten ist schier unendlich (man bedenke nur die Zahl von Kulturen, Subkulturen, Milieus, Normbereichen etc. als Domänen sozialer Produktionsfunktionen und somit Heimstätten entsprechend zugeschnittener Frames und Skripte). Bei der Selektion eines Modells kommen aber laut Esser immer nur zwei Alternativen infrage: ein Modell in Differenz zu dem Modell, das in Anbetracht der in der Situation erkennbaren cues am nächstwahrscheinlichsten ist. Die Selektion eines Modell ist also *binär codiert*: Es stehen immer nur Paare sich gegenseitig ausschließender Alternativen zur Auswahl: entweder – oder. Nur so kann die überkomplexe Realität wirklich vereinfacht werden. Keinem Akteur wäre damit geholfen, wenn die komplexe Realität bloß in ein ebenso komplexes Potpourrie aus Modellen überführt würde. Wirkliche Handlungsfähigkeit lässt sich nach Esser nur durch dramatische Reduktion auf die wirklich relevanten Alternativen erreichen, und am einfachsten geht dies, wenn der Akteur zwischen zwei komplementären Modellen wählen kann. Diese zwei Modelle sind das plausibelste und das nächst-plausibelste, das sich hinsichtlich dem Oberziel jedoch von Ersterem unterscheidet: Freund oder Feind, Wahrheit oder Lüge, Spiel oder Ernst. Die unendlich vielen, in der Kultur der Gesellschaft und der Identität des Akteurs vorhandenen und diese ausmachenden Modelle sind als offene Möglichkeiten zwar vorhanden, bleiben aber deaktiviert.

AS-Modus und RC-Modus

Ebenso wie die Orientierung können auch Skripte und Frames auf unterschiedliche Weisen/Modi selegiert werden, auch bei ihnen gibt es unterschiedliche Heuristiken (vgl. Abschnitt 4.3.2): mehr oder weniger systematisch und elaboriert, mit mehr oder weniger Aufwand und Kosten (z. B. in Form von Hirnaktivität) verbunden. Je aufwendiger der Modus ist, desto angemessener ist auch das Ergebnis – es gibt also eine Auszahlung zwischen Kosten und Nutzen. Esser (2001, S. 271) unterscheidet der Einfachheit halber nur zwei Modi der Informationsverarbeitung: unsystematische, automatisch-spontane Aktivierung eines Modells (*AS-Modus*) und aufwendige, reflexiv-kalkulierende Intentionsbildung (*RC-Modus*).

Der Akteur muss also „entscheiden", wie detailliert er die Suche nach dem passenden Frame gestaltet und dann einen Frame selegieren; das Gleiche gilt für die Skripte. Das ist im Alltag auch gar nicht schwer: Dort gibt es gut zugängliche und mit deutlichen Symbolen versehene Modelle, die fast zeitgleich mit der Beobachtung automatisch ausgewählt werden. Denkbar sind auch Mischformen: Es gibt einen deutlichen Frame, jedoch ein unklares Skript. Man denke beispielsweise an den Katholiken aus Abschnitt 4.3.2, der sich fragt, ob er in einer evangelischen Kirche oder einem Gemeindesaal sitzt: Vielleicht würde er zwar die evangelische Kirche unmittelbar als solche erkennen, aber die dort gepflegten Riten und institutionalisierten Handlungen kann er nicht ausführen. Oder aber es gibt Probleme bei der Frameselektion, für beide komplementären, infrage kommenden Frames aber existiert ein eindeutiges und spontan aktivierbares Skript. Der Akteur würde sich dann zwar fragen „Wo bin ich hier?", aber wie auch immer die Antwort darauf ausfällt, wäre er spontan handlungsfähig. Sollte der Katholik aus dem Beispiel nach einem etwas zu weit ausgedehnten Frühschoppen beim rheinländischen Karneval die Straße betreten und sich selbst unversehens in einem pompösen Umzug wiederfinden, ohne unmittelbar entscheiden zu können, ob er nun in einer Prozession oder einem Karnevalszug gelandet ist, hätte er – als waschechter Rheinländer und gewissenhafter Katholik – für beide Situationen das jeweils angemessene Skript in seinem Handlungsrepertoire parat, wenn er erst einmal den Frame identifiziert hat.

Das Framing erfolgt also nach der Kognition (die verfügbare Modelle anbietet) und schafft über die Selektion eines angebotenen Modells Orientierung. Wie und warum wird nun ein bestimmtes Modell (sei es nun ein Frame oder ein Skript) aktiviert? Die Akteure müssen dafür bestimmte Muster in den Reizen wiedererkennen. Und für dieses Muster müssen sie ein plausibles, sinnvolles mentales Modell in ihren Erwartungen gespeichert haben. Passt ein Modell zu den wahrgenommenen Mustern, gibt es einen sogenannten Match: Die äußeren Reize passen zu den inneren Erwartungen, die Akteure erkennen im während der Kognition extrahierten Muster der Situation ein mental vorhandenes Modell wieder. Esser beschreibt diesen Prozess als den Vergleich der äußeren Eindrücke mit einem vorher aufgebauten Hypothesensystem und der Prüfung des Ersten mit dem Zweiten auf Kompatibilität. Erwartungen und mentale Modelle seitens des Akteurs gelten als die Hypothesen, welche mit den von den Sinnen eingehenden Daten verglichen werden. Passt das eine zum anderen, wird das mentale Modell akzeptiert und als Wahrnehmung erlebt. Ob Sinneseindrücke und Modell zueinander passen, ist von drei

Faktoren abhängig (vgl. Esser 2001, S. 213–217):

1. *Hypothesenstärke*: Sie bezeichnet, zu welchem Grad ein mentales Modell im Gedächtnis verankert ist. Bei sehr starker Verankerung können auch Lücken in den über die Sinne eingehenden Daten kompensiert werden. Die Hypothesenstärke wiederum ist abhängig von früheren Bestätigungen und konkurrierenden Modellen und Hypothesen.

2. *Motivation*: Dies meint die Geltung der Hypothese für den Akteur, seine Motivation, die Hypothese beizubehalten und nicht zugunsten alternativer Hypothesen zu verwerfen. So können sich, bei entsprechend hoher Motivation für eine geltende Hypothese, Akteure einer bestimmten alternativen Orientierung verweigern.

3. *Reizinformation*: Automatische Wahrnehmung tritt vorrangig bei lückenlosen und sich deutlich abhebenden Reizen auf. Kontrast, Konkretheit, Gruppendruck und Symbole sind solche Einflüsse.

Es gibt also bei der Kognition und Orientierung zwei Fälle: Entweder gibt es einen *Match* zwischen eingehenden Reizen und gespeichertem mentalen Modell – dann wird das Modell unmittelbar, unwillkürlich, ohne weitere Gedanken an Konsequenzen, also automatisch aktiviert. Dafür muss das Modell verankert, die Reize vollständig und eindeutig und die Motivation vorhanden sein. Oder es gibt einen *Mismatch*: Dann treten Zweifel und Fragen auf, und der Akteur sucht nun mehr oder weniger intensiv nach dem Fehler, der den Mismatch verursacht hat, sowie nach weiteren Informationen und/oder mentalen Modellen. Im Gegensatz zum Match ist das kognitive System hier stärker aktiviert, der Akteur empfindet dies als Bewusstsein, welches die Folge einer erhöhten Hirnaktivität und der Aufmerksamkeitslenkung auf die Orientierung ist. Ebenfalls eine Rolle für Aufmerksamkeit und Bewusstsein spielen laut Esser die *Bekanntheit und Wichtigkeit* einer zu definierenden Situation. Dabei lassen sich vier Konstellationen unterscheiden: Entweder der Vorgang wird als bekannt und unwichtig eingestuft: Es entsteht dann ein sehr geringer Grad an Aufmerksamkeit und Bewusstsein. Dies ist typisch für alltägliche Routinen. Oder der Vorgang wird als unbekannt und unwichtig eingestuft: Es besteht ein sehr geringer Grad an Aufmerksamkeit und Bewusstsein. Dies ist typisch für die „Hintergrundgeräusche", die den Alltag begleiten und die einen nicht weiter berühren. Ebenfalls ist möglich, dass der Vorgang als bekannt und wichtig eingestuft wird: Hier besteht ein gewisser, aber relativ geringer Grad an Aufmerksamkeit und Bewusstsein.

Diese Konstellation ist typisch für vertraute und wichtige Hintergrundgeräusche, deren Existenz signalisiert, dass alles noch in Ordnung ist. Oder aber der Vorgang wird als unbekannt und wichtig eingestuft: Der Organismus reagiert mit einer extremen Steigerung von Aufmerksamkeit und Bewusstsein. Dies ist eine typische Reaktion auf Anomalien.

Ob ein Vorgang als wichtig/unwichtig und bekannt/unbekannt wahrgenommen wird und ob es darüber zu einer Erhöhung der Aufmerksamkeit kommt, entscheidet sich anhand eines physiologischen, unbewussten Prozesses im Gehirn, durch die Interaktion zwischen Neocortex, limbischem System und Hippocampus. Im limbischen System sind tief sitzende Bewertungen und Triebe gespeichert – die Kognition folgt also nicht nur der „kalten", rein kognitiven Ratio, sondern auch der „heißen", emotionalen Seite. Daher wird das Bewusstsein nur dann eingeschaltet, wenn es um wichtige und bewegende Dinge geht und nicht nur um den Grad an Bekanntheit. Ist etwas nicht wichtig, spart sich der Organismus den Aufwand einer verschärften Aufmerksamkeit – er handelt ökonomisch und spart die knappen Ressourcen. Bei erfolgreicher Bewältigung lernt der Organismus die Bewältigung, die Situation ist dann beim nächsten Mal zwar noch wichtig, aber bereits bekannt, und der Match läuft automatisch ab, weil die Lösung ja inzwischen erlernt ist.

Zusammenfassung

Bei der Kognition trifft der Akteur also eine Auswahl an Modellen, und bei der Orientierung aktiviert er dann eins davon. An Modellen existieren Frames als „Situationsvorlagen" und Skripte als „Handlungsvorlagen" für das Verhalten innerhalb von Frames. Die Selektion von Frames und Skripten kann automatisch-spontan oder reflexiv erfolgen, je nachdem, ob das zu lösende Problem wichtig und ungelöst ist oder nicht. Kombiniert man nun die potenziellen Modi und verfügbaren Modelltypen, erhält man innerhalb der Orientierung vier Selektionen: Frameselektions-Modus, Frame-Modell, Skriptselektions-Modus und Skript-Modell. Diese Selektionen muss ein Akteur durchführen, bevor er sein Handeln in die Tat umsetzt. Die Selektionslogik mit all ihren Stationen und Konstrukten ist in Abbildung 4.3 zusammenfassend veranschaulicht.

Die Selektionen von Modi und Modellen sind formal gleich, sie erfolgen bei Esser anhand der WE-Theorie (siehe Abschnitt 4.3.1). Im Folgenden soll näher auf die Selektionen und ihre Übersetzung und die Formeln der WE-Theorie eingegangen werden. Dabei sei noch einmal darauf hingewiesen, dass die Modellierung der Orientierung anhand der WE-Formeln

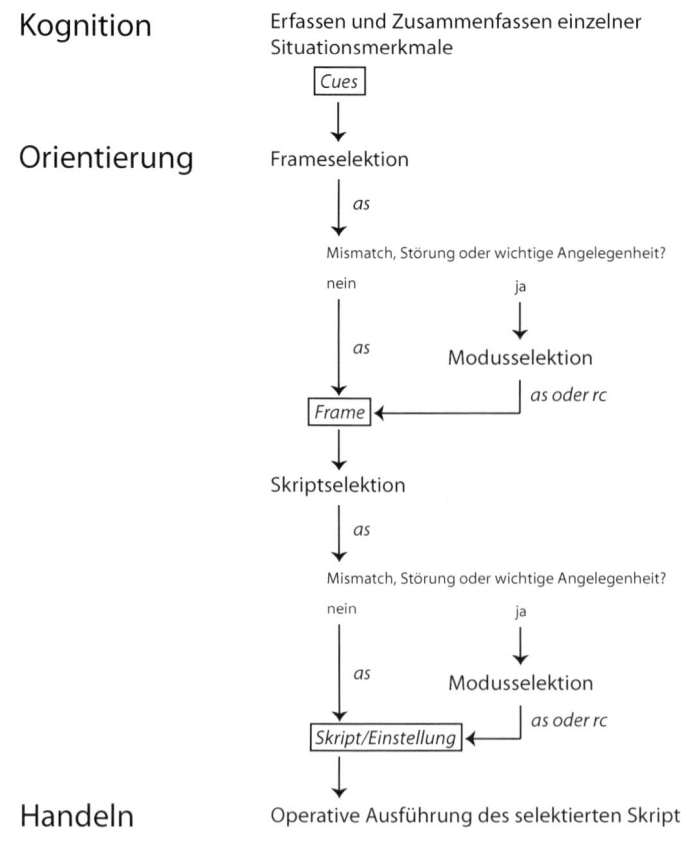

Abbildung 4.3: Die Selektionslogik im Überblick

keine Beschreibung der empirischen Tatsachen ist, sondern ein stark vereinfachendes, aber pragmatisches Modell, ein methodisches Werkzeug, anhand dessen das Handeln eines Akteurs systematisch erklärt werden kann.

Frameselektion

Gemäß der binären Codierung (siehe S. 178 in diesem Buch) stellt die Kognition dem Akteur nur zwei alternative, sich gegenseitig ausschließende Situationsmodelle zur Auswahl. Als veranschaulichendes Beispiel soll ein Akteur im Kindesalter dienen, der vor der Frage steht, ob die Rauferei mit seinem Gegenüber Spiel oder Ernst ist. Die beiden Modelle sollen hier „Frame i" (Spiel) und „Frame j" (Ernst) lauten. Beide unterschieden sich bezüglich ihrer Codes/Oberziele, sie weisen keine Überlappungen auf, sondern sind komplementär ausgelegt: Beim spielerischen Raufen ist alles nur Spaß, bei der ernsthaften Rauferei geht es darum, den anderen zu verletzen. Die Selektion einer der beiden Alternative wird von Esser (2001, S. 269–271) anhand der WE-Theorie modelliert und hängt von zwei Faktoren ab:

Erstens von der *Modellgeltung*, den Erwartungen des Akteurs über die Geltung des ersten Modells in der aktuellen Situation. Dies manifestiert sich im Match m der Symbole und cues aus der Situation mit dem im Gedächtnis des Akteurs gespeicherten Modell. Der Akteur könnte viel Erfahrung in der Unterscheidung von Spiel und Ernst haben und sein Gegenüber gut kennen. Er dürfte die Symbole, über die der Nicht-Ernst einer harmlosen Rauferei kommuniziert wird, gut kennen und in der aktuellen Situation auch wiedererkennen (z. B. Lächeln, absichtliches Lockern des „Schwitzkastens", um der Rauferei kein frühzeitiges Ende durch Sieg oder Niederlage zu bereiten). Da entweder Modell i oder Modell j, auf jeden Fall aber eines der beiden gilt, ergänzen sich die Erwartungen für die Geltung beider Modelle zu 1 (100 % Wahrscheinlichkeit). Die Modellgeltung von i entspricht dem Match m der situativen Symbole mit dem geistig abgespeicherten Modell i. Es gilt also $i = m$. Die Erwartung über die Geltung des zweiten Modells j beträgt aufgrund der Komplementärität der beiden Modelle 100 % minus der Erwartung über die Geltung des ersten Modells i. Die Modellgeltung des komplementären Frames oder Skripts j beträgt somit $1 - m$. Bei einem perfekten Match der Symbole in der Situation mit Modell i ist Erwartung über die Geltung des Modells i, also der Match, $m = 1$. Der Match und die Erwartung für das komplementäre Modell j hat dann den Wert 0. Der Match m wiederum setzt sich zusammen aus

- der Zugänglichkeit a des Modells für den Akteur (der Fähigkeit des Akteurs, zwischen Spiel und Ernst zu unterscheiden),

- der Existenz e der Symbole und cues in der Situation (wird gelächelt, wird nur halbfest zugepackt?)

- und der Abwesenheit von Störungen u bei der Beobachtung der Symbole (das Gegenüber verhält sich wie gewohnt).

- Daraus folgt: $m = a \cdot e \cdot u$.

Zweitens hängt die Modellselektion ab vom *Modellnutzen*, von der Bewertung der Folgen (seien sie nun positiv in Form von Gewinnen oder negativ in Form von Kosten), die mit dem Handeln, das durch die „Entscheidung" für die jeweilige Alternative vorgegeben wird, verbunden sind. Angenommen, die Folgen der Selektion von Frame i (Spiel) ziehen den Nutzen U_i nach sich und die Selektion des Frames j (Ernst) den Nutzen U_j. Die Nutzenterme U_i und U_j werden nun gebildet aus sowohl dem Nutzen wie auch den Kosten,

- die der Akteur assoziativ bei der Aktivierung eines Modells erlebt (Spiel macht Spaß, Ernst demonstriert im Siegesfall Macht),

- die unmittelbar mit den Gefühlen dabei verbunden sind (harmloser Spaß vs. die Lust am „Bösen"),

- die mit dem Folgen des durch das entsprechende Modell vorgegebene Handeln verbunden sind (das Spiel ist folgenlos, eine Prügelei wird durch die Bezugsumgebung sanktioniert),

- und zwar jeweils bezogen auf die primären Zwischengüter.

Wie bereits erwähnt, wird die Selektion einer Alternative über ihr EU-Gewicht erklärt. Dieses besteht im Falle von Frame i aus dem Modell-Nutzen U_i, den das mit der Erwartung m geltende Modell i hat. Modell j hat dann das mit der komplementären Erwartung und seinem eigenen Nutzen U_j gebildete EU-Gewicht:

$$EU(i) = m \cdot U_i$$
$$EU(j) = (1 - m) \cdot U_j$$

Nach der WE-Theorie wird jener die Situation und deren Code definierende Frame selegiert (und damit aktiviert), dessen *EU-Gewicht* größer ist. Wenn dem Akteur das kulturelle Modell „Spiel" gut zugänglich ist und er Symbole, die dessen Geltung anzeigen, deutlich erkennt, wird er der Ansicht sein, dass all dies „nur ein Spiel" ist. Die Kosten und der Nutzen des konkurrierenden Modells müssen sich schon arg vom Modell mit dem höheren Match unterscheiden, um die Modellgeltung in den Nutzentermen zu überstimmen. Das erklärt nach Esser die starke Kraft von Symbolen in der täglichen Interaktion: Bei bekannten Modellen führt ihre Anwesenheit zu einem unmittelbaren Match, der Nutzen und Kosten auszublenden vermag und die Selektion einer Handlungsalternative steuert.

Skriptselektion

Ist ein Situationsmodell (Frame) selegiert, gilt es, das in diesem angemessene Handeln zu identifizieren. Die WE-Formel für die Selektion eines Skripts ist formal gleich zur Frameselektion. Auch hier gilt die binäre Codierung: Zur Wahl stehen zwei sich gegenseitig ausschließende Programme des Handelns: Skript k und l. Auch hier ist die Selektion nach Esser (2001, S. 291–293) von zwei Parametern abhängig.

Erstens von der *erwarteten Passung* des ersten Skripts innerhalb des aktiven Frames. In Frame i (bspw. „spielerische Rauferei") stehen die Skripte k_i (nicht mit vollem Körpereinsatz zur Sache gehen) oder l_i (hart zupacken) zur Wahl. Auch hier ergänzen sich die Erwartungen für beide Skripte zu 100-prozentiger Wahrscheinlichkeit: Eines von beiden Modellen gilt auf jeden Fall, die Frage ist nur: welches? Die Erwartung über die Geltung des zweiten Modells l beträgt wieder 100 % minus der Erwartung über die Geltung des ersten Modells k. Skript k wird also mit m_{ki} erwartet und Skript l komplementär dazu mit $1 - m_{ki}$. Die Erwartung gibt an, wie gut die zur Wahl stehenden Modelle zur Situationsdefinition i passen. Zu einer spielerischen Rauferei gehört beispielsweise, dass man den anderen nicht mit zu hohem Krafteinsatz verletzt.

Zweitens vom *Modell-Nutzen*, der sich hier aus der Auszahlung eines gewählten Skripts innerhalb eines Frames ableitet – und zwar bezogen auf die indirekten Zwischengüter. In Frame i ist dies der Nutzen U_i (siehe oben). Er gibt an, wie groß der Nutzen der zur Wahl stehenden Programme in Bezug auf die indirekten Zwischengüter in der Situation i ist. Auch zum Modellnutzen der Skriptselektion gehören neben den positiv bewerteten Gewinnen die negativ bewerteten Kosten. Der Nutzen des aktiven Spielframes liegt im Vergnügen des Spielens. Nicht jedes Handlungsmodell passt gleichermaßen in diese Situation und kann den Nutzen abgreifen.

Bei der Skriptselektion wird wieder jenes Modell gewählt, dessen *EU-Gewicht* höher ist. Da die Selektion eines Skripts immer vor dem Hintergrund eines Frames erfolgt (der wiederum mit einem bestimmten Match m verbunden ist, nicht zur verwechseln mit der Skriptgeltung m_{ki}), spielt die Passung zwischen der Situation und dem im Gedächtnis gespeicherten Modell i auch hier eine Rolle. Die Formeln für die EU-Gewichte der in Situation i zur Wahl stehenden Skripte k und l lauten somit:

$$EU(k_i) = m_{ki} \cdot m \cdot U_i$$
$$EU(l_i) = (1 - m_{ki}) \cdot m \cdot U_i$$

Das EU-Gewicht eines reduzierten Krafteinsatzes innerhalb einer Spielsituation errechnet sich also aus der Passung der gemäßigten Gangart mit der Situation, der Auszahlung und der erwarteten Geltung der Situation. Auch bei der Entscheidung zwischen zwei Handlungsalternativen innerhalb einer definierten Situation zeigt sich wieder der starke Einfluss einer hohen Modellpassung. Wird eine Handlung als sehr angemessen innerhalb einer Situation betrachtet, hat die konkurrierende Handlung kaum Chancen auf Selektion. Die Ursache sind die sozialen Produktionsfunktionen: Der (zur Bedürfnisbefriedigung nötige) Nutzen einer Situation kann nur über bestimmte institutionalisierte Handlungen abgegriffen werden, und nicht alle Handlungen sind in einer Situation gleichermaßen „gültig".

So weit zur Orientierung, bestehend aus der Definition der Situation und der Auswahl des in dieser angebrachten Handelns. Abbildung 4.4 zeigt noch einmal die Formeln für beide Prozesse. In den folgenden Abschnitten soll auf zwei letzte, bei der Orientierung beteiligte Selektionen eingegangen werden: die Selektion der Heuristik, nach der die Orientierung erfolgt und die Prozesse, die beim Wechsel eines Frames oder Skripts erfolgen. Die Kenntnis um diese Prozesse wird bei der späteren empirischen Studie hilfreich sein (vgl. dazu Abschnitt 5.2.3).

Modusselektion (Heuristik)

Die Wahl von Frame und Skript kann auf unterschiedliche Weise erfolgen: zum einen als automatisch-spontane Reaktion („as"). Dies ist bei einem mental gut zugänglichen Modell und perfekten Match der Symbole zu diesem Modell der Fall. Zum anderen als reflexiv-kalkulierende Heuristik („rc"). Hierzu kommt es bei einem Mismatch zwischen Symbolen und Erwartungen, bei wichtigen Angelegenheiten und bei Störungen. Die Folgen sind Irritation und erhöhte Aufmerksamkeit, und der Akteur begibt sich auf die Suche nach Informationen zu dieser Störung. An diesem Punkt kommen Motivation, Aufwand und Opportunitäten ins Spiel. Je geringer Opportunitäten und Motivation und je höher der Aufwand, desto eher bleibt es beim AS-Modus. Je ausgeprägter die Opportunitäten und die Motivation und je geringer der Aufwand, desto eher geht der Akteur in den RC-Modus über. Man könnte spontan annehmen, dass die Modusselektion vor der Skriptselektion erfolgt: Bevor die Einschätzung von Situation und Handlungsalternative vollzogen wird, „prüft" der Akteur, wie sorgsam diese Einschätzung vonstatten gehen soll. Esser geht jedoch davon aus, dass die Informationsanalyse zuerst immer als Alltagshandeln, also im automatisch-spontanen Modus erfolgt. Er modelliert daher die Modus-

Frameselektion
Die Definition der Situation und des Codes

Skriptselektion (für Frame i)
Die Wahl des Programms in einer Situation

Alternativen:	*EU-Gleichung:*
Frame i	$EU(i) = m \cdot U_i$ wobei $m = a \cdot e \cdot u^i$
Frame j	$EU(j) = (1-m) \cdot U_j$ da $m_j = 1 - m_i$

Alternativen:	*EU-Gleichung:*
Skript k	$EU(k_i) = m_{ki} \cdot m \cdot U_i$
Skript l	$EU(l_i) = (1 - m_{ki}) \cdot m \cdot U_i$ da $m_{li} = 1 - m_{ki}$

Legende:

EU EU-Gewicht

m Modellgeltung des Frames
a Zugänglichkeit des Modells
e Existenz von Symbolen und Cues
u Abwesenheit von Störungen
U Nutzen des jeweiligen Frames im Sinne der primären Zwischengüter (als Kosten-Nutzen-Relation)

EU EU-Gewicht
m_{ki} Passung des Skripts k im Frame i
U_i Auszahlung des jeweiligen Skripts im Frame i (als Kosten-Nutzen-Relation)

Abbildung 4.4: Die WE-Formeln für Frame- und Skriptselektion

selektion als Moduswechsel vom AS- in den RC-Modus (vgl. Esser 2001, S. 271–273). Angenommen, bei einem Akteur sei der Frame i aktiv. Der Wechsel vom spontanen AS-Modus zum reflexiven RC-Modus wird von Esser wieder mithilfe der WE-Theorie modelliert. Auch hier entscheidet das EU-Gewicht über die Selektion. Die EU-Gewichte für den AS-Modus (also den Status quo) setzen sich zusammen aus zwei Teilen: (1) Der *Nutzen* U des aktiven Modells i, also U_i, ergibt sich aus der Verrechnung von Kosten und Gewinnen. Die Nutzenkomponente des AS-Modus entspricht also dem Nutzen des Status quo. (2) Als *Erwartung* m dieses Nutzens zählt nur der dem Akteur spontan in den Sinn gekommene Gedanke über die Geltung des Modells. Wobei spontan bedeutet: $m = 1$, denn beim Alltagshandeln und im AS-Modus wird ja nicht lange nachgedacht, sondern selbstverständlich davon ausgegangen, dass alles seine Richtigkeit hat. Doch selbst im Falle eines Mismatch würde der Akteur die nicht mehr 100-prozentige Geltung nur als eine Abschwächung von m wahrnehmen.

Die EU-Gewichte für den rc-modus hängen von den folgenden Faktoren ab:

- der *Wahrscheinlichkeit* p, durch eine aufwendige Informationsverarbeitung zu erfahren, dass in Wahrheit Modell j statt des aktiven Modells i gilt. Sie beschreibt die Erwartungskomponente über die wirkliche Geltung des alternativen Modells j.

- dem erwarteten *Nutzen U* (als Kosten-Nutzen-Rechnung) des *alternativen Modells j*. Er beschreibt den Wert der Reflexion über die wirkliche Geltung des alternativen Modells j. Dieser Anreiz wird durch den Nutzen dieses Modells bestimmt, welches mit dem komplementären Match zum gerade aktiven Modell gilt: $(1 - m) \cdot U_j$. Dieser Teil der Formel beschreibt, wie lohnend eine aufwendige Suche im RC-Modus wäre.

- Auch für den Fall, dass das alternative Modell j nicht gilt, verfügt ein Akteur immer noch einen „Fallback", über den Nutzen dessen, was vor der reflexiven Suche schon da war: nämlich den *erwarteten Modellnutzen des alten Modells i*, also das EU-Gewicht des vor der Irritation geltenden Modells (das auch hier als Verrechnung von positiv bewerteten Gewinnen und negativ bewerteten Kosten gebildet wird). Nur dass die Geltungswahrscheinlichkeit p dieses Modells eben nicht zu 100 %, sondern komplementär zur Geltung des neuen Modells j erwartet wird (denn sonst wäre es ja nie zu einer Störung gekommen): $(1 - p) \cdot m \cdot U_i$.

- Zu den beiden Erwartungen über den Nutzen kommen noch die *Such- und Reflexionskosten C*. Sie beschreiben den Aufwand an knappen Ressourcen (insbesondere Zeit und Aufmerksamkeit), die mit einer gründlichen Informationsanalyse verbunden sind.

Damit lassen sich die EU-Gewichte für die beiden Modi angeben. Auch hier wird nach Esser wieder jener Modus gewählt, dessen EU-Gewicht höher ist. Er bestimmt, mit wie viel Bewusstsein und Kalkulation der Akteur bei der Selektion von Frames und Skripten zur Sache geht.

$$EU(as) = m \cdot U_i$$

$$EU(rc) = p \cdot (1 - m) \cdot U_j + (1 - p) \cdot m \cdot U_i - C$$

Abbildung 4.5 zeigt die WE-Formeln für die Heuristik der Entscheidungsfindung zusammenfassend.

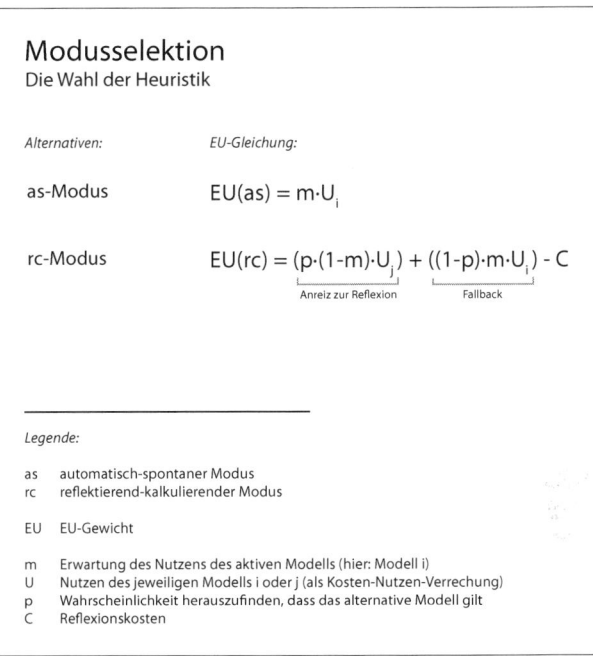

Abbildung 4.5: Die WE-Formeln für die Modusselektion

Der Wechsel des Bezugsrahmens

Üblicherweise wird ein Modell spontan, das heißt im AS-Modus selegiert. Der Match ist beim Alltagshandeln meist perfekt ($m = 1$), und dann muss der Akteur nur noch wissen, dass ein Modellnutzen vorhanden ist ($U > 0$). Genau das ist meistens auch der Fall, denn das Modell steht bei einem perfekten Match ja im Einklang mit den Erfahrungen, mit dem erlebten Nutzen. Trotzdem kann es aber zu einem Wechsel des Modells (sowohl eines Frames als auch eines Skripts) oder des Modus kommen (vgl. Esser 2001, S. 273–284). Ein Modellwechsel wird von Esser Reframing genannt, ein Moduswechsel Reflexion.

Reframing Nach den Regeln der WE-Theorie kommt es dann zum Wechsel des Frames oder Skripts, wenn das EU-Gewicht des neuen Modells höher als das des alten ist: $EU(j) > EU(i)$.[25] Durch Einsetzen der Formeln

---

[25]Die Formel verwendet die Variablennamen der Frameselektion. Für den Wechsel des Skripts (bspw. innerhalb des Frames i) müsste die Bedingung des Reframings lauten: $EU(k_i) > EU(l_i)$.

zur Frameselektion (S. 182 ff.) ergibt sich als Bedingung: $(1-m)\cdot U_j > m\cdot U_i$. Durch äquivalentes Umformen dieser Ungleichung erhält man wiederum die Reframing-Bedingung $\frac{U_j}{U_i} > \frac{m}{(1-m)}$. Ist das neue Modell j im Verhältnis zum alten i deutlich attraktiver, steigt der Wert auf der linken Seite der Ungleichung (von Esser mit Reframing-Motiv bezeichnet); die Chance für das Reframing steigt. Jedoch muss das Reframing-Motiv höher sein als die rechte Seite der Ungleichung, die sogenannte Reframing-Schwelle. Diese wiederum strebt bei einem fast perfekten Match (z. B. $m = 0,\bar{9}$) gegen unendlich. Daraus folgt: Kein noch so hohes Reframing-Motiv, kein noch so hoher Nutzen eines neuen Modells gegenüber einem alten kommt gegen einen fast perfekten Match an. Passen die situativen Symbole perfekt zu einem bestimmten, im Gedächtnis eines Akteurs abgespeicherten Modell, kann dessen Nutzen auch geringer als ein Alternativmodell sein – der Akteur wird gemäß der WE-Theorie am Modell festhalten und keinen neuen Frame bzw. kein neues Skript selegieren.

Reflexion Für den Wechsel vom spontanen (as-) zum reflektierten (rc-) Modus muss Letzterer ein höheres EU-Gewicht aufweisen als Ersterer. Die Bedingung zur Reflexion lautet damit: $EU(rc) > EU(as)$. Durch Ersetzen der Formeln zur Heuristik (Abschnitt 4.3.2) und Äquivalenzumformung erhält man als Bedingung des Moduswechsels die Ungleichung $(1 - m) \cdot U_j - m \cdot U_i > \frac{C}{p}$[26]. Die Ungleichung zeigt, dass der Match nicht zu hoch sein darf, weil die linke Seite der Ungleichung (das Reflexionsmotiv) sonst einen negativen Wert annimmt. Ergo: Zur Reflexion braucht es zum einen einen schwachen Match, der zugleich einen starken Mismatch bedeutet. Zum anderen darf der Reflexionsaufwand C aber nicht hoch sein, und es müssen Opportunitäten vorhanden sein. Das bedeutet: Kognition und Orientierung erfolgen so lange im vordergründigen AS-Modus, wie sich eine Reflexion angesichts eines einigermaßen erfolgreichen Match nicht lohnt, zu aufwendig und (mangels Alternativen) kaum möglich erscheint.

Fazit Daraus lassen sich vier Besonderheiten zum Wechsel von Bezugsrahmen ableiten (Esser 2001, S. 277–278): Bei einem perfekten Match eines Modells mit der wahrgenommenen Situation und bei fehlenden Opportunitäten ist erstens die aktuelle Selektion (sei es Modell oder Modus) unempfindlich gegenüber Reframing oder Reflexion. Der Match und die Opportunitäten können sich zweitens verändern, ohne dass es zum

---

Da das Reframing bei Skripten und Frames formal gleich verläuft, wird die Formel hier nur für den Wechsel eines Frames ausgeführt.

[26] C steht hier für den Reflexionsaufwand und p für die Reflexionsopportunitäten.

Reframing oder zur Reflexion kommt – vorausgesetzt, es gibt nur wenige Anreize zum Modell- oder Moduswechsel. Die Motive zum Reframing oder zur Reflexion können sich drittens nur dann auswirken, wenn die Modell-Geltung nicht mehr perfekt ist (also irgendetwas anders als sonst ist) und wenn es Gelegenheit zum Nachdenken gibt. Besonders beim kompletten Fehlen von Opportunitäten kommt es niemals zum RC-Modus. Steigende Reflexionskosten, also der Aufwand, der für die Suche nach einem alternativen Rahmen getätigt werden muss, führen viertens dazu, dass selbst vorhandene Opportunitäten nicht genutzt werden. Kurz gesagt: Ein perfekter Match führt dazu, dass die Situation einzig und allein unter dem aktivierten Modell gesehen wird und weder Anreize noch Alternativen eine Rolle spielen. Deshalb gelten Situationsdefinitionen so unbedingt, daher rührt die immense Bedeutung von Symbolen. Ein Wechsel des Bezugsrahmens kann nur bei einem nicht perfekten Match stattfinden, egal ob es sich um die Selektion von Frames, Skripten und Modi handelt. Die Modusselektion ist darüberhinaus besonders unempfindlich, wenn es wenig Reflexionsgelegenheit gibt und der Aufwand zur Reflexion hoch ist.

Der Bezugsrahmen, die Definition der Situation, schottet also die subjektive Welt wirksam gegen Änderungen in der äußeren Umgebung ab. Dies ist zurückführbar auf die Unempfindlichkeit eines einmal aktivierten Modells gegen das Reframing und des automatischen Modus gegen die Reflexion: „Der Akteur ist in seinen Vorstellungen, ,Weltbildern' und ,Werten' ganz und gar gefangen und kann sich nichts anderes denken, als das, was gerade in ihm vorgeht" (ebd., S. 283).

Änderungen (ein schwächelnder Match, ein wachsendes Reframing-Motiv, die Senkung des Reflexionsaufwandes sowie wachsende Opportunitäten) sind natürlich nicht völlig unwirksam: Sie sammeln sich nach und nach an, bis die kritische Schwelle, die zum Reframing oder zur Reflexion nötig ist, überschritten wird. Dann ändert sich die Situation für den Akteur auf einen Schlag zugunsten des neuen Modells oder der überlegten Entscheidung, wie ein Blitz aus heiterem Himmel, die Situation kippt: So sind es häufig die kleinen Dinge, die das Fass letztendlich zum Überlaufen bringen und alles bisher Eingelebte infrage stellen (ebd., S. 283–284).

Abbildung 4.6 zeigt die WE-Formeln für das Reframing und die Reflexion zusammenfassend.

Zusammenfassung

Bei der Orientierung geht es also darum, herauszufinden, worum es in der aktuellen Situation geht und welches Handeln in ihr angemessen ist.

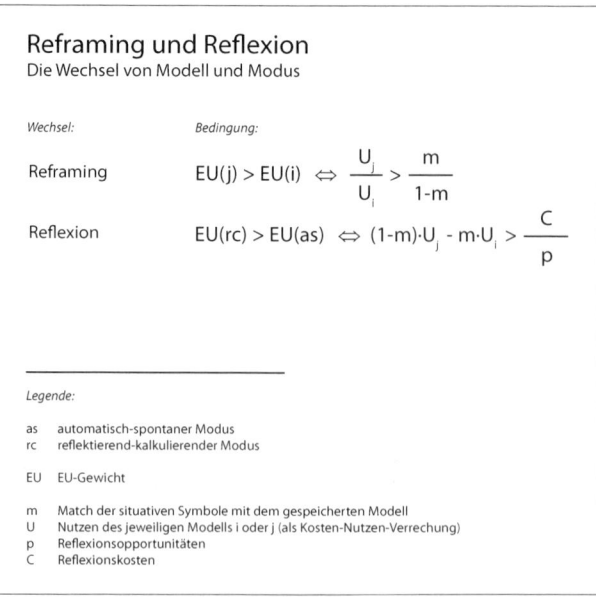

Abbildung 4.6: Die WE-Formeln für die Reframing und Reflexion

Dabei kommen interne und externe Rahmenbedingungen der Situation zur Geltung.

Bei der Situationsdefinition aktiviert der Akteur jenes Situationsmodell, dessen Geltung ihm angesichts seiner vorher erfolgten Wahrnehmung am wahrscheinlichsten und das ihm für seine Bedürfnisse am nützlichsten erscheint. Hier spielen vor allem die durch *Symbole* angezeigten kulturellen *Bezugsrahmen*, ihr *bewerteter* Nutzen für die subjektiven Bedürfnisse und ihre Verinnerlichung in Form von *Wissen* beim Akteur eine Rolle.

Bei der anschließenden Wahl der Handlungsalternative kommt es darauf an, wie angemessen dem Akteur eine Handlung innerhalb der definierten Situation erscheint und für wie zielführend er diese hinsichtlich des Oberziels der definierten Situation hält. Beides wird durch soziale *Institutionen* geregelt, die für bestimmte Situationen bestimmte Handlungen vorgeben oder ausschließen.

Erst bei schwierigen Entscheidungen und Störungen werden Situationsdefinition und Handlungsauswahl bewusst vorgenommen, und dann auch nur, wenn die Kosten dafür nicht zu hoch sind und ausreichend *Opportunitäten* zum Nachdenken gegeben sind. Beim routinemäßig verlaufenden Alltagshandeln erfolgt die Orientierung automatisch und unbewusst. Grund ist die in der täglichen, symbolischen Interaktion anzutreffende hohe Passung zwischen den im Gedächtnis der Akteure gespeicherten Modellen und deren Anzeige durch Symbole, vornehmlich in Form von Sprache.

Essers Selektionslogik verknüpft die internen und externen Bedingungen der Situation und erklärt das Handeln der Akteure modellhaft und kausal anhand der WE-Theorie. Essers Modell ist meines Erachtens selbst in der hier sehr stark gekürzten Fassung ein gutes Instrument, die in den vorherigen Kapiteln aufgeführten, meist voneinander isolierten theoretischen Positionen zu integrieren, Lücken zwischen ihnen zu füllen und die Überführung der Theorie in eine empirische Untersuchung zu unterstützen. Die Verknüpfung der Theoriebeiträge aus den vorherigen Kapiteln mit Essers Modell ist Gegenstand des restlichen Kapitels. Vorher soll jedoch ein kurzer Nachtrag zu inhaltlichen Analogien und begrifflichen Differenzen zwischen der hier geschilderten handlungstheoretischen Position und der Tätigkeitstheorie der kulturhistorischen Schule eingefügt werden.

4.3.6 Exkurs: Handlungstheorie vs. Tätigkeitstheorie

Es gibt einige (interessanterweise in der Literatur kaum thematisierte) inhaltliche Überschneidungen, aber auch begriffliche Differenzen zwischen dem Gesagten und der Tätigkeitstheorie der kulturhistorischen Schule (hier insbesondere die Arbeiten von Leontjew (1980, 1982)). Zugunsten der terminologischen Klarheit seien hier – in aller Kürze – die wichtigsten Begriffe voneinander abgegrenzt.

Tätigkeit vs. Handlung

Während die hier favorisierte Handlungstheorie vom *Handeln* spricht, nennt die Tätigkeitstheorie drei Begriffspaare des menschlichen Tuns (vgl. Kölbl 2006, S. 131–134):

Erstens das Begriffspaar *Tätigkeit – Motiv:* Tätigkeiten richten sich auf materielle oder vorgestellte Gegenstände. Dieser Gegenstand ist gleichzeitig das Motiv der Tätigkeit. Auch Tätigkeiten, die unmotiviert erscheinen, liegt bei näherer Analyse ein verborgenes Motiv zugrunde. Die Tätigkeit einer Person bspw. wird durch das Bedürfnis nach Nahrung motiviert. Zur Befriedigung dieses Bedürfnisses kann sie unterschiedliche Handlungen ergreifen. Zweitens das Begriffspaar *Handlungen – Ziel:* Tätigkeiten setzen sich aus Handlungen zusammen. Die gleiche, auf einen Gegenstand gerichtete Tätigkeit kann mittels völlig unterschiedlicher Handlungen umgesetzt werden: So kann die Tätigkeit „Hunger stillen" bspw. über die Handlungsabfolge „Sparschwein schlachten", „Pizza bestellen" und „Pizza verzehren", aber auch über die Handlungsfolge „Bogen schultern", „Reh erlegen" und „Reh verzehren" umgesetzt werden. Umgekehrt kann eine bestimmte Handlung bei der Umsetzung unterschiedlicher Tätigkeiten eingesetzt werden: Das Bogenschießen kann bspw. dem Erlegen eines Tiers im Zuge der Nahrungsbeschaffung, dem Töten eines Gegners im Zuge der Bekämpfung eines feindlichen Stammes oder der Entspannung im Zuge der Freizeitgestaltung dienen. Die Ziele einer Handlung dienen dem Erreichen von Zwischenergebnissen auf dem Weg zur Erfüllung des Tätigkeitsmotivs. So ist das oben genannte Ziel „Reh erlegen" in seinem dortigen Zusammenhang kein Motiv an sich, sondern ein dem Tätigkeitsmotiv untergeordnetes Ziel. Und drittens das Begriffspaar *Operationen – Bedingungen:* Handlungen bestehen aus einzelnen Operationen. Beim Erlegen eines Rehs mittels eines Bogens muss der Bogen angelegt, ein Pfeil gezogen und auf die Sehne gelegt, die Sehne gespannt, das Ziel anvisiert und die Sehne losgelassen werden. Auch hier können identische Operationen unterschiedlichen Handlungszielen dienen: Das Auflegen eines Pfeils auf die Bogensehne kann dem Erlegen eines Rehs dienen, dem Testen der Spannung der Sehne oder etwa dem Vertrautmachen mit dem Bogenschießen. Und auch hier können Handlungen wie das Erschießen eines Rehs mittels eines Bogens durch unterschiedliche Operationen ausgeführt werden (etwa durch links- oder rechtshändiges Schießen, unterschiedliche Schusstechniken etc.). Wie die Operationen ausgeführt werden, hängt von sogenannten Bedingungen ab. Dies können materielle Bedingungen (wie die Qualität des Bogens und der Typ der Pfeile), aber auch physiologische Eigenschaften der operierenden Person (Geschicklichkeit, Körpergröße, Kraft etc.) sein.

Die Tätigkeitstheorie differenziert also dort zwischen Handlungen und Tätigkeiten, wo die soziologische Handlungstheorie nur mit dem Handlungsbegriff operiert: einmal als ein auf ein „Endmotiv" gerichtetes, einmal auf ein „Zwischenziel" gerichtetes Tun. Durch die Unterscheidung der Tätigkeiten/Motive von den Handlungen/Zielen ist die Tätigkeitstheorie der Handlungstheorie an begrifflicher Trennschärfe voraus. Letztere jedoch kompensiert dies, zumindest bei Esser, mit der Differenzierung von primären und indirekten Zwischengütern (vgl. Abschnitt 4.2.5): Indirekte Zwischengüter sind ebenso wie tätigkeitstheoretische Ziele nicht die angestrebten „Endstationen" eines Tuns, sondern eine für deren Erreichung notwendige „Zwischenetappe". Die eigentlichen Absichten einer (handlungstheoretisch betrachteten) Handlung und einer (kulturhistorisch betrachteten) Tätigkeit sind die Motive und primären Zwischengüter. Denn erst diese sind in der Lage, die Bedürfnisse eines Akteurs zu befriedigen.

Produktionsfunktionen vs. Arbeitsteilung

Produktionsfunktionen sind soziale und institutionalisierte Vorgaben zum Erzeugen von Nutzen. Sie bilden die „Spielregeln", auf die sich die Akteure einlassen müssen, wenn sie ihre Bedürfnisse über soziale Interaktion befriedigen wollen.

Ein ähnlicher Gedanke wurde von Leontjew über die Gesellschaftsgeschichte des Psychischen geäußert (vgl. Kölbl 2006, S. 128–131). Die Existenz eines Bewusstseins unterscheidet den Menschen vom Tier. Eine entscheidende Rolle bei der Entstehung des Bewusstseins spielte die Entstehung der Arbeit. Ein Tier wird allein durch sein direktes Bedürfnis motiviert, der Mensch dagegen muss zwischen dem Motiv und der Tätigkeit trennen können. Der Grund dafür liegt in der *Arbeitsteilung des Menschen*, dem Umstand, dass die Arbeitstätigkeit ein kollektiver Prozess ist. Ein Treiber bei der Jagd agiert aus dem Motiv heraus, seinen Hunger mit der Jagdbeute zu stillen, aber seine Aufgabe im Rahmen der Arbeitsteilung besteht darin, die Beute von seinem aktuellen Standort zu vertreiben. Handlung und Tätigkeitsmotiv sind auf den ersten Blick widersprüchlich. Um diesen Widerspruch aufzulösen, muss der Mensch das objektive Verhältnis zwischen Motiv und Ziel der Tätigkeit psychisch widerspiegeln können. Diese komplexe psychische Leistung benötigt jedoch ein menschliches Bewusstsein. Menschliche Arbeitstätigkeit (und -teilung) fordert und fördert damit die Herausbildung eines menschlichen Bewusstseins.

Diese Idee findet sich in etwas ähnlicher Form bei Mead (zitiert nach Esser 2002, S. 47). Demnach sind Menschen zur „auswählenden Impulshemmung" in der Lage: Sie reagieren nicht in Form eines „unmittelbaren Reflexes", nicht durch eine „fixierte Assoziation zwischen Reiz und innerer Vorstellung" auf eine Situation. Vielmehr basiert ihre Reaktion auf einer intelligenten, reflektierten und interpretierenden Auswahl.

Sinn vs. Bedeutung

Die Handlungstheorie spricht stets vom Sinn des Handelns. Üblicherweise ist damit der subjektive Sinn gemeint, der sich auf die Intentionalität des Tuns und damit auf die subjektiven Motive und Ziele eines Akteurs bezieht (vgl. Abschnitt 4.3.1). Esser (2001, S. 3) beschreibt jedoch auch einen sozialen Sinn: Dieser meint die kollektiv geltenden, sozial geteilten Oberziele und Regeln, an die sich Menschen halten müssen, wenn sie erfolgreich miteinander interagieren wollen. Subjektiver Sinn bezieht sich stets auf sozialen Sinn, ohne diesen zu „kopieren", er bildet die Intentionalität individueller Ziele in Verbindung mit kollektiv geteilten Werkzeugen zum Erreichen dieser Ziele ab.

Auch die Tätigkeitstheorie kennt diese Differenzierung von kollektiven mit subjektiven Facetten, nämlich in Form der Unterscheidung zwischen gesellschaftlicher Bedeutung und persönlichem Sinn (vgl. Kölbl 2006, S. 134–136). Bedeutungen stellen die „ideelle Existenzform der gegenständlichen Welt, ihrer Eigenschaften, Zusammenhänge und Beziehungen" (Leontjew 1982, S. 136) dar. Die gesellschaftlichen Bedeutungen werden hauptsächlich von der Sprache transportiert (keinesfalls aber von ihr geschaffen!). In ihnen werden die kollektiv erworbenen Erfahrungen tradiert. Die Aneignung der gesellschaftlichen Bedeutungen durch ein Individuum erfolgt jedoch stets vor dessen subjektivem Hintergrund und wird so zu persönlichem Sinn. Eine gesellschaftliche Bedeutung kann daher bei zwei Individuen zu unterschiedlichem persönlichen Sinn werden. Leontjew (ebd., S. 140–141) veranschaulicht dies am Beispiel von Schulnoten: Deren gesellschaftliche Bedeutung ist bei den Schülern einheitlich bekannt. Im Bewusstsein der einzelnen Schüler jedoch, vor ihrem subjektiven Hintergrund, können die Schulnoten unterschiedlichen persönlichen Sinn entfalten: ein Schritt nach vorn oder eine Hürde beim Erreichen des Wunschberufs, eine Form der Selbstbestätigung etc.

Es gibt also gewisse Parallelen zwischen dem sozialen Sinn aus handlungstheoretischer Perspektive und der gesellschaftlichen Bedeutung aus tätigkeitstheoretischem Betrachtungswinkel. Außerdem ähneln sich der subjektive Sinn bei der Handlungstheorie und der persönliche Sinn bei der Tätigkeitstheorie. Während das eine die „objektive" kollektive Wirklichkeit repräsentiert, bildet das andere die Aneignung dieser Wirklichkeit vor dem Hintergrund der subjektiven Motive und Eigenschaften ab.

Bei der Wahl der Begriffe orientiert sich diese Arbeit an der handlungstheoretischen Perspektive. Sie bildet den Gegenstand meines Erachtens für diese Abhandlung mit ausreichender Trennschärfe ab. Zudem wird dadurch innerhalb der soziologischen Disziplin die sprachliche Konsistenz und begriffliche Ordnung gewahrt. Unabhängig davon erscheinen die offensichtlichen inhaltlichen Parallelen zwischen Handlungstheorie und Tätigkeitstheorie höchst interessant, kommen die Vertreter doch aus völlig anderen Kreisen und werden die Ähnlichkeiten kaum in der Literatur behandelt. Einer der wenigen Vermittler zwischen den beiden Positionen scheint Oerter (1999) zu sein, der seine Abhandlungen über das Spielen als handlungstheoretischen Ansatz bezeichnet, sich aber auch explizit auf die tätigkeitstheoretischen Arbeiten Leontjews und Wygotskis bezieht (vgl. ebd., S. 4).

4.4 Integration

Situationen wirken in Essers Modell nicht nach einem simplen Reiz-Reaktionsschema ursächlich auf das Handeln der Akteure. Die Akteure interpretieren vielmehr ihre Umgebung und gestalten auf dieser Basis ihr Handeln, wobei ihre persönlichen Hintergründe und soziale Strukturen interagieren und sowohl den Interpretationsvorgang als auch das Handeln bestimmen. Das Handeln ist der Versuch, eigene Bedürfnisse mit den Spielregeln zu vereinen, die im durch Symbole angezeigten, kulturellen Modell der Situation gelten. Die im Zwischenfazit (Abschnitt 3.4.1) bereits angeklungene Annahme, dass Lernspiele einmal als Spiel und einmal als Arbeit gerahmt werden können, je nach Auslegung der Rahmungs- und Handlungsdimension seitens des Akteurs, ist anschlussfähig an diese Position: Ob ein Akteur spielt oder arbeitet, ist eine Frage des Handlungssinns, der nach Esser die Intentionalität eines Tuns repräsentiert, mit dem der Akteur seine subjektive Struktur möglichst günstig in den aktuellen, objektiv-sozialen Kontext einbringen möchte. Ob mit etwas gespielt oder gearbeitet wird, ist davon abhängig, welche Folgen in der jeweiligen Situation von dieser Entscheidung abhängen und wie diese direkt oder indirekt zu den aktuellen Bedürfnissen und Motiven des Akteurs passen.

Eine solche Perspektive kommt meines Erachtens in der Diskussion über das Potenzial von Game-based Learning viel zu kurz. Der soziale, situative Einfluss, und insbesondere der angesagte Rahmen der Situation sowie der sich daran orientierende Sinn des Handelns werden nicht ausreichend berücksichtigt. Stattdessen wird offenbar meist davon ausgegangen, dass Lernspiele mehr oder weniger direkt sowie personen- und situationsunabhängig Wirkungen entfalten (was der Sicht der Game-based-Learning-Befürworter entspricht) oder eben nicht (wovon die Lernspiel-Skeptiker kategorisch ausgehen).

Der theoretische Teil dieser Arbeit schließt mit der Verbindung der Überlegungen aus den bisherigen Kapiteln ab. Dafür werden die im Rahmen der soziologischen Erklärung Essers dargestellten Elemente (erst die theoretischen Wurzeln, dann das darauf aufbauende Konzept Essers) kurz zusammengefasst und mit den Annahmen aus den vorherigen Kapiteln verknüpft. Dabei ergeben sich zwangsläufig einige inhaltliche Überschneidungen und Redundanzen. Stellenweise weisen Teile von Essers Modell auch Facetten auf, die in den früheren Kapiteln nicht zur Sprache kamen und die erst im Licht der soziologischen Erklärung Relevanz erlangen (bspw. die Institutionen oder die symbolisch erfolgende Metakommunikation bzgl. der geltenden Rahmen). Diese soziologischen Facetten werden hier um spieltheoretische und ludologische Beiträge ergänzt. Am Ende soll auf der Basis dieser Verbindungen das Zwischenfazit aus Abschnitt 3.4.1 zu einem hypothetischen Endfazit aus Sicht der Theorie angepasst werden. Dieses untermauert und ergänzt das Zwischenfazit um Essers Position, nennt mit deren Hilfe die entscheidenden Variablen der vermuteten Zusammenhänge und leitet so vorbereitend zum folgenden Kapitel, dem hypothesenprüfenden Empirieteil, über.

4.4.1 Symbolischer Interaktionismus

Das Handeln beginnt nach dem symbolischen Interaktionismus mit der Wahrnehmung und Interpretation (Kognition und Orientierung) von (sozial geteilten) Symbolen in einer Situation. Dabei fragt sich der Akteur, welche institutionalisierten Regeln gerade gelten, wie die Situation definiert ist (Frame) und wie er seine Person möglichst günstig (zur Befriedigung seiner Bedürfnisse) einbringen kann. Das Tun wird dadurch zielgerichtet und erlangt Sinn. Menschen handeln Dingen gegenüber auf der Basis ihrer Bedeutung. Die Bedeutung der Dinge wird durch Anzeigen und Interpretation von Symbolen sowie Durchdenken von Alternativen (Opportunitäten) gebildet. Die Akteure handeln also nicht mechanistisch, sondern interpretativ. Interaktion erfolgt stets über Symbole. Es gibt keine normative Grundlage einer Situation; vielmehr schaffen und verständigen sich die Akteure diese Grundlage immer wieder selbst. Bei der Interpretation werden potenzielle Bedeutungen untersucht, und eine davon wird schließlich ausgewählt, um zu einem Handlungsplan zu kommen, der das weitere Handeln lenkt. Auf Game-based Learning übertragen bedeutet das, dass Lernspiele nicht automatisch als Spiel aufgefasst werden. Es wird vielmehr vom Akteur auf Basis der situativen Symbole interpretiert, wie das Medium hier und jetzt zu verstehen ist und welche Funktion es in der aktuellen Situation und sozialen Interaktion erfüllen soll. Nicht der Designer macht ein Medium zu einem Spiel oder ernsten Lernprogramm, sondern die Situation mit all ihren kontextuellen Regeln, Oberzielen und anzeigenden Symbolen. Ob es sich bei einem Medium um ein Lern- oder Unterhaltungsspiel handelt und wie der Akteur damit angesichts seines Handlungsplans interagiert, drängt sich ihm nicht automatisch auf, sondern hängt von seiner Interpretation der Situation anhand der sichtbaren Symbole ab.

Der Entwurf eines Handlungsplans besteht aus zwei Schritten: erstens aus der Identifikation von möglicherweise bedeutenden Objekten, wobei hier immer die soziale Situation und die Position der anderen an der Situation beteiligten Akteure mitgedacht wird. Und zweitens aus der Selektion einer Bedeutung. Diese hängt ab von der Indexikalität des Symbols, also dessen besonders starker Bindung an eine bestimmte Bedeutung, aber auch von den Wünschen und Bedürfnissen des Akteurs und dem Nutzen, den eine Bedeutung hat. Bei Game-based Learning ist der Entwurf des Handlungsplans in zweierlei Hinsicht relevant: Zum einen kann der Akteur auf der *Handlungs- und Rahmungsebene* des Spielens fragen, welche Funktion das Spiel im Gefüge der aktuellen Situation hat: Dient es dem folgenlosen und selbstdienlichen Vergnügen und der Entspannung oder ist es ein vom Gegenüber eingesetztes Instrument, mit dem bestimmte Lernziele erreicht werden sollen, also ein Lernangebot? Zum anderen ist auf der *Konstruktebene* des Spiels zu klären, worauf ein symbolisch vermitteltes Spielobjekt verweist: auf ein Spielmechanikelement innerhalb des Spielkerns oder auf ein Element der Realität, welche es authentisch abbildet?

Die Interpretation der Situation ist beim symbolischen Interaktionismus also ein aktiver, dynamischer und selektiver sozialer Vorgang, bei der der Akteur ein im Gedächtnis gespeichertes Modell aktiviert. Diese Modelle haben sich durch typische, im Alltag immer wiederkehrende Situationen zu einer selbstverständlichen Erwartung gefestigt. Für Game-based Learning bedeutet das, dass das Spielen einerseits und Ernst/ Arbeit andererseits solche gedanklichen Modelle sind und sie von den Menschen wahrscheinlich meist als Gegensätze wahrgenommen werden (vgl. Abschnitt 1.2.1). Mit einem Spielrahmen werden bestimmte Eigenschaften verbunden (vgl. den Abschnitt 1.2.2 zu den Merkmalen des Spielens), die in ihrer Gesamtheit den Unterschied des Spielens zur Arbeiten ausmachen. Während das Spielen als kultureller Rahmen folgenlos, frei, außeralltäglich, stets dem Vergnügen dienend, zweckfrei und scheinhaftig ist, verbindet man mit der Arbeit (nicht nur, aber auch) Folgen, Zwänge, Routine, das Erdulden von nicht unterhaltsamen Aspekten, Funktionsdruck und Authentizitätsanspruch. Diese spezifischen Eigenschaften solcher kulturellen Frames definieren die Situation und geben das in ihr angebrachte Handeln vor. Möchten Akteure ihre Bedürfnisse befriedigen und keine Sanktionen hinnehmen, müssen sie sich an geltende, frame-spezifische Interaktionsregeln halten, ihr Handeln also den sozial definierten Situationen anpassen, was sie meist auch tun. So ergibt sich, dass das gleiche Verhalten (bspw. das Zusammenbauen eines Lego-Modells) in Abhängigkeit der Situation unterschiedlichen Ausprägungen des Handlungssinns (bspw. Selbstzweck und Mittel zum Zweck) folgen kann und damit einmal als Spielen (etwa im Kinderzimmer) und einmal als Arbeiten (z. B. in den Produktionsstätten einer chinesischen Hinter-hoffabrik) betrachtet werden muss. So kann meines Erachtens auch die Interaktion mit einem Lernspiel einmal als Arbeit und einmal als Spielen betrachtet werden, je nachdem, wie der Handlungssinn des Akteurs beschaffen ist, was wiederum von seiner Situationsdefinition abhängt.

Die größte Rolle bei der Interpretation der Situation wiederum spielen im symbolischen Interaktionismus die Symbole, die der Anzeige des geltenden Bezugsrahmens dienen. Sie sind das wichtigste Mittel sowohl für die Analyse der Situation und der Absichten der Interaktionspartner als auch für die Anzeige des eigenen Vorhabens. Mittels der Symbole (von denen die Sprache das mächtigste Symbolsystem ist) zeigen die Akteure an und erkennen, welches der sozial geteilten Handlungsmodelle zu verwenden ist. So finden sie schnell zu einem gemeinsamen Orientierungspunkt und erschließen weitere Eigenschaften der Situation. Der einfache Satz „Es ist doch nur ein Spiel" teilt dem Gegenüber präzise mit, auf welches gemeinsame Ziel die Interaktion hinausläuft (hier: Vergnügen und Erholung) und welche Eigenschaften (hier in Form der Spielmerkmale) die Situation hat. Die Akteure antizipieren dann, welche Vorstellungen das Gegenüber zur aktuellen Situation hat und machen sich mental zum Objekt des anderen. Von großer Hilfe sind hierbei die institutionalisierten Regeln, denn ein Akteur setzt voraus, dass sich sein Gegenüber auch an diese sozialen Regeln der Situation hält und richtet sein Handeln an dieser Antizipation aus. Menschen gehen also bereits mit bestimmten Voraussetzungen an eine mittels Symbolanalyse definierte Situation, bevor das Gegenüber überhaupt handeln konnte. Die in dieser Arbeit auf S. 109 zitierten Reaktionen auf die Kategorie „bestes Serious Game" beim deutschen Computerspielpreis und Ankündigung des Lernspiels „Genius – Im Zentrum der Macht" zeigen deutlich, welche Eigenschaften allein durch den Begriff „Lernspiel" antizipiert werden können, ohne das eigentliche Objekt überhaupt jemals zu Gesicht bekommen zu haben. Vermutlich dürfte die Einstellung der Akteure und das sich daran anschließende Handeln gegenüber dem Objekt anders ausfallen, wenn positivere Antizipationen vorgenommen worden wären. Bestimmte Handlungen und Eigenschaften werden erwartet (hier: schlechtes Gamedesign), andere werden ausgeschlossen, und auch Erwartungen des Gegenübers an einen selbst werden antizipiert. Diese geistige Vorwegnahme der Situation lenkt das eigene Handeln und bestimmt den Handlungsinn. Auch diese Überlegungen sind sowohl für die Handlungs- bzw. Rahmungsdimension des Spielens als auch für Konstruktdimension der Spiele relevant: Auf der *Handlungsebene* antizipiert ein Akteur, dem bspw. im Unterricht ein Lernspiel vorgesetzt wird, die Eigenschaften der gerade beginnenden Situation und was die Interaktionspartner (hier: die Lehrkraft) in dieser von ihm erwarten. Der Schüler hält nach den das gerade geltende Situationsmodell anzeigenden Symbolen Ausschau und versetzt sich in die Lehrerrolle, um die Situation zu interpretieren und die Interaktion zu planen: Ist dies alles als Spiel gemeint oder als Unterricht, soll er sich entspannen oder einen Lerninhalt erarbeiten? Nicht das Lernspiel selbst beeinflusst diesen Interpretationsvorgang, sondern die Definition der Situation durch den Akteur, die wiederum auf Symbole aus dem Kontext zurückgreift (im einfachsten Fall bspw. über sprachliche Indikatoren wie die Begriffe „spielen" oder „arbeiten"). Je nachdem, wie die Interpretation der durch Zeichen angezeigten Situation verläuft, wird der Schüler nach dem symbolischen Interaktionismus eher spielen oder arbeiten, da er ja bestimmte Bedürfnisse hat und diese durch die Situation befriedigen will (bspw. durch das Spielen entspannen, durch das Arbeiten etwas für die Bildung oder wenigstens das Zeugnis tun). Die Fragen sind nun: Ändert sich mit der Aktivierung unterschiedlicher Handlungsmodelle auch die unterhaltungsbasierte Motivation und Einstellung gegenüber dem Inhalt des Mediums? Macht es weniger Spaß mit dem Spiel zu arbeiten als zu spielen, weil die Eigenschaften des Modells „Arbeit" keine erholenden Wirkungsmechanismen unterstützen? Ist das Spielen mit dem Lernspiel weniger informativ, weil der Akteur keine Authentizität, kein Bildungsangebot und keine Folgen und Funktionen für die Realität erwartet? Die Überlegungen des symbolischen Interaktionismus lassen sich auch auf die *Konstruktebene* der Spiele übertragen: Symbole innerhalb der Zeichenhülle von Computerspielen geben das Modell und das in diesem anzuwendende Handeln vor. Durch die Analyse der Spielsymbole kann der Spieler auf die Spielmechaniken des Spielkerns, auf Spielregeln, Aufgaben, Ziele und optimale Vorgehensweisen schließen. Die Münzen bei Super Mario Galaxy (vgl. Abschnitt 1.3.2) verweisen auf den Frame, das Spielkonzept „Sammeln", aus dem heraus der Spieler wiederum weitere Eigenschaften der aktuellen Situation antizipiert: etwa, dass das Spinnennetz keine klebrige Falle, sondern ein betretbares Areal ist, das darüber hinaus auch noch strategisch bedeutsam ist, weil die Designer den Spieler sonst nicht mittels der Münzen dort hineinleiten würden. Der

Spieler handelt auf Basis der Bedeutungen, die er mit der definierten Situation verbindet, welche er wiederum durch die symbolische Spielsprache identifiziert. Die Symbole bilden also keine Wirklichkeit außerhalb des Computerspiels ab, sondern dienen der Anzeige typischer Spielsituationen, damit der Spieler ohne weitere Instruktion selbstständig[27] das erfolgreichste Handeln wählt. Geht man mit dem symbolischen Interaktionismus davon aus, dass Menschen den Objekten gegenüber stets auf der Basis der mit diesen verbundenen Bedeutungen handeln, stützt das die Annahme, dass Spielinhalte anders von den Spielern „gelesen" werden: Virtuelle Münzen stehen nicht für realen Reichtum, virtuelles Blut steht nicht für reale Gewalt. Spielsprache verweist damit gewissermaßen auf „Subframes": auf typische, in der Spielkultur geteilte Modelle von Situationen, die es aber nur innerhalb von Computerspielen gibt, die selbst wiederum kulturelle Modelle sind. Die Fragen lauten nun: Was passiert, wenn Elemente eines Spielkonstrukts einer solchen Spielsprache zugeordnet werden, die seitens der Designer gar nicht als solche gemeint waren? Können Lerninhalte mit Authentizitätsanspruch als Spielsymbolik „missverstanden" werden und so ihre Funktion im pädagogischen Prozess verfehlen?

4.4.2 Phänomenologie nach Alfred Schütz

Diese Definition einer sozialen Situation erfolgt normalerweise automatisch, da sie auf gewohnten und bewährten Routinen basiert. Nach Schütz werden die Bedeutung einer Situation und der Handlungsentwurf nur bei Störungen oder folgenschweren Entscheidungen eingehend reflektiert, ansonsten erfolgen sie routiniert, was beim Alltagshandeln praktisch immer der Fall ist. Bei Game-based Learning bedeutet dies womöglich: Auch bei der Konfrontation mit Lernspielen in einem entsprechenden bekannten Kontext dürften die Akteure ganz selbstverständlich in der Art und Weise mit dem Medium umgehen, wie sie es von dort gewohnt sind. In einem leistungsorientierten und sanktionierenden Umfeld wie der Schule könnten Lernspiele es vielleicht schwer haben, auf der Handlungsebene (Play) überhaupt als Spiel ausgelegt zu werden, wenn der Unterricht sonst eher als Arbeit aufgefasst wird. Die Routine des Alltagshandelns basiert auf dem sozial geteilten Wissen der Akteure. Es wird während der Sozialisation erworben und erleichtert die Verschränkung der Perspektiven,

---

[27]Zu viel Instruktion würde den Spielern das Gefühl rauben, selbst auf die Lösung gekommen zu sein und damit den Spielspaß verderben. Daher greifen Gamedesigner auf findige Verfahren zurück, den Spieler möglichst versteckt und subtil zu leiten (Bopp 2005, S. 4, 2006, S. 16).

da sich die Akteure über dieses Wissen schnell aufeinander einpendeln können. Typische Gruppen haben typisiertes Wissen für typische Situationen; das macht ihre jeweilige Kultur aus. Für Spieler, die Teil einer Spiele-Subkultur sind (vgl. Abschnitt 1.3.3), sind bestimmte Dinge womöglich völlig selbstverständlich, etwa die Verwendung der Spielsprache innerhalb der Zeichenhülle oder typische Strukturen wie die Einteilung in Level und Level-Boss auf der Konstruktebene der Spiele. Aber auch Schüler haben über die Schul- und Unterrichtskultur ihrer Bildungsinstitution ein bestimmtes Wissen darüber erworben, wie die Dinge dort laufen: Sind unterhaltungsorientierte Ansätze und freies, selbst gesteuertes Lernen üblich oder herrscht eher eine strenge und konservative Unterrichtskultur vor? Wie auch immer die Kultur einer Gruppe beschaffen ist, sie ist die Basis des gegenseitigen Verstehens und das Repertoire der sozial geteilten Modelle für die typisierten Interaktionen. Sie ermöglicht es den Akteuren, das Handeln der anderen Akteure zu antizipieren und deren Antizipation des eigenen Handelns vorwegnehmen zu können. Der Schüler in der Unterrichtssituation antizipiert ganz routiniert das Handeln der Lehrerin und deren Antizipation des eigenen Handelns, etwa: „Die Lehrerin möchte mir mit diesem Spiel etwas beibringen und erwartet, da wir ja im Unterricht sind, dass ich mich ernsthaft mit den Lerninhalten des Spiels beschäftige." Die Lehrerin hingegen könnte antizipieren: „Der Schüler möchte eine schlechte Note bei der nächsten Klassenarbeit vermeiden und erwartet, dass ich ihm nur Lernspiele vorsetze, in denen er etwas lernen kann." Diese Verschränkung der Perspektiven koordiniert die Handlungen der Akteure, ohne dass sie sich explizit darüber verständigen mussten. Die kulturellen Vorerfahrungen mit Unterrichtssituationen haben beide mit dem Wissen ausgestattet, in diesem Kontext routiniert miteinander zu interagieren. Dieser gemeinsame Hintergrund macht es meines Erachtens unwahrscheinlich, dass ein Lernspiel in einer konservativen und strikten Unterrichtskultur mit der Leichtigkeit vom Schüler gespielt wird, mit der er sich bspw. in Freizeitkontexten einem Spiel widmet. Viel eher dürfte er den Charakter der gewohnten Lehrsituation auf das Lernspiel übertragen und mit ihm „arbeiten" statt zu spielen. Das bedeutet, dass sich das aus der *Handlungs- und Rahmungsdimension* ergebende motivationale Potenzial von Lernspielen nicht automatisch aus dem Spielkonstrukt ergibt, sondern von der Kultur des Kontexts abhängt, in dem es eingesetzt wird. Für das Informationspotenzial bedeutet es womöglich, dass Lernspiele in einer eher unterhaltungsorientierten Unterrichtskultur mit „Erholungspausen" routinemäßig nicht als Lernangebot, sondern als Erholungsgelegenheit angesehen werden. Auf der

Konstruktebene der Spiele ist es denkbar, dass die Vorerfahrung eines eng in der Computerspielkultur verwurzelten Akteurs zu einer routinemäßigen Auslegung der Zeichenhülle als rein game-bezogene Spielsprache führt, zu Ungunsten des Informationspotenzials. Keine Spielerfahrung oder viel Erfahrung mit Lernsoftware führen dagegen womöglich eher zu einer spontanen Interpretation der Inhalte als Lernstoff.

Beim gegenseitigen Verstehen der Akteure, bei der Interpretation der Situation passieren zwei Dinge: Zum einen wird ein Rahmen gewählt, der angibt, was los ist, um welches Oberziel es in der Situation geht (an das sich, so vermutet der Akteur, auch die anderen Akteure halten). Auf Handlungs- und Rahmungsebene stellt sich die Frage: Geht es ums unverbindliche Spielen, um das Vergnügen, oder geht es ums Arbeiten, um einen externen Zweck und potenzielle Folgen? Und auf der Konstruktebene: Geht es bei den Zeichen um einen Lerninhalt, um wirklichkeitsbezogene Daten oder handelt es sich um Spielsymbolik, die auf den Spielkern verweist? Normalerweise erfolgt dieser Vorgang automatisch und routiniert, denn Symbole zeigen den geltenden Rahmen an. Die Akteure neigen erst dann zu einer detaillierteren Suche, wenn ihnen etwas ungereimt vorkommt, viel von ihrer Interpretation abhängt und die Interpretation mit weniger Aufwand verbunden ist. Zum anderen wählt der Akteur, hat er sich erst einmal auf einen Rahmen festgelegt, die nun auszuführende Handlung: arbeiten oder spielen? Auch hier gilt: Üblicherweise wird spontan entschieden, eine detaillierte und reflektierte Wahl erfolgt erst bei einem Mismatch, wichtigen Entscheidungen, geringen Reflexionskosten und reichlich Gelegenheit zur Interpretation.

Die Kultur einer Gruppe beinhaltet den Vorrat an Modellen für Situationen und das Handeln in diesen. Sie hat großen Einfluss auf die Situationsdefinition und die Wahl des Handelns. Spiel- und Unterrichtskultur sowie die Definition der aktuellen Situation sind daher mindestens ebenso entscheidende Einflussfaktoren für das Potenzial von Lernspielen wie das Design der Spielkonstrukte.

4.4.3 Ethnomethodologie

Die Ethnomethodologie geht davon aus, dass die Definition einer Situation (und mit ihr das aktuelle Oberziel) und der Sinn des Handelns in jeder sozialen Situation neu geschaffen werden. Die fraglose Geltung einer Situation existiert nach Ansicht der Ethnomethodologie nicht von vornherein, sondern wird gemeinsam „zur Laufzeit" erzeugt. Hierbei stehen drei Elemente in einem unauflösbaren Zusammenhang: Handeln, Zeichen und Kontext. Handlungen sind stets mit Zeichen versehen, und der Sinn des Handelns und der Zeichenverwendung existiert immer nur vor einem bestimmten Kontext, für den das Zeichen spezifisch ist (Konnotation). Der Kontext wiederum wird erst durch Handeln und Zeichen geschaffen. Zwei spielerisch miteinander raufende Kinder versehen ihre Handlungen mit Zeichen, die die Spielhaftigkeit ihres Tuns markieren, etwa das So-tun-als-ob, bspw. in Form eines Schwitzkastens, der aber stets locker gehalten wird. Eine solche Handlung und Symbolverwendung ist typisch für den Kontext des Spielens. Gleichzeitig kann der Spielkontext nur sinnhaft existieren, indem er durch die entsprechenden Handlungen und Zeichen angezeigt und bestätigt wird: Ohne die Als-ob-Zeichen würde es sich um eine ernste Situation handeln. Andererseits aber ergeben die Als-ob-Zeichen erst einen Sinn, wenn die raufenden Kinder mit dem Kontext „Spielen" vertraut sind und dessen Unterschied zum Ernst kennen.

Die Ethnomethodologie betont damit die kontextbildende Kraft von Handlungen und Zeichen sowie umgekehrt deren Kontextualität. Durch Zeichen werden sinnhafte Kontexte wie das Spielen und Arbeit überhaupt erst konstituiert, und erst diese Konstitution bestimmt, wie die Situation zu verstehen ist und welche Regeln in ihr gelten. Damit kommt der Identifikation und Deutung der Zeichen eine zentrale Aufgabe zu: Interpretiert ein Akteur ein Medium auf Basis der Zeichen und Handlungen als Verweis auf den Kontext „Spiel", wird die Situation dadurch erst zum Spiel. Und erst das Bewusstsein über das Konzept Spiel verleiht den Zeichen und Handlungen einen Sinn. Eine sinnhafte Handlung wie das Spielen ist fest mit einem zeichenbasierten Index verbunden, der auf den für ihn typischen Kontext (das Spielen) verweist. Die Fraglosigkeit des Alltagshandelns besteht aus festen und unauflösbar etablierten Konstellationen von Handlungen, Zeichen und Kontexten, der Indexikalität. Ereignisse werden dadurch in einem über das einzelne Ereignis hinausgehenden Kontext betrachtet. Was bedeutet dies für Game-based Learning? Zum einen ist denkbar, dass der Einsatz eines Computerspiels mit dem begrifflichen Zeichen „Lernspiel" im Unterricht stets vor dem „Ernstkontext" der institutionalisierten Lehre sinnhaft wird. Selbst spielerische Lernspiele erhalten damit womöglich eine „ernste" Konnotation, da sie sich nicht vom Schulkontext lösen können. Die Indexikalität des Lernspielbegriffs wird auch in den negativen Erwartungen an die Produkte deutlich, wie sie in der vorliegenden Arbeit auf S. 109 zitiert wurden. In anderen Handlungs-Kontext-Konstellationen mit anderer Zeichenverwendung kann das gleiche Konstrukt vielleicht ganz anders ausgelegt werden: etwa in einer Freistunde oder in der Freizeit unter dem Begriff „Computerspiel".

Wobei die Konnotation dieses Spielkontextes dann wieder bestimmte Handlungen provoziert: den spielerischen Umgang mit dem Konstrukt und vielleicht auch dessen Wahrnehmung als Unterhaltungs- und nicht als Lernangebot. Kurz: Womöglich gehören Unterricht, Lernsoftware und Arbeit ebenso unauflösbar zusammen wie Freizeit, Computerspiel und das Spielen. Es stellt sich die Frage, in welche dieser Konstellationen nun eigentlich Lernspiele fallen und ob die Indexikalität der Konstellationen die Akteure ein und dasselbe Lernspielkonstrukt völlig unterschiedlich wahrnehmen lässt.

Die situative Konstruktion von sozialer Wirklichkeit kann nur funktionieren, wenn die Akteure sich die Geltung der gemeinsam konstituierten Situation gegenseitig bekräftigen, da es keine gemeinsame Übereinkunft gibt, solange die Akteure nicht handeln und sich durch ihr Handeln gegenseitig bestärken. Den Akteuren ist das aber gar nicht so bewusst. Im Gegenteil: Sie gehen sogar davon aus, dass es sehr wohl eine Basisregel der Situation gibt, und sie vertrauen darauf, diese durch die Interpretation der Zeichen und der von ihnen bezeichneten Kontexte zu finden. Erst durch ihr Handeln schaffen und gelangen sie tatsächlich zu ihrer geteilten Interaktionsbasis, die das soziale Handeln in dieser Situation erst ermöglicht. Ein Schüler, der in der Schule durch die konnotativ besetzten situativen Symbole das Lernspiel vor dem Kontext der Arbeit und des Ernstes sieht, wird daher vielleicht, sofern es keine Irritation gibt, sondern gegenseitige Bekräftigung, das Medium als Lehrinstrument und die Situation als Arbeit sehen – mit allen Folgen. Er wird der festen Überzeugung sein, eine soziale Definition übernommen zu haben, aber in Wahrheit hat er durch seine Antizipation, die konnotative Stärke der Symbole und das Ausbleiben der Irritationen (wenn der Lehrer ihm nicht widerspricht) diese Situation, diesen Kontext selbst geschaffen. Das heißt: Der erste Eindruck zählt und bekräftigt sich selbst, wenn Störungen ausbleiben. Das macht die Macht der Indexikalität und der konnotativ besetzten Symbole aus.[28]

So weit zu den theoretischen Wurzeln von Essers soziologischer Erklärung. Es folgt die Zusammenfassung seines Modells, das auf diesen Annahmen aufbaut und sie erweitert, wobei weiterhin die Verbindung zu

---

[28]Übrigens zeigt sich hier die Grundlage von Essers Annahme, dass das Framing und die Orientierung immer erst im automatisch-spontanen Modus erfolgen: Die „naive" Fraglosigkeit, mit der Akteure eine geteilte Interaktionsbasis für das Handeln voraussetzen, bestätigt diese fiktive Basis und schafft quasi erst im Nachhinein die Grundlage für die Fraglosigkeit des Handelns. Der AS-Modus beruht auf einer Illusion, die erst durch das spontane Handeln zur Realität wird. Erst Irritationen lassen einen die Symbole und den konstruierten Kontext dahingehend hinterfragen, ob man wirklich eine gemeinsame Basis hat. Und wenn sich dann bestätigt, dass es keine gemeinsame Basis gibt, geraten die Akteure in eine Krise.

den spieltheoretischen und ludologischen Positionen der früheren Kapitel aus dieser Arbeit gesucht wird.

4.4.4 Wissen und Werte

Wissen und Werte bilden die Erwartungen und Bewertungen ab, die im Zuge der Erklärung des Handelns anhand der WE-Theorie bedeutsam sind. Das Wissen umfasst aber auch die Internalisierung, also die prinzipielle Kenntnis der kulturellen Bezugsrahmen sowie des in ihnen angemessenen Handelns. Beides ist in der Identität des Akteurs gespeichert, welche aus drei Elementen besteht: Über die *soziale Identität* antizipieren Menschen die „Mes", das Bild, von dem sie glauben, dass die Interaktionspartner es von ihnen haben. So erschließen sie sich, was von ihnen verlangt wird und drängen, durchaus opportunistisch, zum Weg des geringsten Widerstandes: dem mit der höchsten Erwartbarkeit nützlicher Handlungserfolge entlang der sozialen Produktionsfunktionen, beispielsweise die Übernahme von Aufgaben, die von außen an sie herangetragen werden. Die *personale Identität* dagegen enthält die Bedürfnisse des Akteurs jenseits der sozialen Parameter, also auch jenseits der Produktionsfunktionen – das egoistische Verlangen nach Abschalten, Unterhaltung, Freizeit beispielsweise. Koordiniert durch die *Ich-Identität* bilden diese Elemente die Parameter von Erwartungen und Werten des zweckrationalen Handelns in einer sozialen Situation.

Egoistische Bedürfnisse werden vom Ich mit sozialen Verbindlichkeiten arrangiert, und zwar über die Erwartungen, mit einer bestimmten Handlung (z. B. einem Diebstahl) ein bewertetes Bedürfnis befriedigen zu können (z. B. das Bedürfnis nach Wohlbefinden über das Zwischengut „Geld"), aber auch einer anderen Bedürfnisbefriedigung zu schaden (z. B. dem Erreichen von Wohlbefinden und sozialer Wertschätzung über die Sanktion „Gefängnisstrafe").

Was bedeutet das für Lernspiele? Es ist denkbar, dass das Bedürfnis der personalen Identität nach Entspannung und Erholung über das Zwischengut „Spielen" anderen Bedürfnissen wie sozialer Wertschätzung über das Zwischengut „gute Noten" im Weg steht, wenn die jeweilige soziale Situation (z. B. der konservative Schulunterricht) mit entsprechenden Produktionsfunktionen und Institutionen ausgestattet ist. Das Wissen und die Werte der Akteure liefern die Erwartungen und Bewertungen für bestimmte Handlungsalternativen vor dem Hintergrund sozialer Situationsmodelle. Sie werden während der Sozialisation erworben und sind Produkte der umgebenden Kultur. Unterschiedliche Spiel- und Lernkulturen statten den Akteur mit verschiedenen Wissensbeständen und Bewertungen aus: Womöglich erwartet die gebildete und aus bildungsbürgerlichem Haus stammende Schülerin zwar nicht, mit einem Lernspiel besonders tiefgründig lernen zu können, sie begrüßt aber den pädagogischen Nutzen dieses Angebots, da sie ihrer Bildung einen hohen Stellenwert zuschreibt. Ganz anders vielleicht der bildungsschwache und spielaffine Schüler: Das Lernen ist ihm nicht so wichtig, wohl aber die Unterhaltung, und den Wert von Lernspielen dafür schätzt er eher gering ein. Über die Sozialisation werden Wissen und Werte erworben und Identitäten geprägt. So ist es denkbar, dass es „Spielertypen" und „Arbeitstypen" gibt, die unterschiedliche Erwartungen an Lernspiele stellen (bspw. unterhalten zu werden oder etwas zu lernen) und die Lernspiele hinsichtlich dieser Erwartungen auch unterschiedlich bewerten (bspw. wenig Nutzen für Unterhaltung, guter Nutzen für Bildung).

Es bleibt festzuhalten: Sich in der Identität bündelnde, situations- und kulturspezifische Erwartungen und Bewertungen sind wichtige interne Bedingungen des Handelns. Letztlich aber reagieren sie über die sozialen Mes auf die in der Situation vorhandenen Symbole, um abschätzen zu können, welche Handlungen welche erwünschten und unerwünschten Folgen mit welcher Wahrscheinlichkeit nach sich ziehen und welche Auswirkungen dies für die Bedürfnisse der Ich-Identität hat.

4.4.5 Opportunitäten und Restriktionen

Bei der vorliegenden Arbeit spielt der Möglichkeitsraum des Handelns im Prinzip keine Rolle. Beide Alternativen – Spielen vs. Ernst – stehen dem Akteur offen. Jeder Mensch ist materiell jederzeit in der Lage, eine Handlung als Spiel oder Arbeit zu begreifen, ernst oder spielerisch mit einem Gegenstand umzugehen. Jede Alternative steht dem Akteur jederzeit offen. Wohlgemerkt: Das betrifft die rein materiellen Handlungsmöglichkeiten! Eine ganz andere Frage ist, welche der beiden Alternativen dem Akteur in der jeweiligen Situationslogik sozial angemessen und ratsam erscheint. Dies jedoch ist keine Frage der Opportunitäten und Restriktionen, sondern wird durch Institutionen und insbesondere kulturelle Bezugsrahmen bestimmt.

Ähnlich verhält es sich mit den Opportunitätskosten, also dem durch die Wahl einer Handlungsalternative entgangenen materiellen Nutzen oder den verursachten materiellen Kosten. Hier steht der Akteur vor der Frage: Was entgeht ihm, wenn er sich gegen eine bestimmte Alternative entscheidet oder er diese aufgrund von Restriktionen (bspw. mangelnde

Fähigkeiten) gar nicht erst wahrnehmen kann? Für den Höhlenmenschen auf der Jagd spielten die Opportunitätskosten eine große Rolle: Stürzt er sich mit Keule und Speer in den Nahkampf mit dem Bison, vertrauend auf seine hohe Körperkraft, aber das Risiko eigener Blessuren eingehend, oder greift er mit seinen ungeschickten Händen zu Pfeil und Bogen, Blessuren vermeidend, aber den Jagderfolg riskierend? In beiden Fällen sind Opportunitätskosten (Blessuren vs. Hunger) eine objektive, materielle Folge seines Tuns. Was die Fragestellung der vorliegenden Arbeit angeht, werden die Opportunitätskosten dagegen nicht durch die unerbittlichen Gesetze der objektiven Wirklichkeit, sondern durch die Regeln sozialer Interaktion, durch situationsspezifische Institutionen und Produktionsfunktionen verursacht. Entgeht dem Akteur etwas, wenn er mit einem Lernspiel ernst oder spielerisch umgeht? Welche Folgen drohen dem Schüler, der das Lernspiel im Unterricht nicht ernst genug nimmt, welche dem Jugendlichen, der es zu ernst nimmt? Hier hängen die Opportunitätskosten maßgeblich von den Erwartungen des Akteurs über die Reaktion seiner Umgebung – also der sozialen Identität, vgl. Abschnitt 4.2.1 – auf seine Wahl ab. Und diese wiederum gehen auf die internalisierten Institutionen, den mit ihnen zusammenhängenden sozialen Produktionsfunktionen und den Geltungskontexten, den kulturellen Bezugsrahmen zurück: als Reaktion des sozialen Umfeldes auf erwünschte oder unangebrachte Handlungen. Opportunitätskosten im Kontext von Game-based Learning sind also ein Produkt der sozialen Interaktion, welche durch Institutionen und kulturelle Bezugsrahmen geregelt werden.

4.4.6 Institutionen und soziale Produktionsfunktionen

Institutionen sind soziale Regeln, die von den Akteuren einer Gemeinschaft geteilt werden und Geltung besitzen. Esser unterscheidet innerhalb der Institutionen Rollen, Normen und soziale Drehbücher. Jeder dieser Institutionstypen hilft dem Akteur bei der Bewältigung seines Alltags: Sie schaffen Ordnung, geben Orientierung in komplexen Situationen und stiften Sinn. Sie koordinieren die soziale Interaktion der Akteure über verbindliche Regeln. Sie definieren Produktionsfunktionen und legen fest, welchen Nutzen eine bestimmte Handlung für die Befriedigung der Bedürfnisse eines Akteurs hat.

Soziale *Produktionsfunktionen* sind die institutionalisierten Wege, die ein Akteur zur Befriedigung seiner Bedürfnisse wählen kann. Jede Situation und jede Kultur stellt unterschiedliche Produktionsfunktionen zur Verfügung, an die sich ein Akteur halten muss, um Zwischengüter zu erlangen, mit der er seine Bedürfnisse angemessen befriedigen kann. Die Zwischengüter sind die Werkzeuge, die eine Kultur zur Verfügung stellt, um individuelle Bedürfnisse zu befriedigen. Jede Situation, modelliert als kultureller Bezugsrahmen, stellt institutionalisierte Produktionsfunktionen zur Verfügung. Verschiedene Situationen bzw. verschiedene kulturelle Bezugsrahmen bevorraten somit unterschiedliche Gelegenheiten, die Bedürfnisse von Akteuren zu befriedigen. Der Dresdner Opernball stellt für die Teilnehmer mehr Zwischengüter der sozialen Beziehungspflege und damit Gelegenheiten zum Erlangen sozialer Wertschätzung zur Verfügung als der Ballermann auf Mallorca. Letzterer dagegen wartet vermutlich mit mehr Zwischengütern zur Befriedigung körperlichen Wohlbefindens auf. Weiterhin haben Akteure unterschiedliche, ihm Rahmen der Sozialisation erworbene *Präferenzen* für bestimmte Zwischengüter: Manch einer wählt zur seelischen und körperlichen Regeneration eben den Ballermann, manch anderer dagegen die Ruhe in der einsamen Finca am anderen Ende der Insel. Der Nutzen, den ein Zwischengut haben kann, ist also einerseits von den institutionalisierten Produktionsfunktionen, andererseits von der kulturell geprägten Identität des Akteurs abhängig.

Auch hier ergeben sich Anknüpfungspunkte zu Lernspielen. Das Zwischengut „Bildung" kann auf unterschiedliche Weisen erlangt werden. Game-based Learning zählt offenbar nicht zu einer flächendeckend institutionalisierten *Produktionsfunktion* zu dessen Erlangen. So macht sich bspw. der Journalist und Sprachkritiker Wolf Schneider am 2.5.2010 in der Talkshow „Anne Will" (siehe dazu Salewski 2010) für die Abkehr von der „Spaßpädagogik" und die Hinkehr zu mehr Leistungsdruck und dem Triezen von Schülern stark, weil sich nur so das nötige Rüstzeug fürs Leben umfassend vermitteln ließe. Mit dieser normativen Orientierung ist er sicher nicht allein: In Abschnitt 1.2.1 wurde bereits auf die verbreitete Ansicht verwiesen, dass das Lernen meist als ernste Angelegenheit betrachtet wird, bei der das Spielen nichts zu suchen hat. Computerspiele gelten vermutlich eher als indirekte Zwischengüter zum Erlangen des primären Zwischenguts „Entspannung". Doch auch hier schwankt die soziale Akzeptanz je nach Kontext: Ein bildungsbürgerlich orientiertes Elternpaar mag seinen Schützlingen vielleicht gern „Die Buddenbrooks" zur abendlichen Entspannung anbieten; vielleicht auch noch das Computerspiel Anno 1404 (Related Designs und Blue Byte 2009), ein Aufbau-Strategiespiel mit historischem Bezug und Träger des deutschen Computerspielpreises 2010. Counter Strike (Valve 2000) jedoch, ein berüchtigter Ego-Shooter, wird in einem solchen Kontext wohl kaum als Produktionsfunktion für Entspannung und Erholung institutionalisiert sein. In einem anderen

Setting, etwa einer computerspielaffinen Jugendclique, wird man sich dagegen vielleicht keine Freunde mit der Bekenntnis machen, bei Thomas Manns Erstroman oder womöglich gar einem Lernspiel so richtig abschalten zu können. Hier ist der Ego-Shooter das sozial akzeptierte Mittel der Wahl. Während die Institutionen und Produktionsfunktionen die sozial-objektiven Bedingungen der Nutzenproduktion darstellen, sind die *Präferenzen* eines Akteurs für bestimmte Zwischengüter die individuellen Einflussfaktoren. Sie bilden sich im Rahmen der Sozialisation eines Akteurs heraus. Erstens über die kulturelle Prägung, die letztlich die Identität des Akteurs, sein Wissen und seine Werte beeinflusst. Die Biografie produziert vielleicht „Spiellerner" und „Lernentspanner". Oder sie produziert eben Menschen, die nur bei Spielen entspannen und nur mit Lernmedien lernen wollen. Zweitens über die Institutionen einer Gesellschaft: Das soziale Umfeld, die umgebende Kultur der Schule oder des Elternhauses bestimmt über die dort geltenden Institutionen, wie welche Bedürfnisse zu befriedigen sind. In einem Umfeld mögen die Spiele verpönt sein und als Zeitverschwendung gelten, woanders sind sie vielleicht geduldet und werden sogar gefördert. Und drittens über technische Umstände: Einige Zwischengüter sind einfach effektiver bei der Produktion bestimmten Nutzens. Beim Lernen gilt vielleicht tatsächlich „No pain, no gain" (vgl. S. 58 im vorliegenden Buch). Und Lernspiele sind womöglich durch den Spagat, den sie notgedrungen zwischen dem Anspruch an Quantität und Qualität von Bildungsinhalten und Gameplay machen müssen, weniger unterhaltsam – und damit weniger nützlich zur Befriedigung körperlichen Wohlbefindens – als reine Videospiele.

So können manche Akteure tatsächlich besser mit Thomas Mann, andere mit Counter Strike abschalten. Nicht alle Zwischengüter sind für alle Akteure gleichermaßen befriedigend. Und was für das Zwischengut der Unterhaltung gilt, gilt auch für die Bildung: Unterschiedliche Akteure bevorzugen unterschiedliche Lernformen. Game-based Learning ist nur eine Lernform, und ihr Nutzen für einen Akteur hängt von dessen Präferenz für Lernspiele ab, die aber interindividuell verschieden ist. Kurzum: Das Informations- und Motivationspotenzial von Lernspielen und ihr Nutzen für Bildung und Unterhaltung dürfen nicht übergeneralisiert werden. Beide Potenziale sind abhängig von der Sozialisation eines Akteurs und den in der aktuellen Situation und Kultur geltenden Institutionen und verfügbaren Produktionsfunktionen.

Dabei sind Spiel und Ernst selbst wiederum Institutionen. Schließlich beruhen die Merkmale des Spielens auf sozialer Konvention: Das Spiel ist nur folgenlos, weil die Akteure es so definieren, es ist zweckfrei, weil es keine außer ihm selbst und dem Vergnügen liegende soziale Produktionsfunktion erfüllen muss. Lernspiele als Hybriden aus Computerspielen und Lernsoftware sollen nach dem Willen der Game-based-Learning-Verfechtern zwei Nutzenfunktionen wahrnehmen: unterhalten und informieren. Wenn Spiel und Ernst jedoch institutionell als Gegensätze betrachtet werden und komplementären Nutzen erfüllen, können Lernspiele nicht beide Funktionen wahrnehmen. Vielmehr könnten sie dann im Rahmen der Orientierungsfunktion von Institutionen entweder dem Spielen oder dem Ernst/der Arbeit zugeordnet werden. Und als solche würden sie dann unterschiedlichen Nutzen produzieren: Ein als Lernprogramm gerahmtes Lernspiel würde dann primär eine Produktionsfunktion für das Zwischengut Bildung, ein als Spiel gerahmtes Lernspiel vorrangig die Produktionsfunktion für das Zwischengut „Unterhaltung" wahrnehmen.

Die Studien von Brian Sutton-Smith Über die Institutionen lässt sich ein Bezug zwischen Essers Erklärungsmodell und einigen spieltheoretischen, ergänzenden Ausführungen Brian Sutton-Smiths herstellen. Sutton-Smith (1973) behandelt unter anderem den Zusammenhang zwischen Spiel und kultureller Komplexität. Die kulturelle Komplexität bezieht sich vor allem auf die Sozialstruktur, die Organisation einer Gesellschaft und die ökonomische Struktur (Arbeitsteilung, Erwerbsleben). Der Bezug zu Institutionen besteht in der sozialen Komplexität als die Organisation von gesellschaftlichen Positionen und ihre Besetzungen in Form von *Rollen* und die ökonomische Komplexität über die institutionalisierten *Produktionsfunktionen*.

Basierend auf mehreren interkulturellen, empirischen Studien stellt Sutton-Smith fest, dass Spiel und kulturelle Komplexität miteinander korrelieren. Nach Ball (zitiert nach ebd., S. 19) hängt die Spielkomplexität statistisch besonders eng mit sozialer Organisation und ökonomisch-technologische Komplexität mit der Kontrolle in den dort präferierten Spielen zusammen (in Geschicklichkeits- und Strategiespielen hat man mehr Kontrolle als in Glücksspielen). So werden kontrolllastige Spiele seltener in Kulturen, deren Ökonomie stark von unkontrollierbaren Faktoren wie Natur, Klima etc. bestimmt wird (Fischen, Jagen, Sammeln), und öfter in Kulturen, deren Ökonomie kontrollierbaren Faktoren unterliegt (Viehzucht, Landwirtschaft etc.), gespielt. Die Schlussfolgerung Balls lautet: Die Spielkomplexität korreliert mit der Komplexität der sozialen Struktur einer Gesellschaft, und die Präferenz für Spielarten (nach Kontrolle geordnet) korreliert mit der (ökonomisch bedingten) Einstellung gegenüber

Schicksal etc. Dies gilt offenbar auch für Subkulturen: Hopkins (zitiert nach ebd.) fand, dass die Kinder von Amish People mit ihrer einfachen, sehr solidarisch geprägten Gemeinschaft eher Spiele mit niedrigen Rollenabhängigkeiten (z. B. Nachlaufen) präferieren und gleichaltrige Kinder öffentlicher Schulen dagegen Spiele mit hohen Rollenabhängigkeiten (z. B. Baseball). Sutton-Smith entdeckte weiterhin, dass niedrige soziale Schichten auch eher einfache Spiele (Nachlaufen) und höhere Schichten eher komplexe Mannschaftsspiele bevorzugen. Die Erklärung für diesen Zusammenhang zwischen gesellschaftlicher Struktur und Spiel erfolgt bei Sutton-Smith hauptsächlich über die Kindererziehung. Lever und Warner (zitiert nach ebd., S. 21) fanden heraus, dass die Spiele der Jungen komplexer sind als die der Mädchen und die der höheren Schichten komplexer als die der niedrigeren. Sutton-Smith vermutet die Ursache darin, dass Mädchen und untere Schichten früher in die Arbeitswelt der Erwachsenen überführt werden und daher weniger Gelegenheit und elterliche Anregung zum Spielen haben, das Spiel sich bei diesen also nicht in komplexe Formen ausgestalten kann. Einerseits also haben die weniger komplexen Gruppen, deren Spiele eher simpel sind, schlicht keine Gelegenheit, komplexere Spielstrukturen zu entwickeln, weil sie früh ins Arbeitsleben übergehen. Andererseits erziehen Gruppen, die einen höheren sozialen Status haben, ihre Kinder eher zu einer ausgeprägteren Leistungsmotivation und einer stärkeren Bereitschaft, Risiken einzugehen. Daher wählen Kinder in komplexen Kulturen lieber Spiele, die viel Leistungsbereitschaft fordern (bspw. wettbewerbsorientierte und komplexere Spiele), und Eltern geben ihren Kindern jene Dinge zum Spielen, die sie in ihrem gesellschaftlichen Umfeld vorfinden. Ihre Inhalte und Ziele der Erziehung orientieren sich daran, was in ihrem Umfeld wichtig erscheint und vorhanden ist: Barry und Roberts (zitiert nach ebd., S. 25–26) fanden heraus, dass Kinder in komplexeren Gesellschaften besonders zu Verantwortlichkeit, Gehorsam, Selbstbeschränkung, Wettbewerb und Aggression und weniger zu Selbstvertrauen, Vertrauenswürdigkeit und Anständigkeit erzogen werden. Nach Sutton-Smith liegt das daran, dass einfache Gesellschaften Anständigkeit und das Vertrauen auf die eigene physische Leistungsfähigkeit verlangen, in komplexen Gesellschaften dagegen müssen die Motive der anderen eingehender erforscht werden, wofür Misstrauen und Unehrenhaftigkeit nützlich sind und Leichtgläubigkeit eher schädlich ist. Diese gesellschaftlichen Spielregeln führen zu einer bestimmten Wertorientierung der Eltern, die diese wiederum über die Erziehung an ihre Kinder weitergeben, welche die Erfahrungen dann auf ihr Spielen übertragen. Somit ergibt sich über die institutionalisierten

Werte und die sie transportierende Kindererziehung eine Schnittstelle zwischen der sozialen und ökonomischen Struktur einer Gesellschaft und dem Spiel der Kinder.

Sutton-Smiths Ausführungen zeigen den Einfluss der gesellschaftlichen Rahmenbedingungen auf die Selektion von Spielen. Je nach Kultur oder Subkultur herrschen andere institutionalisierte Rollen, Ordnungen und Produktionsfunktionen vor. Zum einen ist die Quantität des Spielens institutionalisiert: Nicht jede Kultur duldet das Spielen gleichermaßen. Zum anderen ist seine Qualität sozial geregelt: Es werden jene Spielformen von den Eltern gefördert und von den Kindern gewählt, die prinzipielle Ähnlichkeiten mit den späteren Produktionsfunktionen einer Gesellschaft aufweisen. Für Sutton-Smith liegt darin die sozialisierende Funktion des Spielens.

4.4.7 Kulturelle Bezugsrahmen und Symbole

Rahmen sind geteilte *Modelle* sozialer Situationen mit Vorgaben für das Handeln in diesen. Es sind Strukturierungshilfen, mit denen sich der Akteur die Umgebung erschließt und ohne deren komplexitätreduzierende Wirkung er nicht handlungsfähig wäre. Bezugsrahmen, auch Frames genannt, sind typische Modelle typischer Situationen (bspw. ein Skatspiel, eine Theateraufführung, Bundestagsrede oder Unterrichtssituation). Frames definieren das Oberziel der Situation, die verfügbaren Nutzenfunktionen, und legen so einen gemeinsamen Bezugspunkt für das Handeln der beteiligten Akteure fest. Die Akteure richten ihr Handeln an den Rahmen aus und können so zuverlässig und effizient interagieren.

Rahmen werden durch *Gesten und Symbole* angezeigt. Gesten können zum Beispiel die Handlungen der anderen Akteure sein: Das Fragen nach dem schnellsten Weg zum Bahnhof etwa dient als Indikator für die Situation „Fremder bittet Ortskundigen um Hilfe". Signifikante Symbole sind besonders starke und eindeutige Indikatoren für Bezugsrahmen. Sie informieren die Akteure zuverlässig darüber, welcher Rahmen gerade gilt. Die Sprache ist ein besonders mächtiges Symbolsystem. Rahmen/Kontexte, Handlungen und Symbole sind oftmals als feste Konstellationen etabliert. Einzelelemente solcher Einheiten tragen dann die Konnotation der Gesamtkonstellation; dieses Phänomen wird als *Indexikalität* bezeichnet. Das Phänomen der Indexikalität ist der Grund dafür, dass der damalige amtierende niedersächsische Ministerpräsident und spätere Bundespräsident Christian Wulff in einer TV-Debatte im Jahr 2008 nicht von einer „Pogromstimmung" gegen (trotz Finanzkrise) gut bezahlte Manager sprechen konnte, ohne scharf für seine Wortwahl kritisiert zu werden. Der Begriff ist in der umgebenden Kultur untrennbar mit dem Kontext von bis zum Völkermord ausartenden Massenkrawallen gegen Minderheiten verbunden. Der indexikale Verweis auf diesen menschenverachtenden Kontext, den der Begriff automatisch in sich trägt, hatte nach Meinung der Kritiker nichts in der damaligen Debatte verloren und wurde als Geschmacklosigkeit gewertet.

Beim Alltagshandeln erfolgt die Rahmung einer Situation *spontan und routiniert.* Alltägliche Situationen verfügen über starke, den Rahmen anzeigende Symbole. Zudem verleihen die Erfahrungen der Akteure und ihre etablierten, bestätigten Interaktionsgewohnheiten ihrem Handeln eine geradezu schlafwandlerische Sicherheit. Situationen werden daher meist unbewusst, ohne aktives Zutun der Akteure, definiert, und auch das institutionell vorgegebene Handeln in diesen erfolgt spontan. Erst bei Störungen, wichtigen Entscheidungen und ausreichend günstigen Gelegenheiten zur Reflexion erfolgt die Rahmung bewusst und analytisch. Was dies für Game-based Learning bedeuten könnte, wurde in den Abschnitten zum symbolischen Interaktionismus, zur Phänomenologie Alfred Schütz' und zur Ethnomethodologie bereits ausführlicher erörtert. Es soll am Ende dieses Kapitels noch einmal in komprimierter Form zusammengefasst werden. Vorher ergeben sich jedoch noch einige Anknüpfungspunkte zur den Theorien des Spiels, die im folgenden Abschnitt geschildert werden.

Die Handlungs- und Rahmungsdimension („Play")

Das Spielen und Arbeit sind kulturelle Bezugsrahmen. Für den Spielframe wurde im ersten Teil der Arbeit bereits der gängige Begriff genannt: Magic Circle. Es ist der Bezugsrahmen, der Spielhandlungen von „ersten" Handlungen trennt und die Differenzen zu diesem anhand der Spielmerkmale beschreibt. Innerhalb des Bezugsrahmens „Spielen" gelten andere Regeln als in der Realität, die Dinge „tun nur so als ob", dort herrscht Spannung und Vergnügen, das Handeln dient keinem äußeren Zweck und zieht keine Konsequenzen nach sich. Ernst, Arbeit und Schulunterricht können auch als kulturelle Bezugsrahmen betrachtet werden, sie sind anhand der Spielmerkmale unterscheidbar: Dort sind die Dinge authentisch, es wird ein äußerer Zweck und Nutzen angestrebt, es drohen bei Misserfolg und Fehlverhalten Konsequenzen etc.

Bei der vorliegenden Arbeit steht die Frage im Vordergrund, welche Rahmen bei der Konfrontation mit einem Lernspiel (mit welchen Folgen für Lernen und Unterhaltung) aktiviert werden und vor allem welche Wirkungen sich daraus ergeben. Für das Potenzial von Game-based Learning ist entscheidend, welche Folgen die Aktivierung eines solchen Rahmens für das Vergnügen und die Interpretation der Inhalte hat. Ein möglicher Ansatzpunkt sind die sozialen Produktionsfunktionen und Institutionen: Wenn Spielrahmen anderen Nutzen erzeugen als Arbeit und bestimmte Handlungen vorschreiben, gewinnen die Akteure mit der Befolgung einer Rahmungsvorgabe bestimmte Nutzen und verlieren andere. Nun hängt es davon ab, welche Bedürfnisse und Präferenzen die Akteure haben und ob die in der definierten Situation verfügbaren Zwischengüter nach ihrem Geschmack sind. Wenn ein Lernspiel bspw. als Arbeit und Ernst gerahmt wird, bietet es dem Akteur einen potenziellen Nutzen für das Zwischengut „Bildung". Sollten Produktionsfunktionen, Erfahrungen und Präferenzen mit dem als Ernst gerahmten Lernspiel aber keinen Nutzen für die Unterhaltung verbinden, entgeht dem Akteur die Möglichkeit, dieses Bedürfnis zu befriedigen. Entscheidend an dieser auf Esser basierenden Perspektive ist, dass es eben nicht die Lernspiele selbst sind, die den Nutzen von sich heraus produzieren, sondern dass sie ihren spezifischen Nutzen nur aufgrund kultureller Rahmenbedingungen und subjektiver Persönlichkeit bilden, und zwar in Abhängigkeit von der Auslegung der Situation anhand der sichtbaren Symbole und Gesten. Ein Lernspiel, das als Arbeit ausgelegt wird (bspw. durch die Etikettierung mit dem Symbol „Lernsoftware"), müsste so einen anderen Nutzen für den Akteur haben als das gleiche Lernspiel, wenn es als Spiel gerahmt wird (etwa durch die Etikettierung „Computerspiel"). Der interpretative, durch Symbole beeinflusste Umgang mit dem Lernspiel in Form der Rahmung veranlasst dann theoretisch je nach Framing unterschiedliche Handlungformen gegenüber dem Medium und setzt darüber verschiedene Potenziale frei: Unterhaltung bei einem Spielframe, Information bei einem Arbeitsframe. Drei Beispiele sollen diese Annahme untermauern.

Zu den vom deutschen Presserat nicht gern gesehenen Praktiken einiger Zeitungen und Zeitschriften gehört die Vermischung redaktioneller mit werbenden Inhalten auf Wunsch der Werbekunden. Werbeanzeigen werden dem Layout der Artikel so stark angepasst, dass sie äußerlich kaum noch von den journalistischen Beiträgen unterschieden werden können, mit einer Ausnahme: dem kleingedruckten Wort „Anzeige" über dem Werbeblock. Und selbst dieser wird gelegentlich in der Tageszeitung, die keine langen Worte macht, um etwas Wichtiges zu sagen, „vergessen". Was sind die Motive für das äußerliche Angleichen redaktionellen Inhalts und Werbung, und warum wird dies von anderer Seite kritisiert? Die naheliegende Annahme ist: Sowohl Werbebranche als auch Kritiker gehen davon aus, dass Werbung anders rezipiert wird als ein journalistischer Beitrag. Beides sind unterschiedliche Bezugsrahmen, und die Aktivierung eines Bezugsrahmens durch den Leser bestimmt, wie dieser mit dem Inhalt umgeht. Während redaktionellen Beiträgen eher eine ehrliche Informationsabsicht unterstellt und Vertrauen entgegengebracht wird, wird die Werbung mit Manipulationsabsichten in Verbindung gebracht und eher skeptisch betrachtet. Das Framing, die Einordnung als Werbung oder Zeitungsartikel, orientiert sich jedoch an äußerlichen Zeichen: dem Layout der Artikel und der typischen, andernorts etablierten Aufmachung der Werbeanzeigen und vor allem dem eindeutigen Wort „Anzeige". Lässt sich die Werbung nicht mehr durch diese Zeichen eindeutig vom redaktionellen Teil auseinander halten, wird sie so vertrauensvoll rezipiert wie der journalistische Beitrag – zur Freude der Werber und Empörung der Kritiker. Offenbar wird der zeichenvermittelten Form eine mindestens ebenso starke Wirkung auf das Framing unterstellt wie dem Inhalt.

Ein weiteres Beispiel für die Manipulation des Framings durch Zeichen und den Einfluss des Framings auf die Wahrnehmung liefert ein Experiment von Robinson, Borzekowski, Matheson und Kraemer (2007). Die Versuchsleiter setzten Kindern Pommes frites in mehreren neutralen Verpackungen und der Verpackung einer Fast-Food-Kette mit entsprechendem Firmenlogo vor. Die Kinder sollten beurteilen, welche der Kartoffelstäbchen ihnen am besten schmeckten. Obwohl alle Packungen die gleichen Pommes frites enthielten, mochten die meisten Kindern den Inhalt aus der Verpackung der Fast-Food-Kette am liebsten. Die Unterschiede in der Bewertung fielen sogar noch stärker aus, wenn man die Auswertung auf Kinder beschränkte, die häufig bei der entsprechenden Fast-Food-Kette zu Gast waren und häufig mit deren TV-Werbung konfrontiert wurden. Offenbar aktivierte das Firmensymbol auf der Verpackung unterschiedliche Frames, was zu einer unterschiedlichen Wahrnehmung des Inhalts führte. Dass der Effekt bei der Gruppe, die oft im Bezugsrahmen der Fast-Food-Kette verweilte, besonders stark war, kann als Beleg für die Festigung des mentalen Modells durch wiederholte und häufige Erfahrungen mit der jeweiligen Situation ausgelegt werden.

Das dritte Beispiel beruht auf einem Experiment von Tversky und Kahneman (1981, S. 453). Mehrere Versuchspersonen wurden um ihre Entscheidung zur Wahl zwischen zwei fiktiven Interventionsprogrammen im Fall einer Grippeepidemie gebeten. Programm A würde sicher erwartbare Folgen haben (Formulierung in absoluten Zahlen), bei Programm B sei mit Risiken zu rechnen (Formulierung als Risikowahrscheinlichkeit). Die Versuchspersonen wurden in zwei Gruppen aufgeteilt: Gruppe eins

erhielt eine Formulierung, die als Gewinn formuliert war (etwa: „Bei Programm A werden 200 [von 600] Personen gerettet."), Gruppe zwei eine
Formulierung, die als Verlust formuliert war, aber mit komplementären
Zahlen (etwa: „Bei Programm A werden 400 [von 600] Personen sterben."). Obwohl die Erfolgsquoten der jeweiligen Programme bei beiden
Untersuchungsgruppen objektiv identisch waren und sich die Gruppen
nur hinsichtlich der sprachlichen Präsentation unterschieden, kamen Kahneman und Tversky zu einem erstaunlichen Ergebnis: Bei der Gruppe, in
der die Wirkungen mit „retten" formuliert wurden, entschieden sich 72 %
der Probanden für das sichere Programm und 28 % für das unsichere.
Bei der Gruppe, in der die Wirkungen dagegen komplementär waren und
mit „sterben" formuliert wurden, entschieden sich die Versuchspersonen genau umgekehrt: 22 % wählten das sichere Programm und 78 %
das unsichere. Wurde das Programm als Gewinn formuliert, setzten die
Probanden auf die sichere Alternative, wurde es dagegen als Verlust
formuliert, wählten sie die riskante Variante. Esser schlussfolgert daraus:

> Das empirische Ergebnis deutet auf einen massiven symbolischen
> Effekt bei der Entscheidung zwischen objektiv ganz gleichen Alterna-
> tiven hin – offenbar alleine ausgelöst durch die sprachliche Art der
> Präsentation. Die Sprache aktiviert also offenbar einen Rahmen, einen
> Frame, der ein gänzlich unterschiedliches Entscheidungsverhalten
> nahelegt. (Esser 2002, S. 306)

Diese Beispiele demonstrieren die Kraft der Symbole. Sie beeinflussen
das Handeln und die Wahrnehmung der Menschen. Dies tun sie aber
nicht direkt und mechanisch, sondern über den Umweg der Frames und
der Interpretation der Situation: Anhand der situativen Symbole schließen die Akteure auf ein bestimmtes Modell der Situation und stimmen
ihr Handeln, ihre Erwartungen und Bewertungen auf die kulturellen
Vorgaben und persönlichen Vorerfahrungen mit diesem Rahmen ab. Die
Situation wird nicht objektiv, sondern durch die „Brille" des aktivierten Bezugsrahmens betrachtet. Vor diesem Hintergrund erscheint es plausibel,
davon auszugehen, dass ein und dasselbe Lernspiel, abhängig von seiner durch Symbole geleiteten Rahmung, unterschiedlich wahrgenommen
und bewertet wird: einmal vielleicht als nützliches, aber möglicherweise
mühsames Lernangebot, einmal als leicht verdauliches, aber „unnützes"
Unterhaltungsangebot.

Bateson: symbolische Metakommunikation über Spielframes

Die Anzeige der Geltung von Spielrahmen ist insbesondere von Bateson (2001) behandelt worden, wenn auch in abstrakter Form, und zwar im Rahmen seiner Überlegungen zur Bedeutung der Metakommunikation[29] im psychiatrischen Interview. Die Beobachtung von zwei jungen, miteinander spielerisch „kämpfenden" Affen in einem Zoo brachten ihn zu der Feststellung, dass dieses Spiel nur erfolgen kann, wenn die Tiere dabei kommunizieren: „Dies ist ein Spiel". Bateson formuliert diese Mitteilung um in: „Diese Handlungen, in die wir jetzt verwickelt sind, bezeichnen nicht, was jene Handlungen, für die sie stehen, bezeichnen würden" (ebd., S. 244). Während im „Ernst" also ein Biss Aggression und Kampf bezeichnet, bezeichnet ein Zwicken im Spiel zwar den Biss, nicht aber Aggression und Kampf. Spielhandlungen verweisen demnach auf Signifikanten aus der Realität, ohne auf deren Signifikate zu verweisen. Mehr noch: Spielhandlungen verweisen nicht nur *nicht* auf etwas anderes (die Signifikate der Zeichen, auf die sie verweisen), sondern sie bezeichnen auch Dinge, die es gar nicht gibt und die nur der Fantasie der Spielenden entspringen (wie dies auch eine Zauberkünstlerin oder ein illusionistischer Maler tut). Und dieses Nicht-Verweisen bzw. die Kommunikation über die eigentliche Nicht-Existenz ist das Thema der metakommunikativen Mitteilung „Wir spielen doch nur". Das Spielen weist also zwei besondere Merkmale auf: Erstens sind die in seinem Rahmen gewechselten Mitteilungen unwahr bzw. nicht so gemeint, und zweitens verweisen die Mitteilungen auf Dinge, die nicht existieren (ebd., S. 248). Im Spielrahmen eines Ego-Shooter verweist das virtuelle Blut dann, ganz analog zum Zitat Yerlis auf S. 20 in dieser Arbeit, zwar auf das reale Zeichen „Blut", nicht aber auf das, worauf Blut in der Realität üblicherweise verweist (Verletzung). Virtuelles Blut verweist, wenn es in einem Spielrahmen verwendet wird, auf ein Fantasiekonstrukt. In diesem Sinne wäre es eigentlich fatal, wenn ein Akteur ein Lernspiel als „nur ein Spiel" rahmt: All die Lerninhalte innerhalb dieses Rahmens würden als unwahr bzw. nicht so gemeint wahrgenommen werden, da der Akteur davon ausgeht, dass sie zwar auf Zeichen der Realität verweisen, nicht aber darauf, worauf die Zeichen in der Realität verweisen. Mit anderen Worten: In einem Spielrahmen werden die Inhalte eines Lernspiels nicht als Lernangebot, sondern als etwas Nicht-so-Gemeintes, Irreales aufgefasst. Unter diesen Umständen wären

---

[29] Als Metakommunikation bezeichnet Bateson jene Diskurse auf höherer Abstraktionsebene, die die Beziehung zwischen Sprechern thematisieren (z. B.: „Wir spielen nur."), während metasprachliche Kommunikation die Sprache thematisiert (z. B.: „Das Wort ‚Spiel' kann Handlung und Konstrukt sein.") (Bateson 2001, S. 241–242).

Lernspiele didaktisch unwirksam. Die einzige Möglichkeit, sie aus dieser Unwirksamkeit herauszuholen, wäre dann im Anschluss an Bateson, sie nicht als Spiel zu metakommunizieren, damit sie nicht als Spiel, sondern Ernst gerahmt werden.

Spielrahmen verfügen nach Bateson über mehrere Eigenschaften (vgl. Bateson 2001, S. 254–256). Sie schließen erstens bestimmte Mitteilungen und Handlungen ein und die übrigen dadurch aus. Sie lenken zweitens die Aufmerksamkeit auf die im Rahmen eingeschlossenen Elemente. Rahmen teilen den Akteuren drittens mit, dass ihr Inhalt anders zu interpretieren ist als das, was sich außerhalb befindet.

Hier finden sich die auch bei Esser genannten Funktionen von Rahmen (und den in ihnen verorteten Skripten): Indem sie bestimmte Dinge ein- und andere ausschließen und die Aufmerksamkeit fokussieren, verhelfen sie zur Orientierung in einer Situation. Und indem sie den beteiligten Akteuren mitteilen, dass das Innere des Rahmens anders als das Äußere zu interpretieren ist, teilen sie den wahren Code der Situation mit. Rahmen entsprechen damit dem Magic Circle, innerhalb dessen das Spielen und seine Merkmale gelten. Der Rahmen wird metakommunikativ vermittelt – leider nennt Bateson keine konkreten (und damit operationalisierbaren) Symbole, über die dies geschieht. Esser dagegen hat dies in seinen Ausführungen zu Bezugsrahmen und Symbolen zumindest etwas deutlicher dargelegt und die Sprache als wichtigstes Symbolsystem angeführt.

Noch einmal: Videospielen als parasoziale, symbolische Interaktion

Nach Mead (2008) müssen Menschen willens und in der Lage sein, die Haltungen ihrer Interaktionspartner (zu ihnen und zu den anderen Akteuren) zu antizipieren. Sie richten ihr eigenes Handeln dann diesen Vorstellungen entsprechend aus. Dabei sind auch die gemeinsam zu bewerkstelligenden Aufgaben und Probleme, die Oberziele der Situation, zu berücksichtigen. In dieser Hinsicht ist das organisierte Spiel ein durch den Magic Circle abgegrenztes Abbild der Interaktion zwischen Menschen in einer Gesellschaft. Mead unterscheidet zwischen dem Spielen als freiem Handeln (im Sinne von Play) und den Spielen, bei denen sich die Akteure sozialen Regeln unterwerfen (aufzufassen im Sinne von Game). Ersteres meint bei Mead das Hineinversetzen in verschiedene Rollen, ohne ernste Folgen fürchten zu müssen, ganz unverbindlich und ohne Grenzen. Es ähnelt der spielerischen Einübung sozialer Drehbücher. Das Game dagegen benennt den organisierten Wettkampf[30], bei dem Regeln befolgt und kontrolliert sowie Übertretungen sanktioniert werden (vgl. dazu auch Esser 2000b, S. 52–53). Das organisierte Spiel verfügt über verteilte Rollen, die in einer festen Beziehung zueinander stehen (bspw. Stürmer und Verteidiger beim Fußball) und verlangt von den Beteiligten, dass diese die Haltung aller Mitspielenden übernehmen, sich in ihre Rollen hineinversetzen und so ihre Reaktionen antizipieren können. Die einzelnen Spieler antworten mit spezifischen Haltungen auf die Aktionen ihrer Mit- und Gegenspieler – und zwar in angemessener Weise. Ein Mittelfeldspieler nimmt an, dass der frei stehende Stürmer aus der eigenen Mannschaft einen Angriff auf das Gegnertor erwägen wird, wenn er ihm den Ball zuspielt, und dass die anderen Stürmer in diesen Angriff einstimmen werden. Gleichzeitig wird der besagte Stürmer, versucht er tatsächlich einen solchen Angriff, antizipieren, dass er Unterstützung von den Stürmern seiner Mannschaft erhält und diese sich strategisch günstig positionieren. Also: „Man kann eine bestimmte Reaktion von anderen fordern, wenn man selbst eine bestimmte Haltung einnimmt" (Mead 2008, S. 194). Jeder Spieler antizipiert die Haltungen seiner Mitspieler und Gegner. Die Summe dieser Haltungen führt zu einer Reaktion des Spielers. So ergibt sich eine Organisation des Spiels, wobei die Organisation ihre Grundlage in den Spielregeln hat, die ja letztlich die Ziele und verfügbaren Mittel des Spiels, die Aufgaben und Probleme definieren.

Diese Überlegungen Meads sollen im Folgenden auf Videospiele (genauer: Einzelspieler-Missionen) übertragen werden. Dafür sei an die Struktur von Videospielen als Gameplay-Kern und äußere Zeichenhülle (vgl. Abschnitt 1.3.2) erinnert. Wenn der Kern, das Gameplay, die Organisation des Spiels ist und sich in Regeln, Mitteln und Zielen (die allesamt vom Designer gestellt und vom Spieler gespielt werden) ausdrückt, dann müssen Designer und Spieler für ein erfolgreiches Spiel zu einem Fixpunkt für ihr Handeln finden. Der Designer muss die Reaktion der Spieler angesichts aktueller Aufgaben und Probleme im Spiel antizipieren und seine eigene Haltung und sein Handeln (die Gestaltung der Spielumgebung und des Geschehens) darauf einstellen. Umgekehrt muss der Spieler in der Lage sein, will er ein Spiel erfolgreich absolvieren, die Haltung des Designers einzunehmen. Er muss auf der Basis der in der Spielhülle verfügbaren Gesten und Symbole durch inneres Anzeigen und Selektion von Bedeutungen einen Fixpunkt für das Handeln, den gültigen Frame,

---

[30]Im entsprechenden Text wird das Spiel im Sinne von Game auch tatsächlich mit Wettkampf bezeichnet. In einer alternativen Übersetzung des gleichen Beitrags in Scheuerl (1991, S. 112–123) wird stattdessen der Begriff „Spiel" (im Gegensatz zum „Spielen") verwendet.

finden. Das Spielen eines Spiels kann also als soziale oder zumindest parasoziale Interaktion betrachtet werden.[31] Übertragen auf das Super-Mario-Beispiel auf S. 21 ff. dieses Buchs bedeutet das: Im Kontext des Spiels können die verwendeten Zeichen als Gesten verstanden werden, die eine bestimmte Haltung des Designers/Spiels andeuten und dem Spieler die Perspektivenübernahme erleichtern sollen, damit er zur (im Sinne einer hohen Motivationsgünstigkeit und Aussicht auf effektive Kooperation) „richtigen" Reaktion findet. Das Spiel nimmt eine bestimmte Haltung ein und verweist mittels seiner Zeichenhülle auf diese. Die Goldmünzen im Spinnennetz sind nicht einfach nur Sammelobjekte, sondern es sind Gesten, die der Identifikation relevanter Objekte und der Selektion von Bedeutung dienen. Sie symbolisieren (aufgrund ihrer Eigenschaft als Sammelobjekte) die Interaktionsoption, sich in das Spinnennetz zu begeben (eine Handlung, die der Spieler ohne die Anzeige wahrscheinlich eher ausschließen würde, die hier aber zu einer effektiven Kooperation – dem Besiegen des Endgegners – führt). So wie der Stürmer dem Mittelfeldspieler beim Fußball mittels Winken auf seine freie Stellung und auf seine Haltung, einen Torangriff versuchen zu wollen, verweist und damit die Wahl einer entsprechenden Handlung des Ballbesitzers erleichtern möchte, soll im Spiel Super Mario Galaxy durch die Positionierung der Münzen im Spinnennetz der Spieler dazu bewegt werden, sich ins Netz zu begeben und damit dem Spielziel näher zu kommen. Designer und Spieler spielen, auch wenn Erstere den Letzteren zunehmend schwere Aufgaben und Hürden stellen, *miteinander*, nicht gegeneinander. Und für eine erfolgreiche Kooperation müssten sie mittels Gesten, innerem Anzeigen und Bedeutungsselektion einen Fixpunkt für ihr Handeln finden. Durch den asychronen Charakter allerdings müssen die Spieldesigner geschickt vorgehen, denn der Spieler hat keine Chance, noch einmal bei unklarem Fixpunkt nachzufragen und auf neue Symbole zu warten. Gleichzeitig jedoch dürfen Computerspiele die Lösung ihrer Herausforderungen nicht vorwegnehmen, weil den Spieler damit das Gefühl von Erfolg und Eigenleistung verloren ginge (so würde der Kampf gegen den Spinnen-Endgegner bei Super Mario Galaxy vermutlich deutlich weniger

---

[31] Der Terminus „parasoziale Interaktion" wurde von Horton und Wohl (1956) geprägt und meint im engeren Sinn den eingebildeten persönlichen Kontakt eines Rezipienten mit einer Medienperson (etwa einer Figur aus einer fiktionalen TV-Serie): Letztere richtet ihr Verhalten wie in einem direkten Kontakt auf ersteren aus, der wiederum auf dieses Auftreten reagiert. Die Medienperson antizipiert(e) dieses Verhalten und verhält sich entsprechend (Thallmair und Rössler 2001). In lockerer Anlehnung an diese ursprüngliche, engere Auffassung meint der Begriff der parasozialen Interaktion in dieser Arbeit – mangels eines besseren Terminus – den vorgestellten Face-to-face-Kontakt zwischen Spieler und Gamedesigner (also nicht zwischen dem Rezipienten und einer Medienfigur, sondern ihr und dem Schöpfer des Mediengeschehens).

reizvoll sein, wenn er mit der Meldung „Katapultiere dich mittels des Spinnennetzes auf die grünen Zielpunkte der Spinne" eingeleitet würde). Die Aktivierung des gerade sozial gültigen Frames erfordert, dass die Spieler (a) Vorerfahrungen über den typischen Ablauf solcher Prozesse haben und (b) die hierbei unterstützenden Gesten und Symbole korrekt entschlüsseln können. Personen ohne Erfahrung im Umgang mit Videospielen dürften daher Schwierigkeiten haben, Computerspiele spontan korrekt zu „lesen", also die Beziehung zwischen Symbolen und Gameplay zu identifizieren sowie die unterschwelligen Spielhilfen der Designer zu entschlüsseln. Letztere wiederum sind gut damit beraten, nicht zu sehr vom in den bisherigen Spielen praktizierten Status quo abzuweichen, um die Spieler nicht zu verwirren. Womöglich kommt es hierüber zu einer Institutionalisierung von Spielsymbolik: Spiele verwenden immer ähnliche Symbole für bestimmte Elemente des Gameplays, und Designer signalisieren durch immer ähnliche Gesten die aktuelle „Haltung" des Spiels, die relevanten Objekte und ihre Bedeutungen sowie die vom Spieler erwartete Reaktion, alles zusammengefasst im kulturellen Frame der Spielsituation, etwa in Form eines Level-Boss. Denn nur durch eine über das einzelne Videospiel hinausgehende, konsistente Verwendung von Gesten und Symbolen lässt sich eine hohe Motivationsgünstigkeit, ein möglichst kurzer Abstimmungsprozess zwischen Spieler und Spiel und somit letztendlich die effiziente Kooperation erreichen, die ein frustfreies Spielen ermöglicht. Auf der Spielerseite wiederum führt eine solche Konsistenz dazu, dass die wiederkehrenden Spielsituationen allmählich zu selbstverständlichen Erwartungen werden. Erfahrene Spieler müssen die Details eines konkreten Videospiels nicht kennen, um einen Fixpunkt für ihre Interaktion mit dem Spiel zu finden. Sie interagieren aufgrund ihrer zu Modellen gewordenen Erfahrungen. Und die erfolgreiche Interaktion anhand dieser Modelle bestätigt dann wiederum deren Geltung. Bei den allermeisten Fantasyspielen beispielsweise, deren Regelkern und Gameplay u. a. Parameter für Lebensenergie und Zauberkraft (oder in abstrakter Formulierung: Parameter für die Verteidigungsnotwendigkeit und bestimmte Angriffsressourcen des Spielers) enthält, wird die Lebensenergie im Interface auf dem Bildschirm, also auf der Zeicheneben des Spiels, durch eine rot gefüllte Skala und die Zauberkraft durch eine blau gefüllte Skala symbolisiert. Erfahrene Spieler verfügen wahrscheinlich über ein von konkreten Spieltiteln abstrahiertes Modell dieser Beziehungen, mittels welchem sich ihnen die Bedeutung der roten und blauen Skala im konkreten Videospiel sofort erschließt.

Die Signifikanten von in Videospielen verwendeten Symbolen verweisen also nicht primär auf die Signifikate, auf die sie in der Realität verweisen, sondern auf Elemente des Gameplays. Im Gegensatz zu den Symbolen in der Realität sind sie vermutlich auch eindeutiger und konsistenter: Schließlich gibt es deutlich weniger Elemente, auf die sie potenziell verweisen können, und eine konsistente und eindeutige Verwendung erhöht zudem die Motivationsgünstigkeit. Videospiele sind damit in doppelter Weise scheinhaft: Zum einen weist das spielende Handeln mit ihnen (wie jedes andere Spielen auch) den Nur-als-ob-Charakter auf. Zum anderen folgen die Beziehungen zwischen Signifikanten und Signifikaten eigenen, videospieltypischen Regeln. Erfahrene Spieler lesen in den Videospielen also andere Bedeutungen, als dies bei Personen der Fall ist, denen Videospiele fremd sind. Sie müssen dies tun, da nur so eine erfolgreiche und effiziente, symbolische Interaktion möglich ist.

4.4.8 Selektionslogik

Um die Selektion eines Rahmens und des Handelns nomologisch zu erklären, greift Esser auf die WE-Theorie zurück. Demnach gehen Menschen zweckrational und interpretativ vor: Sie begreifen die Welt anhand sozial geteilter Modelle und orientieren sich an den sozial-objektiven Vorgaben einer Situation, weil sie auf diese Weise das günstigste Kosten-Nutzen-Verhältnis und die effizienteste Interaktion erwarten können.

Bei der *Definition einer Situation* sind Modellgeltung (als Passung zwischen der Internalisierung des kulturellen Bezugsrahmens und der Sichtbarkeit von diesen Rahmen anzeigenden Symbolen) und Modellnutzen (als Kosten und Nutzen des Modells vor dem Hintergrund eigener Präferenzen, Bedürfnisse und sozialer Produktionsfunktionen) die wichtigsten Variablen für die Erklärung des Handelns. Ob ein Akteur ein Lernspiel als Spaß/Spiel oder Ernst/Lernsituation rahmt, hängt also davon ab,

- wie stark Spiel und Ernst in der jeweiligen Situation als kulturelle Rahmen internalisiert sind,

- wie deutlich Spiel oder Ernst durch Symbole in der aktuellen Situation angezeigt werden,

- wie störungsfrei die Situation ist sowie

- welcher Nutzen und welche Kosten die jeweiligen Rahmen mit sich bringen.

Die Internalisierung hängt von der Sozialisation ab: Dem Schüler, der Unterricht nur in konservativer und strenger Form erlebt hat und wenig Spielerfahrung hat, wird ein spielerischer Zugang zu einem Lernmedium eher fremd sein. Der situative Kontext des Handelns darf ebenfalls nicht außer Acht gelassen werden, da er Zeichen enthält, die bei der Identifikation des sozial geltenden Rahmens herangezogen werden. Ein Lernspiel wird in der Schule allein durch die auf „Lernen" verweisende Umgebung vielleicht eher als Lernsituation aufgefasst als auf einer Spielemesse. Der Nutzen der Frames hängt mit den aktuellen Bedürfnissen der Akteure zusammen (möchten sie gerade etwas lernen oder lieber entspannen?) und mit den Zwischengütern, die der eine oder andere Frame für diese Bedürfnisse erwarten lässt (ist ein Spiel als Lernangebot in der jeweiligen Kultur institutionalisiert oder wird jegliche „Spaßpädagogik" per se abgelehnt?). Die Kosten eines „Ernstframes" für ein Lernspiel könnten bspw. darin bestehen, dass mit diesem ein gewisser, als belastend empfundener Leistungsdruck verbunden wird.

Bei der *Wahl einer Handlung* innerhalb einer definierten Situation kommt es nach Esser darauf an, für wie passend die Handlung im Frame empfunden wird und wie hoch ihre Auszahlung im Sinne der sozialen Produktionsfunktionen und der persönlichen Präferenzen ist. Ein freier, spielerischer Umgang mit einem als „Lernsituation" gerahmten Lernspiel kann je nach Vorerfahrungen des Akteurs als unpassender empfunden werden als der ernste und arbeitende Umgang damit (was zumindest im deutschsprachigen Raum die Regel zu sein scheint, vgl. Abschnitt 1.2.1). Die Auszahlung einer spielerischen oder ernsten Herangehensweise an bspw. die Lernsituation wiederum orientiert sich daran, ob die aktuelle, kulturelle Umgebung diese akzeptiert und entlohnt oder sanktioniert.

Ob ein Lernspiel spielerisch oder ernst angegangen wird, hängt also von den kulturellen Erfahrungen der Akteure und ganz besonders den Zeichen in der Situation ab. Spielerische und ernste Herangehensweisen haben, basierend auf der kulturellen Bezugsumgebung und persönlichen Vorlieben, jeweils eigene Auszahlungen: Im hiesigen Kulturkreis werden Spiele womöglich eher mit Spaß, weniger mit Bildungsnutzen verknüpft. Lernsituationen dagegen werden womöglich mehr mit Bildungsnutzen, weniger mit Spaß assoziiert. Lernspiele bewegen sich nun entweder zwischen diesen Bezugsrahmen (und haben dann nur den einen Nutzen, Spaß durch unterhaltungswirksame Mechanismen der Handlungs- und Rahmungsebene des Spielens, oder den anderen, Information durch Lernangebot), oder sie bilden einen eigenen Bezugsrahmen, der Produktionsfunktionen sowohl für Unterhaltung als auch Information zur Verfügung stellt.

Selektionslogik am Beispiel der Kommunikation

Auf S. 52 ff. dieser Arbeit wurde das mediale Lernen mit Deutungsarbeit und (parasozialer) Kommunikation in Verbindung gebracht. Esser (2000b, S. 247–286) demonstriert die Vielseitigkeit seines Modells exemplarisch anhand der Kommunikation. Ein entscheidender Teil der hier behandelten Fragestellung kann so direkt mit Esser modelliert werden.

Auf den ersten Blick wirkt Essers Darstellung wie das technische Modell der Informationsübertragung, bei dem Bedeutung ohne interpretative Akte einfach von einem Sender auf einen Empfänger transportiert wird. Essers Modell geht jedoch weiter: Ein Empfänger berücksichtigt demnach, dass die vom Sender ausgehende Mitteilung eine Selektion ist, die auch anders hätte ausfallen können. Ebenso ist dem Sender bewusst, dass seine versendeten Mitteilungen vom Empfänger erst einmal verstanden und rezipiert werden müssen und dass er diese Prozesse und deren Folgen nicht unmittelbar beeinflussen kann. Die beteiligten Akteure sind sich also bewusst, dass das Verstehen, die Rezeption und die Wirkung nicht unbedingt der Information und der Mitteilung entsprechen müssen, kurz: dass es zu Missverständnissen kommen kann. Daher wird nach Esser jede Kommunikation von den Akteuren erst einmal als grundlegend unsicher betrachtet. Aus diesem Grund koorientieren die Akteure zu Beginn ihre Kommunikation und überprüfen den Prozess mittels symbolischer Steuerungen. Reine Absichten und Erwartungen der Akteure sind also nicht allein für das Ergebnis der Kommunikation verantwortlich; es gibt immer noch unbeabsichtigte externe Effekte, Missverständnisse und Unsicherheiten. Als solche Missverständnisse lassen sich die in den obigen Überlegungen genannten Vorgänge betrachten, bei denen Inhalte von Lernspielen nicht als realitätsbedeutsames Lernangebot, sondern als fiktives und lediglich spielweltbezogenes Konstrukt erachtet werden.

Dass Kommunikation dennoch meist gelingt, ist nach Esser der Tatsache zu verdanken, dass die Akteure – unbewusst und implizit – auf die beiderseitige Verwendung des gemeinsamen Hintergrundwissens vertrauen und sich bei der Kommunikation an sozialen Regeln für kommunikative Abläufe orientieren. Kommunikation wird bei Esser definiert als eine über Symbole und mittels eines Mediums erfolgende Interaktion. Sie ist eine „Folge von Selektionen und gegenseitigen gedanklichen Durchdringungen, die die Akteure vornehmen, sich dabei gegenseitig beobachten und ihre Selektionen von diesen Beobachtungen abhängig werden lassen" (ebd., S. 252).

Akteure antizipieren bei der Kommunikation Gedanken und Handlungen ihres Gegenübers und treffen auf dieser Basis (selektive) Entscheidungen. Demnach ist auch Kommunikation ein Spezialfall des Modells der soziologischen Erklärung. Eine kommunikative Einheit besteht aus drei Schritten:

1. Die *Selektion kommunikativer Akte durch den Sender* besteht aus dem Auswählen der Information und der Übermittlungshandlung.

2. Daraufhin wird die *Mitteilung zum Empfänger übertragen*.

3. Nach dem *Ankommen der Mitteilung beim Empfänger* erfolgen das Verstehen der Mitteilung, die Rezeption sowie die Wirkung der Mitteilung auf das Handeln des Empfängers (d. h. die Beeinflussung des Empfängers durch die Mitteilung).

Schritt eins (kommunikative Akte des Senders) und Schritt drei (kommunikative Akte des Empfängers) werden von Esser als spezifische Handlungsformen mit seinem Selektionsmodell modelliert. Die vorliegende Arbeit beschränkt sich bei der Wiedergabe von Essers Ausführungen auf die Empfängerseite, da es hier ja nur um den Rezipienten geht. Drei Elemente sind bei der Kommunikation auf der Empfängerseite zu berücksichtigen: Verstehen, Rezeption und Wirkung.

Verstehen Beim Verstehen wird versucht, die Mitteilung zu decodieren und ihre Bedeutungen/Information zu rekonstruieren. Dafür müssen sich die Zeichensysteme beim Sender und Empfänger überschneiden, es braucht „kollektiv geteilte Hypothesen über Zusammenhänge von Zeichen und gedanklichen Inhalten" (ebd., S. 267). Das Verstehen ist für Esser ein mehr oder weniger automatischer Match zwischen den im Gehirn gespeicherten und den in der Situation erkennbaren Mustern. Gegen diesen Match kann sich der Empfänger nicht aktiv wehren, er kann dem Verstehen nicht ausweichen.[32] Ein absichtliches, strategisches „Missverstehen" eines Gegenübers als rhetorisches Stilmittel ist kein Sich-Wehren gegen den Match, sondern ein Leugnen des erfolgten Matchs gegenüber dem Gesprächspartner. Auch wenn diese Darstellung auf den ersten Blick nach einer automatischen Decodierung aussieht, ist das Verstehen doch eine kognitive Leistung, und als solche versteht Esser sie als Selektion, bei

---

[32]Es handelt sich um einen Match zwischen den Mustern der Mitteilung und denen des Subjekts, nicht etwa um einem Match zwischen Sender und Empfänger! Dem Rezipienten drängt sich eine Bedeutung auf, die er aus der Mitteilung liest, aber ob damit auch die gemeinte Bedeutung des Senders gemeint ist, ist eine andere Frage. Match und Missverständnis schließen sich nicht aus.

der der weitere Kontext berücksichtigt, die wahrgenommene Umgebung exploriert wird und die prinzipiell auch anders hätte ausfallen können. Daher kann, so Esser, das Verstehen auch handlungs- und entscheidungstheoretisch modelliert werden: Eine Mitteilung wird dann verstanden, wenn ihr EU-Gewicht aus dem Match p zwischen übermittelten Zeichen und gedanklichem Modell sowie dem Verstehensnutzen U_V größer ist als das EU-Gewicht aus dem komplementären Match und dem Nichtverstehensnutzen U_N:

$$EU(V) = p \cdot U_V$$
$$EU(N) = (1 - p) \cdot U_N$$

Bei einem perfekten Match wird die Mitteilung also verstanden, weil der Erwartungsteil des EU-Gewichts beim Nichtverstehen den Wert $1 - p = 1 - 1 = 0$ annimmt. Ist der Match dagegen nicht perfekt, kann der erwartete Nutzen (beispielsweise in Form von Interessen) ins Gewicht fallen. Eine besonders wichtige oder interessant erscheinende Botschaft wird dieser Logik nach bei gleich unverständlichen Zeichen eher verstanden als eine unwichtige oder langweilige Botschaft. Typische Probleme beim Verstehen, die zu einem nicht perfekten Match führen, kommen durch Sprachbarrieren, also die Verwendung sich nicht überschneidender Zeichensysteme zustande. Missverständnisse im Sinne von Fehlinterpretationen durch Bedeutungsverschiebungen zwischen Spielwelt und Realität, wie sie in diesem Buch auf S. 52 ff. und S. 220 ff. ausgeführt wurden, werden mit Essers Modellierung nicht ausgeschlossen: Schließlich ist es denkbar, dass bei mehrdeutigen Zeichen ein Match beim Empfänger mit anderen kognitiven Strukturen erfolgt, als es die antizipierte Annahme des Senders war. Auf die Spielrezeption übertragen könnte es bedeuten, dass der Sender mit einer Zeichenkonstellation einen authentischen Lerninhalt beschreiben will (und einen Match zwischen Zeichen und kognitivem Schema für die Realität angestrebt hat), der Rezipient es aber als Nur-so-als-ob-Zeichen für die Scheinwelt des Spiels versteht (Match zwischen Zeichen und kognitivem Schema für Spielsprache). Das Verstehen scheitert an einer Sprachbarriere.

Rezeption Hypothetisch können Lernspiele also durch die Anwendung eines Spielsprache-Schemas missverstanden werden. Aber selbst ein Verstehen der Botschaft bedeutet noch nicht, dass der Empfänger der Botschaft auch Glauben schenkt. Dies hängt von der Rezeption der Botschaft ab. Die Rezeption ist nach Esser „die Änderung der Erwartungen und

Bewertungen des Akteurs nach dem Verstehen einer Information" (Esser 2000b, S. 272), kurz: die Änderung im Wissens- und Werterepertoire des Adressaten. Eine Ablehnung der Rezeption führt zu keiner Änderung kognitiver oder bewertender Strukturen. Anlass für die Ablehnung kann beispielsweise sein, dass der Rezipient dem decodierten Inhalt der Mitteilung keinen Glauben schenkt. Zu einer Übernahme der Information kommt es erst durch das Gewicht der Information und den Wert der Beibehaltung oder Änderung von Überzeugungen. Damit lässt sich diese Selektion wieder mit der EU-Formel modellieren. Das EU-Gewicht für die *Ablehnung der Information* besteht lediglich aus der Nutzenbewertung dessen, was auch ohne eine Rezeption sicher ist: dem Status quo, der so oder so vorhanden ist. Daraus folgt: $EU(A) = U_{sq}$. Das EU-Gewicht für die *Rezeption der Information* wird gebildet aus

- der Erwartung und Bewertung des Neuen, repräsentiert durch die Glaubwürdigkeit des Senders p_s und die Wichtigkeit der Übernahme U_r,

- zuzüglich der (komplementär zur Glaubwürdigkeit geltenden)[33] Erwartung des Status quo, also der Beibehaltung von bisherigen Haltungen U_{sq},

- abzüglich der sonstigen Folgen, etwa Dissonanzen, kritischen Reaktionen der Bezugsumgebung des Aufgebens lieb gewonnener Gewohnheiten C_r.

Existiert keinerlei Vorwissen (kein Status quo) zu einer Botschaft, ist das EU-Gewicht der Annahme nur dann kleiner als das der Ablehnung, wenn die Rezeptionskosten und die Übernahmewichtigkeit einen negativen Wert ergeben. Abbildung 4.7 fasst die WE-Formeln zusammen.

---

[33]Hierzu eine Anmerkung: Der Wert des Status quo wird bei $EU(A)$ ohne eine Verrechnung mit Erwartungen gebildet: Man weiß, was man weiß. Innerhalb von $EU(R)$ jedoch ist der Nutzen des Status quo und der der neuen Information mittels der Variable p_s komplementär: Hier zeigt sich wieder Essers „Trick" der binären Codierung (siehe S. 178 in dieser Arbeit). Dies impliziert jedoch, dass innerhalb der Attraktivität der Rezeption ($EU(R)$) eine steigende Senderglaubwürdigkeit eine sinkende Verlässlichkeit des Status quo bewirkt. Das wiederum ist aber nur unter der Voraussetzung logisch, dass sich Status quo und neue Information inhaltlich widersprechen. Essers Rezeptionsmodell gilt also streng genommen nur für Botschaften, die dem Vorwissen der Empfänger widersprechen oder zu denen es kein Vorwissen gibt. Vielleicht ist einer solchen Unstimmigkeit Essers Anmerkung geschuldet, dass sein Modell zuweilen etwas weit hergeholt sein mag. Aufgrund der hohen Anschlussfähigkeit an sein übriges Modell und seine Überzeugungskraft bei komplementären Informationen soll hier jedoch an Essers Modellierung der Kommunikation festgehalten werden.

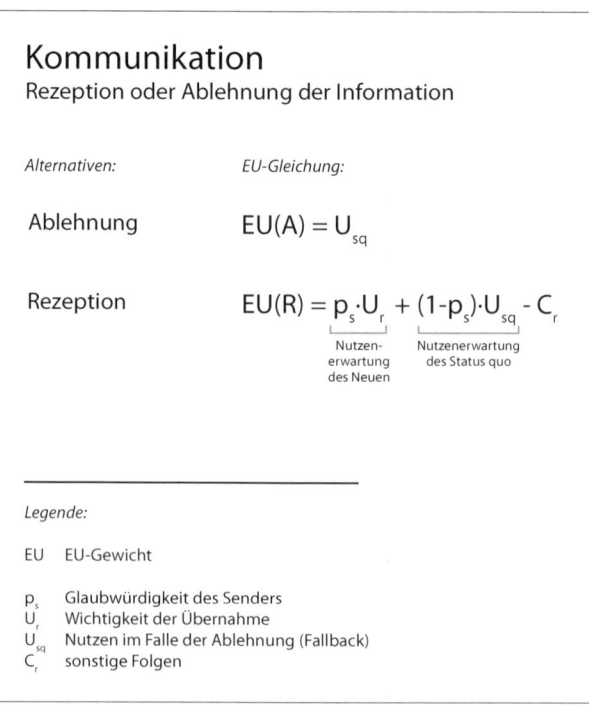

Kommunikation
Rezeption oder Ablehnung der Information

Alternativen: *EU-Gleichung:*

Ablehnung $EU(A) = U_{sq}$

Rezeption $EU(R) = p_s \cdot U_r + (1-p_s) \cdot U_{sq} - C_r$

Nutzenerwartung des Neuen   Nutzenerwartung des Status quo

Legende:

EU EU-Gewicht

p_s Glaubwürdigkeit des Senders
U_r Wichtigkeit der Übernahme
U_{sq} Nutzen im Falle der Ablehnung (Fallback)
C_r sonstige Folgen

Abbildung 4.7: Die WE-Formeln für die Rezeption bei der Kommunikation

Aus der Modellierung zieht Esser einige interessante Schlüsse. Erstens hat die Wichtigkeit der Änderung, U_r, große Bedeutung: Wenn die Rezeption ein großes Problem zu lösen verspricht, wird die Nachricht eher eher aufgenommen, als wenn das Problem klein ist. Noch wichtiger ist aber die Glaubwürdigkeit des Senders, p_s: Ist sie nahezu null, gibt es kaum noch einen Grund, die neue Information zu rezipieren, da der Status quo dann in jedem Fall attraktiver wirkt – schließlich wirken beim EU-Gewicht der Rezeption ja immer noch die Kosten negativ mit ein.

Wirkung Selbst die Rezeption bedeutet aber noch nicht, dass die Botschaft auch eine Wirkung zeigt. Die Wirkung stellt den „Erfolg" der Mitteilung dar: Setzt der Empfänger die rezipierte Mitteilung auch derart in seinem Handeln um, wie es durch den Sender angedacht war? Oder im Kontext von Game-based Learning: Übertragen die Schüler die Inhalte aus dem Lernspiel in die Realität? Für dieses Handeln sind die Verstehens- und Rezeptionsprozesse nicht allein relevant. Die Mitteilung ändert ja nicht alle für das Handeln relevanten Erwartungen und Bewertungen mit einem Schlag. Genau darauf

> beruht die oft gemachte Erfahrung, daß die „Wirkung" von Kommu- nikationen – etwa des Ansehens von Horrorfilmen auf das Handeln von Kindern – meist nicht eindeutig vorhergesagt werden kann. Es ist immer der *gesamte* sonstige Hintergrund der Erwartungen und Be- wertungen der Akteure noch dabei zu berücksichtigen. (Esser 2000b, 275, Hervorheb. i. O.)

Dies gilt nicht nur für die Wirkungen von Horrorfilmen, sondern auch für die Rezeption von Lernspielen, ja allen Bildungsmaßnahmen. Der Transfer des Gelernten in die Praxis erfolgt meist nicht unmittelbar als Reaktion auf die Bildungsmaßnahme (Kerres und Bormann 2009). Pra- xistransfer ist vielmehr ein multikausales Geschehen, bei dem viele Be- reiche von Einflussfaktoren dynamisch zusammenwirken (Scharpf 1999). Der Fokus der vorliegenden Arbeit wurde bewusst nicht auf die Wirkung von Lernspielen in Form von Lerntransfer, sondern auf die Rezeption gelegt.

Symbolisch generalisierte Medien der Kommunikation Nach dem Schritt der Wirkung ist die elementare Einheit der Kommunikation abge- schlossen. Das wäre aber eine recht kurze und einseitige Angelegenheit, denn eigentlich ist ja anzustreben, dass der Empfänger nun antwortet, selbst zum Sender wird, sinnhaft auf die Mitteilung reagiert. Damit dies geschieht und eine normale Konversation erfolgt, braucht es die „Si- cherstellung einer im Prinzip erwartbaren und anschlußfähigen Wirkung einer Kommunikation" (Esser 2000b, S. 276). Hierbei leisten *symbo- lisch generalisierte Medien der Kommunikation* (SGMK) einen wichtigen Beitrag. Diese können räumliche und zeitliche Distanzen überbrücken, werden gut verstanden und garantieren Rezeption und Wirkung der über sie transportierten Nachrichten. Zudem motivieren sie die Empfänger, die Kommunikation fortzuführen. Ein typisches SGMK ist Geld: Es ist transportabel und beständig, verständlich, wirkungsvoll und wird fast überall bereitwillig genommen. SGMK können diese Wirkungen aus dem Grund entfalten, weil sie eine Situation auf zwei Weisen vereinfachen: Sie verleihen ihr einen Rahmen, einen Code, und stellen ein das Handeln strukturierendes Programm zur Verfügung. SGMK sichern also selbst in ungewöhnlichen Situationen das Erreichen, Verstehen, Rezipieren und

Wirken von mitgeteilten Inhalten, indem sie kraft ihrer Institutionalisierung vorgeben, wie zu welchem Zweck zu handeln ist. SGMK sind spezifisch, weil sie eine Situation unter nur einen einzigen Code stellen. Und dennoch wirken sie allgemein, weil sich die Akteure allgemein ohne Rücksicht auf Besonderheiten an diesen Code halten. Teilt man also eine Information über ein bestimmtes SGMK mit, dann bestimmt allein die Wahl des Mediums die Einheit und Wirkungen einer Kommunikation.

Für die vorliegende Arbeit stellt sich nun die Frage, ob digitale Lernspiele, Computerspiele oder Lernprogramme solche symbolisch generalisierten Medien der Kommunikation sind. Für reine Spielhandlungen trifft dies sicher zu: Diese bringen ihren eigenen Code mit, nämlich: „Es ist nur ein Spiel." Meines Erachtens sind auch Computerspiele symbolisch generalisierte Medien der Kommunikation. Auch sie sind üblicherweise nicht ernst gemeint, definieren also den Code der Situation. Sie bringen auch ein eigenes Programm mit, denn das macht ihre spezifischen Reizquellen aus: Der Endgegner muss besiegt, nicht umgangen werden. In Ego-Shootern wird wild herumgeballert, in Taktik-Shootern ist vorsichtiges Vorgehen angesagt. Und der Tag, an dem Mario die Prinzessin *nicht* zu retten versucht, wird der Tag sein, an dem eine Ära endet. Wenn Lernspiele – insbesondere Educational Games – versuchen, sich zwecks beiläufigen Lernens und Unterhaltung den äußeren Anstrich eines Videospiels zu verleihen, ist die Frage, ob sie auch Code und Programm der Computerspiele erben. Dann würden ihre Inhalte automatisch und spontan in einer bestimmten, den Videospielen verwandten Weise rezipiert werden: nicht ernst, „nur so als ob", scheinhaft. Womöglich erben Lernspiele aber auch die institutionalisierten Muster von Lernsoftware und vermitteln deren Codes und Programme: ernst, realitätsrelevant, authentisch.

Fazit Essers Modellierung der Kommunikationsprozesse wirkt auf den ersten Blick etwas oberflächlich. Wie bei der Modellierung der Orientierung über die Selektion von Frames und Skripten ist aber auch hier zu bedenken, dass Esser keine Beschreibung der empirischen Wirklichkeit anstrebt, sondern eine möglichst einfache, aber praktikable Modellierung zur methodischen Untersuchung. Durch die Einfachheit und die Benennung der entscheidenden Variablen (Nutzen von Verstehen, Neuem, Status quo; Glaubwürdigkeit; Match zwischen Zeichen und Modell) wird die Überführung in eine empirische Untersuchung der Rezeption von Lernspielinhalten enorm erleichtert. Zudem trägt Essers Differenzierung von Verstehen, Rezeption und Wirkung zur besseren Trennschärfe bei und stützt Fokus und Annahmen der vorliegenden Arbeit:

- Beim Verstehen sind Missverständnisse möglich, wenn die Zeichen vor dem Hintergrund der Computerspielsprache statt der Realität gedeutet werden.

- Die Rezeption erfordert das Verstehen und hängt stark von der Glaubwürdigkeit des Senders ab. Im Falle eines Framings der Situation als Spiel ist fraglich, ob dem Sender eine hohe Glaubwürdigkeit und Authentizität unterstellt werden.

- Die Wirkung erfordert nicht nur Rezeption und Verstehen, sondern ist von weiteren Faktoren abhängig. Sie stellt quasi den erfolgreichen Lerntransfer dar, der aber nicht mehr Gegenstand dieser Arbeit ist.

4.5 Zusammenfassung

Der Schlüssel zur hier behandelten Thematik ist der Handlungssinn. Er verbindet interne (personale) und externe (soziale) Rahmenbedingungen einer Situation. Er bildet die Intentionalität des Handelns ab, die subjektive Bedürfnisse, Ziele und Präferenzen mit sozial-objektiven Regeln, Möglichkeiten und Bedingungen koordiniert.

Diese Koordination wiederum ist situationsabhängig. Situationen liegen in sozial-typisierter Modellform als kulturelle Bezugsrahmen vor, die Situationen unter bestimmte Oberziele stellen und Vorlagen für das Handeln in diesen stellen. Sie enthalten Regeln über erlaubtes und unerlaubtes Handeln und belegen die Handlungen mit Nutzen oder Sanktionen. Die Zuordnung eines Bezugsrahmens zu einer Situation ist ein interpretativer Akt, bei dem Symbole eine zentrale Rolle spielen, da andere Akteure mit ihrer Hilfe die Geltung eines Rahmens anzeigen und somit den Code der Situation angeben. Symbole wirken also nicht direkt auf das Handeln, sondern über den Mediator der Rahmung, der beim Akteur bestimmte Erwartungen und Orientierungen aktiviert. Ist erst einmal ein Situationsmodell beim Akteur aktiviert, gibt es typische Handlungsoptionen vor, die den Bedürfnissen des Akteurs mal mehr, mal weniger dienlich sind – je nach institutionalisierter Produktionsfunktion, Präferenz und objektivem Potenzial der Option für die Bedürfnisbefriedigung. Durch den Nutzen und die Kosten des Handelns in einer sozialen Modellsituation erhält das Handeln eine Intentionalität, die personale Bedürfnisse und objektiv-soziale Strukturen koordiniert: Das Handeln wird sinnhaft, aber stets nur vor dem Hintergrund der Persönlichkeitsstruktur und der wahrgenommenen Situation mit all ihren sozialen Eigenschaften. Ändert sich die Situationsdefinition, ändert sich auch die Einstellung des Akteurs auf die nun anders gerahmten „objektiven" Umstände, weil jede Situation andere Regeln und damit andere potenzielle Folgen hat.

Die Rahmung und der aus ihr resultierende Handlungssinn werden beeinflusst durch

- die *Zugänglichkeit* der infrage kommenden Bezugsrahmen beim Akteur, bestimmt durch das im Rahmen der Sozialisation erworbene *Wissen*,

- die Anwesenheit von anzeigenden *Symbolen* und Hinweisreizen,

- die Abwesenheit von *Störungen* (Zeitdruck, Undeutlichkeiten) und

- den *Nutzen sowie die Kosten* der mit dem Rahmen verbundenen Situation, bestimmt durch die geltenden *Institutionen, Produktionsfunktionen* und *Werte* bzw. Präferenzen des Akteurs.

Die Wahl einer Handlungsoption innerhalb eines Rahmens wird beeinflusst durch

- die empfundene *Passung* des Handelns für die Situation, ebenfalls beruhend auf dem im Rahmen der Sozialisation erworbenen *Wissen*, und

- die Effizienz hinsichtlich des im Rahmen wahrnehmbaren Nutzens, ableitbar aus den situativ geltenden *Institutionen* und *Produktionsfunktionen* sowie den *Werten* bzw. Präferenzen des Akteurs.

So kommen die Variablen der Selektionslogik, interne und externe Rahmenbedingungen der Situation, im Handlungssinn zusammen.

Das Alltagshandeln, also die Selektion von Frame und Skript, erfolgt fast immer automatisch und fraglos, ohne Zuschaltung von Aufmerksamkeit und Bewusstsein. Erst bei Störungen, reichlich Reflexionsgelegenheit und wichtigen Anlässen wird die Situation aufmerksam analysiert und das Handeln bewusst gewählt. Die Interaktion im Alltag ist also einerseits über die Rahmung ein höchst interpretativer Prozess, sie verläuft aber andererseits völlig automatisch und unhinterfragt, und zwar jeweils auf der Basis situativer Symbole und Hinweisreize.

4.5.1 Fazit

Mit der Einbettung der theoretischen Einzelbeiträge aus den früheren Kapiteln in Essers Rahmenmodell kann auf theoretischer Basis ein Endfazit gezogen werden, das zudem relevante Variablen für eine empirische Untersuchung herausstellt.

Das Zwischenfazit in Abschnitt 3.4.1 folgerte aus den Überlegungen der ersten drei Kapitel, dass die Handlungs- und Rahmungsdimension des Spielens einen Einfluss auf das Informations- und Motivationspotenzial von Game-based Learning hat. Dreh- und Angelpunkt der Argumentation war der mit dem Handeln der Adressaten verbundene Sinn, der beim Umgang mit Lernspielen die mit komplementären Merkmalen behafteten Ausprägungen „Spielen" vs. „Ernst/Arbeit" annehmen kann. Dieser Sinn, so das Ergebnis des Zwischenfazits, hat unabhängig von der objektiven Struktur des Spielkonstrukts Auswirkung auf die Interpretation der Lernspiele und die motivationsfördernde Unterhaltung, die von der Interaktion mit diesem ausgeht: Die Rezeption hängt von der Interpretation der Inhalte aus dem Lernspiel ab. Damit der Inhalt überhaupt als Lernangebot aufgefasst, die „richtige" Information extrahiert und ins Wissensrepertoire über die Umwelt aufgenommen wird, muss das Mediums als „Ernst" aufgefasst werden. Die Unterhaltsamkeit basiert auf der Erholung, die aber nur bei einem Handeln auftritt, das komplementär zur Arbeit angelegt ist. Das Spielen motiviert intrinsisch mehr als das Arbeiten, weil der Handlungssinn hier auf einen Gegenstand abzielt, der einen genuin play-bezogenen Unterhaltungsmechanismus bilden kann.

Auf Handlungs- und Rahmungsebene sind Information und Motivation damit keine additiv wirkenden Potenziale von Game-based Learning, sondern sie schließen sich gegenseitig aus: Damit die Lerninhalte angemessen rezipiert werden, muss das Lernspiel ernst genommen werden, wodurch dann aber der Unterhaltungswert der Handlung sinkt.

Obwohl Essers Modell der soziologischen Erklärung keinen direkten Bezug zu den spieltheoretischen, ludologischen oder medienpädagogischen Positionen der Kapitel 1–3 hat, ist es mit ihm möglich, beide Elemente des Zwischenfazits aus Abschnitt 3.4.1 zu bearbeiten: Zum einen erlaubt das Modell die Integration und Ergänzung der Theoriefragmente aus den vorherigen Kapiteln zu einem schlüssigen Ganzen, das auch den anfangs nur vage behandelten Handlungssinn eingehend beschreibt. Zum anderen benennt das Modell die entscheidenden Variablen und Kausalitäten der postulierten Zusammenhänge und bereitet so die empirische Untersuchung der Fragestellung vor.

Die sich so ergebende Perspektive betrachtet Game-based Learning handlungstheoretisch und als sozialen Prozess: Das Spielen und der Ernst sind kulturelle Frames mit spezifischen Produktionsfunktionen und institutionellen Vorgaben. Der Spielframe entspricht dem, was auf S. 10 dieser Arbeit als Magic Circle bezeichnet wurde. Anhand dieser Frames rahmt ein Akteur eine Situation und schließt so auf den Code der Interaktion, den in der Situation verfügbaren Nutzen, potenzielle Sanktionen sowie das Programm, d. h. die erwarteten, erlaubten und sanktionierbaren Vorgänge. Abhängig vom Ausgang der Rahmung kann der Akteur mittels der jeweils geltenden Institutionen bestimmte Nutzen und Kosten erwarten und andere ausschließen. Das Spielen ist vorrangig zur Erholung und zum Spaß da, dient nur sich selbst, ist folgenlos und grenzt sich von der alltäglichen Wirklichkeit ab. Der Ernst dagegen ist mit Arbeit verbunden, die Ernsthandlungen dienen funktional dem Erreichen äußerer Ziele und/oder der Vermeidung von negativen Folgen und haben einen starken Bezug zur Alltagswirklichkeit.

Akteure gehen also abhängig von der Rahmung mit unterschiedlichen Erwartungen und Voraussetzungen an eine Situation heran. Sie antizipieren frame-abhängig das Handeln des Gegenübers und die Erwartungen, die dieser an sie selbst herantragen könnte. Im Arbeitsrahmen erwartet der Akteur, dass der andere vom ihm Leistung erwartet und dass die Interaktion einen wirklichkeitsrelevanten Nutzen hervorbringt. Beim Spielen ist das nicht so: Es ist frei von Leistungsdruck und negativen, aber auch positiven (im Sinne von zweckdienlichen) Folgen. Die auf Institutionen und Produktionsfunktionen basierenden, rahmenabhängigen Erwartungen der Akteure manifestieren sich im Handlungsinn, in der Intentionalität ihres Tuns: Sich an den Vorgaben des Bezugsrahmens orientierend, wählen die Akteure beim Spielen andere Handlungen und rechnen mit anderen Folgen dieser Handlungen als beim Arbeiten. Das eine regeneriert Ressourcen, hat keinen inhaltlichen Bezug zur Realität und bietet (als selbstzweckhaftes Tun) den Nutzen „Erholung und Vergnügen" (ein primäres Zwischengut, das direkt auf das physische Wohlbefinden wirkt), das andere verbraucht Ressourcen, ist eng mit dem Alltag der Realität verzahnt und bietet diverse indirekte Zwischengüter (die erst noch in primäre und Grundbedürfnisse befriedigende Zwischengüter transformiert werden müssen). Wenn Spielrahmen nicht den gleichen Nutzen bieten und andere Handlungen verlangen als Arbeit, dann profitiert der arbeitende Akteur von einem anderen Nutzen als der spielende.

Hier wird davon ausgegangen, dass Lernspiele entweder als Ernst oder als Arbeit gerahmt werden und dass diese Rahmung einen Unterschied bzgl. der Unterhaltsamkeit und der Rezeption macht. Damit ist es weniger die Lernspielstruktur als vielmehr die soziale Situation (die über symbolische Interaktion erfolgende Verständigung zwischen den Akteuren darüber, welcher Code und welches Skript gerade gelten), die den Nutzen und damit das pädagogische Potenzial von Game-based Learning determiniert. Damit ergeben sich zwei zentrale Annahmen.

Annahme 1: Rezeption

Annahme 1 lautet: Wenn Game-based Learning als Ernst gerahmt wird, werden die Inhalte des jeweiligen Lernspiels eher als authentisches Lernangebot aufgefasst. Wird dasselbe Lernspiel als „Spiel" gerahmt, ist der Glaube an die Authentizität dagegen gering.

Diese Annahme beruht auf zwei Aspekten: dem Code der gerahmten Situation, der sich bei der Rezeption auswirkt, und dem Verstehen (vgl. die Ausführungen zur Kommunikation als Selektion ab S. 226 dieser Arbeit). Zumindest im deutschsprachigen Raum wird das Lernen eher mit Arbeit und Ernst assoziiert als mit dem Spielen. Dies schlägt sich über die schulische Sozialisation in den Internalisierungen von Lernframes und den Erwartungen diesen gegenüber nieder. Das Lernen ist eine ernste Angelegenheit, bei der ein sekundäres Zwischengut, nämlich Bildung (oder wenigstens die Grundlage für gute Zeugnisnoten), erworben wird.[34] Beim Spielen dagegen ist es anders: Es trägt keinen Zweck in sich außer sich selbst. Das, was innerhalb des Magic Circles geschieht, ist nutzlos, scheinhaft, außeralltäglich etc. Innerhalb des institutionalisierten Spielrahmens verweisen die Handlungen und Interaktionen nicht auf das, worauf sie in der Realität verweisen. Daher wird von einer als Spiel gerahmten Situation auch nicht erwartet, dass sie eine institutionalisierte Produktionsfunktion zur Bildung bereithält. Die Glaubwürdigkeit eines Spielframes bzgl. der Realität ist geringer als die eines Ernstframes, daher wird der Inhalt in einem ernsten Frame auch eher rezipiert als in einem Spielframe. Aber selbst das zur Rezeption notwendige *Verstehen* hängt von der Rahmung der Situation ab: Gesetzt den Fall, die Situation wird als Spiel gerahmt (eine Frage der Modellselektion) und der Akteur verfügt über ein hohes Niveau an Vorerfahrungen mit Videospielen (eine Frage der Identität), ist es wahrscheinlich, dass er die Botschaft mithilfe der Spielsymbolik dekodiert. Die Interpretation der Inhalte erfolgt dann

---

[34]Wobei anzumerken ist, dass auch Bildung Selbstzweck und ein primäres Zwischengut sein kann: wenn über die Darstellung der eigenen geistigen Fähigkeiten soziale Wertschätzung erworben wird. Dieser Fall soll hier jedoch ausgeklammert werden.

hinsichtlich ihrer symbolischen Beziehung zur Spielmechanik und nicht der Realität. Videospiele sind nach dieser Ansicht symbolisch generalisierte Medien der Kommunikation, die einen bestimmten Code und ein bestimmtes Programm automatisch aktivieren: Folge den Münzen, besiege den Level-Boss, rette die Prinzessin! Bei der Rahmung eines Lernspiels zur Wissensvermittlung als Spiel ist bezüglich des Informationspotenzials denkbar, dass kein Nutzen für das indirekte Zwischengut „Sachinformation" erwartet wird, weil ein Spielrahmen über keine institutionalisierte Produktionsfunktion dazu verfügt und dass zumindest erfahrene Spieler auf die Spielsprache als Zeichensystem im Rahmen der Decodierung zurückgreifen und sie die Inhalte als symbolischen Verweis auf die Spielmechanik missverstehen. Bei der Rahmung eines Lernspiels als Ernst ist bezüglich des Informationspotenzials dagegen denkbar, dass das indirekte Zwischengut „Sachinformation" angeboten wird, weil der Rahmen über eine entsprechende institutionalisierte Produktionsfunktion verfügt und dass die Inhalte nicht als symbolische Verweise auf die Spielmechanik, sondern als Bezug auf reale Sachverhalte verstanden werden.

Ernst und Arbeit als kulturelle Bezugsrahmen verfügen also über institutionalisierte Produktionsfunktionen für das Zwischengut „Sachinformation" und damit über eine höhere Glaubwürdigkeit, das Spielen dagegen nicht. Die Akteure stellen sich auf die gerahmte Situation ein und erwarten bei der Arbeit mehr Informationsnutzen als beim Spiel.

Annahme 2: Motivation durch Unterhaltung

Annahme 2 lautet: Wenn Game-based Learning als reines Spiel gerahmt wird, ist das Handeln innerhalb dieses Rahmens höher intrinsisch motiviert. Die Rahmung als „Ernst" verleiht derselben operativen Interaktion mit dem Lernspiel eine geringere intrinsische Motivation.

Auch hier liegen die Ursachen in den spezifischen Institutionen und Produktionsfunktionen, die jeder Rahmen mit sich bringt. Eine als Ernst/Arbeit gerahmte Situation wartet zwar mit diversen indirekten Zwischengütern auf, aber auch mit vielen institutionalisierten Restriktionen, Zwängen und Sanktionierbarkeiten. In einer als Spiel gerahmten Situation dagegen müssen sich die Akteure keinen Institutionen außer den Spielregeln beugen. Das Spielen hat und braucht keine soziale Produktionsfunktion, denn es macht von ganz allein Spaß, eben weil es von externen Verpflichtungen und Anpassungsnotwendigkeiten entbunden ist. Es trägt den Nutzen in sich selbst, es ist unmittelbar ein primäres Zwischengut, das das Bedürfnis nach Erholung ohne Umwege erfüllt, und zwar gerade durch seine Komplementarität zu Ernst und Arbeit (vgl. die Ausführungen Klimmts auf S. 72 im vorliegenden Buch). Das Spielen kennt keinen Zwang, keine Pflicht, keine negativen Folgen, und als solches ist es kulturell institutionalisiert – eine ungemein erholende und intrinsisch motivierende Tätigkeit. Das Spielen ist eine assimilierende Handlung, die sich nicht der objektiven Situation beugen muss und ganz das „wilde Ich" im Sinne der personalen Identität (vgl. Abschnitt 4.2.1) bedient. Ganz anders dagegen die Arbeit, die sich vom Spiel nicht unbedingt durch das operative Tun, sehr wohl aber durch seinen Handlungsinn unterscheidet: Sie ist eine akkomodierende Handlung, bei der sich der Akteur den sozialen Regeln und Handlungsvorgaben und Erwartungen an die soziale Identität beugen muss, was bereits mühselig genug ist, und dazu Sanktionen im Fall von Fehlern erwarten muss, was die Angelegenheit noch unangenehmer macht. Eine nützliche, aber höchst ermüdende Tätigkeit. Zumal die Bedürfnisbefriedigung bei der nur indirekte Zwischengüter zur Verfügung stellenden Arbeit noch weit entfernt ist, während das Spielen das Bedürfnis unmittelbar befriedigt. Das Spielen trägt also in Form der Unterhaltung und Erholung den Nutzen in sich, die Arbeit und der Ernst nicht (im Gegenteil: sie generieren einen Ressourcenverbrauch, der Bedarf an Erholung schafft). Das Spielen ist also per sozialer Institutionalisierung ein intrinsisch unmittelbar motivierendes Tun, die Arbeit meist ein eher extrinsisch und nur mittelbar motivierendes Tun. Die Akteure erwarten also bei derselben operativen Handlung je nach Bezugsrahmen unterschiedlich starke motivierende Gratifikationen (extrinsische Anreize und intrinsische Interessen sollen hier ausgeklammert werden).

Annahme 3: indirekte Wirkung des Bezugsrahmens

Die Annahmen 1 und 2 konstatieren damit eine Komplementärität von Informations- und Motivationspotenzial bei Game-based Learning. Man könnte auch sagen: Die ernste Rahmung eines Lernspiels hat das höhere Informations- und das geringere Motivationspotenzial als die „spielerische" Rahmung, welche das höhere Motivations- und das niedrigere Informationspotenzial hat. Die hier postulierten, gegensätzlichen Wirkungen gehen allein auf die Rahmung und den Handlungsinn zurück und gelten unabhängig von der objektiven Beschaffenheit des Lernspielkonstrukts. Damit kommt der Rahmung und dem sozialen Kontext die entscheidende Bedeutung bei den pädagogischen Möglichkeiten und Grenzen von Lernspielen zu. Die Rahmung (und die im Anschluss daran erfolgende Konstitution eines Handlungssinns) wiederum basiert auf den Kenntnissen der kulturellen Modelle und der mit ihnen verbundenen Vorgaben, Kosten und Nutzen, vor allem jedoch auf den Symbolen und Gesten einer Situation. Schließlich sind es genau diese Zeichen, über die sich die Akteure gerade gegenseitig vermitteln und vergewissern, ob es sich bei der aktuellen Situation um Spiel oder Ernst handelt: Erst erfolgt die Selektion eines kulturellen Bezugsrahmens anhand der sichtbaren *Symbole*, dann die Konstitution des Handlungssinns und mit ihm schließlich das nutzbringende Handeln, das die ersehnten Wirkungen von Lernspielen (Rezeption der Inhalte und Selbstmotivierung) hervorbringt. Die Symbole wirken damit indirekt über den Mediator der Rahmung auf das pädagogische Potenzial der Lernspiele. Die dritte abgeleitete Annahme lauter damit: Die Symbole in einer Situation wirken indirekt über den Mediator des Bezugsrahmens auf den Handlungssinn der Akteure und damit auf deren Unterhaltung und Rezeption.

Wenn die Rahmung nur der Mediator zwischen Symbol und Handeln, gleichzeitig aber der entscheidende Einflussfaktor auf das Informations- und Motivationspotenzial von Lernspielen ist, dann sollte das in der logischen Konsequenz bedeuten: Die Symbole einer Situation haben größeren Einfluss auf das pädagogische Potenzial von Game-based Learning als die Lernspielkonstrukte selbst. Das bedeutet letztlich nicht weniger, als dass das Label „Computerspiel" oder „Lernprogramm" dasselbe Lernspiel einmal mehr unterhaltend und wenig informierend und einmal weniger unterhaltend und mehr informierend wirken ließe. Schließlich determiniert die (besonders signifikante) sprachliche Bezeichnung die Rahmung, die unabhängig vom Konstrukt die Handlungssinne Spielen vs. Arbeit mit ihren jeweils komplementären Wirkungen konstituiert. Inwiefern diese theoretische Schlussfolgerung einer empirischen Überprüfung standhält, wird Kapitel 5 zeigen.

Kapitel 5

Empirische Untersuchung

5.1 Problemstellung und Hypothesen

Das vorherige Kapitel schloss mit drei theoretisch abgeleiteten Annahmen ab: Im Ernst-Rahmen werden Lernspielinhalte erstens eher rezipiert, und das Handeln bereitet zweitens weniger Vergnügen. Weiterhin erfolgt dies unabhängig von der Struktur des Spielkonstrukts, sondern basiert allein auf der Rahmung, die wiederum vorrangig durch Symbole determiniert wird. Gegenstand dieses Kapitels ist die Prüfung der ersten beiden Annahmen. Es wird dagegen *nicht* untersucht,

- ob Lernspiele prinzipiell eher als Spiel oder als Ernst gerahmt werden,

- wie die verschiedenen, in Kapitel 4 genannten Rahmenbedingungen empirisch bei der Rahmung interagieren,

- welchen Einfluss die Konstruktdimension eines Lernspiels auf Information und Motivation hat,

- welchen Einfluss die extrinsische Motivation hat oder

- ob die Inhalte aus dem Lernspiel in Abhängigkeit von der Rahmung auch in die Praxis umgesetzt werden.

All diese Fragen gäben lohnende Forschungsarbeiten ab, sie sind aber größtenteils erst dann von Belang, wenn die Rahmung tatsächlich den behaupteten Einfluss hat. Im Fokus der theoretischen und empirischen Problemstellung steht daher die grundlegende Frage: Hat die den Symbolen folgende Rahmung einen Einfluss auf die intrinsische Motivation und die Rezeption eines Lernspiels? Es wird also nicht das Framing selbst untersucht, sondern seine Wirkung. Dabei wird vorausgesetzt, dass die den Bezugsrahmen anzeigenden Symbole einer Situation maßgeblichen Einfluss auf das Framing haben und die Wirkungen indirekt bedingen.

Aufgrund des eher grundlegenden Charakters der Untersuchung konnten keine fundierten Schätzungen der erwarteten Effektgröße vorgenommen werden. Das theoretische Fundament der Untersuchung erlaubt jedoch die Vorhersage darüber, in welche Richtung sich die Unterschiede in den vermuteten Effekten bewegen:

> $H1$: Bei der symbolischen Anzeige des Bezugsrahmens „Ernst" wird der Inhalt eines Lernspiels eher rezipiert als bei der symbolischen Anzeige des Bezugsrahmens „Spiel": $\mu_r^E > \mu_r^S$.

> $H2$: Bei der symbolischen Anzeige des Bezugsrahmens „Ernst" ist die Unterhaltung auch bei gleichem Lernspiel niedriger als bei der symbolischen Anzeige des Bezugsrahmens „Spiel": $\mu_u^E < \mu_u^S$.

5.2 Methodik

Bei der Untersuchung sollten zwei Personengruppen mit demselben Lernspiel interagieren. Bei Gruppe E („Ernst") wurde die Situation als ernster Lernkontext, bei Gruppe S („Spiel") als Spielkontext symbolisch angezeigt. Die Wirkungen auf die Rezeption und Unterhaltung wurden nach der Interaktion mit dem Lernspiel erfasst.

5.2.1 Operationalisierung der Variablen

Unabhängige Variable: symbolische Kommunikation des Bezugsrahmens

Die Hypothesen postulieren einen indirekten Einfluss der symbolischen Anzeige des Bezugsrahmens auf die Wirkungen von Game-based Learning: Die Symbole determinieren maßgeblich die Selektion des Bezugsrahmens, welcher wiederum mit bestimmten Unterhaltungsmechanismen und „Glaubwürdigkeiten" aufwartet oder nicht. Die *Anzeige des geltenden Bezugsrahmens über Symbole* stellt damit die unabhängige Variable in der vorliegenden Untersuchung dar. Sie verweist auf den Code der Situation und wird in den Ausprägungen „Spielen" und „Ernst" variiert. [35]

---

[35]In Abschnitt 4.5.1 wurde ausgeführt, warum die Anzeige des Bezugsrahmens über Symbole als besonders wichtig erachtet und hier als unabhängige Variable fokussiert wird: Es wird als Prämisse vorausgesetzt, dass die Akteure bei der Definition der Situation den Symbolen folgen, die als unabhängige Variable deutlich über die Sprache gestaltet wurden. Auf einen Treatment-Check wurde in der vorliegenden Untersuchung daher verzichtet. Dieser Entscheidung liegen auch methodische Probleme zugrunde: Wenn es keine Störungen beim Framing geben soll, muss die Situation eindeutig auf den Akteur wirken. Ein Infragestellen der spontan erfolgten

Die Sprache gilt als das wichtigste System signifikanter Symbole zur Anzeige von Frames. Zur Variation der unabhängigen Variable (UV) wurden daher in erster Linie unterschiedliche Bezeichnungen für das Lernspiel verwendet. Weitere, nebensächliche Variationen der UV erfolgten flankierend über den Austausch sonstiger Begriffe (bspw. „Level" vs. „Lektion"), die angebliche Quelle des Lernspiels (Spielestudio vs. Lernsoftwareunternehmen) sowie die grafische Aufmachung der Webseite, über die das Lernspiel aufgerufen wurde (s. u.). Alle übrigen Rahmenbedingungen der Untersuchungssituation – auch das vorgesetzte Lernspiel! – wurden identisch gehalten. Damit wird in dieser Untersuchung die Anzeige des Bezugsrahmens zum eigentlichen „Treatment". Dies macht die bewusste Gegenposition dieser Arbeit zu den einseitigen Ausführungen zu Gamebased Learning aus, die allein das Spielkonstrukt ohne seinen sozialen Kontext fokussieren.

Die Variation der unabhängigen Variable erfolgte in beiden Gruppen parallel anhand von drei Stimuli (vgl. dazu auch die Beschreibung des Untersuchungsablaufs in Abschnitt 5.2.4), die als gruppenspezifisch identisches, in sich geschlossenes „Gesamttreatment" mit unterschiedlicher Ausprägung zwischen den beiden Gruppen wirkten.[36]

Erster Stimulus: Bezeichnung des Lernspiels im Vorfeld Die Variation der UV erfolgte primär über die unterschiedliche Benennung des Lernspiels in den Gruppen: In Gruppe E („Ernst") wurde das Konstrukt bereits im Vorfeld des eigentlichen Experiments als „Lernsoftware" bzw. „Lernprogramm" bezeichnet. In Gruppe S („Spiel") wurde das Konstrukt als „Computerspiel" bzw. „Spiel" bezeichnet. Die Bezeichnungen wurden konsequent eingehalten, über alle weiteren Treatments wiederholt (vgl. dazu den in Abschnitt 5.2.4 geschilderten Untersuchungsablauf) und auch in den Fragebögen analog zur Gruppenzugehörigkeit verwendet. Der Terminus „Lernspiel" wurde gegenüber den Teilnehmern nicht verwendet, um eine Polarisierung der aktivierten Frames zu forcieren.

Rahmung durch das Messen des Mediators (etwa über Fragen wie „Um was handelt es sich gerade: um Arbeit oder Spiel?") könnte die interessierenden Prozesse beeinflussen und ist daher zu vermeiden (vgl. dazu auch die in Abschnitt 5.2.3 geschilderte Kontrolle der Störvariablen).

[36]Es handelt sich also genau genommen nicht um drei Einzeltreatments mit jeweils eigenen Ausprägungen der unabhängigen Variablen, sondern um ein Treatment mit einer dichotomen, unabhängigen Variable, welches aber in drei Schritten „verabreicht" wurde. Bei der Untersuchung der Lernwirkung zweier unterschiedlicher Lehrveranstaltungen würden die Veranstaltungen ja auch als geschlossene Treatments betrachtet werden, obwohl sie jeweils aus einzelnen Lektionen (Stimuli) bestehen.

Gruppe E („Ernst")	Gruppe S („Spiel")
Lernsoftware/Lernprogramm	Spiel/Computerspiel
den Computer möglichst effektiv im Unterricht zum Lernen einsetzen	Computerspiele so erstellt, dass sie Spaß machen
Firma, die Lernprogramme für Schüler entwickelt	Studio, das Spiele für Kinder und Jugendliche erstellt
Lernkonzept	Spielprinzip
Schüler	junge Spieler
bearbeiten	spielen
Lektion	Level
möglichst gute Note	möglichst hoher Highscore

Tabelle 5.1: Vergleich über die Variation der unabhängigen Variablen während der Instruktion

Zweiter Stimulus: Instruktion der Teilnehmer Auch bei der Instruktion der Teilnehmer und dem Aufrufen des Lernspiels (eine Woche nach dem ersten Stimulus, vgl. dazu den in Abschnitt 5.2.4 geschilderten Untersuchungsablauf) wurden die unterschiedlichen Bezugsrahmen in erster Linie über die sprachlichen Symbole angezeigt. Während der mündlichen Instruktion der Teilnehmer, unmittelbar vor der ersten Erhebung der abhängigen Variablen, wurden bestimmte Begriffe des Instruktionstexts zwischen den Gruppen variiert: So war bei Gruppe E bspw. vom „Bearbeiten der Lernsoftware", von „Lektionen" und einer „guten Note" als Ziel die Rede, bei Gruppe S dagegen vom „Spielen des Spiels", von „Levels" und einem hohen „Highscore" als Ziel. Tabelle 5.1 zeigt die jeweiligen Begriffspaare in einer vollständigen, wörtlichen Gegenüberstellung. Der Instruktionstext, der auch eine Kurzbeschreibung des Gameplays enthielt (wobei dieses nicht als solches bezeichnet wurde), war ansonsten in allen Elementen identisch. Eine Überprüfung der Leistungen im Unterricht oder sonstige Relevanz für die Realität wurde nicht explizit angekündigt. Der komplette Instruktionstext ist im Anhang (Unterlagen zur empirischen Studie) aufgeführt.

Weiterhin wurde der Bezugsrahmen implizit über einen Mix aus sprachlicher und bildlicher Symbolik angezeigt: Die Probanden öffneten nach der Instruktion eine eigens für die Untersuchung erstellte Webseite eines fingierten Unternehmens, über die sie das Spiel aufrufen sollten. Beide Webseiten enthielten prinzipiell die gleichen Informationen, unterschieden sich aber hinsichtlich folgender Merkmale:

- Schlüsselbegriffspaare im Text („Lernprogramm" vs. „Spiel", „Schülerinnen und Schüler" vs. „Spielerinnen und Spieler", „Bewertung der Schüler" vs. „Highscore"),

- Bezeichnungen der Hersteller (das Unternehmen namens „Dactica – Unterrichtsmaterial und Lernsoftware" vs. das Spielestudio mit den Namen „Play'dit – Spiel, Spaß und Games"),

- die Internetadresse, die die Probanden in die Adresszeile des Browsers eintippten („http://sn.im/lernsoftware" vs. „http://sn.im/schafspiel")

- sowie Layout der Seiten, welches im Fall des Spielestudios einen verspielten Zeichentrickstil und im Fall des Lernsoftwareunternehmens ein seriöses Erscheinungsbild hatte (vgl. Abbildung 5.1).

Für das jeweilige Konstrukt wurde in beiden Rahmen die neutrale Bezeichnung „Begriffs-Memo" gewählt.

Dritter Stimulus: Schlüsselbegriffe innerhalb des Lernspiels Sowohl der Name als auch die Anleitung des Lernspiels variierten geringfügig in einigen Begriffen, die die unterschiedlichen Bezugsrahmen anzeigten. Dieser letzte Stimulus erfolgte unmittelbar vor der Interaktion mit dem Lernspiel (vgl. dazu den in Abschnitt 5.2.4 geschilderten Untersuchungsablauf). Tabelle 5.2 zeigt die einzigen Unterscheide des dritten Stimulus zwischen den Gruppen E und S.

Abhängige Variable 1: Rezeption

Konzeptspezifikation der Rezeption Es wurde bereits angemerkt, dass die Untersuchung des Potenzials von Game-based Learning hinsichtlich der Lernwirkungen auf die Informationsvermittlung und die Rezeption der Botschaft als „wirklichkeitsrelevante" Information beschränkt wird. Das mediale Lernen wurde als kommunikativer und deutender Prozess ausgelegt. Das ist insofern anschlussfähig an das handlungstheoretische Rahmenmodell Essers, als auch dieser Lehr-Lern-Prozesse als Kommunikationsvorgang betrachtet (vgl. Esser 2000b, S. 272). Essers Kommunikationsmodell liefert die Konzeptspezifikation eines solchen Kommunikationsprozesses. Die Rezeption einer Botschaft ist demnach von vier Faktoren abhängig (vgl. Abbildung 4.7 auf S. 230 in dieser Arbeit):

1. der Glaubwürdigkeit p_s des Senders,

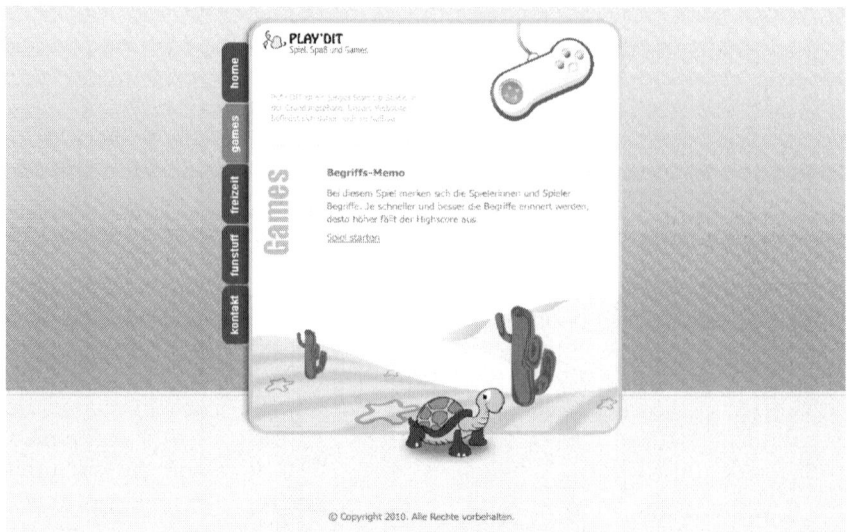

Abbildung 5.1: Die Webseiten der fingierten Firmen im Vergleich: oben die Seite für Gruppe E, unten die Seite für Gruppe S.

	Gruppe E („Ernst")	Gruppe S („Spiel")
Bezeichnung:	Gemeinschaftskunde-Memo	Memoschaf-Spiel
Anleitungstext:	Wie viele Begriffe aus der Gemeinschaftskunde kannst du dir richtig merken? Merke dir die Begriffe, die die Schafe beim Springen anzeigen, und klicke sie auf der Weide in der richtigen Reihenfolge an. Schnelle Antworten werden belohnt! Tipp: Mit dem roten Pfeilsymbol über den springenden Schafen kannst du die Schafe „vorspulen".	Welchen Schafs-Highscore schaffst du? Merke dir die Begriffe, die die Schafe beim Springen anzeigen, und klicke sie auf der Weide in der richtigen Reihenfolge an. Du erhältst Bonuspunkte für schnelle Antworten! Tipp: Mit dem roten Pfeilsymbol über den springenden Schafen kannst du die Schafe „vorspulen".

Tabelle 5.2: Vergleich über die Variation der unabhängigen Variablen während der Anleitung zum Lernspiel

2. der Wichtigkeit U_r der Botschaft,

3. dem Nutzen U_{sq} des informationsbezogenen Status quo

4. und sonstigen Folgen C_r der Übernahme (insbesondere in Form kognitiver Dissonanzen).

Die statistische Hypothese zur Rezeption H_1 auf S. 242 in dieser Arbeit lässt sich durch Einsetzen der Variablen nach Essers Kommunikationsmodell zur folgenden (noch recht unhandlichen) Ungleichung erweitern:

$$p_s^E \cdot U_r^E + (1 - p_s^E) \cdot U_{sq}^E - C_r^E > p_s^S \cdot U_r^S + (1 - p_s^S) \cdot U_{sq}^S - C_r^S$$

Diese Ungleichung kann reduziert werden: Die *Glaubwürdigkeit des Senders* ist in der vorliegenden Untersuchung die zentrale Variable der Rezeptionsbedingung. Schließlich ist genau dies die These: Spielinhalte werden als scheinhaft, nicht authentisch, „nur als ob" wahrgenommen, weil Spiele per Konvention einen Abstand zur Realität wahren. Im Spielframe gilt: „Diese Handlungen, in die wir jetzt verwickelt sind, bezeichnen nicht, was jene Handlungen, für die sie stehen, bezeichnen würden" (Bateson 2001, S. 244). Spielinhalte sind nicht dazu gedacht, geglaubt zu werden – sie sind im wörtlichen Sinn nicht „glaub-würdig". Hinzukommt, dass als unabhängige Variable ausschließlich die Anzeige des Bezugsrahmens variiert wird – die *Botschaft und ihre Wichtigkeit* in Form des

Lerninhalts bleiben gleich: $U_r^E = U_r^S$. Der *Status quo* und die *Kosten* können bei der Operationalisierung der Rezeption herausgekürzt werden: Es wird der Übersichtlichkeit halber ein neutraler Lerninhalt gewählt, zu dem die Probanden kein Vorwissen haben. Unabhängig vom Bezugsrahmen sind die Inhalte des Lernspiels also auf jeden Fall neu und stehen nicht in Konkurrenz oder Konflikt zu bereits vorhandenem Wissen oder Werten (und für den Fall dennoch vorhandenen Vorwissens sollte sich dies aufgrund der Randomisierung der Teilnehmer gleichmäßig auf beide Gruppen verteilen). Es existieren demnach bei dieser Untersuchung weder im Ernst- noch im Spielrahmen ein Status quo oder irgendwelche Kosten der Botschaft: $U_{sq}^E = U_{sq}^S = 0$ und $C_r^E = C_r^S = 0$.

Nach Herauskürzen der in dieser Untersuchung nicht relevanten Parameter des Kommunikationsvorgangs kann die obige unhandliche Ungleichung auf die Glaubwürdigkeit der Sender in den jeweiligen Bezugsrahmen verkürzt werden:

$$p_s^E > p_s^S$$

Die Rezeption des Inhalts lässt sich also auf die Glaubwürdigkeit des einmal als Spiel und einmal als Lernprogramm bezeichneten Lernspiels reduzieren. Sie bildet den Eindruck der Probanden ab, inwiefern die medial vermittelten Inhalte eine Bedeutung für die Wirklichkeit haben. Demnach ist bei der Operationalisierung der unabhängigen Variablen zur Rezeption nach theoretischen Ansätzen zur Medienglaubwürdigkeit zu suchen.

Operationalisierung Kohring (2001) unterscheidet vier Ansätze, in denen Medienglaubwürdigkeit bisher behandelt wurde. Einige Ansätze fokussieren lediglich spezifische Aspekte von Medienglaubwürdigkeit wie bspw. Darstellungspraxis oder Genauigkeit. Andere Ansätze untersuchen Medienglaubwürdigkeit kontextbezogen oder erarbeiten theoretische Konzepte dazu. Faktorenanalytische Ansätze betrachten Medienglaubwürdigkeit als mehrdimensionales Konstrukt.[37] Ansätze zur vergleichenden Medienglaubwürdigkeit gehen auf Elmo Roper zurück und setzen die Glaubwürdigkeit bzw. Glaubhaftigkeit verschiedener Medientypen zueinander in Beziehung. Letztere kommen mit einer einzelnen – in verschiedenen Untersuchungen immer wieder variierten – Glaubwürdigkeitsfrage aus:

If you got conflicting or different reports of the same story from

---

[37]Kohring selbst verfolgt diesen Ansatz (Kohring und Matthes 2004; Matthes und Kohring 2003) und hat dabei das Vertrauen in Journalismus über mehrere Dimensionen formalisiert.

Item-ID	Itemformulierung	Antwortoptionen
AV1a	„Angenommen, in einer Klassenarbeit musst du Bundesländer nach Größe ordnen. Im Internet hast du gelesen, dass Sachsen-Anhalt vor Rheinland-Pfalz kommt, aber im Spiel/ Lernprogramm von eben war es genau andersherum. Wem glaubst du?"	„Dem Spiel/ Lernprogramm"; „Dem Internet"
AV1b	„Ein guter Mitschüler behauptet, die Reihenfolge der Bundeskanzler, wie sie im Spiel/ Lernprogramm von eben angegeben war, sei in Wirklichkeit anders. Wem glaubst du?"	„Dem Spiel/ Lernprogramm"; „Dem guten Mitschüler"
AV1c	„Hier habe ich etwas für die Schule gelernt."	Likert-Skala (vierstufig)

Tabelle 5.3: Operationalisierung der abhängigen Variablen zur Rezeption

radio, television, the magazines and the newspapers, which of the four versions would you be most inclined to believe – the one on the radio or television or magazines or newspapers? (Roper, zitiert nach Kohring 2001, S. 16)

Die Roper-Frage wird seit fünf Jahrzehnten und in einer Vielzahl von Studien mit unterschiedlichen Fragestellungen verwendet (vgl. Kohring 2001; Matthes und Kohring 2003). Bis heute vergleicht bspw. der Medienpädagogische Forschungsverbund Südwest anhand der Roper-Frage, für wie glaubwürdig Jugendliche Tageszeitungen, Fernsehen, Radio und Internet halten (Medienpädagogischer Forschungsverbund Südwest 2008, S. 22–23). Die Kompaktheit der Roper-Frage trägt zu einem schlanken Fragebogen bei, was in der hier vorgestellten Untersuchung erwünscht ist, um Störungen beim Framing zu vermeiden ist (vgl. S. 250 ff. in dieser Arbeit). Sie wurde daher auch in dieser Arbeit zur Operationalisierung von Medienglaubwürdigkeit gewählt. In leicht abgewandelter Formulierung bildet sie zwei Items zur Medienglaubwürdigkeit.

Weiterhin wurde mittels vierstufiger Likert-Skala erhoben, inwiefern die Probanden das Gefühl hatten, etwas für die Schule gelernt zu haben.

Die Rezeption wurde damit insgesamt mittels drei Variablen erfasst. Tabelle 5.3 fasst die Operationalisierungen der abhängigen Variable „Glaubwürdigkeit" zusammen. In Gruppe E wurde bei den Formulierungen jeweils die Bezeichnung „Lernprogramm" verwendet, in Gruppe S die Bezeichnung „Spiel".

Abhängige Variable 2: play-basierte Unterhaltung

Es wurde weiter oben erläutert, dass die vorliegende Arbeit bei der Untersuchung des Motivationspotenzials die Ebene der play-bezogenen Unterhaltungswirkungen fokussiert. Der Grund liegt in der Annahme, dass beim Motivationspotenzial nicht nur konstrukt-, sondern auch rahmungsbezogene Motivationsmechanismen zu berücksichtigen sind, die aber wiederum unmittelbar mit dem Framing und indirekt von der symbolischen Anzeige des Bezugsrahmens abhängen.

Die play-bezogenen Unterhaltungsmechanismen wurden in Abschnitt 2.2.8 behandelt. Tabelle 2.2 auf S. 84 im vorliegenden Buch fasst sie zusammen. Klimmt (2006a, S. 124–201) hat diese rahmungs- und handlungsbezogenen Aspekte des Unterhaltungserlebens faktorenanalytisch auf die folgenden Dimensionen zurückgeführt: Spannung/Neugier, Abwechslung/Zerstreuung, Entspannung, Vergnügen/Genuss und Zufriedenheit. Um den Fragebogen der hier vorgestellten Untersuchung kompakt und in seinen Formulierungen für die Zielgruppe verständlich zu halten, wurden einige Items entfernt; die Dimension „Vergnügen und Genuss" fiel damit gänzlich aus dem Fragenbogen heraus. In Gruppe E wurde bei den Formulierungen jeweils die Bezeichnung „Lernprogramm" verwendet, in Gruppe S die Bezeichnung „Spiel". Die Fragen wurden anhand einer vierstufigen Likert-Skala beantwortet, bei der hohe Werte für hohe Unterhaltung standen. Die Tabelle 5.4 zeigt die Items zur Unterhaltung im Detail. Die einzelnen Dimensionen stellen die unabhängigen Variablen des play-bezogenen Unterhaltungserlebenens für diese Untersuchung dar. Die interne Konsistenz der Skalen fiel zufriedenstellend aus: Cronbachs α lag innerhalb der einzelnen Dimensionen zwischen ,74 und ,92 und im multivariaten Gesamtkonstrukt bei ,92.

Kontrollvariablen

In dieser Untersuchung steht die Wirkung des Framings und nicht sein Zustandekommen im Vordergrund. Einflüsse von Moderatorvariablen spielten also in der Hauptfragestellung keine Rolle. Da es möglich war, die Studie als experimentelle Untersuchung mit einer Randomisierung der Teilnehmer durchzuführen, war die Erhebung von Kontrollvariablen auch nicht nötig. Interessehalber wurden aber im Vorfragebogen zur Untersuchung dennoch einige Kontrollvariablen erhoben. Bei der Modellierung der Moderatorvariablen ist wieder Essers Modell hilfreich: Die Rahmenbedingungen einer Situation und ihr Einfluss auf das Framing über die Variablen der WE-Theorie lassen sich mit Esser modellieren. Das

Komponente	Itemformulierung
Abwechslung/Zerstreuung	„Das Spiel/Lernprogramm war ein angenehmer Zeitvertreib für mich."
Abwechslung/Zerstreuung	„Das Spiel/Lernprogramm war eine willkommene Abwechslung vom Unterricht."
Abwechslung/Zerstreuung	„Der Umgang mit dem Spiel/Lernprogramm war eine angenehme Zerstreuung für mich."
Entspannung	„Ich fühlte mich durch den Umgang mit dem Spiel/Lernprogramm entspannt."
Spannung/Neugier	„Das Spiel/Lernprogramm hat meine Neugierde geweckt."
Spannung/Neugier	„Das Spiel/Lernprogramm war spannend."
Zufriedenheit	„Der Umgang mit dem Spiel/Lernprogramm war eine reizvolle Aufgabe für mich."

Tabelle 5.4: Operationalisierung der play-bezogenen Unterhaltung. Zur Beantwortung diente eine vierstufige Likert-Skala, bei der hohe Werte hohe Unterhaltung repräsentierten.

Framing wird danach neben den hier als unabhängige Variable betrachteten Symbolen von verschiedenen Faktoren beeinflusst, die im Folgenden näher beschrieben werden.

Die *Zugänglichkeit des Modells* umschreibt, inwiefern ein kultureller Rahmen überhaupt fest im Wissen des Akteurs verankert ist. Dies wiederum ist abhängig von der Sozialisation des Akteurs und der Internalisierung der in der Bezugsumgebung vorhandenen kulturellen Bezugsrahmen. Bezogen auf die vorliegende Untersuchung stellen sich damit insbesondere die Fragen, inwiefern die Merkmale des Spielens beim Akteur internalisiert sind, wie er die Passung von Spiel und Schule empfindet und ob er die Einstellung teilt, dass Lernen eher harte Arbeit als Spaß ist. Bzgl. der Internalisierung von Spielmerkmalen wurde eine Skala mit mehreren selbst formulierten Items erstellt, die jedoch keine ausreichende interne Konsistenz aufwies und daher angesichts der Nebensächlichkeit bzgl. der Fragestellung außen vor gelassen wurde. Gleiches gilt für die Passung von Spiel und Schule und die Einstellung zum Lernen als harter Arbeit.

Jedes Modell verfügt über bestimmte *Kosten und Nutzen*, die determiniert werden durch die geltenden Institutionen, die sozialen Produktionsfunktionen und die subjektiven Bewertungen und Präferenzen seitens des Akteurs. Bezogen auf die Fragestellung dieser Arbeit wurden Items zu folgenden Dimensionen formuliert:

- *Nutzen von Spiel*: Darunter fielen das generelle Interesse an Spielen und ihr Unterhaltungswert auf der handlungs- und rahmungsbezogenen Ebene. Die aus vier Items gebildete Skala wies eine zufriedenstellende innere Konsistenz auf ($\alpha = ,78$).

- *Kosten von Spiel*: Die Items bezogen sich auf potenzielle negative Folgen des Spielens (Sanktionen durch Umgebung, Verpassen wichtiger Angelegenheiten). Aufgrund der geringen Reliabilität wurden sie nicht weiter verfolgt.

- *Nutzen von Lernsoftware:* Die Items erfragen die vermutete Spannung und den unterstellten Wert für das Lernen von Lernsoftware und sollten somit das diesen entgegengebrachte Interesse und die Präferenz erheben. Auch hier war die interne Konsistenz der Skala zu gering, um sie weiter zu verfolgen.

- *Kosten des institutionalisierten Lernens:* Zwei Items sollten erfassen, inwiefern das Lernen für die Schule aufgrund institutionalisierter Regeln mit unangenehmen Empfindungen (durch Erfolgsdruck und Verzicht auf unterhaltendere Tätigkeiten) einhergeht. Angesichts der geringen Reliabilität der Skala wurde dem aber nicht weiter nachgegangen.

- *Sonstige Interessen und Präferenzen:* Als weitere, die persönlichen Präferenzen und Interessen betreffenden und damit nutzbringenden Dimensionen wurden das *Interesse am Inhalt* des später präsentierten Lernspiels ($\alpha = ,66$), eine *negative Einstellung zu Lernspielen* ($\alpha = ,65$) und der schulische Ehrgeiz (Einzelitem) erfragt.

Als weiteren Faktor beim Framing nennt Esser die *Abwesenheit von Störungen*. Diese wurden nicht operationalisiert, sondern im Rahmen der Kontrolle der Störvariablen (vgl. Abschnitt 5.2.3) berücksichtigt.

Als reliable, erhobene Kontrollvariablen im Sinne der Parameter bei der Frameselektion blieben also der Nutzen des Spielens, das Interesse am Inhalt des späteren Lernspiels, schulischer Ehrgeiz und eine negative Einstellung zu Lernspielen. Sie wurden im Vorfeld der Untersuchung erhoben und werden in Tabelle 5.5 aufgelistet. Auch wenn deren Kontrolle zur Erhöhung der internen Validität der Untersuchung nicht nötig ist, da die Stichproben randomisiert werden konnten, wurde sie dennoch erfragt, um neben der eigentlichen Fragestellung (der Prüfung der Forschungshyothesen) ggf. die späteren Ergebnisse differenzieren zu können. Alle

Dimension	Itemformulierung
Spielnutzen	„Computerspiele machen mir sehr großen Spaß."
Spielnutzen	„Wenn ich keine Computerspiele mehr spielen könnte, wäre das ein großer Verlust für mich."
Spielnutzen	„Ich genieße es, dass ich in Spielen tun kann, was ich will."
Spielnutzen	„Ich lenke mich mit Spielen gern vom Alltag ab."
Interesse am Inhalt	„Ich interessiere mich für Politik."
Interesse am Inhalt	„Ich interessiere mich für Geografie."
schulischer Ehrgeiz	„Es ist mir sehr wichtig, in der Schule etwas zu lernen."
neg. Lernspiel-Einst.	„Ich finde Lernspiele langweilig."
neg. Lernspiel-Einst.	„Lernspiele sind gar keine echten Spiele."
neg. Lernspiel-Einst.	„Mit Lernspielen kann ich viel lernen."

Tabelle 5.5: Operationalisierung der Kontrollvariablen. Die Items wurden anhand einer fünfstufigen Likert-Skala beantwortet. Weiterhin wurden Alter, Geschlecht und durchschnittliche Wochenspielzeit erfragt.

Kontrollvariablen wurden anhand einer fünfstufigen Likert-Skala operationalisiert. Als Indexwerte dienten jeweils die ungewichteten Mittelwerte der Items innerhalb der Dimensionen. Als weitere Variablen wurden im Vorfeld der Untersuchung das Alter der Probanden, das Geschlecht und die durchschnittlich pro Woche verbrachte Zeit mit Computerspielen erfasst.

5.2.2 Zielpopulation und Stichproben

Die Untersuchung wurde als Querschnittstudie durchgeführt. Als Zielpopulation wäre die Gesamtheit der jugendlichen Schüler in Deutschland anzustreben. Für die Fokussierung des Schulkontexts sprechen meines Erachtens mehrere Gründe. Erstens ist das Schulumfeld wohl eins der zentralen Anwendungsfelder für Lernspiele. Ihr Potenzial sollte in einem authentischen Kontext beurteilt werden. Die Fokussierung auf den Schulkontext erhöht die externe Validität der Ergebnisse hinsichtlich des prominentesten Einsatzfeldes. Zweitens sind im Schulkontext vermutlich beide Ausprägungen der unabhängigen Variablen anzutreffen: Freizeit und Unterhaltung in Pausenzeiten oder bei Unterrichtsausfall, Ernst und Lernen während des regulären Unterrichts. Hier existieren die institutionellen Bedingungen, die das Lernen (auch) zu einem extrinsisch motivierten Tun machen, es mit sanktionierbaren Folgen und Leistungsanforderungen versehen und es damit – hypothetisch – zu einem Gegensatz des rein intrinsisch motivierten Spielens machen. Hier gibt es aber auch Erholungsräume, in denen die Bedingungen des institutionalisierten Lernens nicht gelten: Freistunden, Pausen, besondere außerunterrichtliche Anlässe, ausklingende Schulstunden vor Ferienbeginn etc. Drittens hat die Untersuchung ganzer Schulklassen einen entscheidenden methodischen Vorteil: Es findet keine Selbstselektion statt, die bei einem anderen Setting wahrscheinlicher wäre. [38] Der Schulkontext dagegen, mit seiner höheren Verbindlichkeit für wenig motivierte Probanden und seiner verringerten Abbruchsmöglichkeit, vermeidet eine solche Selbstselektion und erhöht damit die interne Validität der Untersuchung.

Die Ziehung einer für die Gesamtpopulation deutscher Jugendlicher repräsentativen Stichprobe war aufgrund des organisatorischen Aufwands nicht möglich. Daher wurde eine Ad-hoc-Stichprobe gebildet, die sich aus Realschülern der siebten und achten Klasse mit hoher Medienaffinität zusammensetzte. Voraussetzung war, dass die Probanden die deutsche Sprache ausreichend beherrschen, um einzelne Begriffe am Computerbildschirm lesen zu können. Es wurde ein Stichprobenumfang von etwa 100 Versuchspersonen angestrebt, um eine ausreichende Teststärke zu erreichen.[39] Dafür wurden im Vorfeld der Untersuchung die Schulleitungen kontaktiert. Diese warben im Lehrerkollegium für die Untersuchung und vermittelten jeweils einen Lehrer auf freiwilliger Basis, der eine oder zwei Gesamtklassen der siebten oder achten Stufe beisteuerte. Auf diese Weise wurde ein Probandenpool gebildet, die sich ursprünglich aus fünf Realschulklassen zusammensetzte, von denen zwei jedoch wegen einer technischen Störung während des Experiments kurzfristig und ersatzlos ausfielen (Näheres hierzu auf S. 263 ff. dieser Arbeit).

---

[38]Alternativ wurde erwogen, die Untersuchung rein internetbasiert vorzunehmen: Die Probanden wären am heimischen PC über eine Webseite zum Lernspiel gelangt, das zufallsgesteuert als Lernsoftware oder als Spiel angekündigt worden wäre. Nach der Interaktion wären Motivation und Glaubwürdigkeit erhoben worden. Dieses Design hätte jedoch den Nachteil gehabt, dass die Unverbindlichkeit der Teilnahme und die Möglichkeit, jederzeit abzubrechen, wahrscheinlich zu einer hohen Selbstselektion geführt hätten. Es wären vermutlich nur Teilnehmer mit hoher Motivation zum Lernspiel gelangt. Teilnehmer, die durch die Anzeige des Bezugsrahmens demotiviert worden wären, hätten die Teilnahme womöglich gleich nach dem ersten Stimulus abgebrochen. Die Folge wäre eine höchst selektive und hinsichtlich der Verteilung der Motivation stark verzerrte Stichprobe gewesen.

[39]Für die Schätzung des optimalen Stichprobenumfangs wurde auf Bortz und Döring (2006, S. 605–634) zurückgegriffen. Zum Planungszeitpunkt wurden die Größen noch für den t-Test berechnet. Da die Größe des Effekts im Voraus nicht durch theoretische Annahmen bestimmt werden konnte, wurde ein mittlerer Effekt angenommen. Um eine Teststärke von 80 % zu erreichen (wie sie von Cohen (1988, S. 520) empfohlen wird), waren nach Bortz und Döring (2006, S. 628) für jede der beiden Stichproben 50 Probanden erforderlich.

5.2.3 Kontrolle der Störvariablen

Randomisierung der Probanden Die Studie erfolgte als experimentelle Untersuchung mit Zweigruppenplan. Der Ablauf erlaubte die Randomisierung der Teilnehmer: Die Zugehörigkeit der Versuchspersonen zu den verglichenen Stichproben wurde innerhalb der Schulklassen durch Würfeln zufällig bestimmt. Nach Schnell, Hill, Esser und Schnell-Hill-Esser (2005, S. 223–224) sowie Bortz und Döring (2006, S. 524–526) ist dies die beste Möglichkeit, personengebundene Störvariablen zu kontrollieren: Die zufällige Aufteilung der Probanden sorgt bei ausreichend großer Stichprobengrößen (>20 pro Stichprobe, vgl. Bortz und Döring (ebd., S. 524)) für eine gleichmäßige Verteilung der Störgrößen, selbst, wenn diese unbekannt sind. Die Randomisierung ist daher, sofern sie organisatorisch möglich und ethisch vertretbar ist, durch die damit einhergehende höhere externe Validität der Untersuchung einer Parallelisierung der Teilnehmer vorzuziehen.

Die Fraglosigkeit der Situation Kernfrage der Untersuchung ist, ob es Unterschiede bei Rezeption und Motivation gibt, wenn die Probanden mit einem Lernspiel in variierten Bezugsrahmen interagieren. Um dies herauszufinden, ist es vonnöten, dass die Versuchsteilnehmer die Situation völlig spontan und natürlich als „Spiel" oder „Ernst" rahmen (damit die Modelle des Alltags angesprochen werden). Die Untersuchung erfordert also die Anzeige der beiden Extrempole von Game-based Learning: reines Spiel und reiner Ernst (vgl. dazu Abschnitt 3.2.1). Es soll daher versucht werden, über die Anzeige des Bezugsrahmens in Gruppe E eine ernste Situation/Arbeit und in Gruppe S eine spielerische Situation zu erzeugen.

Mit den Extrempolen und der Darstellung eines Lernspiels als „reines Computerspiel" und „reines Lernprogramm" wird die Polarisierung von Game-based Learning vielleicht etwas übertrieben: In der Unterrichtspraxis würde man je nach Lernziel vielleicht „eher ernst" und „eher spielerisch" mit einem „Lernprogramm" umgehen. Die Polarisierung hat methodische Gründe: Extreme Bezugsrahmenpole haben nach der Logik dieser Arbeit auch stärkere Effekte. Stärkere Effekte wiederum sind leichter messbar: So würde eine zufriedenstellende Teststärke bei der Messung schwacher Effekte nach Bortz und Döring (ebd., S. 628) nicht, wie in Fußnote 39 auf S. 254 für mittlere Effekte angegeben, 50, sondern 310 Probanden pro Stichprobe erfordern, was in dieser Studie organisatorisch nicht machbar war.

Die aus methodischen Gründen erforderliche Übertreibung des einen oder anderen Bezugsrahmens gelingt wahrscheinlich dann am besten, wenn die Definition der Situation spontan und automatisch (im AS-Modus) statt bewusst-reflektiert (im RC-Modus) erfolgt (vgl. Abschnitt 4.3.2). In dem Moment, in dem die aktuelle Lage als Spiel- oder Ernstsituation an Fraglosigkeit verliert, reflektieren die Probanden womöglich die Situation genauer und rahmen sie als „Lernspielsituation", was ja in der Studie vermieden werden soll. Die jeweils angezeigten Situationen müssen also eindeutig sein, der AS-Modus sowie Reframing und Reflexion (siehe S. 189 ff. der vorliegenden Arbeit) müssen verhindert werden. Betrachtet man die Parameter der Modusselektion (Abbildung 4.5 auf S. 189) und des Moduswechsels (Abbildung 4.6 auf S. 192), treten mehrere Variablen als Einflussfaktoren auf die relevanten Prozesse in Erscheinung. Bei der Modusselektion sind dies für den AS-Modus der Match (welcher sich aus der „Hypothesenstärke" des Rahmens, der Abwesenheit von Störungen und der Sichtbarkeit von Symbolen zusammensetzt) und der Modellnutzen (inklusive der Kosten im Fall von Fehlentscheidungen) und für den RC-Modus der Wert des Fallbacks, die Reflexionskosten und der Anreiz zu Reflexion (welcher wiederum aus dem komplementär zum Match erwartbaren Nutzen besteht). Die Bedingungen für einen Moduswechsel sind: geringe Reflexionskosten, Möglichkeiten zur Reflexion und zum Reframing und vor allem ein kleiner Match.

Der beste „Schutz" gegen den störenden RC-Modus und die Reflexion dürfte also ein starker Match sein. Dieser wird durch die deutliche Sichtbarkeit signifikanter Symbole und eine hohe Zugänglichkeit der angezeigten Modelle erreicht. Aus diesem Grund wurden die Rahmen vorrangig über die Sprache als mächtigstes System signifikanter Zeichen angezeigt und die unabhängige Variable „symbolische Anzeige des Bezugsrahmens" in Form mehrerer Stimuli wiederholt (vgl. S. 242 ff. in diesem Buch). Auch wurden einfache, nicht zu „exotische" Situationsmodelle gewählt (Computerspiele vs. Lernprogramme), bei denen davon auszugehen war, dass sie den Schülern sehr gut bekannt sind und somit eine hohe „Hypothesenstärke" aufweisen.

Die Bedingungen des Moduswechsels und des RC-Modus sind Störfaktoren, die es zu eliminieren gilt. Daher wurde während der Untersuchung darauf geachtet, dass keine zur unabhängigen Variablen konkurrierenden, den Bezugsrahmen anzeigenden Zeichen sichtbar waren, sondern ausschließlich die Begriffe Lernsoftware/Lernprogramm bzw. Computerspiel/Spiel verwendet wurden. Dies wurde konsequent bis in Details verfolgt. Auch wurden die Fragebögen während des Experiments relativ kurz gehalten und der ausführlichere Vorfragebogen eine Woche vor das

Experiment ausgelagert. So sollte verhindert werden, dass die Situation zu sehr den Eindruck einer wissenschaftlichen Studie vermittelt und dadurch die Selektion eines entsprechenden Rahmens auslöst (was zu einer völligen Unbrauchbarkeit der Ergebnisse hinsichtlich der Wirkung des sozialen Kontexts auf das Potenzial von Game-based Learning geführt hätte). Diese Überlegung schloss auch die Durchführung der Studie als Laborexperiment aus und machte ein Feldexperiment erforderlich. Weiterhin erschien es zur Vermeidung von Moduswechsel und Selektion des RC-Modus ratsam, den Probanden möglichst wenig Gelegenheit zur Reflexion zu geben und hohe Reflexionskosten zu suggerieren. Dafür wurde während der Durchführung und während der Instruktion auf eine straffe Organisation mit deutlich sichtbarer Struktur, (mildem) Zeitdruck und keinen Gelegenheiten für Rückfragen (außer bei technischen Störungen oder Verständnisproblemen beim Gameplay und bei den Fragebögen) geachtet. Ein weiterer potenzieller, zu eliminierender Kristallisationskeim für eine Reflexion war die Erhebung des selegierten Bezugsrahmens, etwa in Form der Frage, ob die aktuelle Situation vom Versuchsleiter als Spiel- oder Lernsituation gemeint ist. Eine solche Frage hätte womöglich dazu geführt, dass die Probanden den Kontext zwecks besserer Beantwortung des Items hinterfragen und damit die Fraglosigkeit der selegierten Modelle verwerfen. Daher erschien es als die bessere Alternative, sich auf die theoretische Position Essers zu verlassen, eine (angesichts der durch die hier geschilderten Maßnahmen) starke Macht der Symbole als Prämisse vorauszusetzen und die Mediatorvariable „selegierter Rahmen" nicht ausführlich und höchstens in der Retrospektive zu erheben.

5.2.4 Ablauf der Untersuchung

Die Untersuchung wurde im Sommer 2010 durchgeführt, unmittelbar vor den Schulferien. Dies sollte die Bereitschaft zur Teilnahme seitens der Schulen erhöhen, deren Auslastung während des regulären Schulbetriebes ein Hindernis für die Durchführung von Forschungsvorhaben mit Schülern darstellen kann. Das Experiment wurde mit jeder Klasse (welche über die Randomisierung geteilt waren) einzeln durchgeführt, die Daten wurden später zusammengefügt.

Vorbefragung, Randomisierung und erster Stimulus

Eine Woche vor dem eigentlichen Experiment wurden die Schüler von ihren Lehrern über die bevorstehende Untersuchung informiert. Dabei war lediglich von einer Studie der Universität Koblenz „zu Schülern und

Computern" die Rede, die Begriffe „Lernspiel", „Spiel" oder „Lernsoftware" fielen vorerst nicht. Unter Anleitung des Lehrers füllten die Probanden einen mit einem anonymen Code versehenen *Vorfragebogen (fb0)*[40] aus, der der Erfassung der Kontrollvariablen diente. Im Anschluss daran erfolgte die *Randomisierung*: Die Schüler würfelten mit einem mitgelieferten, zehnseitigen Würfel und trugen das Ergebnis auf dem Fragebogen und einem beigefügtem Umschlag ein. Den Umschlag versahen sie zudem mit ihrem Namen. So waren die eigentlichen Fragebögen vor späteren Manipulationen geschützt und anonym, aber durch den benannten Umschlag bis zur Durchführung des Experiments identifizierbar. Nachdem die Schüler den ausgefüllten Fragebogen in den Umschlag gesteckt und diesen verschlossen hatten, wurden sie über den Sinn des Würfelns aufgeklärt, was gleichzeitig auch den ersten Stimulus darstellte: Aus organisatorischen Gründen würden zwei unterschiedliche Studien durchgeführt, eine zum Bewerten eines Computerspiels, eine zum Bewerten eines Lernprogramms. Das Würfelergebnis bestimme die Zugehörigkeit zur Gruppe: Schüler, die die Null oder eine gerade Zahl gewürfelt hatten, würden das Spiel testen, alle übrigen die Lernsoftware. Ein Gruppentausch sei nicht möglich. Die Schüler trugen ihre Gruppenzugehörigkeit auf dem Umschlag ein, die Umschläge wurden vom Lehrer eingesammelt und bis zur Untersuchung aufbewahrt. Im Anhang (Unterlagen zur empirischen Studie) befindet sich die Vorlage zu dieser Prozedur und der Erklärungstext, der den Lehrern an die Hand gegeben wurde.

Damit war der erste Stimulus mit der unabhängigen Variable erfolgt: Die Schüler sollten je nach Gruppenzugehörigkeit das freie Spielen eines Computerspiels oder die Bearbeitung einer Lernsoftware erwarten. Diese Erwartung hatte nun eine Woche Zeit zu „wirken", bis die eigentliche Untersuchung erfolgte.

Zweiter Stimulus: Die Instruktion

Eine Woche später wurde das eigentliche Experiment durchgeführt. Die Schüler erhielten vom Lehrer den Umschlag mit ihren ausgefüllten Fragebogen zurück, entnahmen den Fragebogen, entsorgten den Umschlag und verteilten sich mit den anonymen Fragenbögen gemäß der Gruppenzugehörigkeit auf separate Computerräume. Der Versuchsleiter instruierte die Schüler über den nun folgenden Ablauf und verabreichte damit den *zweiten Stimulus*, indem er deutlich den jeweiligen Bezugsrahmen (Spiel vs. Lernprogramm) signalisierte. Dabei wurden ausschließlich

---

[40]Der komplette Fragebogen ist im Anhang zu den Unterlagen der empirischen Studie aufgeführt.

die unabhängige Variable in Form der verwendeten Begriffe, URLs und Webseitenlayouts variiert, die Instruktion gestaltete sich ansonsten identisch (vgl. dazu S. 245 in der vorliegenden Arbeit zur Beschreibung der unabhängigen Variable).

Daraufhin riefen die Schüler eine Webseite auf, klickten auf einen Link und gelangten zu einem Formular, in das sie einen Code eingeben sollten, der auf ihrem Fragebogen vermerkt war. Dieser diente der anonymen Verknüpfung des Vorfragebogens mit den weiteren elektronischen Fragebögen, der Zugriffsbeschränkung der Webseiten ausschließlich auf die teilnehmenden Schüler und der Vermeidung eines doppelten Ausfüllens (jeder Code konnte nur einmal benutzt werden). Nach der Codeeingabe erfolgte eine *Zwischenbefragung (fb1)*[41] in elektronischer Form. Diese diente präventiv als Notbehelf für den Fall einer gescheiterten Endbefragung: Hier wurden die abhängigen Variablen vor der Interaktion mit dem Lernspiel als Erwartungswerte erfasst (z. B. „Ich glaube, das Spiel wird spannend"). Die erhobenen Daten spiegeln nicht die eigentlich interessierenden Ausprägungen der abhängigen Variablen wider, da sie ja die reine Erwartung der Wirkungen von Lernprogrammen oder Computerspielen abbilden, nicht aber die Wirkungen ein und desselben Lernspielkonstrukts (welches lediglich unterschiedlich gerahmt wurde). Da die Daten weniger Aussagekraft für die eigentliche Fragestellung haben, sondern nur als „Fallback" dienten, es aber zu keinen weiteren Störungen bei der Endbefragung kam und der fb1 daher nicht mehr benötigt wurde, werden die Daten der Zwischenbefragung in dieser Untersuchung nicht weiter dokumentiert. Nach der Beantwortung des Fragebogens wurden die Probanden zum Lernspiel weitergeleitet.

Interaktion mit dem Lernspiel

Konzept und Umsetzung   Um ein unbekanntes und damit hinsichtlich des Bezugsrahmens (der ja über die soziale Situation und nicht das Spielkonstrukt manipuliert werden sollte) möglichst neutrales Lernspiel in die Untersuchungssituation einzubringen, wurde nicht auf eine bestehende Software zurückgegriffen, sondern es wurde ein eigenes Lernspiel für die Untersuchung entwickelt. Um sich passgenau in die variierten Bezugsrahmen einzugliedern, sollte es den Anspruch erfüllen, sowohl als Lernmedium als auch zum reinen Vergnügen konzipiert worden zu sein –

---

[41]Analog zur unabhängigen Variable verwendeten sowohl der Zwischen- als auch der Endfragebogen (s. u.) für die Gruppe S den Begriff „Spiel", der der Gruppe E den Begriff „Lernsoftware". Ansonsten waren die Fragebögen der Zwischenbefragung identisch. Sie sind im Anhang (Unterlagen zur empirischen Studie) aufgeführt.

ein Anspruch, dem am ehesten mit einer Eigenentwicklung entsprochen werden konnte.

Das Lernspiel wurde in Adobe Flash erstellt, um die Studie ggf. auch als Internet-Experiment durchführen zu können (wovon später aber abgesehen wurde, vgl. die Ausführungen zur Stichprobenziehung in Abschnitt 5.2.2). Für das allgemeine Erscheinungsbild wurde ein Zeichentrick-Stil gewählt, da dieser relativ einfach umgesetzt werden kann.

Die Ansprüche an *Lernziel und Lerninhalt* wurden niedrig gehalten: Die Zielgruppe sollte sich bestimmte Daten zur deutschen Gesellschaft merken. Konkret handelte es sich um die westdeutschen Bundeskanzler bis 1998, die geografische Anordnung von zehn deutschen Großstädten auf einer Nord-Süd-Achse und die Reihenfolge der deutschen Bundesländer, geordnet nach ihrer Größe. Das Grundkonzept war, dass die Elemente aller dieser Klassen in einer bestimmten Reihenfolge memoriert werden mussten. Die Auswahl der konkreten Inhalte folgte mehreren Überlegungen: Die Probanden sollten erstens das Lernspiel je nach Rahmung der Situation sowohl als authentisches Lernprogramm (mit plausiblen schulischen Lerninhalten) als auch als authentisches Computerspiel (mit einem plausiblen Gameplay, s. u.) wahrnehmen können. In mehreren reinen Videospielen (etwa Denkspielen wie Big Brain Academy (Nintendo o. J.)) ist es durchaus üblich, reale Bezüge aufzugreifen, ohne jedoch einen Anspruch an Authentizität oder gar Wissensvermittlung zu stellen. Die Inhalte sollten zweitens in ihrer Gesamtheit möglichst neu sein und keine Konflikte mit dem Vorwissen der Versuchspersonen verursachen. Der Status quo sollte niedrig gehalten werden, um die Wirkung der Glaubwürdigkeit zu sondieren (vgl. dazu die Operationalisierung der Rezeption auf S. 245 ff.). Daher beschränkte sich bspw. die Liste der Bundeskanzler auf die Reihenfolge von der Gründung der Bundesrepublik bis 1998, weil davon auszugehen war, dass Schüler dieser Altersklasse wenig dezidiertes Vorwissen zu diesem Thema haben.

Die *didaktische Methodik* des Lernspiels beruhte zum einen auf dem Bereithalten von Informationen (die Daten wurden in ihrer inhaltlich korrekten Reihenfolge angezeigt) und zum anderen auf einem simplen „Drill&Practice"-Konzept: dem Anzeigen, Wiederholen und Eintrainieren dieser Reihenfolgen.

Die *Spielanteile* des Lernspiels waren hoch – schließlich sollte es je nach Rahmung der sozialen Situation von den Probanden als Computerspiel wahrgenommen werden. Dabei wurde großer Wert auf die Verknüpfung des didaktischen Wirkungsmechanismus mit dem Gameplay

Spielanteil	Wirkmechanis-mus	Lernziel	Themengebiet
Educational Game	Bereithalten von Informationen, Training	kogn. Fähigkeiten: Wissen	schulische Bildung

Tabelle 5.6: Das Lernspiel aus der empirischen Studie, eingeordnet in die Lernspielsystematik aus Abschnitt 3.2

gelegt. Um das Drill&Practice-Konzept mit etablierten Spielmechaniken zu verknüpfen, bot sich das Spielprinzip „Ich packe meinen Koffer" an: Eine sich zu merkende Reihenfolge von Begriffen wird so lange erweitert, bis die Spieler bei deren Wiedergabe einen Fehler machen.

Um das Spielerlebnis unterhaltsam zu gestalten, wurden sowohl Feedbackschleifen integriert als auch die Prozesse von Spannung und Lösung unterstützt (vgl. die Mechanismen von Spielspaß nach Klimmt in Abschnitt 2.2.7): Auf der Ebene der Interaktionsschleifen folgte jeder Eingabe des Nutzers ein unmittelbares und eindeutiges Feedback über den Erfolg seiner Aktion: deutlich angezeigte Punkte für richtige Antworten, ein Fehlerbildschirm für falsche, untermalt von unterstützenden Soundeffekten. Auf der Spannungsebene war für den Spieler zu Beginn und während eines Levels unklar, wie weit er kommen und ob er das Level womöglich sogar komplett schaffen würde. Die Spannung wurde noch verstärkt, indem sowohl die Wertigkeit des Ausgangs als auch die Unsicherheit, überhaupt einen positiven Ausgang zu erreichen, stetig stiegen: Die Memorierreihenfolgen wurden zunehmend länger, was sowohl die Zahl der erreichbaren Punkte (Wert) als auch das Risiko des Versagens (Unsicherheit) erhöhte. Ein Timer mit ablaufendem Zeitbonus verstärkte den Zusammenhang von Risiko und Wert, da der Spieler unter Druck gesetzt wurde, möglichst schnell (und damit riskanter) zu antworten, um einen höheren Highscore zu erreichen (und damit ein wertigeres Ergebnis zu erzielen). Am Ende eines Levels wurde dem Spieler einen Feedbackbildschirm präsentiert, und er hatte Zeit, die aufgebaute Spannung wieder zu lösen, bevor es in ein neues Level und damit eine neue Spannungssequenz ging.

Das Spiel kann anhand der Lernspielsystematik aus Abschnitt 3.2 charakterisiert werden. Tabelle 5.6 zeigt das Ergebnis einer solchen Einordnung.

Spielablauf Auch beim Lernspiel wurde die unabhängige Variable in Form der Bezeichnungen je nach Gruppe variiert. Es stellt somit das dritte Treatment dar, wobei sich auch hier lediglich die Anzeige des Bezugsrahmens über die Bezeichungen unterschied, nicht aber Inhalte, Gameplay, Grafik oder sonstige Aspekte (vgl. dazu die konkrete Beschreibung des dritten Stimulus auf S. 245 ff. in diesem Buch).

Das eigentliche Lernspiel beginnt mit einem *Intro*, bei dem der Name des Spiels (Gruppe S: „Das Memoschaf-Spiel", Gruppe E: „Gemeinschaftskunde-Memo") vor einem Himmel angezeigt wird, woraufhin der Bildausschnitt auf eine Wiese hinunterfährt. Ein Schaf vor einer Wiese begrüßt die Versuchsperson mit einem kurzen Instruktionstext (siehe Tabelle 5.2 auf S. 247). Nach einen Klick auf einen „Weiter"-Button scrollt der Bildschirm nach rechts auf eine Wiese mit einem Gatter. Hier beginnt das Gameplay. Das Spiel besteht aus drei Levels, die jeweils wiederum aus mehreren Runden bestehen. Am Anfang eines Levels wird dessen *Thema* angezeigt (z. B. „Level 1: Bundeskanzler"). Nach einigen Sekunden beginnt die erste Runde. Im *Memorierteil* springen Schafe nacheinander über ein Gatter, wobei anfangs zwei Begriffe und mit jeder weiteren Runde einer mehr angezeigt wird (z. B. in Runde drei von Level eins: „Konrad Adenauer", „Ludwig Erhard" und „Kurt Georg Kiesinger") (vgl. Abbildung 5.2 links). Nach der Präsentation dieser Begriffe scrollt der Bildschirm nach rechts auf eine Schafweide, wo dem Spieler alle Begriffe des gesamten Levels präsentiert werden. Er muss nun im Rahmen der *Rekapitulation* die bisher genannten Elemente in der richtigen Reihenfolge anklicken. Für jeden korrekt gewählten Begriff erhält der Spieler 100 Punkte. Weiterhin läuft ein (in Abhängigkeit von der Länge der Begriffskette unterschiedlich langer) Timer ab, der dem Spieler Bonuspunkte beschert, sofern dieser alle Begriffe der aktuellen Runde schnell genug anklickt (vgl. Abbildung 5.2 rechts). Reproduziert der Spieler alle Begriffe einer Runde korrekt, geht es wieder nach links zur Wiese, und die nächste Runde beginnt, dieses Mal mit einem Begriff mehr. Ein Level endet, wenn der Spieler alle Begriffe eines Levels korrekt wiedergegeben hat oder er einen Fehler macht. In beiden Fällen gelangt er zu einem entsprechenden *Feedback*-Bildschirm, der per Mausklick entweder zum nächsten Level oder (nach dem dritten Level) zum *Endbildschirm* führt, auf dem wieder ein Schaf und die folgende Meldung steht: „Das war's fürs Erste. Wenn du den ‚Weiter'-Button anklickst, gelangst du zu einigen abschließenden Fragen. Bitte sei so nett und beantworte diese auch noch."

Abbildung 5.2: Memorierszene (links) und Rekapitulationsteil (rechts) des für die empirische Untersuchung entwickelten Lernspiels

Nachbefragung

Nach Beendigung des Lernspiels wurden die Probanden direkt zum letzten Endfragebogen (fb2) geführt, der der Erfassung der abhängigen Variablen zur Rezeption und Unterhaltung diente. Auch hier wurden wieder je nach Gruppenzugehörigkeit die Begriffe „Lernsoftware" oder „Spiel" verwendet. Im letzten Item des Fragebogens, welches nach dem geeignetsten Begriff für die gerade getestete Software fragte („Lernsoftware", „Spiel" oder „Lernspiel"), tauchte das erste und einzige Mal der Begriff „Lernspiel" auf (vgl. dazu auch den kompletten Fragebogen bei den Unterlagen zur empirischen Studie im Anhang).

Nach der Nachbefragung durften sich die Probanden als Dankeschön einige Süßigkeiten aussuchen. Es wurde streng darauf geachtet, dass die Schüler zwischen der Instruktion und der Nachbefragung keinerlei Kontakt zur jeweils anderen Untersuchungsgruppe hatten oder sie in irgendeiner Form merkten, dass beide Gruppen das gleiche Lernspiel spielen.

Besondere Vorkommnisse

Den Berichten der Lehrer zufolge entsprach die spontane Reaktion der Schüler nach der Randomisierung und Verkündung der Gruppenzugehörigkeit den Erwartungen: Die der Spielegruppe zugehörigen Schülern brachen in Jubel aus, die Begeisterung der der Lernsoftwaregruppe zugehörigen Schüler dagegen hielt sich in Grenzen.

Zudem entsprachen vereinzelte Reaktionen bei der Durchführung des Experiments gegenüber dem Versuchsleiter den Erwartungen: Mehrere

Schüler aus Gruppe E machten keinen Hehl aus ihrem Unmut gegenüber dem erwarteten Lernprogramm, während viele Teilnehmer der Gruppe S freudiger wirkten. Ein der „Lernsoftware"-Gruppe zugehöriger Schüler unternahm den ebenso hartnäckig verfolgten wie aussichtslosen Versuch, mit dem Versuchsleiter um die Gruppenzugehörigkeit zu feilschen.

An einer Schule verhinderten technische Schwierigkeiten die Durchführung des Experiments. Durch eine kurzfristige Änderung der technischen Rahmenbedingungen seitens der Schule ließ sich das Lernspiel nicht abspielen. Das Experiment wurde abgebrochen, wodurch zwei Schulklassen mit insgesamt etwa 45 Probanden ausfielen. Da zu dem Zeitpunkt bereits die Instruktion erfolgt war und es nur noch wenige Tage bis zu den Schulferien waren, konnte kurzfristig kein Ersatz für die ausgefallenen Klassen beschafft werden. Eine Kompensation dieses Ausfalls wäre nur möglich gewesen, indem eine neue Schule kontaktiert und völlig neue Klassen aquiriert worden wären. Um eine einigermaßen vergleichbare unterrichtliche „Abschlusssituation" (letzter Unterricht vor dem Ende des Schuljahres) wie bei den übrigen Klassen zu schaffen, hätte die Durchführung mit der Ersatzgruppe erst ein halbes Jahr später stattfinden können (Weihnachtsferien oder Ende des Schul*halb*jahres). Dies war mit dem Zeitplan der Untersuchung jedoch nicht vereinbar, weshalb die verringerte Stichprobengröße in Kauf genommen wurde.

5.2.5 Datenanalyse

Die Daten wurden mittels der Statistiksoftware SPSS 18 ausgewertet. Die Übertragung der Daten aus dem Papierfragebogen der Vorabbefragung erfolgte manuell, die online erhobenen Daten aus der Zwischen- und Endbefragung wurden elektronisch importiert.

Die meisten Variablen wurden über Rating-Skalen erfasst und konnten daher, obwohl sie im Grunde ordinalskalierte Daten enthielten, wie intervallskalierte Daten behandelt werden (Bortz und Döring 2006, S. 181–182). Einzig die beiden Roper-Fragen und das Geschlecht waren bei der Erhebung dichotom nominalskaliert. Die Items wurden daher als je eine binäre Indikatorvariable dummycodiert, um auch sie mit Verfahren zur Analyse ordinal- bzw. intervallskalierter Daten prüfen zu können (Bortz 2005, S. 483–484).

Die Hypothesen wurden, jeweils für Glaubwürdigkeit und Unterhaltung getrennt, mittels einer multivariaten, einfaktoriellen Kovarianzanalyse auf einem Signifikanzniveau von $\alpha = ,05$ geprüft. Die im Vorfragebogen erhobenen, nicht im Rahmen der Reliabilitätsanalyse entfernten Kontrollvariablen dienten als Kovariaten. Die Glaubwürdigkeit und die Unterhaltung stellten die abhängigen Variablen dar. Die Zugehörigkeit zur durch die unabhängige Variable definierten Untersuchungsgruppe („Lernprogramm" vs. „Computerspiel") diente als Faktor.

Die Kovarianzanalyse geht mit mehreren Bedingungen einher (vgl. Janssen und Laatz 2010, S. 347;375; Bortz 2005, S. 369–371; Rudolf und Müller 2004, S. 94), die in der vorliegenden Untersuchung zwar nicht alle vollständig gegeben waren, deren teilweise Nichterfüllung meines Erachtens jedoch kein schwerwiegendes Problem darstellt:

- *Anforderung 1: Die abhängigen Variablen sind intervallskaliert.* Bei den Skalen zur Unterhaltung ist dies von vornherein gegeben, die Variablen zur Glaubwürdigkeit wurden dafür dummycodiert.

- *Anforderung 2: Das untersuchte Merkmal ist in der Population normal verteilt.* Dies ist in den meisten Fällen nicht gegeben. Allerdings sind die Stichproben in diesem Fall etwa gleich groß, nicht zu klein, und die Varianzanalyse reagiert robust gegen diese Verletzung (Bortz 2005, S. 287).

- *Anforderung 3: Homogenität der Varianzen.* Diese ist laut Levene-Test nicht gegeben bei einer Unterdimension der Glaubwürdigkeit, sonst aber überall. Bei Verletzung reagiert die Varianzanalyse jedoch robust (ebd., S. 287).

- *Anforderung 4: Die Messwerte in allen Bedingungen sind voneinander unabhängig.* Diese Voraussetzung wurde durch die Randomisierung der Stichproben erfüllt.

- *Anforderung 5: Hohe Reliabilität der Kovariaten.* Diese könnte zwar höher ausfallen (vgl. die Werte von Cronbachs Alpha für die Kontrollvariablen auf S. 250 ff. dieser Arbeit), sie sind jedoch noch vertretbar.

- *Anforderung 6: Korrelation der Kovariaten mit der abhängigen Variablen.* Diese Voraussetzung ist nach Bortz (ebd., S. 369;371) und Janssen und Laatz (2010, S. 375) besonders wichtig, soll die Fehlervarianz des Faktors nicht durch bloßen Zufall (und damit illegitim) reduziert werden. Daher wurde eine Spearman-Rangkorrelation berechnet, die eine signifikante Korrelation zwischen dem Geschlecht und einer Variablen der Glaubwürdigkeit[42] sowie zwischen der ne-

---

[42]Die Indikatorvariable „ist weiblich" korreliert negativ mit „glaubt eher dem Spiel statt dem Internet" ($r_s = -,33, p = ,02$).

gativen Haltung gegenüber Lernspielen und zwei Dimensionen der play-basierten Unterhaltung[43] ergab. Daher wurden die übrigen, nicht korrelierenden Kontrollvariablen aus der Liste der Kovariaten für die jeweiligen abhängigen Variablen ausgeschlossen.

- *Anforderung 7: homogene Regressionskoeffizienten.* Die Anforderung ist bei der Beziehung zwischen unabhängiger Variable und negativer Einstellung zu Lernspielen verletzt, aber auch hier reagiert die Kovarianzanalyse robust (Rudolf und Müller 2004, S. 95).

Die Varianzanalyse testet nur ungerichtet. Die begründet gerichteten Hypothesen können daher nur ungerichtet geprüft werden. Dafür hat die Kovarianzanalyse gegenüber einem t-Test (der auch einseitig testen kann) den Vorteil, sowohl den Einfluss der Kontrollvariablen zu erheben als auch ein Maß zur Aufklärung der Varianz zur Verfügung zu stellen, mit dem die Erklärungskraft des hier getesteten Gesamtmodells beurteilt werden kann.

5.3 Stichprobenbeschreibung

Am Experiment nahmen insgesamt 56 Realschüler aus zwei Schulklassen (29 aus dem Wahlpflichtfach Informatik, 27 aus dem Pflichtfach Naturwissenschaften) teil. Ca. ein Drittel (36 %) der Probanden war weiblich, zwei Drittel (64 %) waren männlich. Die Schülerinnen und Schüler waren zwischen 12 und 15 Jahre alt ($M = 13, 51, SD = , 81$).

Die durchschnittliche Computerspielzeit pro Woche variierte stark. Während einige Teilnehmer angaben, gar nicht zu spielen, bezifferte ein anderer seine wöchentlich mit Spielen verbrachte Zeit auf sage und schreibe 55 Stunden ($M = 12, 9, SD = 14, 47$) – eine Angabe, deren Verlässlichkeit nicht geprüft werden kann. Die Auswertung der hier als „Spielnutzen" bezeichneten Affinität zu Computerspielen (siehe die Operationalisierung der Störvariablen ab S. 250) zeigte eine eher ausgeprägte Bindung an Computerspiele ($M = 3, 4, SD = 1, 12$)[44] seitens der Probanden. Das im Voraus erhobene Interesse an den späteren Inhalten des Lernspiels bewegte sich leicht unterhalb in der Mitte ($M = 2, 25, SD = 1, 12$). Den Schülern war es insgesamt sehr wichtig, in der Schule etwas zu

---

[43]Die negative Einstellung zu Lernspielen korreliert negativ mit der Dimension „Enspannung" ($r_s = -, 42. p < . 01$) und „Spannung/Neugier" ($r_s = -, 28, p = , 04$).

[44]Die Skala aller in diesem Absatz erhobenen Kontrollvariablen reichte von 1–5.

lernen ($M = 4,23, SD = 1,03$). Nicht ganz so stark, aber ebenfalls deutlich ausgeprägt war eine negative Einstellung gegenüber Lernspielen ($M = 3,35, SD = 1,12$).

Interessehalber wurde mit den Kontrollvariablen eine Rangkorrelation nach Spearman durchgeführt. Dabei zeigte sich ein überzufälliger, aber auch wenig überraschender Zusammenhang zwischen dem Interesse an den Inhalten des Lernspiels und dem schulischen Ehrgeiz ($r_s =,36, p =,01$). Auch schienen die Mädchen eine systematisch geringe Bindung zu Computerspielen zu haben ($r_s = -,69, p <,001$) und systematisch weniger Zeit mit Computerspielen zu verbringen ($r_s = -,72, p <,001$). Besonders deutlich, aber ebenfalls nicht überraschend ist die hohe Korrelation zwischen der Bindung an Computerspiele und der wöchentlich mit diesen verbrachten Zeit ($r_s =,75, p <,001$).

Die Randomisierung verteilte die Schüler relativ gleichmäßig auf beide Stichproben: Gruppe E („Lernprogramm") enthielt 29, Gruppe S („Computerspiel") 27 Probanden.

5.4 Rezeption

5.4.1 Ergebnisse

Die Hypothese H1 der vorliegenden Untersuchung zur Rezeption lautet: Bei der symbolischen Anzeige des Bezugsrahmens „Ernst" wird der Inhalt eines Lernspiels eher rezipiert als bei der symbolischen Anzeige des Bezugsrahmens „Spiel". Aufgrund der ausschließlich zweiseitig testenden Varianzanalyse wird diese für die statistische Hypothesenprüfung zu einer ungerichteten statistischen Hypothese umgeformt:

$$H1 : \mu_r^E \neq \mu_r^S$$

Die Rezeption wurde anhand zweier Glaubwürdigkeitsitems und eines Ratingitems zum Lerneindruck erfasst (vgl. Tabelle 5.3). Für die beiden dummycodierten Glaubwürdigkeitsitems ergaben sich auf deskriptiver Ebene hypothesenkonform höhere Mittelwerte in Gruppe E (AV1a: $M =,64, SD =,49$; AV1b: $M =,8, SD =,41$) als in Gruppe S (AV1a: $M =,48, SD =,51$; AV1b: $M =,67, SD =,48$). Entgegen der Ausgangshypothese hatten die Probanden, denen das Lernspiel als „Spiel" angekündigt wurde, stärker den Eindruck, etwas gelernt zu haben ($M = 2,7, SD =,95$) als die Versuchspersonen, denen es als „Lernprogramm" angekündigt wurde ($M = 2,4, SD = 1,08$) .

Die Mittelwertdifferenzen wurden mittels einer multivariaten Kovarianzanalyse (MANCOVA) mit dem Faktor „angezeigter Bezugsrahmen" und der Kovariaten „Geschlecht" auf Signifikanz geprüft. Zur Auswertung wurde die Pillay-Spur herangezogen, die durch ihre Robustheit gegenüber den stellenweise verletzten Voraussetzungen der Varianzanalyse (vgl. Rudolf und Müller 2004, S. 113) als verlässlichster Kennwert eingeschätzt wurde. Es ergab sich kein signifikanter multivariater Einfluss des Faktors oder der Kovariaten auf die Rezeption in ihrer Gesamtheit. Die Detailanalysen der univariaten Tests zeigten dagegen für das Gesamtmodell (Bezugsrahmen und Geschlecht) einen knapp nicht mehr signifikanten Trend bei der AV1a mit mittlerem Effekt ($F(2, 49) = 3,01, p =,06, \eta_p^2 =,11$).[45]

Ein näherer Blick auf die Detailergebnisse zeigt, dass dieser Effekt auf die AV1a wahrscheinlich auf den signifikanten Einfluss der Kovariate „Geschlecht" zurückzuführen ist, der ebenfalls von mittlerer Stärke ist ($F(1, 49) = 4,63, p =,04, \eta_p^2 =,09$). Es findet sich ein schwacher statistischer Trend mit kleinem bis mittlerem Effekt beim Einfluss des Geschlechts auf den Eindruck, etwas für die Schule gelernt zu haben ($F(1, 49) = 2,96, p =,09, \eta_p^2 =,06$), welcher hypothesenkonform in Gruppe E höher war als in Gruppe S (wenn auch nicht signifikant). Der Bezugsrahmen selbst hat bei konstant gehaltenem Geschlecht keinen signifikanten Effekt auf die Variablen der Glaubwürdigkeit.

Offenbar spielte also das Geschlecht bei der Rezeption eine größere Rolle als der Bezugsrahmen. Um diesem Umstand näher auf den Grund zu gehen, wurden die Angaben der männlichen und weiblichen Probanden getrennt voneinander behandelt. Die deskriptive Untersuchung der Variablen zeigt, dass die männlichen Versuchspersonen offenbar „leichtgläubiger" gegenüber dem Lernspiel waren als die weiblichen (vgl. Tabelle 5.7): Während die Mädchen hypothesenkonform bei AV1a dem Lernspiel eher glaubten, wenn dieses als „Lernprogramm" statt als „Computerspiel" angekündigt wurde, war es bei den Jungen umgekehrt. Auch beim Eindruck, beim Lernspiel etwas für die Schule gelernt zu haben (AV1c), verhielten sich die Mädchen hypothesenkonform und rezipierten die Inhalte des Lernspiels eher, wenn dieses als Lernprogramm anstatt als Spiel angekündigt wurde. Die Jungen dagegen verhielten sich gegenteilig und hatten in der Spiel-Gruppe eher den Eindruck, etwas für die Schule gelernt zu haben.

Für die analytische Auswertung dieser deskriptiven Befunde stellte sich die ungleiche Verteilung von Jungen und Mädchen auf die beiden

---

[45]Zur Klassifikation der Effektstärken (hier: η_p^2 als Anteil der aufgeklärten Varianz auf Stichprobenebene) wurde die von Cohen (1988) vorgeschlagene Abstufung verwendet.

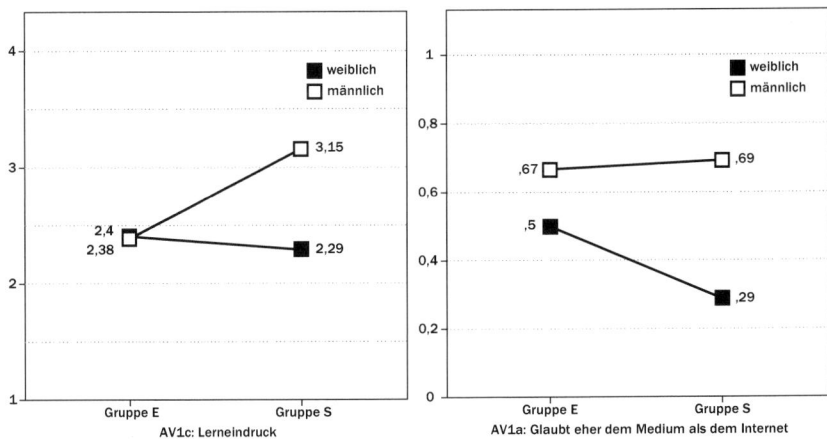

Abbildung 5.3: Schülerinnen und Schüler zeigten hinsichtlich des Lerneindrucks und der Glaubwürdigkeit gegenteilige Reaktionen (Mittelwertdifferenzen nicht signifikant).

Variable	weiblich		männlich	
	Gruppe E	Gruppe S	Gruppe E	Gruppe S
AV1a (Medium über Internet)	,5 (,58)	,29 (,47)	,67 (,48)	,69 (,48)
AV1b (Medium über Mitschüler)	,6 (,55)	,57 (,51)	,81 (,4)	,77 (,44)
AV1c (Lerneindruck)	2,4 (,55)	2,29 (1,07)	2,38 (1,16)	3,15 (,55)

Tabelle 5.7: Mittelwerte und Standardabweichungen für die Rezeption (nach Geschlecht getrennt). Die Mittelwertdifferenzen sind nicht signifikant.

Stichproben als Problem dar: Nur vier Schülerinnen wurden der Lernsoftwaregruppe zufällig zugeteilt, 14 der Gruppe S. Dagegen gelangten 21 Jungen in Gruppe E und 13 in die Spielegruppe. Die daraus resultierenden Größenunterschiede der Stichproben verhindern bei der geschlechtsgetrennten Auswertung den Einsatz der Kovarianzanalyse zur Signifikanzprüfung. Stattdessen wurde der Mann-Whitney-U-Test verwendet, der angesichts der ungünstigen Testvoraussetzungen aber auch nur als das geringere Übel betrachtet werden kann. Dieser förderte allerdings keine signifikanten Abweichungen zutage. Da kein Verfahren zur Messung der Effekt- und Teststärke beim U-Test besteht, kann nicht abgeschätzt werden, als wie bedeutsam die Mittelwertdifferenzen eingeschätzt werden sollen und inwiefern das Ausbleiben signifikanter Ergebnisse die Forschungshypothesen tatsächlich widerlegt.

Die Ergebnisse legen nahe, die H1 zu verwerfen: Die Mittelwertunterschiede zwischen den Gruppen mit den unterschiedlich angezeigten Bezugsrahmen sind auf Basis der Signifikanztests nicht vom Stichprobenergebnis auf die Gesamtpopulation generalisierbar. Es können damit vorerst keine grundlegenden Aussagen über Richtigkeit oder Falschheit des Modells getroffen werden. Allerdings geben die Ergebnisse Anlass zur Diskussion.

5.4.2 Diskussion

Einschätzung der Ergebnisse der Signifikanztests

Bevor inhaltliche Schlüsse aus den Ergebnissen der Signifikanztests gezogen werden, sollen kurz einige formale Aspekte der Untersuchung zur Rezeption diskutiert werden. Hinsichtlich der Fragestellung förderten Varianzanalyse und U-Test keine signifkanten Ergebnisse zutage. Aber wie hoch wäre eigentlich die Chance gewesen, im Falle einer tatsächlich zutreffenden H1 mit der hier erfolgten Stichprobenuntersuchung überhaupt ein signifikantes Ergebnis zu erzielen? Wie hoch ist die Gefahr, die Forschungshypothese *fälschlicherweise* zu verwerfen? Kurzum: Wie ist es bei der Hypothesenprüfung zur Rezeption mit der Teststärke bestellt? Zumindest bei der Varianzanalyse lässt sich diese im Nachhinein bestimmen. Dafür wurde die Software G*Power 3 (Faul, Erdfelder, Lang und Buchner 2007) verwendet, welche die Teststärke post-hoc schätzt. Die Ergebnisse sind relativ ernüchternd: Bei der Untersuchung des Einflusses des Bezugsrahmens auf die Rezeption schwankt die Teststärke je nach untersuchter Variable zwischen 6 und 39 %.[46] Das (komplementäre) Risiko eines Fehlers der zweiten Art (also die Wahrscheinlichkeit, die Forschungshypothese fälschlicherweise anhand der Stichprobenuntersuchung zu verwerfen, wenn sie in der Population gelten sollte), liegt damit bei 61 bis 94 %. Das Ausbleiben eines signifikanten Ereignisses bei der obigen Untersuchung muss demnach nicht zwangsläufig ein Indiz für eine falsche Forschungshypothese sein, sondern könnte auch an der geringen Teststärke liegen. Die H1 ist damit nicht widerlegt, lediglich kann ihre Gültigkeit nicht zufriedenstellend beurteilt werden. Bei der getrennt-geschlechtlichen Auswertung, die mit dem U-Test erfolgte, ist die Teststärke nicht bestimmbar. Aufgrund der kleineren und ungleich

---

[46]Multivariates Gesamtmodell 37 %, AV1a 6 %, AV1b 9 %, AV1c 39 %

großen Stichproben dürfte sie aber ebenfalls gering sein.

Bei der Planung der Untersuchung wurde eine Teststärke von 80 % angestrebt (vgl. Fußnote 39 auf S. 254). Wie ist die post-hoc ermittelte, deutlich niedrigere Teststärke zu erklären? Einer der Gründe dürfte der unvorhergesehene und weder kurz- noch mittelfristig kompensierbare Wegfall von zwei Schulklassen sein (vgl. die Schilderung besonderer Vorkommnisse auf S. 263 ff. dieses Buchs). Zudem haben einige Schüler am Tag des Experiments auch in den anderen Klassen gefehlt. Die Stichproben sind dadurch eher klein ausgefallen (insgesamt 56 statt wie geplant 100 Probanden, wobei aufgrund stellenweise fehlender Werte diese Zahl bei einigen Variablenvergleichen auf 54 sank) – einer der häufigsten Gründe für eine geringe Teststärke (Bortz und Döring 2006, S. 604). Zudem fallen die Effektstärken, die ebenfalls die Teststärke beeinflussen, relativ niedrig aus.[47] Ein gewisser Anteil der Varianzen innerhalb der Stichproben wird also nicht durch die systematischen Variablen aus dem Modell (Geschlecht und angezeigter Bezugsrahmen) erklärt. Die Ursachen dafür könnten einerseits in einer unzureichenden Konzeptspezifikation und Operationalisierung der abhängigen Variable „Rezeption" liegen: Vielleicht erfassen die hier verwendeten Items das Informationspotenzial nur sehr unzureichend. Gegebenenfalls sollte zur Erfassung der Glaubwürdigkeit von der Roper-Frage auf ein anderes Erhebungsinstrument gewechselt werden. Allerdings müsste dieses wahrscheinlich selbst konstruiert und validiert werden, da sich die fundierteren Arbeiten mit Messskalen zur Medienglaubwürdigkeit vorrangig auf journalistische Bereiche beziehen (etwa Kohring und Matthes 2004; Matthes und Kohring 2003). Weiterhin könnte das zugrunde liegende theoretische Modell lückenhaft sein: Wenn große Anteile der Varianzen nicht durch das Geschlecht und den angezeigten Bezugsrahmen erklärt werden können, gibt es neben Operationalisierungsproblemen womöglich weitere inhaltlich bedeutsame Einflussgrößen, die in dieser empirischen Untersuchung nicht berücksichtigt wurden.

Inhaltliche Schlussfolgerungen

Die geringe Teststärke der Untersuchung soll keine „Ausrede" für das Ausbleiben signifikanter Ergebnisse und kein Argument für eine Beibehaltung der H1 sein. Die Teststärkeanalysen relativieren aber den Umstand, dass keine signifikanten Befunde aufgetreten sind. Dies ist Anlass genug, die aufgetretenen Mittelwertdifferenzen zu diskutieren. Zusammengefasst

---

[47]Die Varianzaufklärungen betragen im Fall der AV1a ,07, für AV1b ,01 und für AV1c ,04.

und nach den Indizien der Signifikanztests geordnet ergeben sich auf deskriptiver Ebene folgende Ergebnisse: Mit relativer Sicherheit lassen sich keine Ergebnisse auf die Population verallgemeinern. Andeutungsweise zeigt sich ein mittelstarker Einfluss des Geschlechts auf die Rezeption. Eher unsicher sind die Ergebnisse, dass die Mädchen dem Lernspiel in allen Variablen der Rezeption skeptischer gegenüberstehen, wenn ihnen die Situation als Spiel angekündigt wird. Besonders deutlich ist dies bei der Frage, ob sie vor dem Hintergrund einer Klassenarbeit eher dem Konstrukt oder dem Internet glauben würden. Die Jungen tendieren dagegen in zwei von drei Variablen in der Spielgruppe eher zur Rezeption als in der Lernsoftwaregruppe: Sie glauben dem Konstrukt gegenüber dem Internet in einer als Spiel inszenierten Situation eher als in einer als Ernst angekündigten. Vor allem aber ist ihr Lerneindruck deutlich höher. Hier kann jedoch mangels Signifikanz nicht beurteilt werden, ob diese Ergebnisse zufällig entstanden sind oder ob ein systematisches Wirkungsgefüge besteht.

Ein erstes Fazit lautet: So pauschal wie eingangs vermutet kann die Wirkung des symbolisch angezeigten Bezugsrahmens nicht vorhergesagt werden. Es kann nicht ausgeschlossen werden, dass die ermittelten Unterschiede rein zufälliger Natur sind. Neben methodischen Lücken (Messfehler und zu kleine Stichprobe, siehe vorheriger Abschnitt) könnte dies auf eine unzureichende Ausgestaltung des handlungstheoretischen Rahmenmodells zurückzuführen sein. Womöglich dürfen bei der Beurteilung der Rezeption die übrigen Einflussgrößen des Handelns nicht außen vor gelassen werden: Wissen und Werte als interne, Institutionen und Opportunitäten als externe Bedingungen der Situation werden gegebenenfalls nicht durch einen angezeigten Bezugsrahmen „überstimmt". Insbesondere die mangels interner Konsistenz nicht erhobene Internalisierung von Spiel- und Arbeitsframes könnte dazu beitragen, die Ergebnisse der Untersuchung zu differenzieren und zu zeigen, unter welchen Bedingungen von Wissen und Werten der angezeigte Bezugsrahmen einen Einfluss auf die Rezeption hat und unter welchen nicht.

Einen ersten Anhaltspunkt für die Ausgestaltung der *inneren Rahmenbedingungen* liefert der deutliche Einfluss des Geschlechts auf die Rezeption: Während sich die Mädchen wie erwartet verhalten, ist dies bei den Jungen nicht der Fall. Es wirkt, als würden die Schülerinnen bei einem „Spiel" bezüglich der Rezeption eher Vorsicht walten lassen, während sich die Jungen über die unterhaltsame Informationsdarbietung freuen und eher zur Rezeption neigen als bei einem „Lernprogramm". Hinter diesen Ergebnissen könnte, da sie nicht signifikant sind, Zufall stecken, aber es *könnte* auch auf systematische Einflüsse zurückzuführen sein. Grund genug, einige Spekulationen anzustellen, aus denen sich vertiefende Fragen zum Zustandekommen der Ergebnisse ableiten lassen: Gerade im Alter der hier untersuchten Probanden ($M = 13,51, SD =, 81$ Jahre) befinden sich die Mädchen auf einer anderen Entwicklungsstufe als die Jungen. Sind die unterschiedlichen Rezeptionstendenzen bei der untersuchten Stichprobe darauf zurückzuführen, dass die Mädchen geistig reifer waren als die gleichaltrigen Jungen? Sprechen sie eher auf die sozialen, symbolisch angezeigten Konventionen der Erwachsenenwelt an, aufgrund derer im vorliegenden Text die geringe Glaubwürdigkeit von „Spielen" gegenüber „Lernprogrammen" unterstellt wird? Ist für sie ein Spiel eher „nur ein Spiel" als für die männlichen Schüler? Damit wäre das Geschlecht ein Bündel von Faktoren, in dem bei dieser Altersgruppe unterschiedliche Wert- und Wissenskonstellationen zusammenlaufen, welche wiederum Auswirkungen auf die Rezeption haben. Für eine Revision dieser Untersuchung wäre also zu fragen, ob, wie und warum Mädchen zwischen 13 und 14 Jahren mediale Informationen anders rezipieren als Jungen. Dafür könnte als erster Ansatzpunkt Essers Kommunikationsmodell (zur Operationalisierung der Rezeption mittels Essers Modell siehe S. 245 ff. in dieser Arbeit) mit den beteiligten Variablen herangezogen werden: Sind Mädchen dieses Alters gegenüber Medien prinzipiell skeptischer als Jungen, beurteilen sie deren Glaubwürdigkeit strenger und differenzierter? Vollziehen sie die Trennung zwischen Spiel und Ernst in institutionalisierten Bildungskontexten stärker als ihre männlichen Altersgenossen, und leiten sie daraus eine geringere Wichtigkeit spielvermittelter Botschaften ab? Verfügen sie über einen anderen informationsbezogenen Status quo als männliche Schüler? Sorgen sie sich über Folgen, die die Jungen in der Form nicht befürchten würden? Oder haben sie prinzipiell eine geringere, allgemeine Präferenz für Computerspiele (bzw. Produkten, die als Spiel angekündigt werden!), die sich auch in einer abschätzigeren Bewertung deren Alltagsnutzens niederschlägt? Haben sie ein besseres Gespür für die symbolische Anzeige des Codes der Situation? Aus den Antworten zu diesen Fragen ließen sich neue Kontrollvariablen konstruieren, mit denen die internen Rahmenbedingungen des handlungstheoretischen Rahmenmodells, das Wissen und die Werte, präziser ausgestaltet werden könnten.

Auch die *externen Rahmenbedingungen* der Situation könnten stärker in die empirische Untersuchung der Rezeption einbezogen werden. Dazu gehören insbesondere die konkrete Qualität der kulturellen Frames, welche durch die symbolische Anzeige des Bezugsrahmens bei den Akteuren angesprochen werden, sowie die institutionalisierten Regeln, Sanktionierbarkeiten und Produktionsfunktionen. Hier bieten sich als erste Schritte zwei Anknüpfungspunkte an: das Schulumfeld und der Medienalltag Jugendlicher. Ausgangspunkt der Hypothesen war, dass die Akteure eine strikte Trennung zwischen nützlichen und authentischen Bezugsrahmen (wie die Arbeit mit Lernprogrammen) und zu „unnützen", scheinhaften Frames (wie das Spielen mit Computerspielen) vollziehen. Eventuell trifft dies zumindest für die in dieser Untersuchung fokussierten Zielgruppen nicht zu. Vielleicht entsprechen Schulalltag und Unterrichtskultur der Versuchspersonen aus den Stichproben (und womöglich auch die der Population) nicht mehr dem Bild, wie es in der Feuerzangenbowle gezeichnet wurde: Vielleicht muss in der heutigen Unterrichtskultur Medizin nicht mehr bitter schmecken, um zu wirken, sondern es wird tatsächlich eine „Spaßpädagogik" gelebt, gegen die Menschen wie Wolf Schneider sich so erbittert verwehren (vgl. S. 210 in dieser Arbeit). Jugendliche, deren schulische Sozialisation in einem unterhaltungsorientierten Milieu erfolgte, haben weniger Gründe, Computerspielen zu misstrauen, als dies bei Jugendlichen der Fall ist, denen Schule und Lernen seit jeher als Ernst und Arbeit eingebläut wurde. Vielleicht vertrauen sie spielerischen Ansätzen sogar mehr, da diese ihnen als die moderneren (da in der Schule, dem Zentrum ihrer institutionalisierten Bildung, präferierten) Lernkonzepte erscheinen. Eine stärker unterhaltungsorientierte Unterrichtskultur der beteiligten Jugendlichen könnte unter Umständen der Grund dafür sein, dass die im Vorfragebogen erhobene Passung von Schule und Spiel/Spaß eine so geringe interne Konsistenz aufwies. Andererseits: Wenn die Grenzen zwischen Schulunterricht bzw. seriöser Information und unterhaltenden Spielen tatsächlich bei den Jugendlichen zerfließen sollten: Warum verhalten sich dann in der Stichprobe Mädchen anders als Jungen? Gibt es selbst in der unterhaltungsorientierten Unterrichtskultur (sofern sie denn überhaupt gesellschaftliche Realität ist) vielleicht doch einen subtilen Unterschied zwischen reinem Spielen, spielerischem Lernen und seriöser Bildung? Und haben die Mädchen im Gegensatz zu den Jungen lediglich bereits begriffen, dass hinter einer eventuell gelebten „Spaßpädagogik" doch ein ernster Kern steckt, was bei ihnen zu einem vorsichtigeren Umgang mit medialer Information, zu mehr quellenspezifischer Skepsis führt?

Während hinsichtlich der Unterrichtskultur noch fraglich ist, ob diese tatsächlich so unterhaltungsorientiert verläuft, dass sie kraft ihrer sozialisierenden Wirkung zu einer stärkeren Rezeption auch spielerisch vermittelter Inhalte führt, besteht an der Spaßkultur der Lebenswelt

Jugendlicher meines Erachtens wenig Zweifel. Dies bezieht sich nicht nur, aber auch auf Computerspiele. Zudem muss man als Jugendlicher keine konkreten Spielkonstrukte (Games) konsumieren, um mit einer spielerischen, play-bezogenen Haltung an die Medien heranzugehen: Allem voran steht das mediale Leben im Hier und Jetzt, ein Hedonismus, der die Folgen ausblendet, die Freiheit und Selbstbestimmtheit des Subjekts suggeriert und das Vergnügen beim Medienkonsum zum Selbstzweck macht. Während das Spielen gemäß seiner Merkmale jedoch außeralltäglich und von der Wirklichkeit durch den Magic Circle zeitlich und örtlich abgegrenzt ist, füllt die oben beschriebene Medienwelt den Alltag des hier untersuchten Personenkreises wahrscheinlich zu größten Teilen aus. Selbstzweck, Freiheit, Vergnügen schließen im Medienalltag Jugendlicher Authentizität und Realitätsbezug möglicherweise gar nicht mehr aus, weil sie (suggerierter!) *Teil ihrer Alltagswirklichkeit* sind. Damit würden Unterhaltung und Realitätsbezug für Jugendliche nicht mehr den Widerspruch darstellen, der in den theoriegeleiteten Kapiteln angenommen wurde. Immerhin gehen die Wesensbeschreibungen des Spielens, die diesen Widerspruch untermauern, auf alte Konzepte zurück: Johan Huizinga (2006) hat sein Werk „Homo ludens" vor über 70 Jahren verfasst, viele der Grundideen reichen sogar bis in die Aufklärung zurück. Hat sich unsere Gesellschaft vielleicht so fundamental geändert, dass das überlieferte Wesen des Spielens überdacht und mit der Alltagswirklichkeit heutiger Jugendlicher abgeglichen werden muss? Oder befanden sich die Probanden (genauer: die männlichen Probanden) der vorliegenden Studie noch in einem sozial definierten Lebensabschnitt, in der der Alltag spielerischer ist? Einer Schutzzone, die jede Gesellschaft für ihre Heranwachsenden bereithält (vgl. dazu auch die Position Sutton-Smiths ab S. 212 in der vorliegenden Arbeit)? In Abschnitt 6.2 werden angesichts der empirischen Befunde einige Implikationen für das zugrunde liegende handlungstheoretische Modell diskutiert.

Hinsichtlich der Rezeption sind also Modifikationen bei den Brücken- und Forschungshypothesen vonnöten. Zusammengefasst lässt sich festhalten, dass weitere theoretische Recherche und empirische Forschung nötig sind. Die Brückenhypothesen des handlungstheoretischen Modells, die die abstrakte Selektionslogik mit der situationslogischen internen und externen Lebenswirklichkeit der Akteure verbinden sollen[48], sollten hinsichtlich der Rezeption überdacht werden.

Als ersten Ansatzpunkt zur Überarbeitung bieten sich die internen und externen Bedingungen der Situation nach Essers Modell an: Identitäten

---

[48]So geschehen in Abschnitt 4.4 (ausführlich) und Abschnitt 4.5.1 (komprimiert)

der Zielgruppe, institutionelle Regeln und kulturelle Bezugsrahmen sowohl des Schulumfelds wie auch der Lebenswirklichkeit der Jugendlichen. Mit rein theoretischer Arbeit allein ist es jedoch meines Erachtens nicht getan: Die in der ersten theoretischen Überarbeitung identifizierten Rahmenbedingungen sollten zweitens in ihrer konkreten Ausprägung bei der Population, auf die sich das Gesamtkonzept bezieht, erhoben werden. Rein quantitative Verfahren geraten dabei aufgrund ihrer Vorstrukturiertheit und „Blindheit" für unberücksichtigte Aspekte vermutlich schnell an ihre Grenzen. *Qualitative Studien* könnten dagegen in die konkreten Strukturen kultureller, in der Identität der Akteure verankerten Bezugsrahmen und Institutionen (etwa zum Verhältnis von Spiel und Ernst in der Schule) vordringen. Auf dieser Basis wiederum könnten drittens quantitative Messinstrumente konstruiert werden, die eine zuverlässige Messung der Kovariaten bzw. weiterer Faktoren erlauben. Auf diese Weise sollten sich zusammen mit dem experimentell variierten Faktor „Bezugsrahmen" größere Teile der Gesamtvarianz erklären, und es sollte sich erschließen lassen, ob und mit welchen weiteren Faktoren er interagiert.

Neben den Implikationen für die Forschung sollte auch erörtert werden, ob sich aus den bisherigen empirischen Befunden Erkenntnisse für die pädagogische Praxis ableiten lassen – auch wenn es sich bei der vorliegenden Untersuchung nicht um eine Evaluationsstudie zu einem konkreten Lernkonzept, sondern um eine eher explorative und grundlagenorientierte Studie handelt. Mangels signifikanter Ergebnisse können aber keine verallgemeinerbaren, konkreten Schlussfolgerungen für den Einsatz von Lernspielen im Unterricht hinsichtlich der Rezeption gezogen werden. Zudem fallen die Mittelwertunterschiede zwischen den Untersuchungsgruppen relativ gering aus: Was würde es selbst im Fall einer signifikanten und damit auf die Population übertragbaren Mittelwertdifferenz schon für die Unterrichtspraxis bedeuten, wenn der Lerneindruck bei den Mädchen aus der „Lernsoftwaregruppe" auf einer Skala von 1–4 um 0,01 Punkt höher ausfällt als bei denen aus der „Spielgruppe" (vgl. Tabelle 5.7)? Derzeit erscheint es daher angemessen, den Lehrern beim Einsatz von Game-based Learning zu empfehlen, ihre Schüler vorrangig unter potenziellen Geschlechtsdifferenzen zu betrachten und darauf zu achten, ob ihre jeweiligen Mädchen eine ausgeprägtere Trennung zwischen Computerspielen und Lernprogrammen vollziehen als die Jungen. Für weitere praxisbezogene Schlussfolgerungen zur Rezeption ist es an dieser Stelle meines Erachtens noch zu früh.

Variable	Gruppe E	Gruppe S
Abwechslung/Zerstreuung	2,5 (,93)	2,77 (,86)
Entspannung	2,27 (,96)	2,3 (,78)
Spannung/Neugier	2,15 (,97)	2,46 (,8)
Zufriedenheit	2,19 (1,02)	2,81 (,83)

Tabelle 5.8: Mittelwerte und Standardabweichungen für die Unterhaltung nach dem Treatment. Die Mittelwertdifferenz in der Dimension „Zufriedenheit" ist signifikant ($p \leq ,05$).

5.5 Unterhaltung

5.5.1 Ergebnisse

Die Hypothese H2 zur Unterhaltung lautete: Bei der symbolischen Anzeige des Bezugsrahmens „Ernst" ist die Unterhaltung auch bei gleichem Lernspiel niedriger als bei der symbolischen Anzeige des Bezugsrahmens „Spiel". Auch hier muss die gerichtete Hypothese aufgrund der ausschließlich zweiseitig testenden Varianzanalyse in eine unspezifische Hypothese überführt werden:

$$H2 : \mu_u^E \neq \mu_u^S$$

Die Unterhaltung wurde anhand der vier Dimensionen Abwechslung/ Zerstreuung, Entspannung, Spannung/Neugier und Zufriedenheit gemessen.[49] Für alle vier Dimensionen ergaben sich auf *deskriptiver Ebene* höhere Werte bei der Spielgruppe als bei der Lernsoftwaregruppe (vgl. Tabelle 5.8).

Die Gruppenunterschiede wurden wieder mittels multivariater Kovarianzanalyse (MANCOVA) mit dem Faktor „angezeigter Bezugsrahmen", dieses Mal aber mit der einzigen korrelierenden Kovariaten „negative Einstellung zu Lernspielen", auf Signifikanz geprüft. Zur Auswertung der multivariaten Ergebnisse wurde wieder die Pillay-Spur herangezogen. Dabei ergaben sich im multivariaten Gesamtkonstrukt keine signifikanten Effekte, jedoch statistische Trends mit hoher Effektstärke für die Kovariate ($F(4, \ 47) = 2,17, p =,09, \eta_p^2 =,16$) und den Faktor ($F(4, \ 47) = 2,14, p =,09, \eta_p^2 =,15$). Ein Blick auf die Detailergebnisse der unvariaten Analysen förderte ein differenzierteres Bild zutage. Demnach hatte das korrigierte Modell mit Faktor und Kovariate einen signi-

---

[49]Die Skalen umfassten die Werte 1 (niedrig) bis 4 (hoch).

fikanten Einfluss mit hoher bzw. mittlerer Effektstärke auf die Entspannung ($F(2,\ 50) = 4,31, p =,02, \eta_p^2 =,15$) und Zufriedenheit ($F(2,\ 50) = 3,46, p =,04, \eta_p^2 =,12$); zudem zeigte sich ein statistischer Trend bei der Dimension Abwechslung ($F(2,\ 50) = 2,6, p =,08, \eta_p^2 =,09$) und Spannung ($F(2,\ 50) = 2,48, p =,09, \eta_p^2 =,09$), ebenfalls mit mittlerer Effektstärke. Auch hier schien die Kovariate einen stärkeren Einfluss auf die abhängige Variable zu haben als der Faktor: So hatte die negative Einstellung zu Lernspielen einen hoch signifikanten und starken Einfluss auf die Entspannung ($F(1,\ 50) = 8,61, p <,01, \eta_p^2 =,15$). Außerdem zeigte sich ein statistischer Trend mit knapp mittlerem Effekt bei der Wirkung der Kovariaten auf die Spannung ($F(1,\ 50) = 3,27, p =,08, \eta_p^2 =,06$) und ein knapp signifikanter, mittlerer Effekt bei der Abwechslung ($F(1,\ 50) = 3,96, p =,05, \eta_p^2 =,07$). Wird die Einstellung gegenüber Lernspielen konstant gehalten, hat der Faktor „Bezugsrahmen" einen signifikanten, mittleren Haupteffekt auf die Zufriedenheit ($F(1,\ 50) = 5,05, p =,03, \eta_p^2 =,09$).

Da die Kovariate offenbar das play-bezogene Unterhaltungserleben beeinflusst, wurden die Stichproben anhand ihres Mittelwerts der Kontrollvariablen „negative Einstellung zu Lernspielen" in die Gruppen Lernspielaverse (in der Stichprobe überdurchschnittlich negativ gegenüber Lernspielen eingestellt) und Lernspielaffine (in der Stichprobe überdurchschnittlich positiv gegenüber Lernspielen eingestellt) aufgeteilt.[50] Interessanterweise zeigte sich bei den *deskriptiven Ergebnissen*, dass die Lernspielaffinen bei allen Dimensionen der Unterhaltung (abgesehen von der Zufriedenheit) etwas unterhaltener waren, wenn ihnen das Lernspiel als „Lernsoftware" vorgestellt wurde. Das widerspricht der Ausgangshypothese. Auch hier wurde eine MANCOVA zur Analyse der Mittelwertdifferenzen auf Signifikanz eingesetzt. Allerdings hatte der kommunizierte Bezugsrahmen bei konstant gehaltener Kovariate keinen signifikanten Effekt. Ganz anders dagegen bei den lernspielaversen Personen: Auf *deskriptiver Ebene* bewertet Gruppe E das Lernspiel auf allen Dimensionen der Unterhaltung schlechter als Gruppe S (siehe Tabelle 5.9). Wird die Kovariate konstant gehalten, hat der Faktor „kommunizierter Bezugsrahmen" einen sehr signifikanten und starken Effekt auf die Zufriedenheit ($F(1,\ 23) = 8,15, p <,01, \eta_p^2 =,26$) und einen gerade noch signifikanten, starken Effekt auf die Spannung ($F(1,\ 23) = 4,37, p =,05, \eta_p^2 =,16$) (siehe auch Abbildung 5.4). Zudem ergibt sich ein statistischer, knapp nicht

---

[50] Wobei anzumerken ist, dass die Lernspielaversen zwar ein wahrhaft düsteres Bild von Lernspielen hatten (M=4,25, SD=,62 auf einer Skala von 1–5, wobei höhere Skalenwerte eine negativere Einstellung repräsentieren), die Lernspielaffinen den Lernspielen bei Weitem nicht so freundlich wie die Lernspielaversen negativ gesinnt waren. Ihre Haltung ist mit „milde gesinnt" treffender umschrieben (M=2,47, SD=,72).

Variable	lernspielaffine VPn		lernspielaverse VPn	
	Gruppe E	Gruppe S	Gruppe E	Gruppe S
Abwechslung/ Zerstreuung	3,13 (,61)	2,82 (,65)	1,95 (,82)	2,69 (1,09)
Entspannung	2,92 (,67)	2,6 (,74)	1,71 (,83)	1,92 (,67)
Spannung/ Neugier	2,79 (,84)	2,5 (,7)	1,61 (,71)	2,42 (,93)
Zufriedenheit	2,75 (,75)	2,8 (,68)	1,71 (,99)	2,83 (1,03)

Tabelle 5.9: Mittelwerte und Standardabweichungen der Unterhaltung, nach Einstellung der Versuchspersonen zu Lernspielen getrennt. Bei den lernspielaversen Versuchspersonen sind die Differenzen in Spannung/Neugier und Zufriedenheit signifikant ($p \leq ,05$); zudem deutet sich bei diesen Personen ein statistischer Trend in der Dimension Abwechslung/Zerstreuung an ($p \leq ,1$).

mehr signifikanter Trend mit knapp starkem Effekt bei der Abwechslung ($F(1, 23) = 4,01, p = ,06, \eta_p^2 = ,15$). Lediglich die Dimension „Entspannung" wurde nicht signifikant beeinflusst.

Die Ergebnisse der MANCOVA legen nahe, die Ausgangshypothese H2 in ihrer Ursprungsform zurückzuweisen: Die Mittelwertunterschiede zwischen den Gruppen mit den unterschiedlich angezeigten Bezugsrahmen sind auf Basis der Signifikanztests eher nicht vom Stichprobenergebnis auf die Gesamtpopulation generalisierbar. Es können damit vorerst keine grundlegenden Aussagen über Richtigkeit oder Falschheit des Modells in dieser Form getroffen werden. Allerdings erscheint es aufgrund des durchaus vorhandenen statistischen Trends beim Einfluss des Bezugsrahmens auf die gesamte Unterhaltung ratsam, die H2 in der Ausgangsform nur unter Vorbehalt zurückzuweisen: Eine Tendenz zum Einfluss des Bezugsrahmens bei konstant gehaltener Einstellung zu Lernspielen auf das gesamte Unterhaltungserleben deutet sich durchaus an. Die Effektstärken in der Stichprobe suggerieren ebenfalls, dass die angestellten Vermutung nicht abwegig sind.

Es bietet sich aufgrund der differenzierten Ergebnisse der Detailanalysen an, die H2 zu exhaurieren: Schließlich hat der Bezugsrahmen einen signifikanten Einfluss auf die Unterhaltungsdimension „Zufriedenheit":

$H2a$: Bei der symbolischen Anzeige des Bezugsrahmens „Ernst" sind Zufriedenheit und Spannung bei Personen mit überdurchschnittlich negativer Einstellung zu Lernspielen auch bei gleichem Lernspiel niedriger als bei der symbolischen Anzeige des Bezugsrahmens „Spiel": $\mu_{zs}^E < \mu_{zs}^S$.

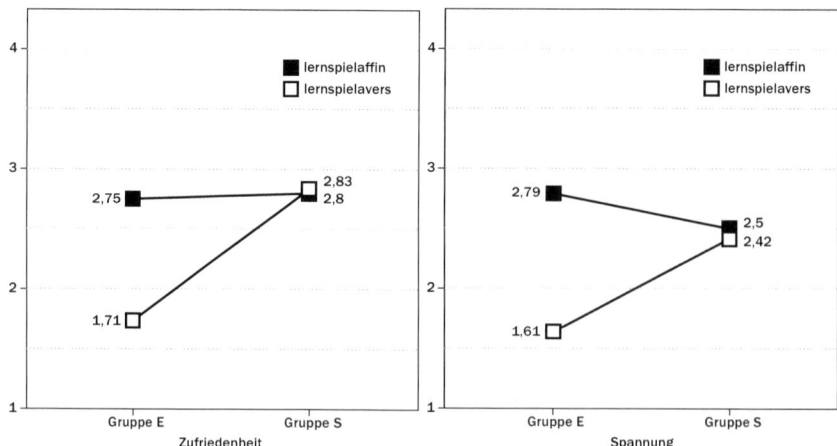

Abbildung 5.4: Bei den lernspielaversen Personen hat der kommunizierte Bezugsrahmen signifikanten Einfluss auf Zufriedenheit und Spannung.

Diese Hypothese kann anhand der deskriptiven Stichprobenergebnisse und der Signifikanztests angenommen werden. Es lässt sich zudem festhalten, dass sich ein deutlicher, wenn auch nicht signifikanter statistischer Trend bzgl. der Abwechslung andeutet.

Zusammenfassend kann die Hypothese zum Einfluss der Unterhaltung in ihrer Ursprungsform vorerst zwar nicht bestätigt werden, wohl aber in exhaurierter Form.

5.5.2 Diskussion

Einschätzung der Ergebnisse der Signifikanztests

Auch bei der Untersuchung des Zusammenspiels von symbolisch angezeigtem Bezugsrahmen und Unterhaltung stellt sich vor der inhaltlichen Interpretation der Ergebnisse die Frage nach der Teststärke und der Gefahr, die Forschungshypothesen fälschlicherweise zurückzuweisen. Würde die Population die vermuteten Zusammenhänge aufweisen, wie hoch war dann die Chance, mit der hier erfolgten Untersuchung auch ein signifikantes Ergebnis zu erzielen? Da auch bei der Untersuchung der Unterhaltung die Varianzanalyse verwendet wurde, ließen sich die Teststärken zu den multi- und univariaten Tests post-hoc bestimmen. Auch hier fallen die Teststärken insgesamt gering aus – mit einigen Ausnahmen. Die Gründe liegen auch hier in erster Linie in der unvorhergesehenerweise zu klein gewordenen Stichprobe und den teils niedriger als vermutet ausgefallenen Effektstärken.

Bei der nicht nach der Einstellung gegenüber Lernspielen aufgeteilten Stichprobenuntersuchung betrug die Teststärke je nach Variable zwischen 6 und 65 %. Während bei den univariaten Tests zur Wirkung des Bezugsrahmens auf Abwechslung, Entspannung und Spannung selbst bei in Wahrheit korrekter H2 eher wenig Chance auf ein signifikantes Ergebnis bestand, betrug die Wahrscheinlichkeit eines signifikanten Ergebnisses im Falle einer in der Population geltenden H2 beim multivariaten Gesamtkonstrukt (mit verrechneter Kovariate) und bei der Wirkung der Bezugsrahmenanzeige auf die Zufriedenheit jeweils nicht ganz zwei Drittel.[51] Der Faktor „Bezugsrahmen" und die Kovariate „negative Einstellung gegenüber Lernspielen" erklären aber zwischen grob 5 und 11 % der Gesamtvarianz und schwanken damit zwischen kleinen und mittleren Effektstärken.[52] Damit ist es schwer zu beurteilen, ob der Bezugsrahmen in der Population tatsächlich ausschließlich auf die Zufriedenheit wirkt oder ob bei angemessenerer Stichprobengröße nicht auch die Mittelwertdifferenzen in den anderen Dimensionen und dem multivariaten Gesamtmodell signifikant geworden wären. Die Ursachen der geringen Varianzaufklärung hingegen dürften auf inhaltlicher Ebene zu suchen sein (s. u.)

Die Teststärke nimmt zu, wenn die Stichproben nach lernspielaversen und lernspielaffinen Versuchspersonen getrennt betrachtet werden. Während die Teststärke im multivariaten Gesamtmodell bei den Lernspielaffinen mit 41 % ebenfalls eher niedrig ist, beträgt sie bei den Lernspielaversen immerhin 58 % – von einem vertrauenswürdigen Signifikanztest kann hier aber immer noch nicht gesprochen werden. Die Teststärken der unter den Lernspielaversen geprüften Einzeldimensionen der Unterhaltung betragen je nach Variable zwischen 14 und 83 %.[53] Damit sind die Teststärken auch hier nicht ideal, aber brauchbarer als in den übrigen Tests. Die Varianzaufklärung des Gesamtmodells für die einzelnen Variablen sind ebenfalls brauchbarer als in den übrigen Tests.[54] Insbesondere hinsichtlich der Zufriedenheit erklären negative Einstellung zu Lernspielen und Anzeige des Bezugsrahmens knapp 21 % der Gesamtvarianz unter

---

[51] Multivariates Gesamtmodell 65 %, Abwechslung 12 %, Entspannung 6 %, Spannung 17 % und Zufriedenheit 62 %

[52] Die Werte für das korrigierte R2 betragen im Falle der Abwechslung ,06, bei der Entspannung ,11, bei der Spannung ,05 und bei der Zufriedenheit ,09.

[53] Abwechslung 54 %, Entspannung 14 %, Spannung 57 %, Zufriedenheit 83 %

[54] Die Werte für das korrigierte R2 betragen bei der Abwechslung ,08, bei der Entspannung -,06, im Fall der Spannung ,14 und bei der Zufriedenheit ,21.

den lernspielaversen Personen. Das ist zwar nach statistischer Konvention ein starker Effekt, jedoch wäre es interessant zu wissen, worauf sich die verbleibende, nicht durch das Modell aufgeklärt Varianz zurückführen lässt. Infrage kommen Messfehler und Lücken im Modell. Im Fall von Messfehlern wäre die Operationalisierung des Unterhaltungserlebens kritisch zu hinterfragen. Über die Reliabilität des Instruments konnte im Rahmen der Itemanalyse ein positives Urteil gefällt werden (vgl. S. 250 ff. in diesem Buch). Wie aber steht es mit der *Validität*? Ist die Skala von Klimmt (2006a) tatsächlich geeignet, die play-bezogene Unterhaltung trennscharf zu den Unterhaltungsmechanismen des Konstrukts zu erfassen? Bildet sie alle Dimensionen des Konstrukts ab oder sind bestimmte, hier interessierende Aspekte durch die Maschen des Messinstruments gefallen? Ist Klimmts Skala auch für Realschüler der hier untersuchten Altersklasse geeignet?[55] Insbesondere stellt sich die Frage, ob durch die Kürzung der Skala zur Messung des Unterhaltung um einige Items ein Informationsverlust eingetreten ist. Es ist jedoch auch denkbar, dass über den Bezugsrahmen hinausgehende, bedeutsame Einflussfaktoren übersehen wurden. Dies führt zu den inhaltlichen Schlussfolgerungen bezüglich des Modells.

Inhaltliche Schlussfolgerungen

Zusammengefasst und nach den ermittelten Signifikanzen geordnet stellen sich die Ergebnisse der empirischen Untersuchung folgendermaßen dar: Mit relativer Sicherheit lässt sich sagen, dass die Einstellung gegenüber Lernspielen einen stärkeren Einfluss auf die Gesamtunterhaltung als der angezeigte Bezugsrahmen hat. Insgesamt leidet die Zufriedenheit, wenn die Lernspielsituation als „Ernst" angekündigt wird. Besonders stark trifft dies Schüler mit negativer Einstellung gegenüber Lernspielen, bei denen zudem auch die Spannung/Neugier leidet. Andeutungsweise zeigt sich, dass die lernspielaversen Personen auch die Abwechslung/Zerstreuung geringer empfinden, wenn das Lernspiel als „Ernst" angezeigt wird. Eher unsicher sind die Befunde, dass Schüler mit positiver Einstellung gegenüber Lernspielen die Interaktion mit diesen in allen Dimensionen der Unterhaltung außer der Zufriedenheit besser bewerten, wenn ihnen das Konstrukt als „ernste" Software angekündigt wird. Personen mit negativer Einstellung gegenüber Lernspielen dagegen könnten auch die letzte Unterhaltungsdimension, die Entspannung, in einer als

---

[55]Die Skala wurde von Klimmt (2006a, S. 122) bei Probanden mit einem um zehn Jahre höheren Durchschnittsalter verwendet.

Ernst angezeigten Situation niedriger bewerten als in einer als Spiel angezeigten. Damit würden sie beim Umgang mit ein und demselben Lernspiel alle Unterhaltungsdimensionen im Ernst niedriger bewerten als im Spiel. Insgesamt zeigt sich damit, dass die Hypothese H2 zur Unterhaltung zwar nicht so pauschal zutrifft wie in der eingangs getroffenen Formulierung, dass es aber durchaus einen Einfluss des angezeigten Bezugsrahmens auf die Unterhaltung bei Game-based Learning gibt – unabhängig vom konkreten Lernspielkonstrukt. Im Falle der lernspielaversen Personen ist dieser Effekt stark und umfassend sowie in der Stichprobe teils überzufällig. Für Personen mit eher aufgeschlossener Haltung gegenüber Lernspielen gilt dies nicht, eventuell ist sogar das Gegenteil der Fall. Es kann nur gemutmaßt werden, ob ihre gemessene, meist sogar höhere Unterhaltung auf zufällige Einflüsse zurückzuführen ist oder systematischen Zusammenhängen unterliegt.

Mit 26 % Varianzaufklärung liegt die Effektstärke hinsichtlich der Zufriedenheit der lernspielaversen Personen nach statistischer Konvention im hohen Bereich. Effektstärken bezüglich anderer Komponenten des Unterhaltungserlebens sind niedriger, aber (abgesehen von der Entspannung) immer noch stark. Womöglich würde eine Ausarbeitung des Modells sogar zu noch differenzierteren und deutlicheren Ergebnissen führen. Wo man bei einer solchen Ausarbeitung ansetzen könnte, soll exemplarisch und ohne Anspruch auf Vollständigkeit kurz ausgeführt werden. Ein Indiz für das Erklärungspotenzial einer Ausdifferenzierung liefert bereits der starke und signifikante Einfluss der Einstellung auf die Unterhaltung, der die Wirkung des Bezugsrahmens zu übertreffen scheint. Der unterstellte Einfluss des Bezugsrahmens ist also nicht falsch, aber er wurde in dieser Untersuchung im Voraus vermutlich zu pauschal eingeschätzt. Nun gilt es, weitere Einflussfaktoren auf die play-bezogene Unterhaltung zu identifizieren und zu quantifizieren. Praktischerweise liefert das handlungstheoretische Rahmenmodell Essers einen formalen Rahmen, der die Kategorien potenzieller Einflussgrößen benennt: interne und externe Rahmenbedingungen der Situationslogik.

Die internen Bedingungen einer Situation bestehen aus dem Wissen und den Werten eines Akteurs. Die Werte bestimmten die Ziele und Präferenzen eines Akteurs für Mittel, diese Ziele zu erreichen, sowie den persönlichen Nutzen, den er aus ihnen zieht. Hierin wurde im Vorfeld der Untersuchung die Einstellung gegenüber Lernspielen eingeordnet, und ihr Einfluss trat in der statistischen Auswertung überdeutlich zutage. Es bietet sich an, im Umfeld der persönlichen Werte nach weiteren Faktoren zu suchen, die die Unterhaltung aus der Interaktion mit Lernspielen bedin gen. Exemplarisch könnte etwa vor einer weiteren Untersuchung gefragt werden: Worauf basiert eine negative Haltung gegenüber Lernspielen – tatsächlich auf einer damit assoziierten „Bildungsgängelei", die sich in die freizeitlichen Rückzugsräume der Jugendlichen einmischt und das Medium, das eigentlich der Erholung dient, zum zweckdienlichen Lerninstrument missbraucht? Oder auf negativen Erfahrungen mit schlechten Lernspielen, die zu Vorurteilen gegenüber allen Edutainment-Medien geführt haben, sodass ein Medium unabhängig von seinem Gameplay allein aus Prinzip „abgestraft" wird, wenn es Assoziationen an Bildungsmedien weckt? Welche Rollen spielen individuelle Leistungsmotive für die Akzeptanz von Lernspielen? Werden Lernspiele von vielen Jugendlichen auch als nützliche *und* unterhaltende Medien begriffen? Mit welchen personalen Faktoren erhöht sich die Präferenz für Game-based Learning? Auch das Wissen der Akteure sollte bei einer Berücksichtigung der Einflussfaktoren auf das Unterhaltungspotenzial von Game-based Learning differenzierter betrachtet werden. Es enthält nach Esser Informationen über die Geltung und Eigenschaften bestimmter kultureller Modelle sowie über die von diesen erwartbaren Nutzen und Kosten. Mit Kenntnis entsprechender Wissensstrukturen lassen sich Erwartungen der Akteure über die Auszahlungen einer Situation und des Handelns in dieser ableiten: Beruhen die nicht aufgeklärten Teile der Varianz auf unterschiedlichen Vorerfahrungen über den Nutzen von Lernsoftware? Erklärt sich die höhere Unterhaltung von Schülern mit positiver Einstellung zu Lernspielen gegenüber einem als „Lernsoftware" bezeichneten Medium daraus, dass sie in ihrem konkreten Bezugsumfeld mit Lernspielen/Lernprogrammen üblicherweise größeren sozialen Nutzen generieren können als mit reinen Computerspielen?

Das Wissen stellt über die internalisierten sozialen Strukturen den Schnittpunkt des Subjekts zu seiner Umwelt, zu den *externen Bedingungen* dar. Weitere Varianzanteile lassen sich womöglich über unterschiedliche institutionelle Strukturen und kulturelle Frames im direkten Umfeld der Schüler aufklären. Die Unterrichtskultur innerhalb der Klassen scheint nicht so bedeutsam zu sein – sonst wäre es nicht zu so starken Varianzen auch innerhalb der Klassen gekommen (die Stichproben folgten ja nicht den natürlichen Gruppen der Klassen, sondern die Schüler wurden auch innerhalb der Schulklassen randomisiert). Spontan fallen frühere Schulerfahrungen/Bildungsbiografie, Familie, Peers und mediale Lebenswelten der Jugendliche in den Kreis der „verdächtigen" Teilkulturen, die mit jeweils unterschiedlichen Institutionen, Produktionsfunktionen und Modellen von Bezugsrahmen auf die Unterhaltung bei Game-based Learning wirken. Hier könnte anhand Essers Modell nach unterschiedlich ausgeprägten Kovariaten/Faktoren bei der Rezeption gesucht werden: Sind die Schüler in Freundeskreisen versammelt, die eigene Normen bzgl. Lernspielen pflegen und verbreiten? Welcher Medienumgang wird im Elternhaus gepflegt? Wurden über unterschiedliche Bildungswege verschiedene erwartbare Nutzbarkeiten von Lernspielen und Edutainmentmedien etabliert? Wurde die Bildung als harte Arbeit mit Sanktionen im Falle von Fehlschlägen etabliert, in der Unterhaltung keinen Wert hat, sodass Lernspiele als eine willkommene Abwechslung von der unfreundlichen „Lernarbeit" betrachtet werden? Oder machen sie gerade aufgrund eines derartigen sozialisatorischen Hintergrunds weniger Spaß, weil mit ihnen eine Aura der Fremdkontrolle, der drohenden Sanktionen und des Erwartungsdrucks assoziiert wird? Vielleicht wurde jedoch im Rahmen der Bildungssozialisation das Lernen als freies, leichtes und unterhaltsames Tun internalisiert, sodass auch Lernmedien mit hohen Unterhaltungswerten verbunden werden anstatt mit Restriktionen, die play-bezogene Unterhaltungsmechanismen reduzieren.

Eine Vielzahl weiterer, potenzieller Einflussfaktoren ist denkbar, mit denen sich das Modell optimieren ließe. Essers Konzept bietet, wie die kurze und exemplarische Schilderung im vorherigen Absatz zeigen soll, einen guten Orientierungspunkt, um in die Tiefe der komplexen Beziehungen einzutauchen. Die kulturellen Bezugsrahmen stellen meines Erachtens einen Punkt dar, an dem sich – je nach kommuniziertem Code – die Ausprägungen anderer Einflussfaktoren auf die Unterhaltung kristallisieren: institutionelle, kulturelle und personale Hintergründe eines Akteurs. Sie müssen in Form der Brückenhypothesen inhaltlich ausgearbeitet werden. Dafür braucht es aktuellen und empirisch belastbaren „content". Essers Modell liefert aber nur einen formalen Anknüpfungspunkt, nicht konkrete inhaltliche Strukturen in Form der inhaltlichen Ausprägungen der Rahmenbedingungen. Der Tiefe und Komplexität bei der Erfassung dieser Strukturen werden in einem ersten Schritt meines Erachtens nur qualitative Verfahren gerecht. Für ein weiteres Vorgehen sollten daher anhand Essers Modell die internen und externen Bedingungen aus der Situationslogik vor dem Hintergrund von Game-based Learning bei der Zielpopulation qualitativ erfasst werden: Wie stehen junge Menschen zu Bildung, wie zu Lernspielen? Was ist ihnen hinsichtlich ihrer Unterhaltung und ihrer Bildung wichtig, welche Präferenzen haben sie bei den Mitteln und Wegen, ihre Ziele zu erreichen, und worauf beruhen diese? Wie sind die Bezugsumgebungen hinsichtlich der Produktionsfunktionen und Institutionen für Bildung und Unterhaltung beschaffen, welche kulturellen Modelle existieren im Bezugsumfeld? Mit dem Wissen über die Qualität der relevanten Rahmenbedingungen sollten dann in einem zweiten Schritt zuverlässige Instrumente zur quantitativen Erfassung der potenziellen, über den die Anzeige des Bezugsrahmens hinausgehende Einflüsse konstruiert werden. Auch die Operationalisierung der abhängigen Variablen sollte geprüft werden: Deckt Klimmts Skala die playbezogenen Unterhaltungsmechanismen umfassend und valide ab? Mit einem derart revidierten Untersuchungsdesign ließen sich vermutlich der Aufklärungsanteil der Gesamtvarianz und damit der Erkenntnisgewinn erhöhen. Insbesondere, wenn die Stichprobe groß genug gewählt wird, um eine mehrfaktorielle Varianzanalyse durchzuführen und eventuelle Interaktionseffekte zwischen den Einflussfaktoren aufzudecken.

Den begegneten Problemen zum Trotz muss gesagt werden, dass sich das Bild im Falle der Unterhaltung durchaus so abzeichnet, wie es im Voraus vermutet wurde. Der Bezugsrahmen hatte einen Einfluss auf die Unterhaltung, und allein die unterschiedliche Bezeichnung und Inszenierung eines Lernspiels beeinflusste (je nach Einstellung zu Lernspielen) die Unterhaltung in überzufälliger Weise. Angesichts der sich abzeichnenden statistischen Trends ist es denkbar, dass die gleiche Untersuchung bei einer größeren Stichprobe mit höherer Teststärke mehr signifikante Ergebnisse produziert hätte – zumindest unter den Lernspielaversen. Der universelle Anspruch mancher Game-based-Learning-Verfechtern an das prinzipielle Motivationspotenzial von Lernspielen ist damit nicht haltbar. Es kommt in einem nicht zu vernachlässigendem Umfang darauf an, ob die Situation als Spiel oder Ernst dargestellt wird – ein und dasselbe Spielkonstrukt unterhält abhängig von der Anzeige des sozialen Bezugsrahmens mal mehr, mal weniger – sogar, wenn der Bezugsrahmen im gleichen Schulumfeld variiert wird. Insofern ist das Ziel der Untersuchung erreicht: Es wurde gezeigt, dass der Bezugsrahmen einen Unterschied ausmachen kann und daher nicht vernachlässigt werden darf. Das Lernspielkonstrukt und persönliche Einstellungen sind nicht alleinige Faktoren bei der Beurteilung des Motivationspotenzials. Nun können die detaillierten Feinarbeiten begonnen und die weiterführende Fragen angegangen werden.

Auch hier sollte abschließend abgeschätzt werden, inwiefern sich aus den Befunden Konsequenzen für die praktische pädagogische Arbeit ableiten lassen. Anhand der signifikanten Ergebnisse liegt es nahe, gegenüber der hier adressierten Zielpopulation bei Game-based Learning tunlichst jede Art von Bildungsbezug zu verheimlichen – sofern man es nicht mit gegenüber Lernspielen ausschließlich positiv eingestellten Schülern zu tun hat. Schließlich zeigten sich die lernspielaversen Personen, wenn das Lernspiel als Lernangebot inszeniert wurde, in ihrer Unterhaltung stark beeinträchtigt und hatten offenbar mehr Vergnügen, wenn ihnen das Medium als reines Computerspiel verkauft wurde. Zumindest in dieser Studie wurden durch die Anzeige des Bezugsrahmens keine signifkanten Einbußen in der Rezeption nachgewiesen (obgleich sie aber auch nicht ausgeschlossen werden können). Auch waren die Lernspielaffinen ob der Benennung als „Spiel" nicht signifikant geringer unterhalten. In der Konsequenz liegt es somit nahe, der 200 Jahre alten Empfehlung Ernst Christian Trapps zu folgen: „Soll euch die Absicht eures Spielens nicht mißlingen, so verbergt sie vor den Kindern" (Trapp, zitiert in Scheuerl 1991, S. 25). Zumindest bei der hier adressierten Zielpopulation erreicht man offenbar mehr damit, seine Schüler an der Nase herumzuführen und ihnen die „bittere Lernpille" heimlich ins favorisierte Essen zu mischen. Allerdings erfolgt diese Empfehlung ohne Gewähr: Diese Untersuchung leistet Pionierarbeit und die ausgebliebene Signifikanz bei den negativen Effekten der Anzeige des Bezugsrahmens als „Spiel" (weniger Rezeption bei den Mädchen, weniger Unterhaltung bei den lernspielaffinen Personen) könnte auch auf die geringe Teststärke zurückzuführen sein. Die Erkenntnisse sollten in der Praxis daher unter Vorbehalt umgesetzt werden. Abschnitt 6.2 diskutiert auf Basis der empirischen Befunde einige Implikationen für das zugrunde liegende handlungstheoretische Modell und die wissenschaftliche Fortführung.

5.6 Benennung des Lernspiels

Abschließend soll noch auf eine rein interessehalber bezogene Frage an die Probanden eingegangen werden. Es handelt sich um das letzte Item aus dem letzten Fragebogen: „Das Flash-Programm, das du eben getestet hast, haben wir immer ‚Spiel'/‚Lernprogramm'[56] genannt. Aber vielleicht ist das ja gar kein guter Name. Welche der drei Bezeichnungen findest du am passendsten?" Als Antwort konnten die Probanden aus den Optionen „Spiel", „Lernprogramm" und „Lernspiel" wählen. Das Item sollte erfassen, ob und in welchem Umfang die Realität des Lernspielkonstrukts die während der Stimuli verwendeten Begriffe überstimmt. Die meisten Versuchspersonen jeder Gruppe wählten die Antwort „Lernspiel". Den zweiten Platz erreichte der jeweils gruppenspezifisch verwendete Begriff. Auch die jeweils gegenteilige Bezeichnung wurde von den

---

[56]In Gruppe E wurde der Begriff „Lernprogramm" verwendet, in Gruppe S der Begriff „Spiel".

	„Spiel"	„Lernpro-gramm"	„Lernspiel"	Summe
Gruppe E	3	7	17	27
Gruppe S	9	7	11	27
Summe	12	14	28	54

Tabelle 5.10: Abschließende Bennenung des Lernspiels in Abhängigkeit zur Gruppenzugehörigkeit

Probanden gewählt, jedoch am seltensten (vgl. Tabelle 5.10). Ein Chi-Quadrat-Test ($\alpha = ,05$) offenbarte keine signifikanten Zusammenhänge zwischen der Gruppenzugehörigkeit der Probanden und ihren Antworten ($\chi^2 = 4,29, p = 1,17$).

Um eventuelle Zusammenhänge zwischen der Benennung des Lernspiels durch die Probanden und den abhängigen Variablen aufzudecken, wurden wieder für Rezeption und Unterhaltung jeweils die Mittelwerte verglichen und eine multivariate Kovarianzanalyse durchgeführt. Es war zu vermuten, dass sich hier keine systematischen Effekte zeigen würden, da das Konstrukt zwar von den Probanden nach bestimmten, subjektiven Kriterien benannt werden konnte, der soziale Bezugsrahmen durch die Stimuli aber „objektiver" gesetzt war und über seine sozialen Produktionsfunktionen und institutionalisierten Regeln deutlich mehr Einfluss auf Rezeption und Unterhaltung haben müsste. Dem war offenbar auch so: Bei den Mittelwerten der Unterhaltungsdimensionen lassen sich keine auffälligen Beziehungen zur Bezeichnung des Mediums durch die Probanden feststellen. Mal fällt die Bewertung derjenigen höher aus, die das vorgesetzte Medium als Lernprogramm bezeichneten, mal die derjenigen, die es „Spiel" nannten (das „Lernspiel" erreichte übrigens nie den ersten Platz). Die Reihenfolgen wechseln von Dimension zu Dimension. Jede Bezeichnung landete in irgendeiner der Dimensionen auch einmal auf dem letzten Platz. Zudem liegen die Mittelwerte relativ nah beieinander. Die Differenzen zeigen keinerlei Signifikanzen hinsichtlich der Wirkung des Faktors „gewählte Medienbezeichnung", und auch die Effekte sind unbedeutend. Die Teststärke für das multivariate Gesamtmodell betrug immerhin 68 %, die der univariaten Tests lag jedoch weit darunter.[57]

Auch bei der Rezeption finden sich keine systematischen Zusammenhänge zwischen der Benennung des Mediums durch die Probanden und ihrer Rezeption. Mal unterstellten jene Probanden, die das Konstrukt als

---

[57]Abwechsung 6 %, Entspannung 7 %, Spannung 8 %, Zufriedenheit 6 %

Lernprogramm bezeichneten, diesem eine höhere Glaubwürdigkeit, mal jene, die es als Lernspiel bezeichneten. Den höchsten Lerneindruck hatten in den untersuchten Stichproben jene Probanden, die auf die letzte Frage mit der Option „Lernprogramm" antworteten. Lediglich die Bezeichnung „Spiel" landete stets auf dem letzten Platz der Rezeptionsdimensionen. Keiner der Werte, auch nicht im multivariaten Gesamtkonstrukt, ist signifikant. Die Effektstärken fallen zu niedrig aus, um ihnen Bedeutung beimessen zu können. Die Teststärke des multivariaten Gesamtkonstrukts lag bei 63 %, die der univariaten Signifikanztests darunter.[58]

Die Benennung des vorgesetzten Mediums durch die Probanden scheint also keine systematische Auswirkung auf die Rezeption und die Unterhaltung zu haben. Zwar sind die Teststärken innerhalb der einzelnen Dimensionen gering, aber für die beiden multivariaten Gesamtmodelle ergibt sich immerhin, dass die Signifikanztests im Falle eines tatsächlichen systematischen Zusammenhangs zwischen subjektiver Benennung und Rezeption/Unterhaltung mit 63- bzw. 68-prozentiger Wahrscheinlichkeit ein signifikantes Ergebnis hätten liefern müssen. Es scheint daher so, als trete die eigene Namensgebung hinter die „objektive" soziale Situation zurück: Bei dieser deuteten sich zumindest bei der Unterhaltung weit mehr systematische Einflüsse an. Die „objektive" Definition der Gesamtsituation als Spiel oder Ernst hat also wie vermutet anscheinend eine stärkere Wirkung als die subjektive Definition der Medien innerhalb einer sozialen Situation. Und der Einfluss der objektiven, situativen Wirklichkeit auf das Handeln der Akteure ist ja auch eine der Hauptprämissen aus Kapitel 4. Es erscheint also weiterhin gerechtfertigt, von Game-based Learning als sozialem Prozess zu sprechen und die Bedeutung des situativen Kontexts hervorzuheben.

---

[58]AV1a 18 %, AV1b 12 %, AV1c 47 %

Kapitel 6

Gesamtdiskussion

6.1 Zusammenfassung

In Kapitel 1 wurde der Spielbegriff behandelt. Von zentraler Bedeutung für die gesamte Arbeit war die Unterscheidung zwischen der Handlungs- und Rahmungsdimension des Spielens (Play) und der Konstruktdimension der Spiele (Games). Das *Spielen* wurde als ein mit bestimmten Eigenschaften versehenes Handeln beschrieben: frei und folgenlos, außeralltäglich, spannend, zweckfrei, zeitlich und räumlich begrenzt, mit Regeln verbunden und scheinhaft. In der Summe dieser Eigenschaften stellt das Spielen den Gegenpol zu Ernst- und Arbeitshandlungen dar, die oft nicht frei, mit Folgen verbunden, alltäglich, zweckorientiert, authentisch etc. sind. Game-based Learning, so wurde geschlussfolgert, kann daher vom Spiel zur Arbeit werden, wenn äußere Zwecke, Folgen und Authentizitätsansprüche ins Blickfeld geraten. *Videospiele* wurden als mediale Konstrukte charakterisiert, die einen abstrakten Kern mit Spielregeln und -mechaniken aufweisen, welcher in eine semantische und symbolische Spielhülle eingebettet ist. Die allegorische Verknüpfung der äußeren Zeichen mit dem inneren Kern ist meines Erachtens ein wesentliches Merkmal von Videospielen. Ganz wie das Play tun auch Videospiele „nur so als ob": Denn erstens sind auch sie nicht „ernst gemeint", und zweitens verweisen ihre Symbole nicht auf das, was sie in der Realität bezeichnen würden, sondern auf Instanzen der abstrakten Spielmechanik.

Kapitel 2 behandelte Lernprozesse und Unterhaltung bei(m) Spielen. Bei beiden wurde die im ersten Kapitel getroffene Unterscheidung zwischen Play und Game fortgeführt, und die potenziellen Auswirkungen wurden jeweils nach beiden Dimensionen des Spielbegriffs differenziert. Bei den Lernprozessen hat das Spielen kraft seiner Wesensmerkmale entwicklungsfördernde Wirkung: Vorübung, Kompensation/Sozialisation, Exploration und Kreativitätsförderung sind nur möglich dank solcher Merkmale wie Scheinhaftigkeit und Folgenlosigkeit. Videospiele wiederum machen häufig systematischen Gebrauch von didaktischen Prinzipien, die sie theoretisch zu potenten Lernumgebungen machen müssten. Der

Forschungsstand zu Lerneffekten bei Computerspielen zeigt indes ein gemischtes Bild: Während vor allem jene psychomotorischen und kognitiven Fähigkeiten und Fertigkeiten trainiert werden, die das Videospielen beansprucht, ist der Forschungsstand zum Erwerb von Wissen und Werten widersprüchlich und mager. Liegt dies daran, dass virtuelle Spiel- und reale Lernwelten unterschiedliche Bedeutungskontexte darstellen, sodass ein Informationstransfer von der einen in die andere Welt unterbleibt? Die motivationalen Folgen der Handlungs- und Rahmungsdimension beruhen auf dem Vergnügen, das vom Spielen ausgeht. Dieses wiederum ist, wie die lernförderlichen Wirkungen auch, eine Folge der Wesensmerkmale des Spielens. Der Nicht-Ernst spielerischen Handelns in Form von Zweck- und Folgenlosigkeit, Freiheit, Außeralltäglichkeit und Selbstbestimmtheit macht das Spielen zu einer erholenden Tätigkeit, die Gelegenheit gibt, dem Ernst der Wirklichkeit zu entfliehen und Ressourcen aufzuladen, die durch die alltägliche Arbeit verbraucht werden. Videospiele wiederum verfügen über zusätzliche Unterhaltungsmechanismen, die sich auf drei Ebenen verorten lassen: Selbstwirksamkeitserleben, Spannung/Lösung und simulierte Lebenserfahrungen.

Kapitel 3 setzte sich konkret mit Game-based Learning auseinander. Um den unscharfen Lernspiel-Begriff präziser fassen zu können, wurde ein Klassifikationssystem digitaler Lernspiele vorgestellt, anhand dessen Lernspiele nach „Verspieltheit", didaktischer Methodik, Lernziel und Lerninhalt profiliert werden können. Daraufhin wurden die prominentesten Vor- und Nachteile spielbasierten Lernens, das Für und Wider bzgl. Game-based Learning dargestellt. Es lässt sich zusammenfassen, dass Lernspielkonstrukte zwar prinzipiell potente und unterhaltsame Lernumgebungen sein können, die Unterhaltung aber häufig am schlechten Gamedesign scheitert und die Instrumentalisierung des Spielens einen internen Widerspruch darstellt: Beim echten, freien Spielen drohen die pädagogischen Intentionen durch den „anarchistischen" Charakter des Spielens unterzugehen, während der Versuch, diesen Charakter zu unterbinden, das Spiel in seinem Wesen zerstört – und mit ihm womöglich auch die play-bezogenen Unterhaltungsmechanismen.

Die theoretischen Beiträge erlaubten die Konkretisierung der Fragestellung und ein erstes Zwischenfazit: Stehen Informations- und Motivationspotenzial von Game-based Learning in einer komplementären Beziehung? Ist für die authentische Information durch Lernspiele eine „Verernstung" notwendig, die das Game-based Learning aber seiner play-bezogenen Unterhaltungsmechanismen beraubt? Nach den bis dahin gewonnenen Erkenntnissen lautete die Antwort: ja. Denn sowohl das Spielen wie auch

Videospiele stellen andere Bedeutungswelten als die Realität dar, und ein Informationstransfer vom Spiel in die Realität erfolgt nur, wenn das Spiel als „ernstes Lernangebot" angesehen wird. Als solches enthält es jedoch automatisch nicht nur den Authentizitätsanspruch, sondern auch potenzielle Folgen, Funktionsdruck durch Zweckorientierung, Fremdbestimmung und andere Aspekte, die seinen Erholungswert und damit sein intrinsisches Motivationspotenzial auf play-bezogener Ebene reduzieren. Von zentraler Bedeutung für diesen postulierten Zusammenhang ist die Konstitution des subjektiven Handlungssinns. Im vorliegenden Buch wurde die Position vertreten, dass dieser Handlungssinn bei Game-based Learning als sozialer Prozess zu verstehen ist. Dieser war Gegenstand des darauffolgenden Kapitels, das auch ein formales Gerüst für die bislang nur lose verknüpften Einzelbeiträge aus der Theorie zur Verfügung stellen und die exemplarische, empirische Untersuchung der Zusammenhänge vorbereiten sollte.

Kapitel 4 ordnete die bisherigen Überlegungen in ein handlungstheoretisches Rahmenmodell ein. Das Konzept enthält zwei Logiken: Situationslogik und Selektionslogik. Die Situationslogik benennt die internen und externen Rahmenbedingungen sozialer Situationen. Interne Faktoren bestehen aus dem Wissen und den Werten der Akteure, externe aus sozialen Institutionen, kulturellen Bezugsrahmen und Symbolen sowie den materiellen Möglichkeiten des Handelns. Anhand dieser Faktoren lassen sich Situationen formal beschreiben, aber sie unterscheiden sich inhaltlich von Kultur zu Kultur. Die Selektionslogik erklärt das Handeln eines Akteurs kausal anhand der WE-Theorie. Sie hat den Anspruch, formal universell für alle Menschen zu gelten. Situations- und Selektionslogik werden, um das Handeln eines konkreten Akteurs zu erklären, über Brückenhypothesen verknüpft: Diese beschreiben inhaltlich die konkrete Situation eines Akteurs, rekonstruieren daraus die konkrete Ausprägung der sich ihm präsentierenden Parameter und liefern eine kausale Erklärung seines konkreten Handelns. Abschnitt 4.4 bildete die Brückenhypothesen vor dem Hintergrund der Fragestellung dieser Arbeit, indem die theoretischen Überlegungen aus den vorherigen Kapiteln mit Essers Situations- und Selektionslogik verknüpft wurden.

Damit waren die theoretischen Arbeiten dieser Abhandlung abgeschlossen. Sie mündeten in ein hypothetisches Endfazit, das die erweiterte Fragestellung anhand des integrierten Gesamtmodells theoriebasiert beantwortete: Spielen und institutionalisiertes Lernen sind unterschiedliche kulturelle Bezugsrahmen. Jeder Rahmen stellt durch soziale Produktionsfunktionen unterschiedliche Nutzen zur Verfügung: Erholung für das

Spielen, Bildung für das Lernen. Durch die inhaltliche Ausgestaltung der beiden Frames sind, so die Vermutung, beide Nutzen komplementär – Lernen ist eine ernste Angelegenheit und eine Ressourcen verbrauchende Arbeit, das Spielen eine zwanglose Tätigkeit, die die aufgezehrten Ressourcen auflädt. Die Rahmung einer Situation als Spiel oder Lernangebot ist zwar eine Selektion des Akteurs, aber sie folgt meist fraglos den durch kommunikative Symbole angezeigten Vorgaben in einer Situation. Ein und dasselbe Lernspiel kann also als Spiel oder als Lernangebot gerahmt werden, abhängig davon, wie es in einer institutionalisierten Bildungssituation inszeniert wird. Bei der Anzeige als „ernstes" Lernangebot erhöht sich gegenüber einer Anzeige als Spielangebot der wahrgenommene Nutzen als Informationsmedium und damit das Informationspotenzial des Lernspiels. Allerdings sinkt durch die damit verbundenen sozialen Verbindlichkeiten auch der Nutzen hinsichtlich der Erholung und so das play-bezogene Motivationspotenzial. Information und rahmungsbezogene Unterhaltung stehen, so die Schlussthese, bei Game-based Learning in einem komplementären Zusammenhang.

All die bisherigen Überlegungen wurden aus rein theoretischen Konzepten abgeleitet. Kapitel 5 ergänzte diese Arbeiten um eine empirische Facette. Die Untersuchung führte zu formalen und inhaltlichen Erkenntnissen: Auf methodischer Ebene zeigte sich, dass das gewählte experimenelle Design prinzipiell funktionierte, allerdings für weiterführende Studien eine Revision der Skalen zur Messung abhängiger Variablen und Kontrollvariablen angeraten ist. Auch sollte eine deutlich größere Stichprobe gewählt werden, weil in einem Feldexperiment der unvorhergesehene Wegfall von Probanden ohne Kompensationsmöglichkeit und die kleiner als vermutet ausfallenden Effektgrößen die Annahme der Forschungshypothesen erschweren. Auf inhaltlicher Ebene zeigte sich, dass die Inszenierung eines Lernspiels als reines Spiel zwar Teile der Unterhaltung gegenüber einer Darstellung als Ernst signifikant erhöhen kann (nämlich bei Personen mit negativer Einstellung gegenüber Lernspielen), aber die Rezeption der Inhalte nicht signifikant verringert. Es liegt jedoch der Verdacht nahe, dass hier weitere Einflussgrößen (insbesondere das Geschlecht) wirken, die bei der Beurteilung des Potenzials von Game-based Learning betrachtet werden sollten.

Insgesamt hat die vorliegende Arbeit einen Weg aufgezeigt, das pädagogische Potenzial von Game-based Learning differenzierter, systematischer und theoriegeleitet zu beurteilen. Innovative und nutzbringende Kernideen sind die Trennung der Dimensionen Play und Game, die Differenzierung der Spielwirkungen nach diesen Dimensionen und die Betrachtung von Spielhandlungen als Prozess, der von seinem konkreten sozialen Umfeld determiniert wird. Die Kombination von theoretischer und empirischer Arbeit hat gezeigt, dass in diesem Ansatz Potenzial steckt. Es lohnt sich, die Forschung auf Basis der gewonnenen Erkenntnisse zu vertiefen (zumal Arbeiten in diesem Bereich rar sind und ein hoher Bedarf an Theorie und systematischer, theoriebasierter empirischer Forschung besteht).

Für die präzisere Beurteilung der Ergebnisse dieser Arbeit muss zwischen formalen und inhaltlichen Facetten des handlungstheoretischen Modells unterschieden werden: Gegen die formale Modellierung der Zusammenhänge anhand der Selektionslogik und beteiligten situativen Rahmenbedingungen gibt es meines Erachtens keine Einwände. Die inhaltliche Ausgestaltung der Brückenhypothesen, die zur behaupteten Komplementarität von Informations- und Motivationspotenzial geführt haben, würde von an diese Untersuchung anschließender, vertiefender explorativer Forschung profitieren, da sie sich teils bewahrheitet, aber auch Fragen offen gelassen hat: Einerseits konnten in der empirischen Untersuchung signifikante Auswirkungen des angezeigten Bezugsrahmens auf Teile des Unterhaltungserlebens nachgewiesen werden. Andererseits war davon nur die überdurchschnittlich negativ gegenüber Lernspielen eingestellte Hälfte der Probanden betroffen. Zudem konnten keine übergreifenden signifkanten Unterschiede in der Rezeption nachgewiesen werden, es deuteten sich aber Trends zum Einfluss des Geschlechts an. Allerdings war es unter den gegebenen methodischen Umständen schwierig, signifikante Ergebnisse zu erzielen. Es ist daher zu früh, die Forschungshypothesen zu verwerfen. Die Kombination aus deskriptiven und analytischen Befunden sowie die geringe Teststärke legen daher die Vermutung nahe, dass sich bei zukünftiger, überarbeiteter Forschung zu diesen Fragen weitere hypothesenkonforme Ergebnisse erzielen lassen könnten, wobei allerdings neben dem Bezugsrahmen weitere interne und externe Rahmenbedingungen aufgegriffen werden müssten. Es ergeben sich somit einige Implikationen für die inhaltliche Ausgestaltung des handlungstheoretischen Rahmenmodells.

6.2 Implikationen

6.2.1 Rahmenmodell

Der symbolisch angezeigte Bezugsrahmen hat nach den Erkenntnissen der empirischen Untersuchung also tatsächlich eine tendenzielle Wirkung, insbesondere auf die Unterhaltung der Jugendlichen mit überdurchschnittlich negativer Haltung gegenüber Lernspielen. Insgesamt jedoch sind die empirisch beobachteten Wirkungen schwächer als auf Basis der Theorie angenommen. Heißt das, dass die Game-based-Learning-Befürworter recht haben und Lernspiele besser „funktionieren" als in dieser Arbeit angenommen? Nicht unbedingt. Es ist sogar im Gegenteil denkbar, dass sich die Beurteilung des pädagogischen Potenzials noch schwieriger als erwartet darstellt, da der Anteil der durch den angezeigten Bezugsrahmen aufgeklärten empirischen Varianz kleiner als eingangs vermutet ist. Es existieren also offenbar weitere Einflussfaktoren, die bei der Beurteilung des pädagogischen Potenzials zu berücksichtigen sind.

Formal besteht derzeit meines Erachtens kein Verbesserungsbedarf beim Modell: Es liefert einen soliden konzeptionellen Rahmen, der nicht durch die empirischen Befunde infrage gestellt wird. Inhaltlich jedoch, bei den unterstellten Ausprägungen der formalen Rahmenbedingungen und der Formulierung der Brückenhypothesen, zeigen sich Ansatzpunkte für eine Modifikation. Dafür wird die Zusammenführung der theoretischen Fragmente aus den ersten drei Kapiteln mit Essers Modell kurz behandelt und vor dem Hintergrund der empirischen Befunde diskutiert. Im Vordergrund stehen die wesentlichen Randbedingungen nach Esser: Wissen/Werte, Institutionen/Produktionsfunktionen und kulturelle Bezugsrahmen/Symbole.

Wissen und Werte

In der Identität des Akteurs bündeln sich sein Wissen und seine Werte. Die Identität wiederum wird von der Sozialisation des Akteurs geprägt, sie ist ein Produkt der kultur- und milieuspezifischen Einflüsse. Damit werden je nach Identität unterschiedliche Erwartungen an Lernspiele herangetragen: Spielernaturen können Lernspielen womöglich weniger abgewinnen als „Lernernaturen", da sie den Nutzen von Lernspielen hinsichtlich der Unterhaltung als gering einschätzen und ihnen potenzielle Lernergebnisse nicht so wichtig sind. Der Einfluss der Identität wurde jedoch wieder etwas relativiert, da davon ausgegangen wurde, dass die sozialen „Mes" der Akteure sich nach den Vorgaben der objektiven Situation richten und die Folgen ihres Handelns (und damit Nutzen und Kosten) daran beurteilen, was eine Situation an sozialen Rückmeldungen bereithält.

Diese Perspektive wird durch die Ergebnisse der empirischen Untersuchung bekräftigt. Zu den signifikanten Ergebnissen gehören die Befunde, dass die Einstellung zu Lernspielen einen mindestens ebenso starken Einfluss auf die Unterhaltung hat wie der angezeigte Bezugsrahmen. Innerhalb der gleichen sozialen Situation schwankte die Unterhaltung je nach Einstellung gegenüber den Lernspielen. Zumindest als statistischer Trend deutete sich zudem ein Einfluss des Geschlechts auf die Rezeption an. Mädchen scheinen sich hinsichtlich der den Lernspielen entgegengebrachten Glaubwürdigkeit von Jungen zu unterscheiden. Bei ihnen wirken andere Bewertungen und Erwartungen. Entweder weil sie sich auf einer höheren Reifestufe befinden oder weil sie in Bezug auf Medien, Unterhaltung und Bildung anders sozialisiert wurden als Jungen. Wissen und Werte sind also zentrale Determinanten des pädagogischen Potenzials von Game-based Learning. Tendenziell wurde hier unterschätzt, wie sehr sie Unterhaltung und Rezeption beeinflussen können: Es wurde davon ausgegangen, dass die angezeigten Bezugsrahmen einer Situation das soziale Me ansprechen, welches dann den verfügbaren sozialen Nutzen der (experimentell variierten) Situation erwartet. Die empirische Untersuchung zeigte, dass die Reaktionen der Probanden nicht einheitlich ausfielen und der Bezugsrahmen allein die Varianzen nicht in der erwarteten hohen Deutlichkeit erklären konnte. Wissen und Werte haben also einen mindestens ebenso starken Einfluss auf die Wirkung des angezeigten Bezugsrahmens wie dieser selbst.

Dies lässt sich insofern erklären, als sich in der Identität eines Akteurs die sozialisatorischen Einflüsse der Umgebung manifestieren. Sie wird beeinflusst durch die Institutionen und Situationsmodelle der Kultur und des Milieus, in denen der Akteur aufwuchs. Damit markieren unterschiedliche Ausprägungen von unterhaltungs- und rezeptionsbedeutsamem Wissen und Werten jene Stellen, an denen die Einflüsse externer Rahmenbedingungen genauer untersucht werden sollten: Auf welche Unterschiede in Institutionen und Bezugsrahmen sind die unterschiedlichen Wissens- und Wertkonstellationen, die Einfluss auf die Wirkung des Bezugsrahmens haben, zurückzuführen? Warum haben lernspielaverse Personen weniger Spaß an demselben Lernspielkonstrukt, wenn es ihnen nicht als Videospiel, sondern als Lernprogramm angekündigt wird? Was hat die Mädchen der hier untersuchten Stichprobe dazu gebracht, dem vermeintlichen Spiel weniger zu vertrauen als dem angeblichen Lernprogramm, obwohl es sich doch um dasselbe mediale Konstrukt handelte?

Das Informations- und Motivationspotenzial von Lernspielen könnte differenzierter abgeschätzt werden, wenn diese und potenzielle weitere Eigenschaften der Identität und deren Einflüsse auf die Wirkungen des Bezugsrahmens bekannt wären. Der aktuelle Stand der Lernspielforschung leistet hier aber nur wenig Aufklärung. Eine Revision des handlungstheoretischen Modells müsste daher Wissen und Werte der Akteure gegenüber Bildung, Unterhaltung, Videospielen und Lernspielen genauer auf den Grund gehen, etwa in Form qualitativer Untersuchungen. Aus den Erkenntnissen könnten dann normierte Messinstrumente konstruiert werden, die in quantitativen Untersuchungen Einflüsse auf Unterhaltung und Rezeption sowie Interaktionseffekte dieser Faktoren mit dem Bezugsrahmen (Spiel vs. Ernst) erfassen.

Die Identität der Akteure spielt also neben dem angezeigten Bezugsrahmen eine bedeutende Rolle bei der Beurteilung des pädagogischen Potenzials von Game-based Learning. Sie ist ein Produkt der Sozialisation und damit der externen Bedingungen von Situationen: Institutionen und kulturellen Bezugsrahmen nach Essers Modell. Diese prägen Erwartungen und Bewertungen der Akteure gegenüber Lernspielen. Auf sie kommen die folgenden Abschnitte zu sprechen.

Institutionen und Produktionsfunktionen

Institutionen sind soziale Regeln, die das gesellschaftliche Miteinander ordnen, Sinn stiften und Orientierung für das Handeln der Akteure bieten. Ihre Einhaltung wird von den Akteuren als Anspruch erwartet. Soziale Produktionsfunktionen sind institutionalisierte, situationsspezifische Mittel und Wege, über soziales Handeln Zwischengüter zu erlangen. Menschen benötigen sie zur Befriedigung ihrer Bedürfnisse, die in den meisten Fällen nicht direkt, sondern nur über Umwege sozialer Interaktion erreicht werden können.

Spiel und Ernst, das wurde in Abschnitt 4.4.6 ausgeführt, können als soziale Institutionen betrachtet werden. Die Merkmale des Spielens sind soziale Konventionen, die das spielende Handeln von äußeren Sanktionen und Zwecken befreien, seine Geltung auf das Innere des Magic Circles beschränken und es von der alltäglichen Wirklichkeit abgrenzen. Spiel und Arbeit sind institutionalisierte Gegensätze. Aufgrund ihrer Komplementarität wurde unterstellt, dass auch Lernspiele nur einer der beiden Seiten zugeordnet werden können: entweder Spiel oder Ernst. Diese Unterscheidung wird aber nicht bei der Erstellung des Lernspiels getroffen, sondern erfolgt während der sozialen Situation, des symbolisch determinierten Framings. Es stellt sich jedoch die Frage, ob diese Polarisierung von Game-based Learning in Spiel oder Arbeit der sozialen Realität entspricht. Vielleicht existieren ja doch institutionelle Regeln über den Umgang mit Lernspielen, etwa: „Dieses Lernspiel ist zwar authentisch und du *kannst* etwas daraus lernen, *musst* aber nicht, da keine Rezeptionserwartungen mit potenziellen Folgen an dich gestellt werden." Lernspiele würden dann auf einige Eigenschaften des Spielens verzichten, ohne gleich sämtliche play-bezogenen Unterhaltungsmechanismen einzubüßen. Aufschluss über diese Vermutungen können weitere Untersuchungen geben, die die Stellung von Lernspielen in Relation zu „Unterhaltung/Spiel" und „Ernst/Arbeit" erforschen.

Ebenfalls wurde konstatiert, dass Bildung und Unterhaltung Zwischengüter zur Befriedigung persönlicher Bedürfnisse sind. Unterhaltung ist ein primäres Zwischengut, das das physische Wohlbefinden unmittelbar befriedigt, und Bildung ein indirektes, da es nur mittelbar, über bessere Berufs- und damit Lebenssicherungsaussichten, auf das körperliche Wohlbefinden wirkt.[59] Auf Basis der Positionen aus Abschnitt 1.2.1 wurde angenommen, dass die Gesellschaft vermutlich keine ausgeprägten Produktionsfunktionen für das Zwischengut „Bildung" mittels Computerspielen zur Verfügung stellt. Dahinter stand die Annahme, dass in den deutschen institutionalisierten Bildungskontexten eine strikte Trennung von Lernen (als Arbeit) und (Video-)Spielen (als Unterhaltung) vorherrscht: „Dienst ist Dienst, und Schnaps ist Schnaps!" Die Akteure, so die Annahme, unterstellen „ernsten Lernspielen" andere institutionalisierte Produktionsfunktionen als Computerspielen. Computerspiele sind keine Lernangebote. Und Lernangebote sind nicht zum Abschalten und zur Unterhaltung da, da das Lernen harte Arbeit ist und entsprechende Angebote stets einen Rattenschwanz an Unannehmlichkeiten nach sich ziehen: Sanktionierbarkeiten, Fremdbestimmung, Erfolgsdruck etc.

Nach den Ergebnissen der empirischen Untersuchung stellt sich die Frage, ob und in welchem Umfang diese Brückenhypothesen relativiert werden sollten. Bezüglich der *Rezeption* konnte kein signifikanter Unterschied zwischen der Spiel- und der Lernsoftwaregruppe ausgemacht werden (was allerdings auch an der niedrigen Teststärke liegen könnte). Pauschal kann also nicht bestätigt werden, dass Spiele nicht als Lernangebote wahrgenommen werden. Bei der Differenzierung der statistischen Befunde nach den Geschlechtern schien es, als wären die Mädchen zwar vorsichtiger, was den Bildungsnutzen von Spielen im Vergleich zu Lernprogrammen angeht, bei den Jungen jedoch war es umgekehrt. Aus diesem deskriptiven Befund könnte man schließen, dass bei den an dieser Untersuchung beteiligten Mädchen andere Produktionsfunktionen

---

[59]Allerdings wurde in Fußnote 34 auf S. 237 dieser Arbeit angemerkt, dass Bildung auch als primäres Zwischengut das Bedürfnis nach sozialer Wertschätzung direkt befriedigen kann, wenn das Umfeld „mitspielt".

von Spielen internalisiert wurden als bei den Jungen. Woran liegen die potenziellen Unterschiede zwischen den unterschiedlichen Erwartungen an den Bildungsnutzen? Handelt es sich tatsächlich um geschlechtsspezifische Unterschiede, oder befinden sich die Mädchen einfach auf einer höheren Reifestufe als die gleichaltrigen Jungen? Im letzten Fall wären die tendenziellen empirischen Befunde dadurch erklärbar, dass sich mit einer fortgeschritteneren geistigen und sozialen Entwicklung auch die Sensibiliät gegenüber sozialen Institutionen und Produktionsfunktionen erhöht: Vielleicht sind die Mädchen bereits mehr in die soziale Welt der Erwachsenen hineingewachsen und folgen deren institutionellen Regeln eher als die „kindlicheren" Jungen. Dann wären die Brückenhypothesen aus Kapitel 4 teilweise richtig, müssten aber nach der sozialen Entwicklungsstufe differenziert werden: Computerspiele werden nicht als Lernangebote aufgefasst, wenn die Akteure „erwachsener" sind. Vielleicht sind Mädchen aber auch prinzipiell vorsichtiger und zurückhaltender bei der Aufnahme neuer Informationen. Vielleicht verfügen sie über eine höhere Medienskepsis als Jungen. Geschlechts- und altersspezifische empirische Erhebungen zu den sozialen Produktionsfunktionen und der Orientierung an diesen könnten Antworten auf diese Fragen geben. Womöglich bewegen sich die Jungen mit ihrer scheinbar bereitwilligeren Aufnahme der im „Spiel" dargebotenen Informationen aber sogar in einem sozial akzeptierten Rahmen: Dann wäre zu fragen, ob die in den Brückenhypothesen postulierte Ansicht vom Lernen als „harter Arbeit" falsch ist und auch Computerspiele über institutionalisierte Produktionsfunktionen für schulische Bildung verfügen. Vielleicht stehen heute institutionalisiertes Lernen und Unterhaltung nicht mehr in dem Widerspruch, der in Abschnitt 1.2.1 vermutet wurde. Möglicherweise ist die schulische Lernkultur heute gegenüber unterhaltungsorientierten Bildungsangeboten derart aufgeschlossen, dass junge Schüler keinen Widerspruch zwischen dem Computerspielen und der Lehre sehen. Damit würden sie (wie in der empirischen Untersuchung näherungsweise, aber nicht signifikant beobachtbar) auch bei Medien, die als Spiel angekündigt werden, zur Rezeption tendieren, wenn die Inhalte der Realität entlehnt sind. In dem Fall stellt sich die Frage, ob es sich um ein gesamtgesellschaftliches Phänomen handelt (das auch in der betrieblichen Bildung anzutreffen ist) oder ob es nur auf bestimmte Schultypen zutrifft. Hier wären empirische, vergleichende Erhebungen zu den sozialen Produktionsfunktionen bezüglich unterhaltungsbasiertem Lernen aufschlussreich. Vielleicht liegen die Unterschiede aber auch gar nicht an den institutionellen Bedingungen, sondern an anderen sozialen Faktoren oder rein methodischen Problemen.

Es drängt sich jedoch der Eindruck auf, dass sich im Faktor „Geschlecht"
Aspekte bündeln, deren Entschlüsselung einen Gewinn für die Beurteilung des Informationspotenzials von Game-based Learning hat. Ob das
tatsächlich so ist und was sich dahinter verbirgt, wird weitere Forschung
zeigen müssen.

Bzgl. der *Unterhaltung* zeigten sich in der empirischen Untersuchung
(mit einigen Einschränkungen) hypothesenkonforme Befunde. Die Inszenierung ein und desselben Lernspielkonstrukts als Spiel oder Ernst kann
die Unterhaltung bei der Interaktion mit diesem beeinflussen. Allerdings
spielt hier auch die Einstellung zu Lernspielen eine Rolle. Insbesondere werden Personen mit überdurchschnittlich negativer Einstellung zu
Lernspielen in ihrer Unterhaltung negativ beeinflusst, wenn die soziale
Situation unter „ernsten" Vorzeichen steht. Auch hier waren die Brückenhypothesen anfangs zu pauschal, konnten nach der Differenzierung hinsichtlich der Einstellung zu Lernspielen aber teils belegt werden. Die
Signifikanz der Ergebnisse legt nahe, hier von einen systematischen,
überzufälligen Zusammenhang auszugehen: Die Unterhaltung von lernspielaversen Personen sinkt, wenn ihnen ein und dasselbe Lernspiel als
„ernstes Lernangebot" verkauft wird. Damit markiert die Einstellung
zu Lernspielen einen Punkt im handlungstheoretischen Rahmenmodell,
dessen Beziehung zu sozialen Institutionen und Produktionsfunktionen
untersucht werden kann, um potenzielle Einflussfaktoren aus dem Modell
auf das pädagogische Potenzial von Game-based Learning zu identifizieren: Woher kommt die negative Einstellung zu Lernspielen? Kann sie auf
institutionelle Strukturen aus der Sozialisation zurückgeführt werden, die
als externe Rahmenbedingungen der Situation einen Einfluss auf das Motivationspotenzial von Lernspielen ausüben? Es ist denkbar, dass soziale
Einflüsse im Leben eines Akteurs zu einer Identität geführt haben, die
die Ursache sowohl für die negative Einstellung zu Lernspielen als auch
für die unterhaltungsmindernde Wirkung des ernsten Bezugsrahmens ist.
Beides ließe sich dann auf Institutionen aus der Sozialisation des Akteurs
zurückführen. Vielleicht gibt es ja doch die Produktionsfunktionen und
Institutionen im Sinne der Brückenhypothesen: soziale Regeln aus der
Bildungsbiografie des Akteurs, die das Lernen als ernste, mit Konsequenzen und Funktionszwängen belastete Angelegenheit etabliert haben. Die
Folge einer solchen Prägung könnten dann genau diese negativen Einstellungen gegenüber Lernspielen und eine reduzierte Unterhaltung durch
den Wegfall von play-bezogenen Motivationsmechanismen bei der Anzeige
des Bezugsrahmens „Ernst" sein. Akteure, die das Lernen innerhalb der
schulischen Produktionsfunktionen als freudige und zwanglose Tätigkeit

erlebt haben, hätten dann positivere Erfahrungen zur institutionalisierten Bildung. Damit fehlte ihnen die sozialisatorische Prägung, die zu einer Demotivation durch den angezeigten Ernst-Frame und die negative Einstellung zu Lernspielen führen könnte. Vielleicht aber sind die negative Einstellung zu Lernspielen und die geringere Unterhaltung im Falle eines als „Lernsoftware" bezeichneten Lernspiels auch nicht primär auf institutionelle Bedingungen zurückzuführen, sondern auf Faktoren, die bislang unberücksichtigt waren. Doch markiert die Einstellung zu Lernspielen einen Anknüpfungspunkt, von dem aus nach potenziellen, verwandten Einflussfaktoren auf die Wirkung des angezeigten Bezugsrahmens gesucht werden kann. Wie bei der Rezeption deutet sich an, dass hier noch weitere Befunde zu holen sind und die Vertiefung des Forschungsthemas lohnt.

Insgesamt lässt sich zu den Institutionen und sozialen Produktionsfunktionen sagen, dass die Brückenhypothesen weniger pauschal formuliert werden sollten. Die unterstellten Zusammenhänge (Lernen ist harte Arbeit; Spielen und institutionalisierte Bildung passen nicht zueinander) ließen sich in dieser allgemeinen Form bei der hier untersuchten Gruppe nicht in der vermuteten Deutlichkeit nachweisen, auch wenn die Hypothese zur Unterhaltung in Teilen empirisch bestätigt werden konnte und sich weitere hypothesenkonforme Teilergebnisse als statistische Trends andeuten. Es gibt offenbar weitere Einflussfaktoren auf Rezeption und Unterhaltung, die sich beispielsweise im Geschlecht und in der Einstellung zu Lernspielen kristallisieren und deren Zustandekommen möglicherweise auf institutionelle Regeln und soziale Produktionsfunktionen zurückgeführt werden kann. Wenn der Einfluss der Institutionen auf das Potenzial von Game-based Learning untersucht werden soll, müssen erst die Ausprägungen der institutionellen Rahmenbedingungen in der Lebenswelt der untersuchten Population erhoben werden. Auch hier leistet der aktuelle Stand der Lernspielforschung bislang keinen befriedigenden Beitrag. Vertiefende Forschung zu den institutionellen Bedingungen und Produktionsfunktionen bzgl. unterhaltungsbasierter Bildungsangebote ist nötig. Aufgrund der großen weißen Flächen in diesem Gebiet erscheinen explorative Forschungsansätze mit qualitativen Methoden am sinnvollsten, gefolgt von der Konstruktion quantitativer Instrumente auf der Basis qualitativer Erkenntnisse. Mit einem solchen Instrumentarium könnten sich die konkreten Einflüsse und Interaktionen institutioneller Rahmenbedingungen auf die Wirkungen des Bezugsrahmens auf Unterhaltung und Rezeption genauer erfassen lassen.

Bezugsrahmen und Symbole

Bezugsrahmen stellen Situationen unter ein gemeinsames, konkretes Oberziel und bieten einen kollektiven Bezugspunkt für das Handeln der Akteure. Sie werden durch Symbole angezeigt. Anhand der sichtbaren Symbole einer Situation erschließen die Akteure, worum es in der aktuellen Situation geht. Bei signifikanten Symbolen und beim Alltagshandeln erfolgt dies meist unmittelbar und automatisch. Häufig sind Kontexte, Rahmen, Handlungen und Symbole auch zu untrennbaren, „indexikalischen" Einheiten in den Gedächtnissen der Akteure verknüpft. Kurzum: Menschen organisieren ihre soziale Wahrnehmung über den im Alltagshandeln meist automatischen Filter der kulturellen Bezugsrahmen, sie denken und handeln spontan gemäß sozialer Modelle. Dabei spielt die Kultur der an der Situation beteiligten Akteure eine bedeutende Rolle: Spiel- und Unterrichtskultur liefern die Modelle und deren Ausprägungen, an denen sich die Akteure nach erfolgtem Framing orientieren.

Aus den theoretischen Positionen zu kulturellen Bezugsrahmen und den Esser zugrunde liegenden Klassikern wurde als Brückenhypothese abgeleitet, dass Lernspiele nicht automatisch als „Spiel" aufgefasst werden. Die Situation mit all ihren kontextuellen Regeln, Oberzielen und anzeigenden Symbolen bestimmt vielmehr, wie „ernst" oder „spielerisch" ein Lernspiel ist. Der Code der Situation enthält die Information darüber, ob das Lernspiel im Gesamtkontext der Situation dem folgenlosen und selbstdienlichen Vergnügen und der Entspannung dient oder in der Situation platziert wurde, um bestimmte Lernziele durchzusetzen. Wenn Begriffe wie „Lernprogramm" und „Computerspiel" indexikalisiert sind, müssten sie unabhängig vom eigentlichen Konstrukt auf unterschiedliche Handlungskontexte und Oberziele verweisen und damit andere Reaktionen bei den Akteuren hervorrufen, da sie Konnotationen von „Ernst"- und „Spiel"-Situationen aufweisen. Genau das wurde mit der empirischen Untersuchung erforscht.

Allen Brückenhypothesen lag die Annahme zugrunde, dass Spiel und Ernst komplementäre Ausprägungen sozialer Situationen sind. Die Rahmung einer Situationen definiert diese entweder als Spiel oder als Ernst, nicht aber als Mischform. Abhängig von der Rahmung kann ein und dieselbe Situation unter unterschiedliche Oberziele gestellt werden und damit unterschiedliche Handlungen und Erwartungen der Akteure hervorrufen. Bei den Brückenhypothesen wurde anhand der Wesensmerkmale des Spielens angenommen, dass eine als Spiel gerahmte Situation von den Akteuren als folgenlos, frei, außeralltäglich, stets dem Vergnügen dienend, zweckfrei und scheinhaftig interpretiert wird. Eine als Arbeit gerahmte Situation dagegen wird, so die Annahme, komplementär als mit Folgen, Zwängen, Routinen, dem Erdulden von nicht unterhaltsamen Aspekten, Funktionsdruck und Authentizitätsanspruch assoziiert. Die Rahmung beeinflusst somit die Einstellung der Akteure auf die Situation und wird wiederum maßgeblich durch die signifikanten Symbole in dieser determiniert.

Im Nachhinein stellt sich die Frage, inwiefern die strikte Polarisierung zwischen Spiel und Ernst und der Zuordnung von Lernspielen zu einem der beiden Pole der Realität gerecht wird. Es ist denkbar, dass bei der untersuchten Population durchaus Frames für Lernspiele existieren, die einen eigenen Situationscode aufweisen. Immerhin entschieden sich die meisten Probanden bei der Benennung des vorgesetzten Mediums für die Bezeichnung „Lernspiel", auch wenn ihnen die Situation als reine Lern- und reine Spielsituation angekündigt wurde (auch wenn die Ergebnisse nicht signifkant waren, vgl. Abschnitt 5.6). Bereits im vorherigen Abschnitt wurde angemerkt, dass in Game-based-Learning-Frames Spielen und Lehre vielleicht in einer Weise integriert werden, die keinen sozial definierten Widerspruch aufweist. Andererseits aber gab es einige signifikante Effekte bei der Unterhaltung, die allein auf die unterschiedliche symbolische Anzeige des Bezugsrahmens zurückgeführt werden können. Damit ist gezeigt, dass das symbolisch kommunizierte Oberziel die Einstellung der Akteure auf die Situation determiniert. Unklar ist bislang allerdings, wie die Akteure reagiert hätten, wenn ihnen das Medium als Lernspiel angekündigt oder wenn das Medium mit keinerlei konnotativen Gesten versehen worden wäre. Auch in der übrigen Lernspielforschung ist bislang offen, ob Lernspiele von den Akteuren in Abhängigkeit der sozialen Situation prinzipiell eher als Spiel, Arbeit oder etwas dazwischen ausgelegt werden. Wie würden die Schüler das Oberziel der Lernspiel-Situation definieren, wenn es ihnen nicht (wie in der experimentellen Felduntersuchung in Kapitel 5) durch signifikante Symbole angezeigt worden wäre? Vermutlich wären sie vom AS-Modus in den RC-Modus gewechselt, aber nach welchen Kriterien hätten sie die Situation dann beurteilt? Und wenn es ihnen als Lernspiel angekündigt worden wäre: Hätte ihre umgebende Kultur ihnen ein soziales Modell mit dem Oberziel „unterhaltend lernen" zur Verfügung gestellt, das sich zwischen den Polen Spiel und Ernst positioniert? Kurzum: Gibt es in den Vorstellungen der Akteure ein neben Arbeit und Unterhaltung drittes, eigenständiges „Bezugsmodell Game-based Learning"? Diese Frage war nicht Gegenstand der vorliegenden Arbeit. Gezeigt hat sich jedoch, dass Lernspiele

ernste und spielerische Ausprägungen annehmen können, und zwar in
Abhängigkeit von der sozialen Definition der Situation. Allerdings fielen
die Auswirkungen auf Unterhaltung und Rezeption schwächer aus als
erwartet. Da die Wirkungen über die Differenzierung nach Handlungs-/
Rahmungsebene und Konstrukdimension des Spiels abgeleitet wurden,
erscheint es am sinnvollsten, detailliertere Implikationen für die Brückenhypothesen auf diesen Ebenen getrennt zu diskutieren.

Handlungsebene Auf der Handlungs- und Rahmungsebene wurden
bei den Brückenhypothesen sowohl für die Unterhaltung als auch die
Rezeption Konsequenzen des Framings postuliert. Durch die Selektion
eines Bezugsrahmens entscheidet sich nach den Ausführungen in Abschnitt 4.4.7, ob ein Akteur „spielt" oder „arbeitet" (vorausgesetzt, es gibt
keine dazwischen liegende Ausprägung). Spiel- und Arbeitsframes halten
andere Produktionsfunktionen bereit und warten mit unterschiedlichen
Folgen auf: Eine als Spiel definierte Situation ist „nicht so gemeint", die
Akteure in ihr tun „nur so als ob". Das Handeln in einem Spielframe dient,
so die Brückenhypothesen, der *Unterhaltung und der Erholung*, denn es
weist keinen Alltagsbezug und damit auch keinen Funktionsdruck, keine
Sanktionierbarkeiten etc. auf. Gleichzeitig wurde vermutet, dass Spielsituationen keine kulturellen Modelle mit *Lernangebot* darstellen, da sie
scheinhaft und nicht authentisch sind. Je nach Framing, so die Annahme,
werden also unterschiedliche Schablonen für das Handeln innerhalb der
Situation und der erwartbaren sozial determinierten Folgen aktiviert:
entweder Lernangebot oder Unterhaltungsgelegenheit.

Diese Polarisierung wurde bereits weiter oben hinterfragt. Aber selbst
wenn ein Akteur entweder spielt oder arbeitet, muss gefragt werden,
ob der polarisierte Handlungssinn tatsächlich die unterschiedlichen postulierten Wirkungen hervorruft. Grundlage der Brückenhypothesen waren die Merkmale des Spielens, die den Spielhandlungen genuine, play-
bezogene Unterhaltungsmechanismen zuschreiben und ihnen Realitäts-
relevanz und Nützlichkeit absprechen. Dreh- und Angelpunkt bei der
Hinterfragung dieser Annahmen ist das Wesen des Spielens, da sich die
postulierten komplementären Wirkungen hinsichtlich Rezeption und Unterhaltung aus diesem ableiten. Angesichts der schwächer als erwartet
ausgefallenen Effekte in der empirischen Untersuchung stellt sich die
Frage, ob die Versuchspersonen überhaupt die Auffassung teilten, dass
das Spielen folgenlos und scheinhaft, außeralltäglich, zweckfrei etc. ist.
Immerhin blickt die Wesensbeschreibung des Spielens auf eine seit der
Aufklärung bestehende Tradition zurück, in der kaum inhaltliche Verän-

derungen am Wesen des Spielens erforscht wurden – und das, obwohl das Spielen ein kultureller Frame ist und somit potenziell sozialem Wandel unterliegt. Entsprechen die Eigenschaften des Spielens überhaupt noch den mentalen Modellen, die heutige Jugendliche unserer Gesellschaft vom Spielen haben? Sollte dem nicht so sein, besteht, wie bereits in der Diskussion der empirischen Befunde in Kapitel 5 erwähnt, kein Grund für die Jugendlichen, auch den als reinen Spielen deklarierten Medien nicht zu glauben, wenn die Inhalte „verdächtige" Realitätsbezüge aufweisen. Der sich tendenziell andeutende Einfluss des Geschlechts auf die Rezeption könnte darauf zurückgeführt werden, dass Mädchen andere Vorstellungen von Spielframes haben als Jungen. Vielleicht entsprechen die Modelle der Mädchen ja eher der klassischen Wesensbeschreibung des Spielens als die der Jungen – zumindest was Kontrast zur Realität und Scheinhaftigkeit sowie die Haltung, dass Spiele üblicherweise kein Lernangebot darstellen, angeht. Gleiches gilt für den schulischen Arbeitsframe: Dieser muss nicht zwangsläufig mit Leistungsdruck, Fremdbestimmung und Sanktionen assoziiert werden, wenn in Unterricht und Lebenswelt unterhaltungsorientierte Lernansätze praktiziert werden. Hier zeigte sich bei der empirischen Studie ein signifikanter Einfluss der Einstellung gegenüber Lernspielen auf die Wirkung des Bezugsrahmens hinsichtlich der Unterhaltung. Vielleicht haben die lernspielaffinen Schülerinnen und Schüler ja andere Vorstellungen von den kulturellen Modellen des Lernens, die im Vergleich zu den lernspielaversen zu mehr positiven und weniger negativen Folgen der Bezugsrahmen führen. Dies könnte erklären, warum die Probanden mit überdurchschnittlich negativer Haltung gegenüber Lernspielen hypothesenkonform das gleiche Lernspiel schlechter beurteilen als lernspielaffine Personen, wenn dieses als Lernangebot deklariert wird. Wenn es unter den Adressaten tatsächlich Abweichungen vom klassischen Bezugsrahmen „Spiel" gibt, stellt sich die Frage, worauf die Unterschiede zurückgeführt werden können: Ist es eine Frage der psychosozialen Entwicklung, nähern sich also die Modelle der Jugendlichen mit fortschreitender Entwicklung und Sozialisation den in den Brückenhypothesen unterstellten Modellen an? Oder handelt es sich um Kohorteneffekte, die sich auch mit dem Älterwerden der Probanden nicht relativieren?

Es lässt sich zusammengefasst festhalten, dass dem handlungstheoretischen Rahmenmodell gedient wäre, wenn die konkreten Ausprägungen hinsichtlich erwartbarer Folgen der kulturellen Modelle „Spielen" und „schulisches Lernen" seitens der untersuchten Population bekannt wären. Dann könnten die Probanden nach ihren mental gespeicherten Modellen klassifiziert werden, wodurch sich womöglich differenziertere Ergebnisse zum pädagogischen Potenzial von Game-based Learning herleiten ließen. Hier bietet sich wieder das bereits mehrfach vorgeschlagene, mehrschrittige empirische Verfahren an: qualitative Studien zur Exploration von Ausprägungen der hier genannten Randbedingungen, Operationalisieren der Randbedingungen zu reliablen und validen, quantitativen Messverfahren und erneute Durchführung der in Kapitel 5 vorgestellten Untersuchung, allerdings mit systematischer Erfassung aller übrigen situativen Randbedingungen.

Konstruktebene Die Brückenhypothesen zur Konstruktebene haben Auswirkungen des Bezugsrahmens („Videospiel" vs. „Lernprogramm") auf die Rezeption postuliert: Ein automatisches Framing der Zeichen eines Mediums als „Spielhülle" würde zu einer Interpretation der Inhalte allein vor dem Hintergrund der abstrakten Spielmechanik führen. Eine blutende Figur in Videospielen etwa verweist nicht auf das, wofür sie in der Realität steht (Verletzung, Leid und Schmerz), sondern auf einen „Treffer" und den mit diesem reduzierten Wert der abstrakten Spielmechanikvariablen „Lebenpunkte". Versuche von Lernspielen oder Lernprogrammen, sich der gleichen Signifikanten zu bedienen, sie aber auf andere Signifikate (nämlich die Lerninhalte aus der Realität) verweisen zu lassen, dürften, so die Brückenhypothese, zumindest bei „spielbelesenen" Akteuren im AS-Modus fehlschlagen, weil diese die Inhalte spontan als Spielsymbolik missverstehen würden. Diese Annahmen wurden auf die Positionen des symbolischen Interaktionismus zurückgeführt, nach dem die symbolische Anzeige von Handlungsabsichten und die Antizipation der Handlungen des Gegenübers zu einer Verschränkung der Perspektiven der Akteure führt, welche zu einer reibungslosen Interaktion ohne die Notwendigkeit expliziter Absichtserklärungen beiträgt. Solche impliziten Hinweise über den angestrebten Verlauf der Interaktion sind bei Computerspielen besonders wichtig, damit die Spieler das Gefühl haben, das Spiel allein und ohne explizite Hilfestellungen zu bewältigen.

Ob dies aber tatsächlich in der Praxis zu einem Missverstehen der Symbolik im Falle von Lernspielen führt, konnte mit der empirischen Studie nicht herausgefunden werden. Zumindest zeigte sich nicht der in den Hypothesen prognostizierte Glaubwürdigkeitsverlust in signifikanter Weise. Zwar könnte das Ausbleiben signifikanter Ergebnisse auch auf die geringe Teststärke zurückgeführt werden; außerdem wurde in der Untersuchung ein Lernspiel verwendet, das von der hier geschilderten Symbolik eher wenig Gebrauch macht (zumindest besteht kein semantischer Konflikt zwischen den Signifikaten einer spielsymbolischen und lerninhaltsbezogenen Auslegung der verwendeten Zeichen). Dennoch aber sollten die Schlussfolgerungen hinsichtlich einer verminderten Rezeption bei Game-based Learning mit Vorsicht betrachtet werden. Eine spontane Interpretation von Spielinhalten als symbolische Verweise auf die Spielmechanik schließt ja nicht aus, dass die Inhalte *zusätzlich* in ihrer Bedeutung für die Realität hinterfragt werden. Vielleicht nicht unbedingt während des Spiels, aber womöglich in der Retrospektive könnte den Spielern auffallen, dass die Zeichen, anhand derer sie sich das Gameplay erschlossen haben, auch Bezüge zu realen Sachverhalten aufweisen. Unter Umständen wird eine solche nachträgliche Reflexion allerdings auch erst durch ihre Messung im Rahmen empirischer Untersuchungen ausgelöst. In diesem Fall würde die Erhebung die Rezeption nachträglich beeinflussen, was bei der Durchführung solcher Studien unbedingt beachtet werden sollte.

Auch hier muss also die Rahmung eines Konstrukts als reines Videospiel nicht zwangsläufig zu einer verminderten Rezeption führen. Die diesbezüglichen Brückenhypothesen waren ja auch recht vorsichtig und nur unter großem Vorbehalt formuliert. Diese Vorsicht sollte nach den Ergebnissen der empirischen Studie beibehalten werden. Von der Betrachtung des Computerspielens als symbolischer Interaktion kehrt die vorliegende Arbeit dennoch nicht prinzipiell ab. Videospiele weisen starke Symbolik auf, sie verfügen über eigene semantische Konventionen, die sich bereits in ihrer relativ kurzen medialen Existenz etabliert haben. Und die Spieler verstehen das Gameplay und können sich die zum Vorankommen erforderlichen Handlungen zügig erschließen, wenn sie diese Konventionen beherrschen. Es gibt meines Erachtens also durchaus eine über Symbole koordinierte (allerdings im Gegensatz zu zwischenmenschlicher Interaktion asynchrone) Verschränkung der Perspektiven zwischen Designern und Spielern. Aber ob sie tatsächlich zu einer Fehlinterpretation von Lernspielen führt, wenn diese als reine Computerspiele mit ihrer genuinen Spielsymbolik gerahmt werden, und ob darunter das Informationspotenzial von Game-based Learning leidet, darüber konnte in dieser Arbeit keine Klarheit geschaffen werden. Allerdings waren das Forschungsdesign der hier durchgeführten Studie und das verwendete Lernspiel auch nicht darauf ausgelegt, diesen Sachverhalt zu prüfen. Im Vordergrund der Untersuchung stand nicht die Rahmung auf Konstruktebene, sondern auf der sozial determinierten Handlungsebene.

Fazit

Die genannten Implikationen der empirischen Studie für das handlungstheoretische Modell sollen dieses nicht infrage stellen, sondern zeigen
Verbesserungsmöglichkeiten, die durch die empirischen Befunde zutage
getreten sind.

Es wäre leichtfertig, das gesamte Modell zu verwerfen, zumal die Studie ja teils signifikante Ergebnisse zutage gefördert hat. Der formale
Rahmen (Selektionslogik und Situationslogik) leistet gute Arbeit bei der
Strukturierung, der Konzeptspezifikation im Dienste der Empirie und
der allgemeinen Integration der theoretischen Fragmente aus den Kapiteln 1 bis 3. Die inhaltliche Ausgestaltung des formalen Rahmens mit den
konkreten Beiträgen der theoretischen Fragmente (Brückenhypothesen)
wurde durch die empirische Studie teilweise bestätigt. Die Brückenhypothesen haben sich jedoch als etwas zu pauschal herausgestellt: Die
Hypothese, dass ein ernster Bezugsrahmen die Unterhaltung mindert,
wurde bestätigt, allerdings nur für Personen mit überdurchschnittlich
negativer Einstellung zu Lernspielen. Über die Frage, ob ein spielerischer
Bezugsrahmen die Rezeption verringert, können weiterhin keine Aussagen getroffen werden. Die Annahme könnte zutreffen, allerdings eher bei
Mädchen als bei Jungen. Insgesamt zeigt sich meines Erachtens, dass es
sich lohnt, Game-based Learning als sozialen Prozess zu verstehen und
das Augenmerk nicht nur auf das Lernspielkonstrukt, sondern konsequent
auch auf den sozialen Bezugsrahmen, in dem das Medium eingesetzt wird,
zu lenken. Ein und dasselbe Lernspiel kann allein durch die Andeutung
eines anderen Frames (ohne dessen Durchsetzung in Form von bspw.
Unterricht und Leistungsüberprüfungen) mittels sprachlicher Symbole
ein signifikant niedrigeres Unterhaltungspotenzial aufweisen. Angesichts
der relativen Unerforschtheit der sozialen Dimension bei Game-based
Learning erscheint dies als aufschlussreicher und wichtiger Befund. Die
soziale Relativität von Lernspielen und ihren möglichen Ausprägungen als
Spiel oder Ernst erscheint weiterhin plausibel, aber mit einer gewissen
Relativierung: Es handelt sich vielleicht um einen eher „milden Ernst" und
ein „relativ realitätsnahes Spiel". Die inhaltliche Ausgestaltung des formalen handlungstheoretischen Rahmens ist damit ein Ansatzpunkt für die
Differenzierung des hier vorgestellten Modells. Und in dieser relativierten
Form der Brückenhypothesen entfalten sich die unterstellten Wirkungen
der Bezugsrahmen nicht pauschal, sondern in Zusammenhang mit den
übrigen Randbedingungen der Situation: dem mit Wissen, den Werten,
Institutionen/Produktionsfunktionen. Es ist denkbar, dass sich mit einer

solchen differenzierten Ausgestaltung des Rahmenmodells größere Teile der empirischen Varianz erklären lassen. Auch könnten einige der Hypothesen bei bestätigt werden, sich aber auch neue, hypothesenkonträre Befunde verallgemeinern lassen.

Die grundlegendste Erkenntnis dieser Untersuchung lautet daher: Die soziale Situation hat einen Einfluss auf das pädagogische Potenzial von Lernspielen, und zwar unabhängig von der Konstruktdimension. Um die Einflüsse genau abschätzen zu können, sind allerdings Verfeinerungen des inhaltlichen Rahmenmodells und der empirischen Untersuchung nötig: Die Ausprägungen der internen und externen Rahmenbedingungen müssen für die Zielgruppe exakt geklärt werden. Dafür wiederum sind explorative Studien nötig. Und wo diese ansetzen könnten, wurde bereits exemplarisch auf Basis der empirischen Befunde aufgezeigt. Der nächste Schritt bei der Differenzierung des vorgestellten Konzepts betrifft daher wieder die Methodik.

6.2.2 Methodik

Bei der Diskussion der empirischen Studie haben sich einige Ansatzpunkte für Verbesserungen ergeben, die im Folgenden dargestellt werden. Die wichtigsten Verbesserungen der Studie lassen sich auf zwei Bereiche reduzieren: Stichprobengröße und Operationalisierung der Variablen.

Die *Stichprobengröße* bei der erfolgten Untersuchung war deutlich zu niedrig. Einerseits ist dies auf den unvorhersehbaren und nicht mittelfristig kompensierbaren Wegfall von über 40 Probanden zurückzuführen. In Zukunft erscheint es ratsam, einen entsprechend großen Puffer einzuplanen und lieber mehr Versuchspersonen als nötig zu akquirieren. Sollten die Stichproben zu groß sein und damit das alpha-Fehlerrisiko steigen, lässt sich aus den erhobenen Fällen immer noch eine Zufallsstichprobe ziehen, die dem optimalen Stichprobenumfang entspricht. Weiterhin fielen die Effektstärken geringer aus als im Voraus erwartet. Geringere Effektstärken jedoch benötigen für signifikante Ergebnisse höhere Stichprobenumfänge – nach Bortz und Döring (2006, S. 628) wären für kleine Effektstärken über 600 Probanden nötig gewesen, um einen signifikanten Effekt zuverlässig nachweisen zu können. Angesichts des gewählten Untersuchungsdesigns wird eine solche Studie damit sehr aufwendig.

Hinsichtlich der *abhängigen Variablen* ist festzuhalten, dass die Operationalisierung der Unterhaltung im Grunde brauchbar war. Womöglich lassen sich die Formulierungen noch etwas besser an die Adressaten anpassen. Hier sind bei einer wiederholten Durchführung ggf. Pretests hilfreich. Bei der Gelegenheit könnte auch untersucht werden, ob sich die Konstruktvalidität optimieren und besser auf die play-bezogenen Unterhaltungsmechanismen beziehen lässt: Deckt die Skala die theoretisch auf die Wesensmerkmale des Spielens zurückführbare Unterhaltung erschöpfend ab oder bleiben Bereiche unabgefragt? Ist eine zufriedenstellende Trennschärfe zu den game-bezogenen Unterhaltungsmechanismen gegeben oder färbt das Gameplay auf die Items zur handlungs- und rahmungsbezogenen Dimension ab? Die Konzeptspezifikation der Rezeption über die Glaubwürdigkeit erscheint nach wie vor sinnvoll. Durch das hier getroffene Untersuchungsdesign werden inhaltliche Störgrößen wie bspw. Vorwissen oder Wichtigkeit der Botschaft ausgeblendet, was für eine vergleichende Beurteilung der Glaubwürdigkeit von Spiel- und Ernstrahmen (also des informationstragenden Mediums) sehr hilfreich ist. Allerdings stößt die Roper-Frage durch ihre Nominalskalierung trotz der Dummykodierung an auswertungstechnische Grenzen. Vielleicht erfragt sie die Glaubwürdigkeit auch etwas zu einseitig. Für eine erneute Untersuchung erscheint es sinnvoll, zusätzlich eine Ranking-Skala zur Glaubwürdigkeit von Lernmedien zu konstruieren, die mehrere Dimensionen (bspw. Authentizität, Manipulationsabsicht, Informationsintention, Seriosität) enthält. So ließen sich die Glaubwürdigkeiten der unterschiedlichen Bezugsrahmen differenzierter vergleichen. Als Ausgangspunkt einer solchen Skalenkonstruktion könnten die Arbeiten von Kohring und Matthes (2004) und Matthes und Kohring (2003) dienen, wobei nach entsprechenden inhaltlichen Anpassungen auch hier eine vorherige Itemanalyse erforderlich ist. Dieser Aufwand konnte im Rahmen der vorliegenden Arbeit mit ihrem theoretischen Schwerpunkt nicht betrieben werden.

Mit einer umsichtigen Revision der Messinstrumente für die play-bezogene Unterhaltung und die Rezeption lassen sich die pädagogisch interessierenden Wirkungen von Game-based Learning noch differenzierter erfassen. Wie aber kommen die Effekte zustande? Offenbar hat ja der Bezugsrahmen allein keinen übermäßig großen Teil der Varianzen aufklären können. Deshalb wurde in den vorherigen Abschnitten zu den Implikationen für das theoretische Modell und bei den Diskussionen der empirischen Befunde in Kapitel 5 darauf hingewiesen, dass es für zukünftige Anschlussuntersuchungen interessant wäre, die *weiteren an den Wirkungen beteiligten Einflussfaktoren* zu erfassen. Essers Modell benennt bereits infrage kommende Variablen. Anschließende Studien sollten, ausgehend von den internen und externen Bedingungen der Situation aus dem Rahmenmodell, die Ausprägungen der interessierenden Variablen messen. Besonders bedeutsam erscheint dabei die Frage, inwiefern die Wesensmerkmale des Spielens überhaupt den mentalen Modellen bei den Adressaten entsprechen und ob sich verschiedene Personengruppen hinsichtlich dieser Modellausprägungen unterscheiden (etwa Altersgruppen, Bildungsschichten etc.). Für eine solche Erfassung bietet sich wie bereits erwähnt im ersten Schritt eher ein exploratives Vorgehen mit qualitativen Methoden an, auf dessen Basis dann in einem zweiten Schritt quantitative Messinstrumente konstruiert werden. Ein solches Vorgehen ist jedoch aufwendig, würde aber ein Inventar zur Verfügung stellen, mit dem die pädagogischen Wirkungen von Game-based Learning sehr differenziert anhand der Identitäten der Probanden und der Strukturen ihrer Lebenswelt erklärt (und prognostiziert!) werden könnten. So ließen sich potenzielle Wechselwirkungen zwischen den Rahmenbedingungen der Situation erfassen.

6.2.3 Grenzen dieser Untersuchung

Inhaltliche Grenzen

Zusammengefasst hat die empirische Untersuchung gezeigt, dass die inhaltliche Ausgestaltung des Modells in Form der Brückenhypothesen zwar den richtigen Weg beschreitet, jedoch zu pauschal urteilt. Die Hauptursache könnte eine vorschnelle und zu allgemeine Adaption der Theorien des Spielens und der Komplementarität von Spielen und Ernst in den Brückenhypothesen sein. Aus dieser heraus wird die Demotivation durch Verernstung und die geringere Rezeption durch Scheinhaftigkeit begründet. Es bedarf der Differenzierung durch Exploration der konkreten, tatsächlichen Ausprägungen von internen und externen Rahmenbedingungen bei der untersuchten Population: Womöglich treffen die theoretischen Grundlagen nicht auf alle Adressaten zu oder sind sogar insgesamt nicht mehr zeitgemäß. Für die zukünftige Forschung erscheint es ratsam, die Geltung der Wesensmerkmale des Spielens bei der untersuchten Population nicht fraglos vorauszusetzen, sondern zu erfassen und in die Auswertung einzubeziehen.

Selbst bei einem Totalausfall der play-bezogenen Unterhaltungsmechanismen in einem Ernstframe bleibt immer noch das Unterhaltungspotenzial der Konstruktebene, das Gameplay mit seinen drei Ebenen des Unterhaltungserlebens: Selbstwirksamkeitserleben, Spannung und Lösung sowie simulierte Lebenserfahrungen. Zwar konnten hier Aussagen darüber getroffen werden, inwiefern auch die soziale Situation die intrinsische Spielmotivation gegenüber ein und demselben Spielkonstrukt beeinflusst, aber es wurde ausgeklammert, inwiefern ein gutes Gameplay auch die energischsten lernspielaversen Personen mehr motiviert als der angezeigte soziale Bezugsrahmen. Daher kann die vorliegende Arbeit auch keinen Anhaltspunkt dazu geben, wie wichtig die Anzeige des Bezugsrahmens in der Situation in Relation zum Spielkonstrukt ist. Addieren sich das Unterhaltungspotenzial der Handlungs- und Rahmungsdimension und das des Spielkonstrukts? Oder gibt es Wechselwirkungen zwischen beiden? Diese Frage ist zumindest für den Praxiseinsatz von Lernspielen von Bedeutung, war aber nicht Teil der Fragestellung dieser Arbeit.

Eine im vorliegenden Buch ebenfalls ausgeklammerte, aber für den Transfer von der Forschung in die Unterrichtspraxis bedeutende Frage betrifft den *Vergleich von Lernspielen und Unterricht* hinsichtlich der hier untersuchten Potenziale. Zum Unterhaltungspotenzial lässt sich sagen: Selbst im Falle des „Spielverderbs" durch die Verernstung und eine potenziell niedrigere Unterhaltung von Lernspielen wäre Game-based Learning bezüglich seines Motivationspotenzials nicht wertlos. Denn womöglich ist die intrinsische Motivation selbst bei einem „verdorbenen Spiel" im Schulkontext immer noch höher als bei konventionellem Frontalunterricht. Die Frage ist: Motiviert es auch extrinsisch mehr als Unterricht oder erscheint dieser in Relation zu Game-based Learning „nützlicher" zum Erreichen externer Ziele (wie gute Noten, Bildung, etc)? Und in welcher Relation steht der Lernerfolg der beiden Alternativen Unterricht und Lernspiel? Um dies zu beurteilen, braucht es erstens wieder die bereits oben genannte inhaltliche Ausgestaltung des Rahmenmodells. Wenn diese schon bei ein und demselben Lernspielkonstrukt in Abhängigkeit vom Bezugsrahmen unterschiedliche Unterhaltungs- und Rezeptionswirkungen auslösen, dürfte dies bei unterschiedlichen Lehrmethoden umso mehr gelten. Zweitens wird sich das Informations- und Motivationspotenzial von Unterrichtseinheiten und Lernspielen kaum universell vergleichen lassen. Hier müssten konkrete Praxiskonzepte evaluierend gegenübergestellt werden, und die gewonnenen Erkenntnisse dürften sich nur sehr schwer auf sämtliche denkbaren Unterrichts- und Lernspielkonzepte verallgemeinern lassen.

Eng damit verwandt, aber noch eine Komplexitätsstufe darüber angesiedelt, ist die Beurteilung des Informations- und Motivationspotenzials von Lernspielen *in verschiedenen Lebensweltbereichen* mit dort jeweils verfügbaren Alternativen. Womöglich hat ein und dasselbe Lernspiel in unterschiedlichen Kontexten völlig unterschiedliche Potenziale: in der Freizeit (in Relation zur normalen Videospielen) ein vergleichsweise hohes Informationspotenzial, aber wenig Unterhaltungswert, in der Schule dagegen (in Relation zum Schulunterricht) ein vergleichsweise niedriges Informationspotenzial, aber einen höheren Unterhaltungswert. Ritterfeld äußerte sich diesbezüglich auf dem Munich Gaming Kongress 2009 folgendermaßen:

> Wir haben den Serious Game Content, also die Inhalte und das Unterhaltungspotenzial, diese sind Spiel-Voraussetzungen und Spieler-Interessen. Beide zusammen bestimmen den Spielkontext. Mit diesem Spielkontext macht es einen großen Unterschied, ob ich ein Spiel in der Schule spiele – anstelle von langweiligem Unterricht – oder ob ich das Spiel zu Hause in meiner Freizeit spiele – anstelle mich mit meinen Freunden zu treffen. Das heißt die Attraktivität der Alternativen spielt auch eine Rolle. (zitiert nach Virtual World Info 2009)

Machen Lernspiele in der Schule also mehr Spaß als schnöder Unterricht, hinken aber dessen Informationspotenzial hinterher? Sind sie die informativeren, aber weniger unterhaltsamen Medien in der Freizeit? Diese Fragen gehen weit über diese Arbeit hinaus und können nur Gegenstand zukünftiger Anschlussarbeiten sein. Auch hier müssen erst die internen und externen Rahmenbedingungen der verglichenen Situationen mit (noch zu konstruierenden Instrumenten) systematisch erfasst werden, um die Fragen anhand des vorgestellten handlungstheoretischen Modells untersuchen zu können. Prinzipiell jedoch lassen sie sich mit dem hier verfolgten Ansatz meines Erachtens gut und systematisch bearbeiten.

Man sollte also nicht aus dem Blick verlieren, dass das pädagogische Potenzial von Game-based Learning nicht nur mit alternativen Konzepten verglichen werden kann, sondern dass dieser Vergleich wiederum auch in unterschiedlichen Kontexten anders ausfallen kann. Damit erweitert sich die Bandbreite der möglichen Fragestellungen. Die vorliegende Arbeit konnte sich nur einen Ausschnitt der Fragen widmen. Allerdings hat sie einen strukturierenden Rahmen und dessen exemplarische theoretische und empirische Anwendung vorgestellt, mit dem sich die vielen weiteren, hier unbehandelten Fragen einheitlich und systematisch bearbeiten lassen.

Methodische Grenzen

Bei der empirischen Untersuchung wurde das *eigentliche Framing aus der Erhebung ausgeklammert*. Es wurde ein Treatment mit der unabhängigen Variablen (der symbolischen Anzeige des Bezugsrahmens, einem theoretisch abgeleiteten bedeutsamen Stimulus für das Framing) verabreicht und die abhängigen Variablen (die unterstellten Wirkungen des Bezugsrahmens) erfasst. Die Beziehung zwischen Symbolen und Wirkungen ist rein theoretischer Natur, eine empirische Erfassung des Mediators

„selegierter Bezugsrahmen" erfolgte nicht. Das eigentlich erfolgte Framing blieb in der Studie daher aus empirischer Sicht eine „Black Box": Es kann nicht beurteilt werden, wie die Probanden die Situationen tatsächlich gerahmt haben. Allerdings existiert mit der theoretischen Grundlage der Arbeit eine kausale Argumentation bzgl. der Zusammenhänge. Und durch das empirische Forschungsdesign mit der alleinigen Variation der unabhängigen Variablen sind die vermuteten Ursachen über die beobachtbaren Zusammenhänge plausibel. Eine direkte Messung des Mediators „selegierter Bezugsrahmen" würde auch einen störenden Einfluss auf das Untersuchungsobjekt bedeuten: Die Erfassung des Bezugsrahmens bspw. über Fragebogenitems würde die Probanden zum Hinterfragen der Gesamtsituation verleiten. Ohne die Messung würde die Situation dagegen vielleicht gar nicht reflektiert. Der gesamte zu untersuchende Prozess könnte mit einer Messung verfälscht werden. Daher wurde auf die ausführliche Erfassung des Mediators verzichtet.

Auch wenn die empirische Studie als Felduntersuchung im natürlichen Umfeld der Zielpopulation (d. h. im Unterricht) durchgeführt wurde, entspricht das eingesetzte Lernspiel doch eher einem „Laborprodukt". Es wurde ja eigens darauf zugeschnitten, sowohl als Lernangebot wie auch als reines Computerspiel interpretiert zu werden, um sich glaubhaft in beide variierten, sozialen Situationen einzugliedern. Die Lernziele des Mediums waren zudem relativ niedrig gehalten. Auch währte die eigentliche Interaktion mit dem Lernspiel nur recht kurz: Der Spielprozess dauerte insgesamt, je nach Leistung der Teilnehmer, zwischen knapp 10 und 15 Minuten. Die Vergleichbarkeit des Lernspiels und seines Einsatzes mit einem echten Produkt hinkt damit etwas. Zwar gibt es ähnlich niedrigschwellige, unkomplizierte Lernspiele (etwa den Mathe-Trainer von Cornelsen (o. J.)), doch viele Lernspiele dürften langfristiger als in der hier durchgeführten Studie eingesetzt werden. Dies schränkt die Verallgemeinerbarkeit der gewonnenen Ergebnisse ein. Andererseits gleichen sich weder sämtliche Lernspiele noch deren Einsatzszenarien, sodass auch hier das Verallgemeinerungsproblem besteht.

Die Verallgemeinerbarkeit der empirischen Befunde wird auch durch die Ad-hoc-Stichprobe relativiert, deren Repräsentativität für die untersuchte Population (Realschüler der siebten und achten Klasse) nicht sichergestellt werden kann. Unterschiede gegenüber anderen Realschülern dieser Klassenstufe ergeben sich womöglich durch Eigenschaften der Schul- und Unterrichtskultur, die je nach Region variieren können. Bereits auf dieser Ebene ergeben sich womöglich Unterschiede in den Ausprägungen der externen Rahmenbedingungen, die dann Auswirkungen auf das

Handeln der Akteure gegenüber Lernspielen haben können. Zusammen mit potenziellen Unterschieden in den internen Bedingungen ist daher auch Vorsicht bei der Übertragung der empirischen Befunde auf andere Populationen und Bildungsmaßnahmen (Grundschüler und Gymnasiasten in der schulischen Bildung, Studenten an Universitäten, Ingenieuren in der betrieblichen Weiterbildung, Teilnehmern am „Computerkurs für Senioren" in der Volkshochschule etc.) geboten. Dieses Problem haben natürlich auch andere Studien, aber es soll hier nicht unerwähnt bleiben.

Zuletzt sei noch darauf hingewiesen, dass die vorliegende Untersuchung keinerlei Aussagen über den *eigentlichen Lernerfolg* (im Sinne von Praxistransfer) bei Game-based Learning machen kann. Abgesehen davon, dass der Lerntransfer ohnehin aus der Fragestellung ausgeklammert wurde, beruhten die Items zur Rezeption auf der Selbsteinschätzung der Probanden in einer Fragebogensituation, die unter Umständen trügt. Die Konzeptspezifikation und Operationalisierung der Rezeption über die Glaubwürdigkeit lässt zudem einen Aspekt, der im Theorieteil mehrfach angesprochen wurde, außen vor: die eigentliche Interpretation der Medieninhalte, die Konstruktion einer Bedeutung. Letztlich erfasste die Studie in erster Linie, ob die Probanden der übermittelten Botschaft glauben, nicht aber, ob und wie sie sie verstanden haben. Bei einem Lernspiel wie dem in der empirischen Untersuchung eingesetzten, bei dem es um das bloße Merken von Namen geht, mag das noch keinen großen Unterschied machen. Bei einem Informationsmedium dagegen, anhand dessen ein Verständnis von Zusammenhängen aufgebaut werden soll, wirkt sich dies schon eher aus. Dann nämlich deckt das bloße Glauben der Botschaft noch lange nicht das korrekte Verstehen ab, das ja nach Esser ebenfalls zur Rezeption gehört (vgl. S. 226 ff. in dieser Arbeit).

6.2.4 Fazit

Es bleibt festzuhalten: Manche Limitationen der hier vorgestellten Arbeit lassen sich mit entsprechendem Aufwand beseitigen. Andere sind grundlegender Natur und können nicht ohne eine umfassendere Revision des gesamten Ansatzes ausgebessert werden. Die Anwendbarkeit der Befunde auf die Praxis fällt aufgrund des grundlagenorientierten Ansatzes eher gering aus. Für praktische Ableitungen ist es allerdings meines Erachtens in der gesamten Forschung bzgl. Game-based Learning zu früh, da sich die Forschungslandschaft insgesamt noch als sehr lückenhaft darstellt.

Dennoch stellt die vorliegende Arbeit einen wichtigen Beitrag dar. Sie bringt einen systematischen, theoretisch hoch anschlussfähigen und flexiblen Rahmen in eine weitgehend theoriearme, unstrukturierte und oberflächlich geführte Diskussion ein. Sie erschließt den Gegenstand anhand bewährter Theorien aus Nachbardisziplinen und macht sie für das neue Themenfeld nutzbar. Sie differenziert Game-based Learning nach Konstrukt und Handeln und bringt zudem die soziale Dimension ins Spiel. Ihre formale Struktur bietet nützliche Anschlussstellen an die empirische Untersuchung des behandelten Phänomens. Und sie stellt selbst eine exemplarische Übertragung der theoretischen Annahmen in eine empirische Studie vor, die einige Annahmen bestätigen konnte und die in konstruktiver Weise Stoff für eine vertiefende Anschlussuntersuchung geliefert hat. Insgesamt kann die Arbeit daher als Erfolg gewertet werden: Die aufgeführten Grenzen schmälern meines Erachtens nicht den wissenschaftlichen Beitrag dieser Arbeit. Es darf schließlich nicht vergessen werden, dass sich diese Untersuchung in ein weitgehend systematisch unerschlossenes Terrain vorgewagt hat. Sie liefert einen soliden Anknüpfungspunkt für die strukturierte Erforschung der immer noch großen weißen Flächen auf der Forschungslandkarte zu Game-based Learning.

6.3 Ausblick

Es offenbart sich also weiterhin Forschungsbedarf zu Game-based Learning. Die wichtigsten Weiterführungsmöglichkeiten des hier vorgestellten Ansatzes wurden im vorherigen Abschnitt genannt. Dies sind aber nicht die einzigen offenen Fragen. Im vorliegenden Text wurden Themen angeschnitten, die über die Fragestellung dieser Arbeit hinausgehen, die aber ebenfalls interessante und bedeutsame Forschungsfragen darstellen. Es sollen abschließend drei Themenbereiche genannt werden, die dem Autor besonders untersuchungswürdig erscheinen.

Zum einen wäre da der Ansatz, Computerspiele als Hintertür für die eigentliche, vom Spielkonstrukt losgelöste pädagogische Intervention zu nutzen (vgl. S. 96 ff. in diesem Buch). Computerspiele sind zwar nicht authentisch, aber sie sind kulturelle Artefakte, in ihnen finden sich daher vielfältige inhaltliche Anknüpfungspunkte für die Realität. Selbst ein mediales Schreckensszenario für Jugendschützer wie bspw. Doom 3 (id Software 2004), enthält bei all seiner ethischen Fragwürdigkeit Themen, zu denen über das Spiel ein kultureller Bezug hergestellt werden kann: menschliche Hybris, die Faszination des Bösen, maskulin-archaisches Heldentum, die Angst vor dem Unbekannten, Einsamkeit und Verlassenheit etc. Personen, die Doom 3 gespielt haben, haben all dies virtuell erfahren. Vielleicht nicht in philosophischer Tiefgründigkeit. Aber ihre Erfahrung bietet einen Anlass für pädagogisch motivierte Anschlusskommunikation, für die ohne das Spielen vielleicht nur ein sehr schleppender Einstieg gefunden würde. Das soll nicht heißen, künftig ausgerechnet Doom 3 in den deutschen Schulunterricht einzubringen, sondern die medialen Inhalte aus der Computerspiel-Lebenswelt Jugendlicher zu erforschen und Anknüpfungspunkte an jene Themen zu suchen, über die Erzieher mit ihrer Zielgruppe ins Gespräch kommen möchten. Und das geht je nach Adressatengruppe bspw. mit blutrünstigen Ego-Shootern möglicherweise besser als mit Goethes Faust. Die Spiele werden ohnehin von der Zielgruppe gespielt, und sie haben womöglich pädagogisches Potenzial. Wie groß das Potenzial aber tatsächlich ist, ist weitgehend unerforscht.

Ebenfalls im Kontext der didaktischen Wirkmechanismen thematisiert wurden Spiele, in die die Adressaten ihr eigenes, bereits vorhandenes Wissen einbringen müssen und die so die didaktische Reflexion, Reduktion und Rekonstruktion anregen. Das Konzept „Lernen durch Lehren" ist sicher nicht neu, im Kontext von Computerspielen aber nicht systematisch erforscht. Warum nicht die Ansätze aktiver Videoarbeit mit Jugendlichen im neuen Gewand, mit Computerspielen, wiederbeleben? Es existieren immerhin eine Handvoll niedrigschwelliger Gamedesignumgebungen, mit denen sich in relativ wenigen Handgriffen einfache Computerspiele erstellen lassen (etwa Kodu Game Lab (Microsoft Research 2009) oder Mission Maker (Immersive Education o. J.)). Jugendliche können mit solchen Umgebungen selbst zum Gamedesigner werden. Der Ansatz hält mehrere potenzielle Bildungsanlässe bereit: Lernen durch Lehren, Aneignung computerspielspezifischer Gestaltungskonventionen (und damit Entwicklung kommunikativer Kompetenz), Förderung der Kreativität, Selbstreflexion, Selbstdarstellung etc. Diese pädagogischen Möglichkeiten liegen für eines der bedeutendsten Medien der Jugendlichen weitgehend brach.

Der dritte aus meiner Sicht besonders interessante Forschungsbereich betrifft einen potenziellen gesellschaftlichen Wandel bezüglich Game-based Learning. Bei der Kurzvorstellung von Essers Modell in Abschnitt 4.1.3 wurde darauf hingewiesen, dass Essers Konzept drei Logiken enthält: Die Situationslogik erschließt die sozialen Rahmenbedingungen des Handelns, die Selektionslogik erklärt das Handeln der Akteure kausal anhand dieser Rahmenbedingungen, und die Aggregationslogik behandelt die kollektiven Auswirkungen dieses Handelns auf soziale Strukturen. Die in dieser Arbeit ausgeblendete Aggregationslogik ist ein hochinteressantes und äußerst bedeutsames Forschungsfeld: Welche sozialen Folgen hat ein zunehmender Einsatz von Lernspielen an deutschen Schulen? Wie wirkt sich Game-based Learning im heutigen Unterricht auf die Institutionen, Bezugsrahmen, das Wissen und die Werte zukünftiger Schüler aus? Welchen gesellschaftlichen Wandel lösen wir aus, wenn wir Computerspiele in den Unterricht holen? Spannende Fragen – und aufgrund Essers Rahmenmodell höchst anschlussfähig an die vorliegende Arbeit, die ja bereits auf den beiden vorherigen Logiken aufbaut.

Mit diesem Ausblick auf eine höchst interessante Zukunft der Lernspielforschung schließt diese Arbeit. Was derzeit noch mühsame Pionierarbeit ist, könnte in 20 Jahren zum festen Repertoire der Medienpädagogik gehören – oder nach dem derzeitigen Hype wieder größtenteils von der Bildfläche verschwunden sein und ein Nischendasein fristen. Vielen interessanten Theorien des Spiels ist es in den vergangenen 250 Jahren nicht anders ergangen. Was von beidem der Fall sein wird, wird die Zukunft zeigen.

Literaturverzeichnis

Arnold, R.; Schüßler, I. (2003): *Ermöglichungsdidaktik. Erwachsenenpädagogische Grundlagen und Erfahrungen*, Schneider-Verlag Hohengehren, Baltmannsweiler.

Arnold, R.; Siebert, H. (2003): *Konstruktivistische Erwachsenenbildung. Von der Deutung zur Konstruktion von Wirklichkeit*, 4. Aufl., Schneider-Verlag Hohengehren, Baltmannsweiler.

Bahrdt, H. P. (2003): *Schlüsselbegriffe der Soziologie. Eine Einführung mit Lehrbeispielen*, 9. Aufl., Beck, München.

Bateson, G. (2001): *Ökologie des Geistes. Anthropologische, psychologische, biologische und epistemologische Perspektiven*, Suhrkamp, Frankfurt am Main.

Berger, F.; Marbach, A. (2009): „Erkundungen im Spannungsfeld von Pädagogik, Spielspaß und technischer Machbarkeit. Gedanken zur Konzeption und Entwicklung spielbasierter digitaler Lernumgebungen", *MedienPädagogik. Zeitschrift für Theorie und Praxis der Medienbildung*, 15/16, http://www.medienpaed.com/15/berger_marbach0902.pdf (geprüft am 27.01.2012).

Berger, P. L.; Luckmann, T. (2009): *Die gesellschaftliche Konstruktion der Wirklichkeit. Eine Theorie der Wissenssoziologie*, Fischer, Frankfurt am Main.

Berson, M. J. (1996): „Effectiveness of computer technology in social studies: A review of the literature", *Journal of Research on Computing in Education*, 28, 4, S. 486–499.

Blake, J.; Goodman, J. (1999): „Computer-based learning: Games as instructional strategy", *The Association of Black Nursing Faculty Journal*, 10, 2, S. 43–46.

Bloom, B. S.; Engelhart, M. D.; Furst, E. J.; Hill, W. H.; Krathwohl, D. R. (1976): *Taxonomie von Lernzielen im kognitiven Bereich*, Beltz, Weinheim; Basel.

Bopp, M. (2003): *Teach The Player: Didaktik in Computerspielen,* http://www.playability.de/1/bopp_p.html (geprüft am 27.01.2012).

Bopp, M. (2005): „Immersive Didaktik: Verdeckte Lernhilfen und Framingprozesse in Computerspielen", *kommunikation@gesellschaft,* 6, http://www.soz.uni-frankfurt.de/K.G/B2_2005_Bopp.pdf (geprüft am 27.01.2012).

Bopp, M. (2006): „Didactic Analysis of Digital Games and Game-Based Learning", in *Affective and Emotional Aspects of Human-Computer Interaction.* Hrsg. von Pivec, Maja, IOS Press, Amsterdam, S. 8–37, http://www.matthias-bopp.de/PDF_Dokumente/Bopp_2006_ Didactic_Analysis_of_Digital_Games_web_version.pdf (geprüft am 27.01.2012).

Bortz, J. (2005): *Statistik für Human- und Sozialwissenschaftler,* 6. Aufl., Springer, Heidelberg.

Bortz, J.; Döring, N. (2006): *Forschungsmethoden und Evaluation. Für Human- und Sozialwissenschaftler,* 4. Aufl., Springer, Berlin; Heidelberg.

Burkart, R. (2002): *Kommunikationswissenschaft. Grundlagen und Problemfelder ; Umrisse einer interdisziplinären Sozialwissenschaft,* 4. Aufl., Böhlau, Wien.

Caillois, R. (1982): *Die Spiele und die Menschen. Maske und Rausch,* Ullstein, Frankfurt am Main.

Carter, I. (1995): *Crawling with enthusiasm.*

Chateau, J. (1976): *Das Spiel des Kindes,* Schöningh, Paderborn.

Clegg, A. A. (1991): „Games and simulations in social studies education", in *Handbook of research on social studies teaching and learning,* hrsg. von Shaver, J. P., Macmillan, New York, S. 523–528.

Cohen, J. (1988): *Statistical power analysis for the behavioral sciences,* Erlbaum, Hillsdale, NJ.

Csikszentmihalyi, M. (2008): *Das flow-Erlebnis. Jenseits von Angst und Langeweile: im Tun aufgehen,* 10. Aufl., Klett-Cotta, Stuttgart.

Curtis, D. D.; Lawson, M. J. (2002): „Computer adventure games as problem-solving environments", *International Education Journal*, 3, 4, S. 43–56, http://ehlt.flinders.edu.au/education/iej/articles/v3n4/curtis/paper.pdf (geprüft am 27.01.2012).

De Lisi, R.; Wolford, J. L. (2002): „Improving children's mental rotation accuracy with computer game playing", *Journal of Genetic Psychology*, 163, S. 272–282.

Dempsey, J. V.; Lucassen, B. A.; Haynes, L. L.; Casey, M. S. (1996): „Instructional applications of computer games", in *Annual Meeting of the American Educational Research Association*, Bd. 8–12 April 1996.

Dempsey, J. V.; Rasmussen, K.; Lucassen, B. (1994): „Instructional gaming: Implications for instructional technology", in *Annual Meeting of the Association for Educational Communications and Technology*, Bd. 16–20 February 1994, Nashville.

Deventer, S. S. v.; White, J. A. (2002): „Expert behavior in children's video game play", *Simulation & Gaming*, 33, 1, S. 28–48.

Emes, C. E. (1997): „Is Mr Pac Man eating our children? A review of the impact of video games on children", *Canadian Journal of Psychiatry*, 42, 4, S. 409–414.

Esser, H. (1999): *Soziologie. Allgemeine Grundlagen*, 3. Aufl., Campus, Frankfurt am Main.

Esser, H. (2000a): *Soziologie. Spezielle Grundlagen. Band 2: Die Konstruktion der Gesellschaft*, Campus, Frankfurt am Main.

Esser, H. (2000b): *Soziologie. Spezielle Grundlagen. Band 3: Soziales Handeln*. Campus, Frankfurt am Main.

Esser, H. (2000c): *Soziologie. Spezielle Grundlagen. Band 4: Opportunitäten und Restriktionen*, Campus, Frankfurt am Main.

Esser, H. (2000d): *Soziologie. Spezielle Grundlagen. Band 5: Institutionen*, Campus, Frankfurt am Main.

Esser, H. (2001): *Soziologie. Spezielle Grundlagen. Band 6: Sinn und Kultur*, Campus, Frankfurt am Main.

Esser, H. (2002): *Soziologie. Spezielle Grundlagen. Band 1: Situationslogik und Handeln*, Campus, Frankfurt am Main.

Fabricatore, C. (2000): „Learning and Videogames: an unexploited synergy", in *AECT 2000*, Denver, http://www.learndev.org/dl/FabricatoreAECT2000.PDF (geprüft am 27.01.2012).

Faul, F.; Erdfelder, E.; Lang, A. G; Buchner, A. (2007): „G*Power 3: A flexible statistical power analysis program for the social, behavioral, and biomedical sciences", *Behavior Research Methods*, 39, S. 175–191, http://www.psycho.uni-duesseldorf.de/abteilungen/aap/gpower3/download-and-register/Dokumente/GPower3-BRM-Paper.pdf (geprüft am 27.01.2012).

Fery, Y. A.; Ponserre, S. (2001): „Enhancing the control of force in putting by video game training", *Ergonomics*, 44, S. 1025–1037.

Fischer, H. M. (2001): „Von Anfang der Information zum Ende der Bildung", in *Konstruktives Lernen mit neuen Medien. Beiträge zu einer konstruktivistischen Mediendidaktik*, hrsg. von Schwetz, Herbert; Zeyringer, Manuela; Reiter, Anton, StudienVerlag, Innsbruck; Wien; München u. a., S. 121–127.

Flitner, A. (2002): *Spielen - Lernen. Praxis und Deutung des Kinderspiels*, Beltz, Weinheim; Basel.

Fritz, J. (1993): *Theorie und Pädagogik des Spiels. Eine praxisorientierte Einführung*, 2. Aufl., Juventa, Weinheim.

Fritz, J. (2004): *Das Spiel verstehen. Eine Einführung in Theorie und Bedeutung*, Juventa, Weinheim.

Fromme, J. (2006): „Zwischen Immersion und Distanz. Lern- und Bildungspotenziale von Computerspielen", in *Computerspiele und soziale Wirklichkeit*, hrsg. von Kaminski, Winfred; Lorber, Martin, kopaed, München, S. 177–209.

Gebel, C. (2006): „Kompetenzförderliche Potenziale unterhaltender Computerspiele", *Unterrichtswissenschaft*, 34, 4, S. 290–309.

Gee, J. P. (2003): *What Video Games Have to Teach Us About Learning and Literacy*, Palgrave Macmillan, New York.

Gee, J. P. (2007): *Good video games + good learning. Collected essays on video games, learning, and literacy*, Lang, New York.

Gentile, D. A.; Gentile, J. R. (2008): „Violent Video Games as Exemplary Teachers: A Conceptual Analysis", *Journal of Youth and Adolescence*, 37, 2, S. 127–141, http://www.springerlink.com/content/7706114365625653/fulltext.pdf (geprüft am 27.01.2012).

Green, C. S.; Bavelier, D. (2003): „Action video game modifies visual selective attention", *Nature*, 423, S. 534–537.

Green, C. S.; Bavelier, D. (2006): „The Cognitive Neuroscience of Video Games", in *Digital Media: Transformations in Human Communication*, hrsg. von Messaris, Paul; Humphreys, Lee, Peter Lang, New York, S. 211–224.

Green, C. S.; Bavelier, D. (2007): „Action-Video-Game experience alters the spatial resolution of vision", *Psychological Science*, 18, 1, S. 88–94.

Greenfield, P. M.; DeWinstanley, P.; Kilpatrick, H.; Kaye, D. (1994): „Action video games and informal education: Effects on strategies for dividing visual attention", *Journal of Applied Developmental Psychology*, 15, S. 105–123.

Griffith, J. L.; Volschin, P.; Gibb, G. D.; Bailey, J. R. (1983): „Differences in eye-hand motor coordination of video-game users and non-users", *Perception and Motor Skills*, 57, S. 155–158.

Griffiths, M. D. (2002): „The educational benefits of videogames", *Education and Health*, 20, 3, S. 47–51.

Harris, J. (2001): *The effects of computer games on young children – A review of the research*, RDS Occasional Paper, 72, Home Office (RDS), London.

Heckhausen, H. (1973): „Entwurf einer Psychologie des Spielens", in *Das Kinderspiel*, hrsg. von Flitner, Andreas, Piper & Co, München, S. 133–149.

Heckhausen, H. (1989): *Motivation und Handeln*, 2. Aufl., Springer, Berlin; Heidelberg.

Herkersdorf, M. (2010): „Spielend zu mehr Kompetenz. Virtuelle Lernwelten im Kontext von beruflichem Handeln und dem Erwerb von Kompetenzen", in *Zwischen Kompetenzerwerb und Mediensucht*, hrsg. von Dittler, Ullrich; Hoyer, Michael, kopaed, München, S. 123–134.

Horton, D.; Wohl, R. R. (1956): „Mass Communication and Para-Social Interaction. Observations On Intimacy at a Distance", *Psychiatry*, 19, S. 215–229.

Huizinga, J. (2006): *Homo Ludens. Vom Ursprung der Kultur im Spiel*, 20. Aufl., Rowohlt, Reinbek bei Hamburg.

Jackson, G. T.; Graesser, A. C. (2007): „Content Matters: An Investigation of Feedback Categories within an ITS", in *Artificial Intelligence in Education*, hrsg. von Luckin, R. et al, IOS Press, Amsterdam, S. 127–134.

Janssen, J.; Laatz, W. (2010): *Statistische Datenanalyse mit SPSS. Eine anwendungsorientierte Einführung in das Basissystem und das Modul Exakte Tests*, 7. Aufl., Springer, Berlin; Heidelberg.

Jayakanthan, R. (2002): „Application of computer games in the field of education", *The Electronic Library*, 20, 2, S. 98–102.

Juul, J. (2005): *Half-real. Video games between real rules and fictional worlds*, MIT Press, Cambridge, Mass.

Kerres, M. (2001): *Multimediale und telemediale Lernumgebungen. Konzeption und Entwicklung*, 2. Aufl., Oldenbourg, München.

Kerres, M.; Bormann, M. (2009): „Explizites Lernen in Serious Games: Zur Einbettung von Lernaufgaben in digitalen Spielwelten", *Zeitschrift für E-Learning*, 4, 4.

Kirchmair, G. (2001): „Die @Gesellschaft - Neue Wissenskluft oder Lernen total global?", in *Konstruktives Lernen mit neuen Medien. Beiträge zu einer konstruktivistischen Mediendidaktik*, hrsg. von Schwetz, Herbert; Zeyringer, Manuela; Reiter, Anton, StudienVerlag, Innsbruck; Wien; München u. a., S. 128–141.

Kirriemuir, J. (2002): *The relevance of video games and gaming consoles to the higher and further education learning experience*, Techn. Ber. 02.01, Techwatch Report TSW.

Klimmt, C. (2006a): *Computerspielen als Handlung. Dimensionen und Determinanten des Erlebens interaktiver Unterhaltungsangebote*, Halem, Köln.

Klimmt, C. (2006b): „Zur Rekonstruktion des Unterhaltungserlebens beim Computerspielen", in *Computerspiele und soziale Wirklichkeit*, hrsg. von Kaminski, Winfred; Lorber, Martin, kopaed, München, S. 65–79.

Klimmt, C. (2009): „Serious Games and Social Change: Why They (Should) Work", in *Serious games*, hrsg. von Ritterfeld, Ute; Cody, Michael; Vorderer, Peter, Routledge, London, S. 248–270.

Klimmt, C. (2010a): „Computerspiele als Bildungswerkzeug: Spielspaß, Game-Based-Learning und das ,medienfeindliche Bewusstsein der Pädagogen'", in *Fokus Medienpädagogik*, hrsg. von Bauer, Petra; Hoffmann, Hannah; Mayrberger, Kerstin, kopaed, München.

Klimmt, C. (2010b): „Das Medium der Spaßgesellschaft: Offene Fragen der Unterhaltungsforschung über Computerspiele", in *Das Spiel: Muster und Metapher der Mediengesellschaft*, hrsg. von Thimm, Caja, VS Verl. für Sozialwissenschaften, Wiesbaden, S. 127–150.

Ko, S. (2002): „An empirical analysis of children's thinking and learning using a computer game context", *Educational Psychology*, 22, 2, S. 219–233.

Kohring, M. (2001): *Vertrauen in Medien - Vertrauen in Technologie*, Techn. Ber. 196, Akademie für Technikfolgenabschätzung in Baden-Württemberg, Stuttgart.

Kohring, M.; Matthes, J. (2004): „Revision und Validierung einer Skala zur Erfassung von Vertrauen in Journalismus", *Medien und Kommunikationswissenschaft*, 3, 52, S. 377–385.

Kölbl, C. (2006): *Die Psychologie der kulturhistorischen Schule. Vygotskij, Lurija, Leont'ev*, Vandenhoeck & Ruprecht, Göttingen.

Kraam-Aulenbach, N. (2003): „Spielend schlauer. Computerspiele fordern und fördern die Fähigkeit, Probleme zu lösen", in *Computerspiele. Virtuelle Spiel- und Lernwelten*, hrsg. von Fritz, Jürgen; Fehr, Wolfgang, Bundeszentrale für politische Bildung, Bonn, Bd. CD-Rom.

Krathwohl, D. R.; Bloom, B. S.; Masia, B. B. (1975): *Taxonomie von Lernzielen im affektiven Bereich*, Beltz, Weinheim; Basel.

Kunczik, M.; Zipfel, A. (2004): *Medien und Gewalt. Befunde der Forschung seit 1998. Projektbericht für das Bundesministerium für Familie, Senioren*. Techn. Ber., Bundesministerium für Familie, Senioren, Mainz.

Leontjew, A. N. (1968): „Psychologische Grundfragen des Spiels im Vorschulalter", in *Psychologische Studientexte*, hrsg. von Kitter Gerhard, Volk und Wissen, Berlin, S. 184–199.

Leontjew, A. N. (1978): „Realistik und Phantasie im Spiel", in *Das Kinderspiel*, hrsg. von Flitner, Andreas, Piper & Co, München, S. 132–138.

Leontjew, A. N. (1980): *Probleme der Entwicklung des Psychischen*, 3. Aufl., Athenäum, Königstein/Ts.

Leontjew, A. N. (1982): *Tätigkeit, Bewußtsein, Persönlichkeit*, Pahl-Rugenstein, Köln.

Malone, T. W.; Lepper, M. R. (1983): „Making Learning Fun: A Taxonomy of Intrinsic Motivations for Learning", in *Aptitude, Learning, and Instruction. Vol. 3.: Conative and Affective Process Analysis*, hrsg. von Snow, Richad E.; Farr, Marshall J., Lawrence Erlbaum Associates, Hillsdayle, New Jersey; London, S. 223–253.

Matthes, J.; Kohring, M. (2003): „Operationalisierung von Vertrauen in Journalismus", *Medien und Kommunikationswissenschaft*, 51, 1, S. 5–23.

Mäyrä, F. (2008): *An introduction to game studies. Games in culture*, SAGE Publ., Los Angeles.

McLellan, H. (1994): „Magical stories: blending virtual reality and artificial intelligence", in *Imagery and Visual Literacy. Annual Conference of the International Visual and Literacy Association*, hrsg. von Beauchamp, D. G.; Braden, R. A.; Griffin, R. E., S. 76–80.

Mead, G. H. (2008): *Geist, Identität und Gesellschaft. Aus der Sicht des Sozialbehaviorismus*, Suhrkamp, Frankfurt am Main.

Medienpädagogischer Forschungsverbund Südwest (2008): *JIM-Studie 2008. Jugend, Information, (Multi-)Media. Basisstudie zum Medienumgang 12- bis 19-Jähriger in Deutschland*. Medienpädagogischer Forschungsverbund Südwest, Stuttgart.

Medienpädagogischer Forschungsverbund Südwest (2009): *JIM-Studie 2009. Jugend, Information, (Multi-)Media. Basisstudie zum Medienumgang 12- bis 19-Jähriger in Deutschland*, Medienpädagogischer Forschungsverbund Südwest, Stuttgart.

Meier, C.; Seufert, S. (2003): „Game-based learning: Erfahrungen mit und Perspektiven für digitale Lernspiele in der beruflichen Bildung.", in *Handbuch E-Learning*, hrsg. von Hohenstein, Andreas; Wilbers, Karl, Fachverlag Deutscher Wirtschaftsdienst, http://www.alexandria.unisg.ch/export/DL/34407.pdf (geprüft am 27.01.2012).

Mitchell, A.; Savill-Smith, C. (2004): *The use of computer and video games for learning. A review of the literature*, http://gmedia.glos.ac.uk/docs/books/computergames4learning.pdf (geprüft am 27.01.2012).

Möller, C. (1973): *Technik der Lehrplanung. Methoden und Probleme der Lernzielerstellung*, 4. Aufl., Beltz, Weinheim; Basel.

Murphy, R.; Penuel, W.; Means, B.; Korbak, C.; Whaley, A. (2002): *E-DESK: A review of recent evidence on the effectiveness of discrete educational software*, http://ctl.sri.com/publications/downloads/Task3_FinalReport3.pdf (geprüft am 27.01.2012).

Natale, M. J. (2002): „The effect of a male-oriented computer gaming culture on careers in the computer industry", *Computers and Society*, 32, 2, S. 24–31.

Oerter, R. (1999): *Psychologie des Spiels. Ein handlungstheoretischer Ansatz*, Beltz, Weinheim; Basel.

Owens, J. D.; Luebke, D.; Govindaraju, N.; Harris, M.; Krüger, J. (2007): „A Survey of General-Purpose Computation on Graphics Hardware", *Computer Graphics Forum*, 26, 1, S. 80–113.

Papert, S. (1998): „Does Easy Do It? Children, Games, and Learning.", *Game Developer Magazine*, Juni, S. 88, http://www.papert.org/articles/Doeseasydoit.html (geprüft am 27.01.2012).

Phillips, C. A.; Rolls, S.; Rouse, A.; Griffiths, M. D. (1995): „Home video game playing in schoolchildren: A study of incidence and patterns of play", *Journal of Adolescence*, 18, 6, S. 687–691.

Piaget, J. (1978): „Das symbolische Spiel", in *Das Kinderspiel*, hrsg. von Flitner, Andreas, Piper & Co, München, S. 130–132.

Piaget, J. (2003): *Nachahmung, Spiel und Traum. Die Entwicklung der Symbolfunktion beim Kinde*, 5. Aufl., Klett-Cotta, Stuttgart.

Pillay, H.; Brownlee, J.; Wilss, L. (1999): „Cognition and recreational computer games: Implications for educational technology", *Journal of Research on Computing in Education*, 32, 1, S. 203–216.

Prensky, M. (2001): *Digital game-based learning*, McGraw-Hill, New York, London.

Randel, J. M.; Morris, B. A.; Wetzel, C. D.; Whitehill, B. V. (1992): „The effectiveness of games for educational purposes: a review of recent research", *Simulation & Gaming*, 23, 3, S. 261–276.

Ratan, R.; Ritterfeld, U. (2009): „Classifying Serious Games", in *Serious games*, hrsg. von Ritterfeld, Ute; Cody, Michael; Vorderer, Peter, Routledge, London, S. 10–24.

Ritterfeld, U.; Cody, M.; Vorderer, P. (2009): „Introduction", in *Serious games*, hrsg. von Ritterfeld, Ute; Cody, Michael; Vorderer, Peter, Routledge, London, S. 3–9.

Robinson, T. N.; Borzekowski, D. L. G.; Matheson, D. M.; Kraemer, H. C. (2007): „Effects of Fast Food Branding on Young Children's Taste Preferences", *Archives of Pediatrics and Adolescent Medicine*, 161, 8, S. 792–797.

Rosser, J. C.; Lynch, P. J.; Cuddihy, L.; Merrel, R.; Gentile, D. A.; Klonsky, J. (2007): „The Impact of Video Games on Training Sourgeons in the 21st Century", *Archives of surgery*, 142, 2, S. 181–186, http://archsurg.ama-assn.org/cgi/reprint/142/2/181 (geprüft am 27.01.2012).

Roth, G. (1997): *Das Gehirn und seine Wirklichkeit. Kognitive Neurobiologie und ihre philosophischen Konsequenzen*, Suhrcamp, Frankfurt am Main.

Royle, K. (2008): „Game-Based Learning. A Different Perspective.", *Innovate*, 4, 4, `http: //www.innovateonline.info/index.php?view=article&id=433` (geprüft am 27.01.2012).

Rudolf, M.; Müller, J. (2004): *Multivariate Verfahren. Eine praxisorientierte Einführung mit Anwendungsbeispielen in SPSS*, Hogrefe, Göttingen.

Sacher, W. (1990): *Computer und die Krise des Lernens. Eine pädagogisch-anthropologische Untersuchung zur Zukunft des Lernens in der Informationsgesellschaft*, Klinkhardt, Bad Heilbrunn.

Sacher, W. (2001): *Deutungskompetenz als Zentrum moderner Medienkompetenz. Der mühsame Weg von Zeichen und Daten zu Information und Wissen*, Schulpädagogische Untersuchungen Nürnberg, Univ. Lehrstuhl für Schulpädagogik, Nürnberg, Bd. 15.

Salen, K.; Zimmerman, E. (2004): *Rules of play. Game design fundamentals*, MIT Press, Cambridge, Mass.

Scharpf, R. (1999): *Training und Transfer. Lernen, Anwenden und die Bedeutung fähigkeitsbezogener Kognitionen*, Hampp, München; Mering.

Scheuerl, H. (1978): „Alte und neue Spieltheorien. Wandlungen ihrer pädagogischen Interessen und Perspektiven", in *Das Kinderspiel*, hrsg. von Flitner, Andreas, Piper & Co, München, S. 32–52.

Scheuerl, H. (1979): *Das Spiel. Untersuchung über sein Wesen, seine pädagogischen Möglichkeiten und Grenzen*, 9. Aufl., Beltz, Weinheim; Basel.

Scheuerl, H. (1991): *Theorien des Spiels*, 11. Aufl., Beltz, Weinheim; Basel.

Schnell, R.; Hill, P. B.; Esser, E.; Schnell-Hill-Esser (2005): *Methoden der empirischen Sozialforschung*, 7. Aufl., Oldenbourg, München.

Sherry, J. L.; Lucas, K.; Greenberg, B. S.; Lachlan, K. (2006): „Video Game Uses and Gratifications as Predictors of Use and Game Preference", in *Playing Video Games*, hrsg. von Vorderer, Peter; Bryant, Jennings, Routledge, New York; London, S. 213–224.

Squire, K. (2002): „Cultural Framing of Computer/Video Games", *Game Studies*, 2, 1, http://www.gamestudies.org/0102/squire/ (geprüft am 27.01.2012).

Squire, K. (2004): *Replaying history: Learning World History through playing Civilization III*, Diss., University of Indiana, Bloomington, http://website.education.wisc.edu/kdsquire/dissertation.html (geprüft am 27.01.2012).

Squire, K. (2005): „Changing the game: What happens when videogames enter the classroom?", *Innovate*, 1, 6.

Sutton-Smith, B. (1973): „Spiel als Mittler des Neuen", in *Das Kinderspiel*, hrsg. von Flitner, Andreas, Piper & Co, München, S. 32–37.

Sutton-Smith, B. (1978a): *Die Dialektik des Spiels. Eine Theorie des Spielens, der Spiele und des Sports*, Hofmann, Schorndorf.

Sutton-Smith, B. (1978b): „Spiel und Sport als Potential der Erneuerung", in *Das Kinderspiel*, hrsg. von Flitner, Andreas, Piper & Co, München, S. 62–72.

Sykes, J. (2006): „Affective Gaming: Advancing the Argument for Game-Based Learning", in *Affective and Emotional Aspects of Human-Computer Interaction*. Hrsg. von Pivec, Maja, IOS Press, Amsterdam, S. 3–7.

Thallmair, A.; Rössler, P. (2001): „Parasoziale Interaktion bei der Rezeption von Daily Talkshows. Eine Befragung von älteren Talk-Zuschauern", in *Daily Talkshows unter der Lupe. Wissenschaftliche Beiträge aus Forschung und Praxis*, hrsg. von Schneiderbauer, Christian, Reinhard Fischer Verlag, München, S. 179–207.

Tversky, A.; Kahneman, D. (1981): „The Framing of Decisions and the Psychology of Choice", *Science*, 211, 4481, S. 453–458.

Van Eck, R. (2006): „Digital Game-Based Learning: It's Not Just the Digital Natives Who Are Restless", *EDUCAUSE Review*, 41, 2, S. 16–30, http://www.educause.edu/ir/library/pdf/ERM0620.pdf (geprüft am 27.01.2012).

Vogelgesang, W. (2002): *Jugendkulturen und Medien - Aktuelle Ergebnisse der Jugendforschung*, http://www.waldemar-vogelgesang.de/pdf/jugendkulturen.pdf (geprüft am 27.01.2012).

Vogelgesang, W. (2003a): „LAN-Partys: Jugendkulturelle Erlebnisräume zwischen Off- und Online", *Medien und Erziehung*, 47, 5, S. 65–57.

Vogelgesang, W. (2003b): *Wie beeinflusst das Netz die Jugendkultur? Das Internet als jugendkulturelle Arena*, http://www.waldemar-vogelgesang.de/mainz.pdf (geprüft am 27.01.2012).

Wagner, M. (2006): *Zur Freiwilligkeit des Spiels*, http://www.gamestudies.at/2006/12/zur_freiwilligk.html (geprüft am 27.01.2012).

Wang, H.; Shen, C.; Ritterfeld, U. (2009): „Enjoyment of digital games: What makes them 'seriously' fun?", in *Serious games*, hrsg. von Ritterfeld, Ute; Cody, Michael; Vorderer, Peter, Routledge, London, S. 25–47.

Weber, M. (2006): *Wirtschaft und Gesellschaft*, Voltmedia, Paderborn.

Wechselberger, U. (2009): „Teaching Me Softly: Experiences and Reflections on Informal Educational Game Design", in *Transactions on Edutainment II*, hrsg. von Pan, Zhigeng; Cheok, Adrian David; Müller, Wolfgang; El Rhalibi, Abdennour, Springer, Berlin; Heidelberg, S. 90–104.

Wechselberger, U. (2010): „Eduventure 2: Pädagogische Konzeption eines Lernspiels zur kulturhistorischen Bildung", in *Digitale Spielkultur*, hrsg. von Ganguin, Sonja; Hoffmann, Bernward, kopaed, München.

Wenz, K. (2001): „Spiele und Spielen", *Zeitschrift für Semiotik*, 23, 3-4, S. 269–283.

Wygotski, L. S. (1973): „Das Spiel und seine Rolle für die psychische Entwicklung des Kindes", *Ästhetik und Kommunikation.*, 4, 11, S. 16–37.

Zimbardo, P. G.; Gerrig, R. J. (2003): *Psychologie*, 7. Aufl., Springer, Berlin; Heidelberg.

Sonstige Quellen

Blank, G. (2010): „Deutscher Computerspielpreis: Die verspielte Chance", *Stern.de*, 30.4.
http://www.stern.de/digital/computer/deutscher-computerspielpreis-die-verspielte-chance-1562914.html (geprüft am 27.01.2012).

Görig, C. (o. J.): „Blut ist nicht wichtig", *Zeit Online*,
http://zuender.zeit.de/2006/48/interview-yerli-shooter-spiele?page=all (geprüft am 27.01.2012).

Green Ninja (2010): „Der deutsche Computerspielpreis - Eine Farce", *Gamersunity.de*, 28.4.2010,
http://www.gamersunity.de/killerspiele/der-deutsche-computerspielpreis-eine-farce.t77999.html (geprüft am 27.01.2012).

Klopp, T. (2010): „Lernspiele basieren auf einem Denkfehler", *Zeit Online*, 23.4.2010, http://www.zeit.de/digital/games/2010-04/serious-games-wagner?page=all (geprüft am 27.01.2012).

Kringiel, D. (2005): „Gegen jede Regel", *Gee*, 16,
http://www.geemag.de/2005/10/10/gegen-jede-regel/ (geprüft am 27.01.2012).

Lange, M. (2007): „Serious Games: Schlusslicht Deutschland", *Cyberwizard*, http://www.cyberwizard.de/?p=29 (geprüft am 27.01.2012).

Lindemann, T. (2010): „Peinliche Posse um Deutschen Computerspielpreis", *Welt Online*, 28.4.2010, http://www.welt.de/wirtschaft/webwelt/article7376422/Peinliche-Posse-um-Deutschen-Computerspielpreis.html (geprüft am 27.01.2012).

Salewski, C. (2010): „Gülcan Kamps und die doofe Jugend bei Anne Will",
  Welt Online, 03.05.2010,
  http://www.welt.de/fernsehen/article7442686/Guelcan-Kamps-
  und-die-doofe-Jugend-bei-Anne-Will.html (geprüft am
  27.01.2012).

Stiftung Partner für Schule NRW (2002): „Über die Schwierigkeit, Spiele
  und Lernen zu verbinden", *dialog-bildung*,
  http://www.dialog-bildung.nrw.de/news_complete.php?id=695
  (geprüft am 27.01.2012).

Spieleverzeichnis

Atari (1972): *Pong*.

Bethesda Softworks (2008): *Fallout 3*, Ubisoft.

Bundesamt für Verfassungsschutz (o. J.): *Was steckt dahinter 3*.

CAT2 Lab (o. J.): *The Triple A Game Show*.

Cisco Systems (o. J.): *Binary Game*.

Cornelsen (2008): *Genius – Im Zentrum der Macht*, Cornelsen, ZDF, Bundeszentrale für politische Bildung.

Cornelsen (o. J.): *Cornelsen Trainer für Nintendo DS*.

Crytec (2007): *Crysis*, Electronic Arts.

Entertainment Technology Center; Fire Department of New York (o. J.): *Hazmat: Hotzone*.

Epic Games; Digital Extremes (1999): *Unreal Tournament*, GT Interactive.

Epic Games; Digital Extremes (2004): *Unreal Tournament 2003*, Atari.

Firaxis (2001): *Civilization 3*, Infogrames.

Hope Lab (2006): *Re-Mission*.

id Software (1999): *Quake 3 Arena*, Activision.

id Software (2004): *Doom 3*.

Immersive Education (o. J.): *MissionMaker*.

ImpactGames (2007): *PeaceMaker*.

Ion Storm (2000): *Deus Ex*, Eidos.

Irrational Games (2005): *Swat 4*, Sierra Entertainment.

Maxis (2003): *SimCity 4*, Electronic Arts; Aspyr Media.

Microsoft Research (2009): *Kodu Game Lab*.

Nintendo (2007): *Super Mario Galaxy*.

Nintendo (o. J.): *Big Brain Academy*.

Pajitnov, A. (1984): *Tetris*.

Pandemic Studios (2004): *Full Spectrum Warrior*, THQ.

Related Designs; Blue Byte (2009): *Anno 1404*, Ubisoft.

Scott, L. (1989): *Jenga*, Hasbro.

Serious Games Interactive (2007): *Global Conflicts: Palestine*.

thatgamecompany (2009): *Flower*, Sony Computer Entertainment.

U.S. Army (2002): *America's Army*.

Valve (2000): *Counter-Strike*, EA Games / Sierra Entertainment.

Westwood Studios (1997): *Blade Runner*, Electronic Arts.

Abbildungsverzeichnis

Tabellenverzeichnis

Anhang zur empirischen Studie

Instruktionstexte und Fragebögen aus der empirischen Studie können
unter http://www.kopaed.de/kopaedshop/index.php?PRODUCT_ID=741
heruntergeladen werden.